历史课标解析与史料研习丛书

总主编　何成刚

历史课标解析与史料研习

文化交流与传播

主　编　何成刚　李广元　赵剑峰

复旦大学出版社

内容提要

本书是“历史课标解析与史料研习丛书”中的一册。“历史课标解析与史料研习丛书”是高中历史教师准确把握《普通高中历史课程标准》（2017年版），并进行基于历史课标的教学的专业发展丛书。

本丛书根据《普通高中历史课程标准》（2017年版）中的单元学习主题，从“学术引领”“教学设计”“教学资源”三个角度，借助学术界的权威研究成果，为高中历史教师开展基于历史课标的史料教学，提供高质量的、系统整体的资源支持；引导广大中学历史教师认识到，史学阅读是历史教学的起点，史学阅读的广度与深度，决定历史教师史学素养的发展程度，决定学生历史核心素养的培养质量，切实推动形成重视史学阅读的教师专业发展理念。

本丛书也可供初中历史教师阅读，为初中历史教学提供参考。

总 序

毫不夸张地说，当下的中学历史教学，新理念、新思想和新主张可谓层出不穷，颇有些像春秋战国时期的“百家争鸣”，呈现出了多元丰富的特点。通过阅读《历史课程标准》和历史教学期刊上发表的各种文章，我们就能强烈地感受到这一点。这无疑反映了历史教育发展进步的一面，值得肯定。但不可否认的是，新理念、新思想和新主张，在大多数中学历史教师看来，听起来虽然很好，但如何在实践中与具体教学内容实现有机融合，确实是一个相当棘手的问题。这也是基础教育课程改革实施十多年来，历史课堂难以发生本质变化或者说变化其实并不像我们想象的那样显著的重要原因。我们认为，新理念、新思想和新主张与教学实践不能实现有机融合，固然与一些新理念、新思想和新主张“高高在上、不接地气”有关，更多的恐怕还在于广大中学历史教师对教学内容的认识和理解处于一个浅层水平，没有体现出一定的专业性，由此导致新理念、新思想和新主张与“教学实践”形成“两层皮”现象。

可见，要推动历史教学改革取得质的飞跃，不能没有“主义”（即新理念、新思想和新主张）的引领，但是，仅靠“主义”是远远不够的，因为我们在教学中遇到的一个个具体的教学内容，绝无可能完全相同，有的看似相近甚至相同，其实千差万别。这就要求我们对每一个具体的教学内容，必须达到深度把握、准确理解的程度。如何做到？实践证明，除了史学阅读，目前还没有更好的办法。

培养学生历史核心素养，无疑是当下历史教育中最重要的一种“主义”。与“三维目标”相比，“历史核心素养”的提出，更加明确要求我们必须在准确把握历史学科本质、历史学科思想、历史学科方法和深度理解教学内容的基础上，进行历史教学。如果我们做到了这一点，那么，当我们站在课堂上，自然会有充足的教学底气和勇气。试想，作为一名历史教师，如果自身对“历史核心素养”中强调的“唯物史观”“时空观念”“史料实证”“历史解释”缺乏准确把握的话，如果对教学内容一知半解的话，那么，在教学中培养学生的历史核心素养，肯定容易流于形式。

可见，培养学生的历史核心素养，关键在于提高历史教师对历史核心素养的理解水平，关键在于促进历史教师对教学内容的深度把握，这恰恰就是当前中学历史教学存在的最突出的“问题”。换句话说，中学历史教师其实并不缺“主义”的引领，最缺的恰恰就是与《历史课程标准》对教学基本要求相一致的高质量的史学成果与史料资源。

为此，我们围绕教育部颁布修订后的《历史课程标准》中的单元学习主题内容，组织北京市、安徽省、江苏省、河北省、广西壮族自治区、广东省、四川省等地的历史教学专家、优秀教研员、优秀教师，通过分工协作的方式，进行了一年多的广泛而又有深度的阅读。在阅读中，注重核心阅读、群文阅读、比较阅读，以确保阅读的专业性和综合性，保证阅读的品质。在此基础上，一是精选史学研究成果，引导历史教师比较全面地了解史学研究成果，促进历史教师在史学阅读中提高对历史核心素养的理解水平，在史学阅读中提高自身的史学素养，引导历史教师从多个方面深度把握历史教学内容；二是搜集整理有价值的教学资源，特别是史料资源，旨在为中学历史教师提供日常备课可用的素材，让广大历史教师一看就明白，拿来就会用，从根本上解决“巧妇难为无米之炊”的实际问题；三是围绕历史核心教学内容，以《历史课程标准》强调的“史料研习”理念为指导，从不同视角进行了教学设计的探索，强调将历史学科本质、历史学科思想、历史学科方法融入历史教学之中，培养学生的核心素养。可以说，这集中体现了我们团队多年来一贯坚持的根本理念。

总而言之，我们从事本项研究，一方面在于从阅读权威史学成果、合理运用史学资源入手，为中学历史教师深入理解《历史课程标准》，开展基于《历史课程标准》的史料教学，扎扎实实地将培养学生的历史核心素养落实在每一节历史课中，提供实实在在的、高质量的、系统整体的资源支持。另一方面，旨在倡导重视史学阅读的教师专业发展理念，引导广大中学历史教师认识到，史学阅读是历史教学的起点，史学阅读的广度与深度，直接决定历史教师史学素养的发展程度，直接决定学生历史学习的视野和质量。

或许这样的教学研究并不十分地“高大上”，但对于促进历史教师专业发展、提升历史教学质量，的确是一件非常重要的、接地气的“基础工程”。虽然繁重且浩大，但我们觉得很有必要，也很有意义。我们坚信，这样的教学研究，有利于在根本上推动“主义”从“浮在空中”顺利“落地”，推动“实践”从“形式”走向“卓越”。

蒙复旦大学出版社的大力支持，在繁忙的本职工作之余，我们心怀美好愿望、秉持专业态度、发扬协作精神、遵循学术规范、克服种种困难，编写了这套丛书，希望为中学历史教学贡献我们的绵薄之力，更希望大家不吝指教。

何成刚

教育部基础教育课程教材发展中心

目 录

第一单元

源远流长的中华文化

学术引领

一、中华优秀传统文化概念解析

(一) 文化的内涵

张岱年、方克立在《中国文化概论(修订版)》(1—2 页,北京:北京师范大学出版社,2004)一书中指出,“文化”是中国语言系统中古已有之的词汇。

张岱年、方克立认为,“文”的本义,指各色交错的纹理。《礼记·乐记》称:“五色成文而不乱。”《易·系辞下》载:“物相杂,故曰文。”《说文解字》称“文,错画也,象交文。”在此基础上,“文”又有若干层引申义。其一,为包括语言文字内的各种象征符号,进而具体化为文物典籍、礼乐制度。《尚书·序》所载伏羲画八卦,造书契,“由是文籍生焉”;《论语·子罕》所载孔子说“文王既没,文不在兹乎”,是其实例。其二,由伦理之说导出彩画、装饰、人为修养之义,与“质”“实”对称,所以《尚书·舜典》疏曰“经纬天地曰文”,《论语·雍也》称“质胜文则野,文胜质则史,文质彬彬,然后君子”。其三,在前两层意义之上,更导出美、善、德行之义,这便是《礼记·乐记》所谓“礼减而进,以进为文”,郑玄注“文犹美也,善也”,《尚书·大禹谟》所谓“文命敷于四海,祗承于帝”。

张岱年、方克立还认为,“化”本义为改易、生成、造化,如《庄子·逍遥游》:“化而为鸟,其名为鹏。”《易·系辞下》:“男女构精,万物化生。”《黄帝内经·素问》:“化不可代,时不可违。”《礼记·中庸》:“可以赞天地之化育。”归纳以上诸说,“化”指事物形态或性质的改变,同时“化”又引申为教行迁善之义。

张岱年、方克立指出,“文”与“化”并联使用,较早见之于战国末年儒生编辑的《易·贲卦·彖传》:“刚柔交错,天文也。文明以止,人文也。观乎天文,以察时变;观乎人文,以化成天下。”这段话里的“文”,即从纹理之义演化而来。日月往来交错文饰于天,即“天文”,亦即天道自然规律。同样,“人文”,指人伦社会规律,即社会生活中人与人之间纵横交织的关系,如君臣、父子、夫妇、兄弟、朋友,构成复杂网络,具有纹理表象。这段话说,治国者须观察天文,以明了时序之变化,又须观察人文,使天下之人均能遵从文明礼仪,行为止其所当止。在这里,“人文”与“化成天下”紧密联系,“以文教化”的思想已十分明确。

（三）中华优秀传统文化

李宗桂在《试论中国优秀传统文化的内涵》（载《学术研究》2013年第11期）一文中认为，中国优秀传统文化，是指中国传统文化的精华所在、精神所在、气魄所在，是体现民族精神的价值内涵。她在中华民族发展历程中，在中国思想文化发展历史上，曾经起过积极的作用，迄今仍有合理价值，能够为中华文化的现代传承和创新发展起到积极作用，能够促进社会进步和民族发展，主要体现于思想文化的层面。换言之，中国优秀传统文化，就是中华民族长期发展过程中形成的、有着积极的历史作用、至今具有重要价值的思想文化。

王学伟在《试论中国优秀传统文化的科学内涵》（载《海南师范大学学报（社会科学版）》2014年第6期）一文中从词源学的角度对“优秀”一词进行了解读。“优秀”即出类拔萃之义，所以，所谓“优秀文化”应是指文化元素中内涵丰富且出类拔萃的部分。进而，他认为所谓中国优秀传统文化就是中华民族1840年以前创造的、并能够经过现代意义上的创造性转换而服务于中国现代化建设的文化，包含物质形态层面，知识、技艺层面，行为、制度层面，文学、艺术层面和思想、精神层面等。

二、中华优秀传统文化的内涵

在几千年的文明传承中，中华民族形成了博大精深内涵丰富的核心思想理念、中华传统美德和中华人文精神，具体内涵如下。

（一）核心思想理念

张岂之在其主编的《中华优秀传统文化核心理念读本》（1、38、77—78、97、120—121、147、170、195—196、225、246、309、322—325页，北京：学习出版社，2012）一书中认为，中华民族在长期奋斗的历史中，将自身的丰富经验凝聚成具有丰富内涵和深刻理论思维的理念，它们是民族文化精华的写照，是中华民族优秀文化的灵魂。中华优秀传统文化有哪些“基本元素”，有哪些核心理念？书中从天人之学、道法自然、居安思危、自强不息、诚实守信、厚德载物、以民为本、仁者爱人、尊师重道、和而不同、日新月异、天下大同等十二方面对这些核心理念的产生、演变以及现实意义一一进行了阐述。

张岂之在其主编的《中华优秀传统文化核心理念读本》（北京：学习出版社，2012）一书中认为：

1. 天人之学即天人和谐的探索精神，就是研究自然和社会、人生及其相互关系的学问。

2. 道法自然即顺应自然的辩证法则，就是解决人自身的问题，同时也协调人与万物的关系，涉及人生和政治思想等方面。

3. 居安思危即安而不忘危的忧患意识，就是在安全的境遇中反思并发现危险或有可能导致危险的因素，从而使个人或集体尽可能长保安全、远离祸患。

4. 自强不息即生生不息的奋斗精神，就是指自我努力学习，追求进步，刚毅坚卓，发愤图强，不屈不挠，永不停息。

5. 诚实守信即进德修业的立身之本，也是为人处世的基本品德。诚与信是分而为二、合二为一的道德规范，是中华优秀传统美德的基础，是一切道德行为的保证。

6. 厚德载物即做人做事的根本原则，就是指君子有海纳百川、宽厚包容的胸怀，能听进去各种不同的意见，正确认识和解决各种现实问题。

7. 以民为本即中国古代政治的根本原则。所谓民本，就是指民众与君主的关系犹如根与树的关系，百姓就是树根，国家就是树干，君主只是树枝。国家只有得到民众的支持才能稳定，君主的权力只有得到百姓的拥护才能巩固。

8. 仁者爱人即实现社会和谐的基本出发点。在中国历史上，"仁者爱人"对于个人来说，是人们立身处世、道德修养的重要准则，人们通过"反求诸己"养成各种美德；"仁者爱人"对于社会来说，是治理国家、推行仁政的行动指南，社会通过"老吾老以及人之老，幼吾幼以及人之幼"实现和谐。

9. 尊师重道即传道授业解惑的教育理念。"道"是中国古代各学派的核心范畴，是关于宇宙、自然、社会、人生的最大知识和最高智慧。人们之所以要尊师，就主要因为人们重道。

10. 和而不同即博采众长的会通精神。"和"，和谐统一；同，相同。如不同声音组成美妙乐曲、不同味道配合而成美味佳肴、不同意见综合而成英明决策，这样多样性的辩证统一，就是"和"。"同"，即一个人单听一种声音、只喜欢一种味道、只听一种意见。

11. 日新月异即与时偕行的革新精神。"日新月异"涉及的内容很丰富，涉及自然观、社会观、人生观等领域，包括宇宙生成和事物变化，社会人文化成、人性日生日成等。

12. 天下大同即指向未来的理想之光。它突出反映了前人对理想社会的向往和追求。秦汉以后，天下大同的社会思想有了进一步的丰富发展，主要表现在以下几个方面。第一，历代思想家借助理想社会蓝图，展开对现实社会的批判。第二，天下大同的社会理想引发出人格平等、社会公平的意识。第三，思想家们逐渐认识到"天下"与"国家"的关系，不再囿于一家一国思维。第四，天下大同的社会理想逐渐上升到政治哲学的层面，反思政治社会的本质，促进中国古代制度的变革。

（二）中华传统美德

张岱年、方克立在《中国文化概论（修订版）》（212—219 页，北京：北京师范大学出版社，2004）一书中认为，为了对中国传统美德进行完整的、有机的认识，应从人与自身、人与他人、人与群体的关系三个方面来把握。据此可以概括出中华民族十大传统美德。

1. 仁爱孝悌。这是中华民族美德中最具特色的部分。"仁"可以说是中华民族道德精神的象征，虽然它曾为统治阶级所利用，但并不能由此否认它是中华民族的共德和恒德。"仁"不仅在各个历史时期，在各种道德中是最基本的也是最高的德目，而且在世俗道德生活中也是最普遍的德性标准。孝悌之德的基本内容是父慈子孝、兄友弟恭，它在社会道德生活中具有崇高的地位，得到普遍的奉行。由此形成一种浓烈的家族亲情，对家庭关系，从而也对中国社会的稳定起了极为重要的作用，是民族团结的基石。

2. 谦和好礼。中国是世界闻名的礼义之邦，"礼"是中国文化的突出精神。好礼、有礼、注重礼义是中国人立身处世的重要美德。礼之运作，包含有"谦和"之德。谦者，谦虚也，谦让也。中国人自古就懂得"满招损，谦受益"的道理。

3. 诚信知礼。中国美德由于性善的信念占主导地位，强调发挥自主自律的精神，所以特别重视"诚"与"信"的品德。

4. 精忠爱国。中华民族在长期的生存和发展中，逐步凝结成对祖国深厚的爱国主义情感，形成精忠爱国的浩然正气和民族气节。这种精忠爱国的精神是中华民族的巨大凝聚力，也是推动民族发展的巨大精神力量。

5. 克己奉公。中华民族由于家族本位的社会结构和礼教文化的传统，培育了一种整体主义的精神，并在此基础上形成克己奉公的美德。

6. 修己慎独。中国传统伦理深信，人性中具备了道德的一切要素与可能，因而"为仁由己"，只要安伦尽份，反躬内求，便是道德的完成。中国传统道德历来重视"慎独"，就是在自我独处时要严于律己，戒慎恐惧，"如临深渊，如履薄冰"。

7. 见利思义。对义利关系的处理集中体现了中国伦理道德的价值取向。传统义利观的内容十分复杂，重义轻利的倾向也曾影响中国社会经济的发展，但应当说先义后利、以义制利才是传统义利观的基本内容和合理内核，也是中华民族十分重要的传统美德。

8. 勤俭廉正。中国人民历来就以勤劳节俭、廉明正直著称于世。他们以劳动自立自强，形成了热爱劳动、吃苦耐劳、诚实勤奋的优秀品质。与此相联系，中华民族又有尚俭的传统。

9. 笃实宽厚。中国是一个以农业为主要生产方式的国家，长期的农耕生产，形成了中华民族质朴的品格和务实的精神。在待人上，中华民族一向以宽厚为美德，严于律己，宽以待人。在人与人关系中，中国人以"将心比心""以心换心"为原则，推己及人，设身处地为他人着想，在互动中达到人伦的和谐与人格的实现。

10. 勇毅力行。这是中华民族在践履道德方面所具有的德性和德行，或者说是在道德意志方面所体现的美德。中国自古就有"勇"的德目，"勇"与"毅"相联系，"毅"即在艰难困苦中坚持下去的毅力，以及在遵循道德准则方面的毅力。中国文化认为，人格的完善、社会的进步，重心不在知与言，而在于行。"力行近乎仁"，只有身体力行，才能成圣成仁。至王阳明，更是提出"知行合一"的命题，把力行的美德提高到哲学的高度。正是这种勇毅力行的美德，使得中华民族在各种险恶的环境中能够化险为夷，自强不息，不断前进。

（三）中华人文精神

楼宇烈在《中国文化的人文精神》（载《中华遗产》2007年第8期）一文中认为，对于中国传统文化，如果我们从整体上来把握的话，那么人文精神可以说是它最主要和最鲜明的一个特征。什么是人文精神呢？它的核心就是以人为本。

刘跃进、李昊远在《人文精神是中华优秀传统文化的血脉》（载《时事报告（党委中心组学习）》2017年第2期）一文中从处世方式、教化思想、美学追求、生活理念等四个方面对中华人文精神作了精辟的概括。

1. 在处世方式上，强调"求同存异、和而不同"。从本质来看，"求同存异、和而不同"讲的是人与人、人与自然、人与社会之间的一种会通方法。从结构来看，如果将"和而不同"理解为中华优秀传统文化所崇尚的一种修为和境界，那么"求同存异"则是达到这一目标的手段与方法。

2. 在教化思想上，主张"文以载道、以文化人"。无论是统治者还是普通百姓，古代中国人历来重视文化对自我和社会的教化传道功能。将道德教育与文化教育结合在一起，便产生了中华优秀传统文化“诗以言志、文以载道”“富而教民、民富亦教”的以文化人的教化思想。

3. 在美学追求上，要求“形神兼备、情景交融”。“尽善尽美”作为一种审美评价标准，实际上指的就是形神兼备，指的是外在形式和内在状态的统一。情景交融则是另一个典型的中华美学问题，反映的是中华美学所追求的一种境界。……在实际运用上，情景交融的起点是“触物起情”，随后以超功利态度的审美对既有的体验进行再次体验，与审美主体进行再次的碰撞和交流。由此而形成的“心物交感”才是审美感兴，才能导致审美意象和审美意境的生成。

4. 在生活理念上，追求“俭约自守、中和泰和”。《说文解字》给“俭”的定义是：俭，约也。俭本来的意思就是自我约束，不放肆放纵。要简化处世，理性对待各种社会关系，道家倡导“大道至简”正是这个意思。对于中和泰和这一理念，我们亦可以从多个视角加以梳理和阐释。体现为宇宙的本体，可谓之中和泰和之道；体现为人的实践交往活动，可谓之中和泰和之行；体现为具体的待人接物、问题应对，可谓之中和泰和之用。

总之，中华人文精神内涵丰富，意蕴深刻，凝聚了千百年来中华民族的生存经验、生活智慧，包含着中华民族最强大的精神基因，是滋养中华儿女骨气、志气和底气的精神源泉。

三、中华优秀传统文化的特征

冯天瑜、杨华、任放在《中国文化史（彩色增订本）》（28 页，北京：高等教育出版社，2007）一书中认为，中国传统文化在一个半封闭的北温带块状大陆得以滋生发展，其物质生产方式的主体是农业自然经济，社会组织以宗法—家族制度和专制政体为基本形态，而周边则为后进民族所环绕。这样一种特定的生态环境，使中国文化形成富于特色的性格。

（一）独创性

缪德良在《中国传统文化要略》（19 页，上海：华东师范大学出版社，2002）一书中认为，与世界各国文化相比较，中国传统文化具有独创性。中国传统文化是在漫长的历史长河中独自创发，逐渐形成的，在其开创和形成的过程中，没有受到其他文化的影响。然而，世界上不少国家的文化，在很大程度上接受了其他文化的影响。如日本、朝鲜、缅甸、越南等国的文化在形成过程中，主要接受了中国文化的影响；再如美国文化，美国是一个移民国家，美国文化接受了许多国家的影响。

缪德良指出中国传统文化的独创性还表现在自具特征、自成体系，与其他文化有着很大的差异。比如汉字的特殊构造、儒学的源远流长。应该说各国文化之间无不有差异，亦无不有类同，历来公认中国、印度、西洋并列为世界三大文化系统，实际上就是因为其差异特大而自成体系的缘故。

（二）延绵性

冯天瑜在《中国文化史纲》（1 页，北京：北京语言文化大学出版社，1998）一文中认为，在距今六七千年至三四千年间，人类栖息的地球发生了伟大的事变——西亚的两河流域、北非的尼罗河流域、南亚的印度河流域和恒河流域、东亚的黄河流域和长江流域，先后涌现出一批独立创制文字和金属工具的人群，人类终于走出长达百万年的蒙昧时代和长达万年的野蛮时代，跨入文明的门槛，赢得历史进展的加速度。

冯天瑜指出，在此后数千年间，诸文明民族创造的文化，生灭消长，此伏彼起。曾经辉煌一时的古埃及文化、巴比伦文化于两千年前趋于黯淡；印度河流域的哈拉巴文化被来自中亚的雅利安人扫灭；创建过太阳金字塔的玛雅文化，也衰败于中美洲丛林；光焰万丈的希腊文化，则被罗马所取代；罗马文化又因日耳曼蛮族入侵而毁灭殆尽，唯有东亚大陆崛起的那一文化，却于坎坷跌宕中延绵生发，始终未曾中绝，成为世界史上"连续性文化的典范"，与那些时有中断的"突破性文化"（如苏美尔文化通过巴比伦、希腊、罗马跳跃式地演化为现代西方文化）迥然有别。

（三）兼容性

张应杭、蔡海榕在其主编的《中国传统文化概论》（17—18 页，上海：上海人民出版社，2000）一书中认为，中国传统文化在自己的发展历程中，从不抱残守缺，故步自封，而总是能以非凡的包容和会通精神来丰富和完善自己。中国传统文化的这一精神首先表现在对诸家学说采取兼容并蓄的学术主张。中国古代思想家虽各有所尊，但又提倡"万物并育而不相害，道并行而不相悖"，并把这一想象作为文化发展的理想境界。所以，春秋战国时虽百家争鸣，互相驳难，但也互相吸收。如吕不韦就主张统揽百家，这一思想集中体现在他主持编撰的《吕氏春秋》上。而中国传统文化中，儒、释（佛）、道三者得以长期并存，更是典型地反映了这一包容会通精神。所以，在中国古代，儒、释（佛）、道三者的神可以并祀于一堂，在《西游记》《红楼梦》等古典小说中更是可以见到三者合一的许多具体描写。唐太宗在《大秦景教碑》序文里，甚至表达了任何宗教都可以融合在一起的思想。事实上，古代中国除了儒、道、佛三家并存外，甚至还以宽厚的心态接受了基督教、伊斯兰教等其他宗教。

张应杭、蔡海榕指出，正是这种包容会通精神，使得中国文化具有了非凡的融合力。而这种文化融合力也就成为凝聚中华民族大家庭的一种亲和力。……同样，这种包容会通精神也表现在对外来文化的吸纳与同化上。特别值得推崇的是，中国文化在与外来文化交融接触时，既能包容吸纳，但又始终是以本土自创的文化为主体。

（四）多元性

缪德良在《中国传统文化要略》（19—20 页，上海：华东师范大学出版社，2002）一书中认为，与世界各国文化相比较，中国传统文化具有十分鲜明的多元性。中国经历了长期发展的历史过程，最后形成具有 960 万平方公里的领域和 56 个民族的国家。幅员广阔和民族众多形成了中国传统文化的多元性。在漫长的历史积淀过程中，不同地域形成了各自的区域文化，如中州文化、长白文化、齐鲁文化、三晋文化、关中文化、西北文化、吴越文化、巴蜀文化、荆楚文化、滇黔文化、闽台文化、岭南文化，等等。各区域的文化具有不同的特色，同时又具有相当程度的兼容性、渗透性和互补性。这些区域文化的融合，共同汇合成了博大精深的整体的中国文化。所以说，中国传统文化是一个具有多成分、多层次的有机复合体，而区域文化则是整体中的若干部分。同样，在漫长的历史积淀过程中，不同民族也形成了各自的民族文化。民族大融合必然导致民族文化的大融合。在中国历史上，北方游牧民族曾多次南下入侵中原，但军事征服的结果，恰如马克思所指出的那样，野蛮的征服者自己总是被那些被他们征服的民族的较高文明所征服，北方游牧民族的文化最终被以汉族农耕文化为代表的中原文化所同化。

缪德良指出，中国传统文化的多元性还表现在包容吸收乃至同化国外文化，比如来自南亚的佛教。佛教在两汉之际传入中国，自隋唐开始对外来佛教加以融化，用中国的义理加以改造，使之衍变为“中国化”的佛教。

（五）伦理性

周晓光、裘士京在《中国传统文化史概论》(6—7 页，合肥：安徽大学出版社，2006)一书中认为，中国文化是以“孝”为核心的“伦理型”文化。完善而严密的宗法制度特别强调尊祖敬宗，尊重传统，在儒家思想占统治地位的古代，中国文化的伦理型特征得到进一步强化。伦理道德教育人们把个人的品格修养和个人对社会的义务置于主要地位，强调人的伦理义务，子对父尽孝，妇对夫尽顺，弟对兄尽悌，弟子对师长尽敬，臣对君尽忠，整个社会形成惩恶扬善、仁爱忠孝、尊君重民的风气。相比之下，法律的作用和威力显得不那么突出。中国文化的各个分支都被伦理观念所支配，无不体现着孝亲、尊祖、敬宗、忠君等伦理性观念。中国哲学讲阴阳之道，从伦理上将男女、夫妇关系与政治上的君臣、治乱、兴衰相联系；文学上强调“教化”功能；史学“寓褒贬，别善恶”“惩恶扬善”；教育则“首孝悌，次见闻”。对传统极端尊重，往往具有保守知足、厚古薄今的一面，同时也使传统文化增强了延续力，文化的积淀越来越丰厚。统治阶级治国特别注重道德感化的威力，强调劝善惩恶、见贤思齐。这种“伦理型”文化教育人民为理想而献身，颂扬高尚的情操和名节。每当国家民族危机之际，总有一批志士仁人慷慨赴国难“舍生取义”。“精忠报国”的岳飞、“留取丹心照汗青”的文天祥、“闻鸡起舞”的祖逖、不辱君命持节牧羊的苏武等就是其中的典范，他们都曾从传统思想中吸取积极的思想营养，他们是民族的脊梁、彪炳千秋的民族英雄。尊祖敬宗、尊重传统的特点有利于文化的积淀。

（六）人文性

冯天瑜、杨华、任放在《中国文化史(彩色增订本)》(28—29 页，北京：高等教育出版社，2007)一书中认为，人文性是中国文化特质之一。有别于重自然(如希腊)或超自然(如印度、希伯来)的文化类型，中国文化自成一种“敬鬼神而远之”的重人生、讲入世的人文传统，人颇受尊崇，所谓“人为万物之灵”“人与天地参”，将人与天地等量齐观，这使中国避免陷入欧洲中世纪那样的宗教迷狂，而发展出一种平实的经验理性。在中国繁衍的各种宗教也熏染上厚重的人文色彩。“天地君亲师”同时供祭，在实用理性的驱使下，人神不分，现世来世不隔；中国人对神缺乏无上的尊崇和发自内心的激情，而多半对神灵持“平时不烧香，临时抱佛脚”的应付及利用态度。多数中国人更敬重的是祖先和由祖先繁衍下来的族群。所以，中国传统的人文精神，要义不在尊重个人价值和个人的自由发展，而是将个体融进类群，强调人对宗族和国家的义务，构成一种宗法集体主义的人学，与文艺复兴开始在西方勃兴的以个性解放为旗帜的人文主义，分属不同范畴。

（七）统一性

韦政通在《中国文化概论》(31—32 页，长春：吉林出版集团有限责任公司，2008)一书中认为，中国数千年来，所以能够维持统一之局而不衰，原因自然很多，最主要的显然是因中国文化的统一性。中国的广土平民，自古至今，一直是我们的一大特色。在人类的历史中，堪与中国一比的，只有西方的罗马，但罗马崩溃以后，就再没有罗马出现。而在中国，虽也曾因外患内乱的原因，不断造成分裂，不过经过一段混乱之后，总仍能够恢复其广土平民的大一统之局。

韦政通指出，由于甲骨文字的被发现和整理，已大致可以看出，在殷商时代就已有了分别大宗小宗的宗法社会，正式实行着封建制度。殷商以后的周代，已确知有一个具有相当权力的中央政府。中央政府下面虽然也有许多国家，但这些国家，并不像希腊的诸城邦那样是一个个独立的政治体；这些国家的成立，不是经由周王室所分封，便是为周王室所正式承认。所以在周代，就已经是一个封建的统一的国家。周室东迁以后，开始走向衰微，虽经过五霸七雄的对峙，这一个分裂的局面并不太久，就为新兴的秦所统一，是为郡县的统一。秦祚虽短，但继之以汉的统一。从此这一局面，在历史的治乱循环中，维持了两千多年。这一历史现象，确为中国所独有。

（八）凝聚性

孙松滨在《中国传统文化凝聚力的内涵及时代走向》(载《边疆经济与文化》2006 年第 1 期)一文中认为，文化凝聚力是一个国家或一个民族所具有的聚集、吸引、团结和组织全体民族成员的向心力，是一个国家或一个民族保持统一、内聚、稳定和发展的内聚力。中国传统文化的凝聚力包括自然凝聚力和社会凝聚力两个方面。优秀的思想文化是一种巨大的精神力量。尤其是在优秀的民族文化精神基础上升华的民族精神，是中国传统文化凝聚力中处于指导地位的因素。它是中华民族赖以生存发展、维护独立和统一的精神支柱，是中华民族的民族魂。特别是当经济因素、政治因素相对落后时，思想因素起的作用更为重要。当中华民族处于危难之时，思想精神因素在文化凝聚力中的地位便突出起来。因为思想文化因素具有相对的独立性和继承性，其凝聚作用的覆盖面特别广，尤其是当民族矛盾上升为主要矛盾、阶级矛盾降为次要矛盾时，大家都会奋起维护全民族的根本利益。

（九）整体性

顾建华在其主编的《中国传统文化》(16 页，长沙：中南工业大学出版社，1998)一书中认为，中国传统文化把宇宙看成一个“天人合一”的整体，“天”和“人”又是互相对应的两个有机整体。“天”不是指个别的自然物，而是与人、与社会相对的自然界整体；“人”也不是指个别的人，而是与自然界相对的社会群体。同样，中国文化结构具有整体性。它在漫长的发展过程中，不断地包容各家各派的学说，形成以儒为核心，以儒、释、道为主体的整体文化结构。中国艺术虽然有不同门类，但不像西方艺术那样界限分明，而是相互融合成为整体。书画同源，诗画表里，乐舞一体，乐画相通。中国文化的思维特征也是如此，它善于整体把握事物，注重直觉体悟。古代中国人注意从整体上看问题，重视事物之间的联系和发展。因此又含有朴素辩证法的要素。

四、中华优秀传统文化的价值

（一）中华优秀传统文化的历史价值

中华优秀传统文化是中华民族的“根”和“魂”，是中华民族发展的内在思想源泉和精神动力。王伟光在《坚定文化自信，传承和弘扬中华优秀传统文化》（载《求是》2016年第24期）一文中指出，中华文明之所以历经五千多年而不衰，是世界几大古代文明中唯一没有中断的文明，就是因为没有抛弃传统，没有割断精神命脉，其“根”其“魂”一直延绵至今。中华优秀传统文化所倡导的讲仁爱、重民本、守诚信、崇正义、尚和合、求大同等思想理念，牢固积淀在中国人的思维模式和行为方式中，深刻影响了一代又一代中华儿女。中华优秀传统文化是海内外华人共有的精神家园，是中华民族生命力、凝聚力、创造力的重要源泉。中华优秀传统文化对中华文明形成并延续发展几千年而从未中断，对形成和维护中国团结统一的政治局面，对形成和巩固中国多民族和合一体的大家庭，对形成和丰富中华民族精神，对激励中华儿女维护民族独立、反抗外来侵略，对推动中国社会发展进步都发挥了十分重要的作用。

高长武在《中国优秀传统文化的价值定位》（载《光明日报》2016年9月5日）一文中进一步指出，中国优秀传统文化构成了中华民族共同精神家园的重要组成部分。第一，中国优秀传统文化记载了中华民族自古以来在建设家园的奋斗中开展的精神活动、进行的理性思维、创造的文化成果。第二，中国优秀传统文化积淀着中华民族最深沉的精神追求，代表着中华民族独特的精神标识，其中最核心的内容已经成为中华民族最基本的文化基因。第三，中国优秀传统文化中蕴含的中国人最基本的文化基因，是中华民族和中国人民在修齐治平、尊时守位、知常达变、开物成务、建功立业过程中逐渐形成的有别于其他民族的独特标识。我们生而为中国人，最根本的是我们有中国人的独特精神世界，有“日用而不觉”的价值观。

中国传统文化在中国古代社会的长期发展中发挥着民族凝聚、精神激励和价值整合的重要功能。张岱年、方克立在《中国文化概论》（299—302页，北京：北京师范大学出版社，2004）一书中指出，首先，中华民族自古就坚持和而不同的矛盾统一观，反对片面求同或乱斗一气；坚持统一，反对分裂。把家庭邻里的和谐、国家的统一看作天经地义的事情。这种文化传统，对于中华一体、国家一统的民族文化心理的形成，对于我国社会的长期稳定发展，曾经起到十分重要的聚合作用。以国家统一为乐，以江山分裂为忧，是中华民族天经地义的政治价值取向。这种大一统观念，经过长期的历史实践，逐渐转化为民族文化深层社会心理的结构，成为中华民族的政治思维定势，有力地推动了中华民族的整体发展和社会文化的进步。其次，中国文化的基本精神是维系全民族共同心理、共同价值追求的思想纽带，成为焕发人们为民族统一、社会进步而英勇奋斗，鞠躬尽瘁、死而后已的精神源泉。中国文化中刚健自强的精神，在两千年的历史发展中，一直激励着人们奋发向上，不断前进，坚持与内部的恶劣势力和外来的侵略压迫者作不屈不挠的斗争。近代以来，中国人民为了救亡图存和民族自强而进行了艰苦卓绝的斗争。再次，中华民族的孕育、形成和发展，有一个漫长的过程。其间，作为中国文化基本精神的诸多主体内容，在不同时期、不同地域起着不同的作用，对原有的诸多地域文化和不同阶层的文化，起着重要的整合功能。多元发展的地域文化，逐渐走向融合，成为中华民族文化大家庭的重要组成部分。不同地域的文化被纳入中华民族文化的整体架构之后，原本分别存在于不同地域文化之中的各种文化“基因”，仍继续存在，有的还被大力发掘，着意提升，成为全民族共同的精神财富。

（二）中华优秀传统文化的现实价值

中华文化不仅在长期的历史发展中发挥了极其重要的作用，在今天仍然具有独特的时代价值。李孝纯在《谈谈中华文化的精神特质与时代精神》（载《江淮论坛》2014 年第 6 期）一文中指出，第一，中华文化是维系民族团结的精神纽带。中华各民族文化长期融合形成了相对可以兼容的心理、思想与行为方式、价值取向、民族性格，形成了中华民族独特的向心力、凝聚力。共同的理想信念，是维系各民族团结的黏合剂、人民自强不息的原动力。中华民族之所以能够万众一心地抵御外侮，之所以能够在“中华一体”民族认同基础上，不计前嫌、化解内乱，与中华民族长久以来形成的文化传统不无关联。在今天，我们要进一步挖掘传统文化的精髓，发挥传统文化在维系民族团结中的纽带作用，正确把握并协调好各民族的利益关系。第二，中华文化是战胜艰难险阻的强大精神动力。中华文化的基本精神长期以来一直激励着中华民族自强不息、求真务实。在建设现代化的今天，这种精神仍是鼓舞人们不畏艰难曲折，朝着理想境界迈进的精神动力。第三，中华文化是调节天人关系的行为准则。中国传统的天人合一、天人协调的观点，确实有重要的理论价值，它指导着人们合理地处理天人关系和各种人际关系。根据这种思想，人不能违背自然，不能超越自然界的承受力去糟蹋自然、破坏自然，而只能在顺从自然规律的条件下去利用自然，调整自然，使之更符合人类的需求，也使自然界的万物都能同生共荣。面对当今世界工业文明所带来的污水横流、雾霾肆虐等恶果，我们必须认真省察与反思，重新认识中华传统文化在处理天人关系方面的时代价值。

中华优秀传统文化是治国理政、安邦济世的思想资源。王伟光在《坚定文化自信，传承和弘扬中华优秀传统文化》（载《求是》2016 年第 24 期）一文中指出，中华优秀传统文化中丰富的哲学思想、人文精神、教化思想、道德理念等，可以为人们认识和改造世界提供有益启迪，可以为治国理政提供有益启示，也可以为道德建设提供有益启发。同时，要解决当代人类面临的贫富差距持续扩大、物欲追求奢华无度、个人主义恶性膨胀、社会诚信不断消减、伦理道德每况愈下、人与自然日趋紧张等突出难题，不仅需要运用人类今天发现和发展的智慧，而且需要运用人类历史上储存的智慧和力量。因此，对传统文化中适合于调理社会关系和鼓励人们向上向善的内容，我们要结合时代条件加以继承和发扬，赋予其新的涵义，使之造福人类。为此，需要加强对中华优秀传统文化的挖掘和阐发，把跨越时空、超越国度、富有永恒魅力、具有当代价值的文化精神弘扬起来。

中国优秀传统文化在现代社会转型中发挥着重建社会道德观和价值观的突出作用。陈来在《中华文化的当代价值与意义》（载《人民日报》2017 年 3 月 17 日）一文中认为，伴随着改革开放以来中国社会的现代化转型、市场经济的活跃发展，同时也出现了社会价值观严重迷失、道德水平下降、腐败问题突出等现象。重建社会价值观、道德观的任务刻不容缓。中华文化在几千年的发展中，以仁孝诚信、礼义廉耻、忠恕中和为中心稳定形成了一套价值体系，支配和影响了中国政治、法律、经济、制度与政策施行，支撑了中国社会的伦理关系，主导了人民的行为活动和价值观念，促进了社会的稳定、心灵的向善向上。这一套体系是中华民族刚健不息、厚德载物精神的价值基础和根源，亦即中华民族民族精神的价值内涵。在社会主义市场经济条件下，社会的核心价值体系要求，既与古代社会有相同的一面，也有不同的一面。这就需要我们在进行思想文化传承的时候注意创新，以适合时代的变化和要求。社会秩序和伦理价值的建立不能割断历史，也离不开传统道德文化。在稳定人心方面，传统文化所提供的生活规范、德行价值以及文化归属感，起着其他文化要素所不能替代的作用；几千年来以人为本的传统文化，在心灵稳定、精神向上、社会和谐方面发挥了重要而积极的作用。但是，在现代社会生活中，传统的价值有些可以直接应用，有些则必须加以改造，并因应时代问题和需要，重新加以整理、概括，使之成为新时代的核心价值。

中国传统文化蕴含的义利观和诚实守信的价值观有助于加强市场主体的道德修养，培育良性的市场经济契约精神。史焕翔在《中国优秀传统文化的当代价值》（载《红旗文稿》2018 年第 12 期）一文中指出，中国传统文化蕴含的义利观有助于遏制市场经济条件下的拜金主义，端正追求物质利益的态度，在一定程度上消解私利化倾向。在义利关系上，传统儒家倡导"先义后利""见利思义""义然后取""不义而富且贵，于我如浮云""君子喻于义，小人喻于利"的价值取向。以社会主义市场经济精神为指导，挖掘中国传统义利观中的合理要素，在充分尊重个人正当利益的同时，主张义利统一，有利于规导市场经济条件下的私利化倾向，构建和谐、文明的市场经济秩序。市场经济实质上是一种"契约经济""信用经济"，它与诚实信用的价值观存在天然的联系，传统文化强调"仁义礼智信"，强调"君子养心莫善于诚，至诚则无它事矣"。"信"既是持家、兴业的重要行为规范，同时也是做人的内在道德要求。从市场主体角度而言，树立诚信意识，加强道德自律，有利于确保市场经济交往活动中行为的道德稳定性。

五、中华优秀文化的世界意义

（一）丰富世界文明的内涵，促进文明的多元发展

中国文化的连续性、独特性，丰富了世界文明的内涵。冯天瑜、杨华在《中国文化发展轨迹》（19—20 页，上海：上海人民出版社，2000）一书中指出，中国文化是世界几大原生文化之一。文化是多元发生的，关于世界最早的几大原生文化（或称文明形态），学术界表述不一，有"三大文明"（近东文明、东亚文明、中南美文明）、"四大文明古国"（埃及、印度、中国、希腊罗马）、"六大文化区"（西亚、埃及、印度、中国、墨西哥、秘鲁）、"七大母文化"（埃及、苏美尔、米诺斯、玛雅、安第斯、哈拉巴、中国），以及斯宾格勒的"八种文化形态"（埃及、巴比伦、印度、中国、古典、阿拉伯、西方、墨西哥）和汤因比的"26 个文明中心"等多种说法。无论从哪一种角度来看，中国都是这些原生文化中极其重要的一个单元；它在独立起源的时间、文明发达的程度、对周边文化的影响等方面，都具有典型意义。世界上其他古代原生文化因各种原因大都相继夭折，但是，中国文化古今绵延、连续发展，从未中断过，堪称"连续性文化"的典型。无论是汉族人执政，还是游牧人入主，中华民族都以其强大的同化力和凝聚力维持着一以贯

之的文化传统，“史的统序”便是一个象征。

中华文化为世界文化的丰富贡献了重要一极，中华文化的魅力令人迷醉。王蒙在《文论经纬：旧邦维新的文化自信》（载《人民日报》2017 年 8 月 15 日）一文中指出，中华文化形成了中华风度。“富贵不能淫，贫贱不能移，威武不能屈”的大丈夫气概，“己所不欲，勿施于人”的相处之道，“为天地立心，为生民立命，为往圣继绝学，为万世开太平”的使命担当，高瞻远瞩，凛然大义，塑造了一代代中华民族脊梁。与此同时，中华精英也有自己独特的生活方式，“穷则独善其身，达则兼济天下”“邦有道则知，邦无道则愚”，动静咸宜，刚柔相济，儒道互补，乐山乐水，阴阳五行，琴棋书画，诗书礼乐，入山出山，方圆内外，大智大勇，素心内敛，进退有道，道通为一。还有中华诗词、中华书画、中华戏曲、中华故事、中华园林、中华功夫、中华烹调、中华工艺、中华文物……这些祖宗留下的文化瑰宝，乐生惜生，代代相传，共同延续着中华价值观和中华智美，也为当代生活带来快乐，带来趣味。它们是中国人赖以安身立命的氛围与自珍自赏的美好心愿的对象化、具体化，也是中华文化与世界对话的特有媒介。

中国传统文化的包容性、开放性、融合性特质使中华民族在世界文化多元格局下保持文化自信。史焕翔在《中国优秀传统文化的当代价值》（载《红旗文稿》2018 年第 12 期）一文中指出，在几千年的历史流变中，中国文化经历辉煌、衰败，但未曾中断而发展至今，历史和现实说明中国文化具有开放包容、兼收并蓄、融会贯通的特质。汉唐时期佛教文化的传入、宋明时期阿拉伯文化、波斯文化的传入，中国文化不仅没有被削弱反而在吸收借鉴外来文化精华的基础上再创中国文化的辉煌，以开放、包容的态度接纳，结合本民族文化进行转化，为外来文化打上中国烙印，进而为中国传统文化增添新的活力。中国传统文化发展至今，依旧保持鲜活的创造力和强大的生命力，为世界文明多样化发展贡献中国力量。

（二）辐射其他国家的文化，推动文明的交流互鉴

中华文化在吸收外来文化的基础上不断发展壮大，同时也影响了世界其他国家的文明进程，推动了各地区文明的交流与互鉴。

冯天瑜、杨华、任放在《中国文化史（彩色增订本）》（31—33 页，北京：高等教育出版社，2007）一书中指出，由于地域、种族、文化等方面的原因，长期以来在东亚形成了一个以中国为中心的“东亚文化圈”，它包括朝鲜、日本、越南以及东南亚、蒙古高原、青藏高原的部分地区在内。构成这个历史性文化圈的要素大约有汉字、儒家、律令制度、佛教等几项。显然这几大要素都是中国传统文化的结晶，中国文化的辐射、传播主导了肘腋之内东亚各地的物质文明和精神生活。中国文化不仅惠及近邻东亚文化圈内，而且对包括欧洲在内的其他世界文化也影响甚巨。16 世纪之前，中国的科学技术一直走在世界的前列，中国的物质文明为欧洲的文艺复兴和近代化奠定了物质基础。中国古代在稻麦耕作、桥梁工程、掘井开河、冶炼铸造等技术领域，以及天文、算术、医学等科学领域都具有明显的优势。中国的丝绸、瓷器等产品自古以来就为西方各国人民所喜爱，火药、罗盘针、亚麻纸、纸币、木版和活字印刷术，等等，通过蒙古人和阿拉伯人先后传到西方。可以说，没有中国发明的火药，欧洲人还得流淌更多的鲜血才能攻破中世纪的封建城堡；没有中国发明的指南针和船尾骨舵，哥伦布的新大陆航行还得拖延；没有中国的造纸术和印刷术，欧洲的文艺复兴便难以迅速传播并张大其势。中国文化为西方的近代文明提供了物质基础，而且还是西方现代科学技术的直接源头。

在思想意识层面，中国的伦理哲学、政治理想，尤其是儒家思想对欧洲的启蒙运动产生过巨大的影响。通过来华耶稣会士的传播，法国的启蒙思想家如伏尔泰、孟德斯鸠、卢梭以及百科全书派的狄德罗、霍尔巴赫等人，都曾接触过中国的文化典籍，他们将中国的无神论和唯物论、"仁政""仁君"思想、"有教无类"的教育原则、民本限君的政治理论等文化资源加以理想化的描绘，借以作为反对神学蒙昧主义和君主专制的思想武器，助成了法国的政治大革命。宋儒以来的理性主义，还对德国的哲学革命产生直接作用。中国从汉代开始就建立的文官考选之制，隋唐以降演变成完备的科举制度，其"学而优则仕"的公平性、开放性和流动性，曾令东来的传教士们啧啧称叹，法国革命以后的欧洲和 19 世纪美洲的考试制度和文官制度，便参考了中国的文物典章。

张岱年、方克立在《中国文化概论》(97—103 页，北京：北京师范大学出版社，2004)一书中进一步指出，中国文化一方面吸收外来文化的精华以滋补本民族的文化血脉；另一方面，在与外民族文化系统的交流中，也传递出其独有的"智慧之光"，对人类文明的发展作出了自己的贡献。公元 8 世纪前后东亚国家对中国文化的大规模移植与受容，将东亚国家与中国在语言文字(汉字)、思想意识(儒教、佛教)、社会组织(律令制度)、物质文明(科学技术)上联成一气，形成一个在地理上以中国本土为中心，在文化上以中国文化为轴心的文化圈。19 世纪西方资本主义势力侵入东亚地区以后，这一文化圈被西方的强大影响和东亚世界政治、经济发展的不平衡所打破，但其文化轨迹却长期存在，至今不灭。强盛、深厚的中国文化不仅深刻影响和改变了东亚世界的文化格局，而且以强大的辐射力影响着世界文明的进程。指南针、造纸术、火药和活字印刷是中华民族奉献给世界并改变了整个人类历史进程的伟大技术成果。中国科技对世界文化的影响是多方面的。中国炼丹术传入阿拉伯，直接推动了阿拉伯炼丹术的生长，阿拉伯炼丹术又影响了欧洲炼丹术，而现代化学便是在欧洲中世纪炼丹术的基础上发展起来的。在与印度的文化交流中，最早在中国创立的十进位记数法直接推动印度数学产生了位值制数码。中国文化在走向世界的过程中，其独具魅力的东方意识也产生了深远影响。随着资本主义生产关系在欧洲占据统治地位，启蒙运动在欧洲广泛展开。启蒙运动本身的发展，需要以它的先驱者所留传的思想资料作为出发点。然而，欧洲中世纪的思想传统由于和宗教神学有千丝万缕的联系，无法充分满足启蒙思想发展的需要。在这种情况下，来自东方的中国古代文明，就成为启蒙思想家汲取精神力量的重要来源，成为伏尔泰等人笔下借以鞭挞旧欧洲的"巨杖"。第一次世界大战后出现的欧洲文化危机，使不少知识分子再次把目光转向东方，希望在东方文化，尤其是中国文化中找到克服欧洲文化危机的办法。

(三) 助力世界难题的解决，贡献中国智慧和方案

陈来在《中华文化的当代价值与意义》(载《人民日报》2017 年 3 月 17 日)一文中指出，推动中华文化的传承发展，一个重要的目的是围绕当今世界发展面临的重大问题，着力提出能够体现中国立场、中国智慧、中国价值的理念、主张、方案，让中华文明与世界文明一起为人类提供所需要的精神指引。中华文化的当代意义不仅在于对中华民族生命发展具有重要性，对当代中国社会建设具有重要性，从人类生活面临的矛盾冲突也可进一步了解中华文化的价值所在和当代意义。当代人类生活面临着五大冲突急需解决，即人与自然、人与社会、

人与他人、人与自我(心灵)、文明与文明的矛盾冲突,这些矛盾冲突有史以来一直不同程度地存在,但现代性的展开加剧了这些矛盾,冲突日趋紧张,已经成为世界的难题。人们已经越来越认识到,仅靠西方现代性的价值是不可能解决这些矛盾、化解这些冲突的。有识之士把眼光转向包括中华文明在内的其他文明。中华文化的"天人合一",关注人与自然的和谐,有利于化解人与自然的紧张;"忠恕之道"秉承"己所不欲,勿施于人"的精神,有利于处理人与人的矛盾冲突;"和而不同"的态度有利于处理不同文明之间的关系;"群己合一"之道有利于解决个人与社会的矛盾。中华文化中有许多思想理念对解决当代人类面临的冲突提供了有益的启示。

汤一介在《中国文化对21世纪人类社会可有之贡献》(载《文艺研究》1999年第3期)一文中指出,"和平与发展"是人类社会21世纪所面临的主要问题。中国文化中儒家、墨家、道家的某些精华可以为人类社会合理和健康的发展提供有价值的文化资源。第一,得道多助的观念将成为21世纪支配世界政治格局的观念。孟子言:"得道多助,失道寡助。"当今各国的交往要合乎道义。一要合乎于国与国平等的原则,也就是说国家无论大小、贫富、强弱都应在平等的原则下参与国际事务;二是要有利于维护和平共处,这是鉴于20世纪的战争给人类带来巨大的灾难,维护和平,避免战争,对21世纪人类社会发展至关重要。第二,兼爱互利的观念可以作为21世纪世界经济发展的共同原则。墨子提出:"兼相爱,交相利。"爱自己,同时也应对他人有爱心,这样双方才可能都得益。以损害其他民族和国家的利益来发展自己的民族和国家利益,归根到底也会损害自己的利益。任何民族和国家在考虑自身经济利益的同时,要考虑到其他民族和国家的经济利益,应该建立一种互利的经济关系,这样经济才能共同发展,政治才能保持"和平共处"。第三,崇尚自然的观念有助于21世纪的环保模式的建立。道家特别注意"崇尚自然",老子提出"人法地,地法天,天法道,道法自然"的理论,人应当顺应自然运行的规律。人类对自然的过量和无序的开发,不仅破坏了自然的和谐,而且也危及人类自身的生存条件。道家"崇尚自然"的思想无疑对21世纪人类社会有着重要的意义。第四,和而不同的观念可成为21世纪处理不同文化关系的准则。当今世界的纷争在一定程度上与文化冲突有关。当今世界文化发展中,出现了两股不同方向的文化潮流:部分西方学者从维护自身传统利益或传统习惯出发,仍然坚持"西方中心论",与此同时,一些取得独立或复兴的民族,抱着珍视自身文化的情怀,形成一种返本归根、固守本土文化的民族主义和回归传统的保守主义。甚至某些东方学者鉴于两个世纪以来西方文化对世界造成的灾难和自身所曾受到的欺压,而提出文化上的东方中心论。如何使这两股相悖的潮流不致发展成大规模的对抗,并得以消解,是当前一大问题。中国的"和而不同"观念为解决不同文化之间的冲突提供了借鉴。在不同文化传统中可以通过文化的交往和对话,在讨论中取得某种共识,这是由"不通过"到某种意义上相互"认同"的过程。这种相互"认同"不是一方消灭一方,也不是一方同化"另一方",而是在不同文化中寻找交汇点,在此基础上推动双方文化的发展,这正是"和"的作用。

张造群在《优秀传统文化:中国文化走向世界的重要根基》(载《社会科学战线》2014年第11期)一文中指出,在当今世界,人类社会面临着人与自然、人与社会、人与自我心灵以及不同文明之间的冲突,造成了生态、社会、精神以及价值危机。中国传统文化有自己独特的价值体系,成为西方文化发展的重要参照,能为解决当今人类面临的难题、促进世界文明发展做出重要贡献。第一,“身心合一”思想为解决身心安顿问题提供思想资源。传统文化追求一种真善美的人生境界,注重生命的存在问题、个人的德行问题、人生的价值和意义问题,尤其是儒家文化主张“身心合一”,认为肉体生命与精神生命之间存在着一种相即不离的和谐关系。传统文化主张道德自律、修身养性、慎独,要在纷繁多变的世界中寻找自己的“孔颜之乐”,只有找到了安身立命的根本,才能实现平治天下的宏伟目标。传统文化对于慰藉人的心灵,变化人的气质,涵养人的德性,纯洁人的情感,提升人的精神,都有极大帮助。第二,“人我合一”观念为解决“人与人”之间的社会矛盾提供思想资源。“人我合一”观念认为,在“自我”和“他人”之间存在一种相即不离的关系。在人与人的关系上,传统文化主张“和为贵”,重视人际关系的和谐,并将其作为伦理观的核心。儒家提出了“仁”的思想,把“仁”当作修身、处理人际关系的重要原则,要求“己欲立而立人,己欲达而达人”“己所不欲,勿施于人”。这种注重道德修养的传统,教育人们修身内省、敬人爱人,处理好整体协作和个体竞争的关系,在知识经济时代依然有重要价值。第三,“天人合一”观念为解决生态危机问题提供思想资源。“天人合一”思想认为在“天”和“人”之间存在着相即不离的内在关系。“天人合一”要求人们不能把“人”和“天”对立起来,要把“知天”与“畏天”统一起来,“人”应担当起合理利用自然又负责任地保护自然的使命。这种崇尚自然、效法自然的主张,教育人类必须意识到人类只不过是人与自然这个大系统中的一个要素,必须和其他要素协调发展,并在发展过程中力争保持平衡状态,对于解决当今生态危机有重要启示意义。第四,“尚中贵和”理念为处理当今世界复杂的国际关系提供有益资源。“尚中”理念源远流长,“贵和”观念也由来已久。“尚中”与“贵和”历来紧密相关,中国古代思想家视“中”为天下之大本,“和”为天下之达道,主张“尚中贵和”的态度和行动达到“致中和”的目的与结果。“尚中贵和”理念表达了中华民族爱好和平的优良传统,从现代国际关系角度来看,可以将其作为处理各个民族、国家关系的法则。

总之,中国传统文化对于自然、社会和人生问题的看法无不与人类生存之世界休戚相关,能给我们提供有价值的理念和思路,启发人们用中国思维方式和人生智慧去解决人类的共同难题。

教学设计

设计一:流淌在诗词里的文化基因

设计意图

诗词作为民族文化精粹,是中华文化极具韵味的精神和情感表达,隐藏着中国人的文化基因,也是我们传承传统文化最好的方式之一。

本设计把传承中华优秀传统文化作为一条主线,牢牢把握贯穿其中的核心理念、传统美德和人文精神,透过耳熟能详的诗词名句,引导学生从诗词中汲取营养,不断增强对中华优秀传统文化的认同感和归属感。

设计方案

一、品味诗词里的核心理念

材料一 彼黍离离，彼稷之苗。行迈靡靡，中心摇摇。知我者，谓我心忧。不知我者，谓我何求。悠悠苍天，此何人哉？

——吴树平等点校：《十三经(标点本)》，北京：北京燕山出版社，1991 年，第 248 页

材料二 黍离，闵宗周也。周大夫行役，至于宗周，过故宗庙宫室，尽为禾黍。闵宗周之颠覆，彷徨不忍去而作是诗也。

——《十三经·毛诗》，郑州：中州古籍出版社，1992 年，第 28 页

教师设问：根据材料一，指出该诗出自何处？结合材料二，思考该诗的主旨是什么？(参考答案：《诗经》；忧国情怀，感伤意绪)

教师讲述：诗作讲述周平王东迁之后，一位易代大臣因为某个机会回到曾经的西周故都，想再一次找回岁月的痕迹，却不料事与愿违。放眼望去，曾经那庄严的宗庙、巍峨的朝堂、繁华的街市，都早已被战火烧成一片瓦砾，而如今，这片瓦砾场也已不复存在，只有这一行行一棵棵绿油油一片禾苗了。看着这故国遗址，自然便产生忧国情怀和感伤意绪。

材料三 《大雅》之变，具忧世之怀；《小雅》之变，多忧生之意。

——刘熙载：《艺概》，上海：上海古籍出版社，1978 年，第 49 页

材料四 据统计，《诗经》中含有忧、患、惊、恐、惧、惮、悲、哀、怨等字眼的诗篇有 140 余篇，约占《诗经》305 篇的 46%。其中“忧”字竟出现 90 次之多(《国风》38 次，《雅》52 次)。

——李金坤：《〈诗经〉忧患意识原论》，载《江苏大学学报(社会科学版)》2006 年第 6 期

教师设问：材料折射出《诗经》中的什么意识？(参考答案：忧患意识)

教师讲述：《王风·黍离》所表现出来的忧患意识不是个案，它开创了中国古代忧患诗词的先河，后来，人们往往把亡国之痛、兴亡之感，称作“黍离之悲”。一部《诗经》就是一部忧患之书。《国风》160 篇多为社会最底层劳苦百姓的心灵诉说，其忧患意识大多体现在个人、家庭的困境与矛盾方面；《雅》诗 105 篇的作者，多为贵族士大夫，他们的特殊身份与地位，使得他们既能对统治阶级乃至最高统治者们的昏庸丑行与腐败政治具有较为清醒的认识，又能对下层普通百姓的苦难生活有所接触与体察，故他们的忧患意识主要体现在忧国忧民的国事与天下大事方面。《雅》诗作者们的这种自觉而高度的忧患意识，是形成我国文学忧国忧民优良传统的主要思想源泉之一。

教师设问：作为后继者，你能举出具有忧患意识的代表性的诗人和作品吗？(参考答案：汉乐府《西门行》中的“人生不满百，常怀千岁忧”；曹操《蒿里行》中的“生民百遗一，念之断人肠”；鲍照《拟行路难》中的“对案不能食，拔剑击柱长叹息”；杜甫《自京赴奉先县咏怀五百字》中的“穷年忧黎元，叹息肠内热”；杜牧《泊秦淮》中的“商女不知亡国恨，隔江犹唱后庭花”；张养浩《山坡羊·潼关怀古》中的“兴，百姓苦！亡，百姓苦”；夏完淳《别云间》中的“无限山河泪，谁言天地宽”；等等)

教师讲述：《诗经》之忧患意识影响后世至为深远。到了“少陵有句皆忧国”的杜甫，其忧国忧民的思想境界则更是达到了空前的高度。诗人已完全跳出了个人的小圈子，把忧郁

的目光投向了广阔的社会现实。《北征》《诸将五首》《三吏三别》《秋兴八首》等名篇自不必说，在其他看似寻常的诗歌题材中也无不流露出深厚的忧国忧民之意绪。如他在《茅屋为秋风所破歌》高唱："安得广厦千万间，大庇天下寒士俱欢颜，风雨不动安如山！"当时杜甫的生活已经非常贫困，却能推己及人，实在难能可贵。此后宋代的陆游、辛弃疾、文天祥，金元时期的元好问、萨都剌，明清时代的陈子龙、顾炎武、吴嘉纪、黄仲则、龚自珍、魏源、秋瑾、梁启超等诗人，他们的作品中无一不洋溢着忧国忧民的浓厚意识，由此共同构成了自《诗经》《楚辞》以来的忧患意识的优良传统。①

尤其在民族危难的关头，忧患意识和坚贞人格迸发出铁骨铮铮的民族气节。岳飞面对"待从头，收拾旧山河"的历史重任时，看淡了"三十功名尘与土，八千里路云和月"；文天祥面对着"山河破碎风飘絮"的局面时，坦言"人生自古谁无死，留取丹心照汗青"，准备以死亡来证明生命的价值；就连那个叹息"人比黄花瘦"的弱女子李清照，也在《夏日绝句》中，发出了"生当作人杰，死亦为鬼雄。至今思项羽，不肯过江东"的强音。这些血性文字铸造着民族的脊梁和骨气，让我们在天崩地坼中奋勇前行，焕发出中华文明百折不挠的生命力。②

材料五

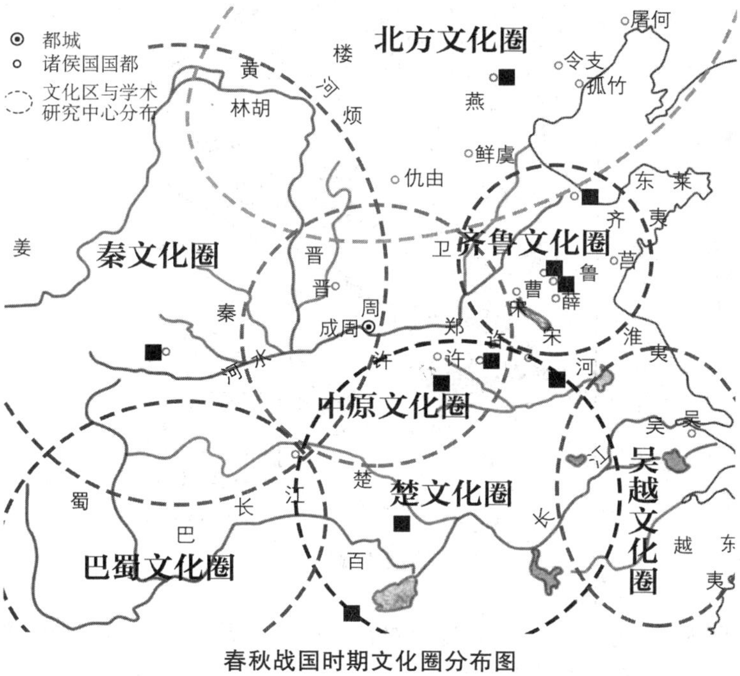

春秋战国时期文化圈分布图

——冯天瑜、杨华、任放编著：《中国文化史(彩色增订版)》，北京：高等教育出版社，2007年，第135页

教师设问：结合材料，大体上而言，如果说《诗经》是北方文化的代表，那么南方文化的代表又是什么？(参考答案：《楚辞》)

---

① 李金坤：《〈诗经〉忧患意识原论》，载《江苏大学学报(社会科学版)》2006年第6期。
② 詹百利：《古诗词里的人文情怀》，载《中国社会科学报》2015年4月24日。

教师讲述: 长江流域同黄河流域一样,很早就孕育着古老的文化。楚国兴起以后,成为这一地域文化的代表。《诗经》之后,诗歌独盛于楚;《三百篇》一变而为《楚辞》,但楚诗得以兴盛,并非因其独立的诗歌传统,而是借助屈原之力。

二、感受诗词里的传统美德

材料六 屈原者,名平,楚之同姓也。为楚怀王左徒。博闻强志,明于治乱,娴于辞令。入则与王图议国事,以出号令;出则接遇宾客,应对诸侯。王甚任之。

——(汉)司马迁撰:《史记》卷八十四《屈原贾生列传》,北京:中华书局,1959年,第2481页

教师设问: 屈原在楚国的地位如何?(参考答案:出身贵族,学识渊博;辅佐怀王,变法图强;参与政事,深得信任)

材料七

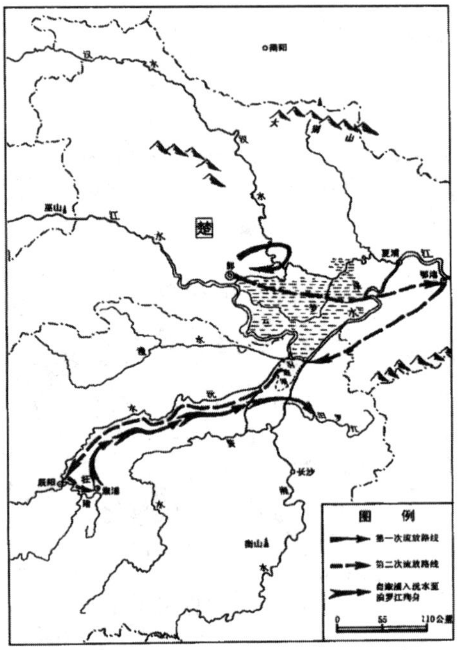

屈原流放图

——张崇文:《史记列传图志》,西安:陕西人民教育出版社,2006年,第101页

材料八 屈平疾王听之不聪也,谗谄之蔽明也,邪曲之害公也,方正之不容也,故忧愁幽思而作《离骚》。

——(汉)司马迁撰:《史记》卷八十四《屈原贾生列传》,北京:中华书局,1959年,第2482页

教师设问: 结合材料,屈原为什么被流放?结局怎样?(参考答案:信而被疑,忠而被谤;辗转沅湘,自沉汨罗江)

教师讲述: 屈原是楚武王熊通之子屈瑕的后代,出身高贵。他志向远大,希望辅佐明君,致君尧舜,对内制定法令,对外接待宾客。推举有贤能的人,结果触犯贵族的利益,郑袖

等人在怀王面前谗言，怀王听信谗言，疏远屈原，最后在秦军攻破楚国的国都之际，屈原痛感国家沦亡，投汨罗江而死。

材料九 长太息以掩涕兮，哀民生之多艰。……既莫足为美政兮，吾将从彭咸之所居。

——朱东润主编：《中国历代文学作品选（上编·第一册）》，上海：上海古籍出版社，1979 年，第 230、233 页

教师设问：结合材料，屈原投江殉国体现什么样的精神境界？（参考答案：忧国忧民，热爱祖国）

教师讲述：楚辞诗体的奠基者和创始人、中国文学史上最伟大的爱国诗人屈原，为了坚持他的“存君兴国”和推行“美政”的政治理想，殚精竭虑，矢志不渝，“宁溘死以流亡”，也不愿同流合污或出走他国，最终自沉汨罗而死。屈原之死，不仅成为泱泱雄楚一朝覆灭的历史悲剧的序幕，而且也“奏响了一支虽遭万劫，也不离弃祖国，宁肯将自己纯洁的生命葬于祖国江流之中的壮曲”，从古至今，震撼着整个民族的心灵。①

教师设问：爱国主义源远流长，你还知道哪些具有爱国主义精神的代表人物和作品？（参考答案：曹植《白马篇》中的“捐躯赴国难，视死忽如归”；杜甫《前出塞》中“丈夫誓许国，愤惋复何有”；苏轼《江城子》中的“会挽雕弓如满月，西北望，射天狼”；陆游《十一月四日风雨大作》中的“僵卧孤村不自哀，尚思为国戍轮台”；文天祥《扬子江》中的“臣心一片磁针石，不指南方不肯休”；林则徐《赴戍登程口占示家人》中的“苟利国家生死以，岂因祸福避趋之”；谭嗣同《狱中题壁》中的“我自横刀向天笑，去留肝胆两昆仑”；等等）

教师讲述：那些表明远大志向，抒发家国情怀的作品，历来备受推崇。当然，家与国的命运密不可分。如我们非常熟悉的《春望》“感时花溅泪，恨别鸟惊心”，一花之放，一鸟之鸣，生动描写出国家危难时刻，百姓妻离子散、家破人亡的悲惨情景。杜诗反映他悲苦一生的居多，这正是唐王朝由盛转衰的真实写照。最能表现他欢快心情的，莫过于《闻官军收河南河北》这首脍炙人口的七律。“白日放歌须纵酒，青春作伴好还乡。即从巴峡穿巫峡，便下襄阳向洛阳。”听说官军打了大胜仗，诗人欣喜若狂热泪滚滚，妻子的满脸愁容也为之一扫。马上想到的是返回故乡！此诗写景真实，抒情细腻，语言生动，韵律流畅。国运盛衰兴亡与家道悲欢离合的依存关系，跃然纸上。

古典诗词中的家国情怀，决非一时冲动，而是发自内心深处，建立在理性基础上厚重持久的真情流露。南宋陆游《示儿》一诗，感人至深：“死去元知万事空，但悲不见九州同。王师北定中原日，家祭无忘告乃翁。”诗人为未能收复被金兵侵占的北方土地而痛心不已，同时又对国家统一满怀信心和希望。②

三、弘扬诗词里的人文精神

材料十 在《诗经》三百零五篇作品中，除了《大雅·生民》和《商颂·玄鸟》这两首诗在写到商周祖先降生时略具有神话因素沉积外，其他作品都没有任何神秘的色彩。

——王峰、孙艳平：《试论〈诗经〉的文化精神》，载《太原教育学院学报》2006 年 S1 期

教师设问：结合材料，《诗经》体现出怎样鲜明的文化特色？（参考答案：人文主义）

① 董运庭：《再论屈原之死及其爱国主义精神》，载《重庆师范大学学报（哲学社会科学版）》2005 年第 6 期。

② 鲁谆：《中国古典诗词与优秀传统文化》，载《华夏文化》2013 年第 2 期。

教师讲述： 以人为本而不是以神为本，这使中国人很早就摆脱了原始社会的巫术宗教观念，也使诗这种文学体裁很早就从巫术宗教中脱离出来，并且奠定了以人为本而不是以神为本的中国诗歌发展的民族心理传统。

材料十一 唐宋诗词雅俗共赏，家喻户晓，蕴涵着积极进取、豁达乐观的人生态度，救治天下的责任意识，诚挚友善的情感体验，追问生命内核的终极关怀。

——李青云：《吟咏唐宋诗词 建构人文精神——唐宋诗词人文精神解读》，载《牡丹江大学学报》2008 年第 3 期

教师设问： 结合材料，诗词中的人文精神包含哪些内容？你能举出一些相关的例子吗？（参考答案：人生的价值追求、责任意识、人伦情怀等。《诗经·邶风·击鼓》中的“执子之手，与子偕老”；屈原《离骚》中的“路漫漫其修远兮，吾将上下而求索”；王勃《送杜少府之任蜀州》中的“海内存知己，天涯若比邻”；李白《将进酒》中的“人生得意须尽欢，莫使金樽空对月”；刘禹锡《酬乐天扬州初逢席上见赠》中的“沉舟侧畔千帆过，病树前头万木春”；孟郊《游子吟》中的“谁言寸草心，报得三春晖”；等等）

教师讲述： 中国古典诗歌源远流长，千百年来闪烁着不朽的艺术光芒。它是中华民族的文化精华，是中华民族人文精神的结晶，在传统人文文化中具有独特的魅力和地位。

材料十二 古今之成大事业、大学问者，必经过三种之境界：“昨夜西风凋碧树，独上高楼，望尽天涯路。”此第一境也。“衣带渐宽终不悔，为伊消得人憔悴。”此第二境也。“众里寻他千百度，蓦然回首，那人却在，灯火阑珊处。”此第三境也。

——（清）王国维：《人间词话》，哈尔滨：哈尔滨出版社，2006 年，第 39 页

教师设问： 结合材料，你如何理解人生的“三境界”？（参考答案：第一步确立志向和目标；第二步努力探索和追求；第三步实现理想和愿望）

教师讲述： 第一境语出宋代晏殊的《蝶恋花》，王国维则将此句解成，做学问成大事业者，首先要有执着的信念，登高望远、瞰察路径，明确目标与方向、了解事物概貌，才能夯实成功的基础；第二境语出柳永的《凤栖梧》，为了事业、学问上的崇高目标，为了获得成功，在前进道路上，历经艰难困苦，仍不懈探索，执着追求；第三境语出辛弃疾《青玉案·元夕》，在求索的道路上，不知走过多少弯路，经历多少挫折，似乎已经无法可想，无法实现既定的目标了。但回头一看，忽然发现自己离目标已经不远，胜利已经在望了。这是厚积薄发、功到自然成。

这三种境界在古典诗词中俯拾即是，李白在《行路难》诗中，以豪放的格调和象征性的语言写道：“长风破浪会有时，直挂云帆济沧海。”其中蕴涵着大展鸿图的抱负，表达出最大限度地实现自我价值、扩充生命意义的强烈愿望。即使身处逆境，也要从挫折中奋起，努力抗争的精神，以自我的顽强拼搏，为生命的发挥效用开拓出一条道路。如苏轼，生命在极度被挤压、被压榨中绽放出绚烂的光芒。他用豁达的心态调侃自己的一生：问汝平生功业，黄州惠州儋州。正所谓：回首向来萧瑟处，归去，也无风雨也无晴。纵观苏轼的一生，就是一首生命不屈、努力抗争的颂歌！

材料十三 有我之境，以我观物，故物皆著我之色彩。……东坡之词旷，稼轩之词豪。无二人之胸襟而学其词，犹东施之效捧心也。

——（清）王国维：《人间词话》，哈尔滨：哈尔滨出版社，2006 年，第 3、69 页

教师设问： 结合材料和以上分析，王国维的“境界说”有何更深层的含义？（参考答案：

不仅指向艺术层面，更是指向文化层面）

教师讲述：“诗言志”“诗缘情”，一切景语皆情语，观察外物、描写事物，最终是为了抒发和体现我心中的情感服务的；同时，王国维强调有境界的作品必来自有境界的人生，强调主体的人生境界。因此，那种品性不高，庸俗卑下的人，是不可能创造出真正的作品的。能创造出高尚的作品，其人品也必然是高尚的。

由此可见，中国传统诗学注重文学与人生不可分离的关系。王国维的“境界说”更是把能否表现人生作为衡量词的一个主要标准，强调作品必须展现人生。诗词来源于人生，亦是在描写人生，没有描写人生的文学不是真正的文学。[①] 所以，归根结底，诗词所要表达的内涵最终落在“人”的身上。

教师引导学生小结：作为精英文化的中国古典诗歌，集中地体现了中华民族的主流文化精神，是中国古代精神文化的有机组成部分。中国古典诗歌除了艺术成就之外，还蕴含着丰厚的人文意蕴、崇高的传统美德和核心的思想理念，这需要我们进一步的挖掘和弘扬。

设计二：时代的变奏与合奏——一战引发的中西文化交流与省思

设计意图

第一次世界大战对中西方的思想界产生了巨大的震动，引发了人们对于中西方文化利弊的反思。本设计通过对第一次世界大战后中国文化和西方文化双向交流的考察，引导学生认识中国传统文化的价值与世界意义，理解民族文化需要在时代变革中与时俱进，各种文明之间只有超越分立、相互尊重、取长补短、协同进步才能实现人类社会的永恒发展！

设计方案

教师讲述：1840 年鸦片战争之后，中国在西方列强的侵略下走向沉沦，一批批先进的中国人为了挽救民族危机，不断向西方学习，先后兴起了旨在学造西方器物的洋务运动以及旨在仿行西方政治制度的维新变法和辛亥革命，但结果都归于失败。于是人们又开始从文化的深层结构进行反思，因而有了旨在引进西方文化，以彻底批判和改造中国传统文化的新文化运动。可是，正当中国人将西方文化作为救国的最后良方效法学习之时，在西方文化的发祥地欧洲爆发了人类历史上一场史无前例的战争——第一次世界大战，这场战争对中国乃至欧洲的思想界都产生了巨大的震动，引发了人们对于东西方文化利弊的反思。

材料一 第一次世界大战持续了 4 年零 3 个月，将 30 个国家的约 15 亿人卷入战争。各交战国动员了人口达 6000 万左右，死亡官兵 900 万人，另有 2100 万人受伤，终身残疾者 350 万人。这场战争造成的直接损失 1805 亿美元，间接经济损失 1516 亿美元。

——徐蓝：《世界近现代史 1500—2007》，北京：高等教育出版社，2012 年，第 288 页

材料二 1914 年以前，欧洲已是近代基本的政治思想和政治制度的发源地。正如我们所看到的那样，这些思想和制度的影响已波及全球各个角落。然而，战争的浩劫却使欧洲人士气沮丧，失去信心。在欧洲大陆的各个地方，古老的秩序正在受到怀疑和

① 刘凌：《王国维“境界说”的文化阐释》，载《学术交流》2011 年第 9 期。

挑战。

——[美]斯塔夫里阿诺斯著:《全球通史:从史前史到21世纪》(下册),吴象婴等译,北京:北京大学出版社,2006年,第661页

材料三 战后作家悲叹西方社会的衰落。一位名叫奥斯瓦尔德·斯宾格勒(1880—1936)的德国退休教师以此为题出版了《西方的没落》(1918—1922)一书。在这本可能被看作西方文明的讣告的书中,……通过对西欧历史的分析,他(斯宾格勒)得出这样的结论:欧洲社会已经进入了其存在的最后阶段。接下来将是不可逆转的衰落,其标志就是帝国主义和战争。斯宾格勒令人沮丧的预言给那些为战后绝望寻找理由的人提供了某种安慰,因为他确信世界上所有国家注定都要灭亡。

——[美]本特利、齐格勒著:《新全球史:文明的传承与交流(1750至今)》(第五版),魏凤莲译,北京:北京大学出版社,2014年,第244页

教师设问:一战给欧洲造成了怎样的影响?一战后欧洲人的情绪如何?(参考答案:一战给欧洲造成了人力和物力的巨大损失,欧洲的社会生产力遭到严重破坏;欧洲普遍弥漫着悲观和失望的情绪)

教师引导学生分析:空前残酷的第一次世界大战给欧洲带来了各种各样的灾难,对西方国家产生了重大影响。无数的城市和农村沦为废墟,大批工厂、铁路、桥梁、房屋毁于一旦,残酷的现实加重了欧洲人精神上的苦痛,西方世界沉浸在一片悲凉颓败之中,悲观与失望的情绪弥漫,危机观念像阴影一样,笼罩着整个西方社会。

与此同时,一战的浩劫使中国的思想界也受到了莫大的震动。

材料四 西洋诸国日以其科学所发明之利器戕杀其同类,悲惨剧烈之状态,不但为吾国历史之所无,亦且为世界从来所未有。吾人对于向所羡慕之西洋文明,已不胜其怀疑之意见,而吾国人之效法西洋文明者,亦不能于道德上或功业上表示其信用于吾人。则吾人今后不可不变其盲从之态度,而一审文明真价之所在。

——周月峰:《中国近代思想家文库·杜亚泉卷》,北京:中国人民大学出版社,2014年,第315页

教师设问:第一次世界大战爆发后,中国的思想界对西方文明的认识有何变化?(参考答案:中国思想界认识到西方文明的弊端,由盲从转为怀疑)

教师引导学生分析:近代以来,中国不断遭受西方列强的侵略。为了救亡图存,中国的思想界一直视西方国家为效法自强的对象。然而,一向自诩文明的西方世界竟然以战争这种非理性的方式解决彼此的争端,且战争之惨烈令人触目惊心。这使得本来对学习西方充满热情和希望的中国人对西方文化产生了怀疑和动摇。战争爆发后他们不断地反身自问:这种给人类造成了巨大灾难的文化,还值不值得中国学习?它将向何处去?中国的文化又将向何处去?以杜亚泉为代表的中国学者进行了深入的思考。

材料五 ……吾国固有之文明,正足以救西洋文明之弊,济西洋文明之穷者。西洋文明浓郁如酒,吾国文明淡泊如水;西洋文明腴美如肉,吾国文明粗粝如蔬。而中酒与肉之毒者,则当以水及蔬疗之也。

——周月峰:《中国近代思想家文库·杜亚泉卷》,北京:中国人民大学出版社,2014年,第315页

教师设问：中国学者如何认识西方文明与中国文明的关系？（参考答案：西方文明与中国文明各有利弊，二者可以取长补短）

教师引导学生分析：在中国学者看来，尽管动的西洋文明造就了社会经济发展的奇观，但也加剧了社会的矛盾与冲突，造成了道德的沦丧；而静的东方文明刚好与此相反，尽管社会经济发展迟缓，但有尊崇礼仪、奉守道德的社会风尚，人们之间相处和谐。显然，这是一种中西文化调和论。

材料六　在杜亚泉的中西文化调和论中，他经历了从以借鉴西方为重，到以中国固有文化为主的变化。这一变化既是第一次世界大战的恶果所导致，同时也与西方的学说、主义在中国实践频遭挫折密不可分。

——陈同：《第一次世界大战背景下的杜亚泉》，载《史林》2015 年第 6 期

教师设问：杜亚泉为何会形成中西文化调和的思想？（参考答案：对一战的反思；西方思想在中国的实践遭遇挫折）

教师引导学生分析：一方面，第一次世界大战使得以杜亚泉为代表的中国学者看清了西方文化的弊端；另一方面，近代以来中国始终效法西方以自强，然而不论是学造器物为目的的洋务运动，还是仿行制度为目标的维新变法和辛亥革命，实践效果并不理想，最终都没能改变中国落后的命运。长期以来，中国学者始终认为中国的传统文化无法让中国走上富强的道路，因而一度抛弃。然而第一次世界大战暴露了西方文化的弊端，中国学者不仅找回了本民族文化的自信，甚至还准备给失落的西方文明开药方，贡献中国智慧。

材料七　实际上，我的确相信，欧洲人民于这场大战之后，将在中国这儿，找到解决战后文明难题的钥匙。我再说一遍，正是在中国，存在一笔无法估价的、迄今为止毋庸置疑的巨大的文明财富。这笔财富，就是真正的中国人。因为他拥有欧洲人民战后重建新文明的奥秘。而这种新文明的奥秘就是我所谓良民宗教。这种良民宗教的第一条原则，是要相信人性本身是善的；相信善的力量；相信美国人爱默生所说的爱和正义的法则之力量与效用。可是，什么是爱的法则呢？良民宗教教导人们，爱的法则就是要爱你的父母。那么，什么又是正义的法则呢？良民宗教告诫人们，正义的法则就是要真实、可信、忠诚。每个妇人必须无私地绝对地忠诚其丈夫，每个男人必须无私地绝对地忠诚其君主、国王或皇帝。在此，我想最后指出，这种良民宗教的最高责任，就是忠诚之责任。忠诚，不仅表现在行事上，而且蕴藏于内心。

——辜鸿铭：《中国人的精神》，黄兴涛、宋小庆译，桂林：广西师范大学出版社，2001 年，第 24 页

教师设问：辜鸿铭认为应当如何解决战后欧洲的文明难题？（参考答案：从中国的“良民宗教”中寻找答案）

教师引导学生分析：显然，辜鸿铭所说的“良民宗教”就是中国传统的儒家思想。辜鸿铭是近代中国著名的文化学者，他出生在海外，童年和青年时接受的是西方教育，在学成归国后又心仪中国传统的儒学，凭借深厚的外文造诣，辜鸿铭翻译了许多中国传统的经书典籍。他认为儒家学说的仁义之道，可以拯救弱肉强食竞争中出现的冷酷与毁灭；他相信，正被国人摒弃的传统文化，恰是拯救世界的良方，而儒学即是这个文化精髓所在。对于中国的儒家文化，辜鸿铭不仅自己顶礼膜拜，更不遗余力推向世界。

材料八　一战后，西方特别是德国学者梦想用中国哲学精神根治西方社会弊端，“借中

国智慧，释自身焦虑”，倾向于将中国视为自己的精神家园，期待从那里寻回疗救自身的灵药和补正自身文化的方略。

——陈从阳、桂莉：《德帝国晚期和魏玛共和国时期中国文化热原因初探》，载《武汉大学学报(人文科学版)》2011 年第 6 期

教师设问：西方学者对自己的文化有何反思？（参考答案：认识到西方的社会弊端，倾向于利用中国文化弥补西方文化的不足）

教师引导学生分析：第一次世界大战沉重地打击了“西方中心论”，战后欧洲文明和文化的深刻危机，动摇了欧洲根深蒂固的优越感，随着“西方没落”疑虑的出现，西方学者把眼光投向了遥远的东方，中国的儒家学说被高度赞扬，老庄哲学也一度风行，人们希望用中国文化来发展人际关系，实现世界的安宁与和平。

材料九 不少德国学者对儒学的态度颇为矛盾，或者说，他们是以一分为二的态度看待孔子及儒家学说的：一方面，他们预感到西方技术文明在表面的繁荣之下其实孕育着深刻的危机，认为儒家的道德学说确实能够为西方提供一些有益的补充；然而另一方面，儒家学说“贫乏”的哲学和宗教内涵却让他们始终无法认同，而且，在审视了中国自近代以来落后、动乱的社会现实之后，他们又开始质疑儒家思想是否具有促进中国现代化的能力。

——方厚升：《辜鸿铭与德国》，上海外国语大学 2007 年博士学位论文，第 192 页

教师设问：欧洲人是否完全认同中国传统文化？为什么？（参考答案：并非完全认同；因为中国的传统文化不仅与欧洲文化的内涵有差异，而且并未使近代中国由弱变强，最终实现现代化）

教师引导学生总结：文化是否被认同，取决于文化自身的魅力及其所展现的国家实力。虽然，第一次世界大战之后的欧洲出现了信仰危机，以辜鸿铭为代表的中国学者所推崇的“中国文化”一度在西方得到传播并部分被接受。然而由于近代中国的落后，西方人无法对“中国元素的文化”完全认同。当然，并非中国文化受到这般待遇，印度也曾被当时的欧洲人视为“最古老最智慧的土地”，也一度成为德国学者的圣地，但印度文化终不免与中国文化遭遇同样的结果。当东西方在同一时代遇到类型不同的危机之时，显然需要相互尊重，超越文明分立的局限，才能在变革中实现传统文化的新生。毕竟文明交流、文明互鉴、文明共存才是人类文明永恒发展的主流！

教学资源

资源 1：汉语中“文化”的词源解析

词项	词源分析
“文”	“纹理”，引申出“人为修养和美、善、德行”之义
“化”	“改变”，引申出“教行迁善”之义
“文”+“化”(“文”与“化”并联使用)	引申出“以文教化”之义
“文化”(“文”与“化”合成一个词使用)	文治和教化

——吕长竑、夏伟蓉：《文化：心灵的程序——中西文化概念之归类和词源学追溯》，载《青海民族学院学报(社会科学版)》2009 年第 3 期

资源2:“伦理”一词的内涵

考“伦理”一词,初见《礼记·乐记》:“乐者,通伦理者也。”郑玄注:“伦,犹类也;理,犹分也。”《说文》解“伦”谓“从人仑”,含“条理”“思虑”义。其实“伦”训释为“理”,在先秦典籍中常见。如前引《尚书·舜典》:“诗言志,歌咏言,声依永,律和声,八音克谐,无相夺伦,神人以和。”王弼注:“伦,理也。”又《论语·微子》:“言中伦,行中虑,其斯而已矣。”注:“孔曰:但能言应伦理,行应思虑,如此而已矣。”按:《说文》解“理”,本义为“治玉”,条理义。段玉裁注:“在物之质曰肌理,曰腠理,曰文理。得其分,则有条而不紊,谓之条理。……理也者,情之不爽失也,未有情不得而理得者也。天理云者,言乎自然之分理也。自然之分理,以我之情,絜人之情,而无不得其平是也。”理以自然条理意义指向人文社会秩序,则与礼治之“礼”相通。而作为文化的伦理模式之构成,又源自中国重血缘关系的亲缘观念,推扩开去,则是伦理政治或符合道德规范的社会。

——许结:《中国文化史论纲》,南京:江苏教育出版社,2006年,第6—7页

资源3:“文化”与“文明”的区别

虽然文明和文化关系紧密,不可分割,但是,它们之间的区别也同样是明显的。

第一,词源含义不同。“文明”一词来源于拉丁语civilis,意即公民的、社会的、国家的。它与野蛮相对立,是代表人类社会进步水平和程度的积极成果。而文化虽然也来源于拉丁文,但是拉丁文中的cultura意指耕作、培养、发展等,是指人类对自然进行加工和改造,对自身进行训练活动的成果,标志着人类从自然状态向社会状态的转变。因此,从这种意义上认识和把握,文化是人和自然的区别的标志,而文明则侧重于从人类在改造自然和自身过程中所取得的积极成果方面予以概括和分析。

第二,产生的时间不同。从二者的产生时间来看,文化的产生早于文明的产生。自有人类以来,便有文化,当人类脱离动物状态开始进行创造性的认识、改造自然和自身的活动,并赋予自然物以人的“目的性”的标记和价值观念的时候,原来的自然物便具有了文化的意蕴,具有了成为一种文化现象的可能,从而使人类活动进入了“文化”领域。可以这样说,从人脱离动物界进入原始社会从事认识、利用和改造自然界的那一刻起,就有了文化,而人类开始进行创造性的劳动最早发生在几十万年以前,所以人类文化的产生也应该有几十万年的历史。而文明则是人类进入阶级社会以后,特别是在文字产生以后,自人类的文化活动得以记载下来才开始的,至今不过几千年的历史。恩格斯在《家庭、私有制和国家的起源》一书中把人类社会分为蒙昧时代、野蛮时代和文明时代。文化贯穿于三个时代的始终,同人类相伴而行;文明则从第三个时代开始,即始于奴隶社会,在封建社会、资本主义社会和社会主义社会又不断得到丰富和发展。可见,文化与文明从发生学的角度分析,有先后的差异。

第三,所蕴涵的内容不同。文明的产生是以文化的产生为基础的,但又高于文化。自从人类产生以来,人类在实践过程中创造了许许多多形式各异的文化成果,它涵盖了物质的、精神的和政治的成果。这些成果中,既有精华、进步、推动人类社会前进的不朽的内容,又不乏糟粕、落后、与人类进步相悖的成分,所有这些都是人类所创造的文化的一部分,均可称为文化。但是,只有真正反映时代精神、推动人类发展的优秀的文化成果才是人类文明的因素,而那些落后的、腐朽的糟粕是不属于文明的范畴。可以说,文化是多样的,有精华和糟

粕、落后与先进之别，而文明则只是文化中的先进部分。此外，文化是多元的，文明是一元的。在人类社会不同阶段，受各种因素的影响，不同的国家创造出了形态各异的文化，使得整个人类文化呈现出“百花齐放”的局面，即使是同一种文化在不同发展阶段也有不同的表现形式，因此文化是多元的；而文明虽然也有多种形态和不同的内容，但是从根本上而言，界定、判别文明的标准是单一的，那就是文明只是表明人类社会的进步和发展程度。文化具有强弱之分，而文明则只有发展程度高低之别。

第四，传播的途径和方式不同。文明和文化作为人类实践创造的成果都具有可传播性，是可以被互相借鉴和学习的。但是，从一般意义上说，文明的传播在一定程度上具有强制性的特点，有些时候往往是不择手段地强加于人。这一点在19世纪表现得尤为突出，率先进入资本主义社会的西方列强，打着传播先进文明的旗帜，用大炮轰开了落后国家和地区的大门，大肆进行掠夺。虽然此举对于落后国家和地区的文明发展和社会进步起到了一定的积极作用，但是，它对落后地区的侵略也成为这些国家和地区长期落后的一个重要原因。文化的传播性则是可选择的，对于文化之间的互相学习，人们既可选择某一文化，也可选择其他文化。因此，在人类社会的发展历程中，拒绝先进文明带来的只能是落后和受到欺侮，而拒绝某一文化则不会带来如此的后果。

——杨海蛟、王琦：《论文明与文化》，载《学习与探索》2006年第1期

资源4：中国传统文化的分类

中国传统文化博大精深，包罗万象。按照学习与研究的不同视角，可以有多种多样的分类。从文化的功能方面，可以划分为礼仪文化、民俗文化、制度文化、农村文化、校园文化、饮食文化、服饰文化等；从文化的层次方面，可以划分为贵族文化、士流文化、大众文化、官方文化、民间文化等；从文化的系统方面，可以划分为科技文化、政治文化、经济文化、学术文化、思想文化等；从文化的发展历史方面，可划分为原始文化、奴隶文化、封建文化等；从文化的结构方面，可以划分为考古文化、典籍文化、社区文化、民族文化等；从文化的形态方面，可以划分为物质文化、精神文化、行为文化等；从文化的地域方面，可以划分为东方文化、大陆文化、海洋文化、地方文化等。

——郭风平：《中国传统文化概说》，杨凌：西北农林科技大学出版社，2004年，第6页

资源5：地理环境对中国文化形成的影响

对中国地理大势首次作出概括的，是成文于周秦之际的《禹贡》(汉代人将其收入《尚书》)。该文提出华夏族的“四至”观：东渐于海，西被于流沙，朔南暨声教，讫于四海。

这一洗炼的描述当然需要补充：中国东边面临的大海，是古人难以逾越的太平洋，并非地中海、波斯湾那样的内海；其陆地外缘，不仅有西北横亘的漫漫戈壁，还有西南耸立的世界屋脊——帕米尔高原、青藏高原和纵贯边隆的横断山脉。

大海、沙漠、高山共同围护着板块状的东亚大陆，使之与外部世界相对隔离，这种地理格局，成就了中国文化的独立发生，并使中国文化在以后漫长岁月少受异质文化冲击，从而保持一以贯之的完整统系。但封闭隔绝的地理环境在客观上又增加了中国人突破自然屏障、

开拓远外的难度，助长了自大自尊、自我中心文化的惰性。

中国地域辽阔，所跨纬度和经度远比希腊、埃及、印度等文明古国广大，其物产资源丰富多彩，回旋天地广袤开阔，当中原文明受到北方游牧文明的压迫、地力资源趋于衰退，中国的经济中心和文化中心向东向南实现大规模的迁徙转移。

在东亚大陆的内部，腹里纵深，地形和气候条件复杂多样，南北温差近摄氏 50 度，东西年降水量相差几千毫米，大河东西横贯，山系纵横，种种自然特点，把中国分割成大大小小的"国中之国"，从而造成中国文化多样发展，各区域文化间差异极大，所谓"百里不同风，千里不同俗"。

——冯天瑜、杨华：《中国文化发展轨迹》，上海：上海人民出版社，2000 年，第 8—9 页

资源 6：儒家的社会责任

儒家肯定人格尊严，同时又强调个人对于社会的责任。孔子曾说："鸟兽不可与同群，吾非斯人之徒与而谁与？"(《论语·微子》)这就是说，人只能在人群中生活，也就是只能在社会中生活，个人对于社会是负有一定责任的。孟子论处世之道说："士穷不失义，达不离道。……古之人得志，泽加于民；不得志，修身见于世。穷则独善其身，达则兼善天下。"(《孟子·尽心上》)儒家学者大多都怀抱兼善天下的志愿，独善其身是不得已，这也表示具有强烈的社会责任心。明清之际进步思想家顾炎武提出"天下兴亡、匹夫有责"的名言，这是多数正直的知识分子的共同呼声。

儒家一方面宣扬个人的人格尊严，另一方面又高度重视个人的社会责任心，这两方面结合起来，构成对于人生价值的正确认识，在历史上起了促进精神文明发展的积极作用。

——张岱年：《中国文化优秀传统的生命力》，载《中国文化研究》1993 年第 1 期

资源 7：仁爱思想的内涵

爱人是由"爱亲"开始的，《论语·学而》中谈到"孝弟(悌)也者，其为仁之本与！"可以看出孝悌是"仁"的根本。《中庸》中也引孔子的话"仁者，人也，亲亲为大"。意思是"仁爱"的品德是人本身所具有的，爱自己的亲人是最基本的。百善孝为先，孝是子女对父母的敬爱之情。善事父母为孝，孔子极其重视孝道，孝并不是空泛的，在孔子的思想中赋予了孝具体的内容：一方面是指顺，即无违。孟懿子问孝。子曰："无违。"樊迟御，子告之曰："孟孙问孝于我，我对曰'无违'。"樊迟曰："何谓也？"子曰："生，事之以礼；死，葬之以礼，祭之以礼。"(《论语·为政》)"无违"即绝对服从礼的规定。对父母的生、死、葬、祭都必须用礼。另一方面指敬，子游问孝，子曰："今之孝者，是谓能养。至于犬马，皆能有养，不敬，何以别乎？"(《论语·为政》)对父母，如果只是养活，而不是从心里尊重、敬爱，与养活犬马无异，不是孝。敬是一种建立在血缘基础上的敬爱之情，是比孝养更高的一种伦理尺度和道德要求。还有一方面就是色难，子夏问孝，子曰："色难。有事，弟子服其劳；有酒食，先生馔，曾是以为孝乎？"(《论语·为政》)也就是说不仅要在形式上孝顺父母更重要的是一种发自内心深处的敬仰之情。善事兄长为悌。"弟子入则孝，出则悌"，爱人是从父母兄弟开始的，"君子笃于亲，则民兴于仁"。(《论语·泰伯》)孝悌是爱人的根本，孝悌是"仁"的前提、基础，"仁"是孝悌的发展、扩

充，于是孝悌就成了孔子“仁”的最根本的内容。

——刘夏：《孔子仁爱思想内涵及现实意义》，载《传承》2008年第11期

资源8：“忠君”与“爱国”

在中国古代政治伦理中，尽管“忠君”是“爱国”的前提，但作为道德要求，二者之间还是有着细微的区别，那就是“忠君”是有条件的，而“爱国”则是无条件的。孟子关于“汤放桀，武王伐纣”的问答，就表明儒家对“忠君”预设的前提条件，就是君主的仁义：“贼仁者谓之贼，贼义者谓之残，残贼之人，谓之一夫。闻诛一夫纣矣，未闻弑君也。”（《孟子·梁惠王下》）展开来说，这种前提条件便是“君之视臣如手足，则臣视君如腹心；君之视臣如犬马，则臣视君如国人；君之视臣如土芥，则臣视君如寇仇”。“忠君”的有条件与“爱国”的无条件使中国传统政治伦理，既具有可操作性，又具有崇高性。对于儒家知识分子而言，对“忠君”与“爱国”之间关系处理，既是一种品德操守要求，更是一种勇敢品质和智慧把握。

——赖雄麟、高晶华：《爱国主义的中华优秀传统文化之维》，载《西北大学学报（哲学社会科学版）》2016年第3期

资源9：“天下大同”和“以民为本”

自古以来，中华文明就有一个重要政治思想，也是一种美好社会理想，就是“天下大同”。所谓“天下”者，非一人一家一国一民族之天下，而是所有人所有民族所有国家共有之天下。所谓“大同”者，中国古代典籍《礼记》中说：“天下为公”“是谓大同”；另一古代典籍《吕氏春秋》中说：“天地万物，一人之身也，此之谓大同。”这是中国古人们对“天下大同”思想的理论说明和形象表述。基于“天下大同”的要义，中国的古贤们还提出了又一个重要政治思想，就是“民惟邦本”“国以民为本”的民本主义。所谓“以民为本”，就是倡导社会经济、政治、文化活动和治国理政工作，要服从和服务于天下民众的共同利益，实现“安民”“富民”“乐民”。中国西汉著名的政论家贾谊就说过：为政者应“以富乐民为功，而以贫苦民为罪”。当然，历史的事实已反复表明，在中国古代少数人统治多数人的封建社会里，统治者没有也不可能真正贯彻“天下为公”的思想，没有也不可能真正实行“以民为本”的原则，没有也不可能真正实现“安民”“富民”“乐民”。但是，“天下大同”和“以民为本”这种体现人民性民主性的先进政治思想和美好社会理想，作为中国传统文化的思想精华，却一直为致力于社会进步的志士仁人和劳动人民在不断追求和长期实践斗争中传承下来。

——滕文生：《天下为公：中华文明的世界贡献》，载《北京日报》2017年12月4日

资源10：“中庸”的内涵

所谓中，《说文解字》释为二义：一曰“内也”，即人之本性情感藏之于内心中，尚未显露，无偏无倚；二曰“正也”，即无过不及之义，恰到好处。尚中观念历史悠久，早在甲骨文、金文中就已有中字。《易经·夬·九五》云：“中行，无咎。”孔子在继承与发挥殷周时期“尚中”观念的基础上，第一次把中与庸结合起来，并上升到哲学思想和伦理学说的高度，正式提出了中庸这一概念。即“中庸之为德也，其至矣乎！民鲜久矣”。（《论语·雍也》）何谓中庸？概言之，中庸本义就是用中之意，即要求人们的一切言行都要合乎中的原则。其主要含义有

三：一是中道；二是适中；三是时中。

——许亚非：《传统中和思想及其现代价值论》，载《西南民族学院学报(哲学社会科学版)》2002年第8期

资源11：中华文化长久延续的原因

中华文化由于其地域性和兼容性而具有顽强生命力。中华文化的源远流长一方面是由于我国相对封闭孤立的地理区位，造成了外来同级别文明的冲击较少，即使有入主中原的少数民族，也由于中华文化的先进性而快速被吸收同化。同时中国长期相对于西方具有明显的人口优势，文化存在的群体较大，具有更强的抗冲击能力。另一方面由于我国文明具有强大的兼容力，在和外界民族文化的交往中，可以汲取其优秀部分为己所用，大大强化了我国文化的优势，弥补了不足，促进我国文化发展居于领先地位。故而，优越的地理环境、人口优势和文化包容性造就了我国的文化延续性。

——余春华：《浅论中华文化传承的特征》，载《长江论坛》2010年第2期

资源12：从天人之学看中西文化的根本差异

所谓“天人之学”，是关于“天人关系”的文化探讨。中国历史上长期存在着“天人关系”的争论，有着极为深厚的文化底蕴，对中国文化的影响既深且远。随着人们对中西文化的深入了解，就从学理上提出了以天人关系的区分作为两种文化的根本特点，以便从宏观上把握各自文化的特性。一般说来，天人合一、“主客混沌”被认为是中国文化的基本特点，而天人相分、“主客分立”被看作西方文化的全部根基。

——邓辉：《从天人之学看中西文化的根本差异——兼论未来人类文化的理想进路》，载《浙江社会科学》1997年第1期

资源13：“人法自然”与“道法自然”的关系

“人法自然”表示的是一个存在状态，它表明实然与应然的统一，事实与价值的统一。“人法自然”以“道法自然”为根据，“道法自然”通过“人法自然”体现出来。“人法自然”并非“人”着意“法自然”，而是自发“法自然”。在这个意义上，“人”法自然即是先天的自然和谐，“人”与天地万物的和谐，它不待安排，它是原始的，是“道法自然”的有机部分，又是“道法自然”的实现。因此，“人法自然”不是观念，因为“自然”“自发”是排除“人”的观念的，而“人”的观念是后发的。观念永远是“人”的观念。老子之所以强调“绝圣弃智”“绝仁弃义”“绝巧弃利”，乃针对“人为”的观念所发的。正是外在的“人为”的观念，使“人法自然”成为不可能。

——于民雄：《“道法自然”新解》，载《贵州社会科学》2005年第5期

资源14：“厚德载物”精神的发展

“厚德”何以能“载物”？“德”与“物”有什么内在联系？按照古人的说法，厚德来自大地的秉性，大地无不承载，宽厚能容万物。这里的“物”既指自然之物，也指社会存在。对于自然之物，厚德之载，意味着滋生万物，顺承天意；对于社会存在，厚德之载，意味着继善成性，成为谦谦君子。自从有了这种理念，古人把它用于社会生活实践，成为一种深入人心的精神。

大体上，厚德载物理念体现为什么样的精神，与“物”的外延有密切联系。“物”的外延不同，厚德载物理念就表现为不同的精神。事实的情况是，如果“物”指自然，则厚德载物理念就体现为“善假于物”“制天命而用之”的认识、改造世界的精神；如果“物”指环境、文化，则厚德载物理念就体现为人文化成、和而不同的精神；如果“物”指他人，则厚德载物理念就体现为孔子所谓“己立立人、己达达人”“己所不欲，勿施于人”的推己及人精神；如果“物”指社会政治经济活动，则厚德载物理念就体现为“为政以德”的德治精神；如果“物”指认识、言论、意见，则厚德载物理念就体现为《中庸》所谓“修道之谓教”的文明教化精神。

从实际情形看，面对社会现实的贫困、愚昧、不公、混乱等现象，有良知的古代文化精英们，尤其是怀有深厚人文情怀的儒家知识分子无法袖手旁观。他们不仅在学说、思想上提出了自己的见解，而且大多认为，只有率先提高自己的人性综合修养，才可能成就自己的理想人格，为建设真正理想的社会提供主体条件。

——张岂之：《中华优秀传统文化核心理念读本》，北京：学习出版社，2012 年，第 158—160 页

资源 15：中国优秀传统文化的评价标准

所谓“标准”，一般指衡量事物的准则。“评价标准”就是评论标的物（人、事、物）价值的准则。所谓“中国优秀传统文化的评价标准”，简单地说，是指评论中国传统文化中优秀成分的准则。我认为关于中国传统文化优秀的标准至少应注意两点：价值性标准和功能性标准。价值性标准侧重于真理层面，功能性标准侧重于实践层面。价值性标准主要从文化价值理性出发进行提炼；功能性标准主要从国家、民族发展的需要出发，也可以说是从工具理性出发。相较而言，价值性标准兼及现在和未来，而功能性标准侧重于现在。

——王学伟：《试论中国优秀传统文化的科学内涵》，载《海南师范大学学报（哲学社会科学版）》2014 年第 6 期

资源 16：中国传统文化的价值

从多元文化建构来说，中国文化走向世界，为人类文明进步做出应有贡献，离不开对传统文化的传承与弘扬。在构建世界文明新秩序的过程中，中国优秀传统文化无疑是一种不可或缺的文化资源，必定能发挥不可替代的积极作用。它蕴含了中国古代优秀的思想理念，倡导了合理的人生价值观，培育了积极的人格境界论，体现了健康向上的民族文化精神。具有这样优秀品质的文化，必会受到世界的普遍关注，得到越来越多人的欢迎，被当今各国思想家、政治家以及社会大众引以为学习和借鉴的对象。传统优秀文化不仅可以帮助国人认识祖国历史文化传统的价值，树立民族自尊心，培育民族精神，还可为中华文明融入世界、走向世界，提供强大有力的精神支撑。

——张造群：《优秀传统文化：中国文化走向世界的重要根基》，载《社会科学战线》2014 年第 11 期

资源 17：中国文化的民族凝聚功能

中国文化基本精神的一个重要功能，是民族凝聚的功能。文化基本精神有着巨大的思想

统摄性，它可以超越地域、阶级、种族、时代的界限，用中华民族优秀文化传统哺育每一个中华儿女，使其凝为一体，同心同德地为民族整体利益和长远利益而不懈地奋斗。正因为如此，每当历史上出现外敌入侵之时，中华民族都能够万众一心地抵御外侮；而每当内乱出现之时，人们往往又可以在“中华一体”的民族认同基础上，捐弃前嫌，团结一致，变分为合，化乱为治。

——张岱年、方克立：《中国文化概论》，北京：北京师范大学出版社，2004 年，第 299 页

资源 18：中国传统文化“兼容并包”的功能

中国传统文化一贯主张“天下同归而殊途，一致而百虑”。在文化价值观方面，提倡在主导思想的规范下，不同派别、不同类型、不同民族的思想文化的交相渗透，兼容并包，多样统一。儒道互补，儒法结合，儒佛相融，佛道相通，援阴阳五行入儒，儒佛道三教合一，以至近代以来对基督教、伊斯兰教等外来宗教的容忍和吸收，都是世人皆知的历史事实。尽管其间经历了种种艰难曲折，甚而充满辛酸之泪，但中国文化确实是在不同价值系统的区域文化和民族文化的碰撞下，逐步走向统一，逐步更新了自己的面貌。

——李宗桂：《优秀文化传统与民族凝聚力》，载《哲学研究》1992 年第 3 期

资源 19：中华文化的包容与变通

长期以来，儒学是中华文化的正统、华夏文明的象征或代表。但是中华文化不限于儒家思想，还有法、道、墨、兵、农诸家和先后从外部传来的各宗各派的佛教、伊斯兰教、基督教思想文化。儒家思想传到后来也不再是孔学“原儒”，而是吸收了许多别的思想，于是有“道并行而不悖”“外儒内法”等种种说词。中华原典强调“夷不乱华，裔不谋夏”和“以华变夷”，但是“华夏”本身所具有的自信和大气魄——华者光彩，夏者大也；华夏合一，即“辉煌而宏伟”，而且居于“天下”中心，使她能够如大海之收纳百川，吸收、融合甚至同化各种外来文化而不失自我。此外，中华文化也讲“变易”“变通”，所谓“穷则变，变则通”“功业见乎变”“变而通之以尽利”。

——马克垚：《世界文明史》(第二版)，北京：北京大学出版社，2016 年，第 1238—1239 页

资源 20：中华文化与外域文化的双向传播

文化传播是一个双向过程。中国的丝绸，改变了西方人的穿着；而西域的物产音乐，也改变着中国人的日用习惯和音乐风格。中国的儒学，影响了日本朝鲜的学术发展；而南亚的佛教，也冲击渗透着中国的儒学。汉唐时期对外域文化的吸收消化，促进了盛世的出现；而唐宋时期中国文化的远播，又影响着东南亚诸国的发展进程。文化的双向传播，推动了世界历史的发展，表现出积极的历史作用。反过来，历史上有许多一度相当发达的文明，由于与其他地区的阻隔和闭塞，最终衰落甚至灭亡。

——张岂之：《中国历史十五讲》，北京：北京大学出版社，2003 年，第 81 页

资源 21：如何理解传统文化传承中的“承”？

传统文化传承中的“承”又是什么意思？我认为“承”就是继承、发扬，这跟只保存不同，

而是要把它发扬光大。当然，"承"不是简单地传承发扬，而是要做到适应今天和未来的需要，也就是在原来的基础上进行创新，这才叫"承"。仍然以古建筑为例，"传"的话，就是不破坏它，不让它倒，让它存在的时间越长越好。而把古建筑上合理有用的部分用到新建筑上，这就是"承"了。正因为如此，"承"的时候，要有所选择，要选择其中精华的、正确的、有用的部分进行发扬光大，糟粕部分自然是要扬弃的。

——葛剑雄：《传统文化的"传"与"承"》，载《光明日报》2018 年 2 月 10 日

资源 22：汉字的作用

汉字是迄今为止连续使用时间最长的主要文字，也是上古时期各大文字体系中唯一传承至今的文字，它是维系中国南北长期处于统一状态的重要因素之一，也是传承中华文明的有力工具。正是因为有了汉字，许多历史文明成就才得以传承下来。古今语言虽然变化很大，但其语法结构的基本特点变化不大。中国各地的方言分为八大方言区，如果没有汉字，中国早就分裂成十几个国家了。汉字具有超越国界性，在历史上，越南、朝鲜和日本都曾用过汉字。日本人至今还使用汉字和假名的混合文字，足见中华文化的传承力。

——李孝纯：《谈谈中华文化的精神特质与时代精神》，载《江淮论坛》2014 年第 6 期

资源 23：走向世界的中国文化

梁启超曾分中国史为"中国之中国""亚洲之中国""世界之中国"三阶段，而以秦统一至清乾隆末年为"亚洲之中国"时期。从秦至清约 2000 年间，中国是亚洲历史舞台的主角，中国文明如同水向低处奔流，气体由浓聚点向稀释区扩散，强烈地影响着亚洲国家，日本、朝鲜和后来独立的越南，均以中国为文化母国，大规模地受容中国文化。

——张岱年、方克立：《中国文化概论》，北京：北京师范大学出版社，2004 年，第 97—98 页

资源 24：中国文化对东亚地区的影响

……中国文化的辐射、传播主导了肘腋之内东亚各地的物质文明和精神生活。以汉字为例，汉字传播到东亚其他民族和国家，便被借用、改造成为书写各种非汉语的"汉字型文字"，如朝鲜的"谚文"、日本的假名、越南的"字喃"，它们在字形和组字原则上都表现出与汉字的直接渊源关系。又如，儒家思想中的等级观念、忠孝情感、和合意识等等，无不深深地影响着东亚人的价值观念与行为方式，在古代自不待言，甚至今天东亚经济的高速增长也与之不无深层关联。

——冯天瑜、杨华：《中国文化发展轨迹》，上海：上海人民出版社，2000 年，第 21 页

资源 25：中国传统文化的世界影响力

中国传统文化的世界影响力，在今天从整体上说，体现的只是吸引力而非同化力。因为在需要也能够实现文化同质化的文化构成中，即在科学、技术、制度、道德的领域，中国传统

文化除中医之外，基本上已不存在比当代中国新文化更先进、更优越的东西。而在不需要实现文化同质化的文化构成中，即在语言、宗教、哲学、艺术与习俗的领域，中国传统文化还是有足够的吸引力的，因为它们各自所具有的能让世界侧目的独特性魅力迄今犹在，别无可觅。

——韩东屏：《分而后总：中国传统文化的当代价值与世界影响力》，载《学术月刊》2010年第8期

资源26：海外华裔学者倡导“儒学复兴”

海外华裔学者力倡“儒学复兴”，在发掘中国传统文化的积极因素方面作出了可贵的努力，尤其是他们看到当前西方工业文明面临一系列新问题，人际关系和人与自然的关系都有重新调整的必要。如资本主义社会利己主义、拜金主义的极度发展，造成一系列严重的社会问题；工业革命以来强调人类征服自然，固然焕发出巨大生产力，却又造成生态平衡的破坏，以及环境污染、能源危机等等。站在后工业社会的高度，这些华裔学者敏锐地洞察到，以宏观把握、讲究总体协调为特征的农业文明（中国传统文化便是其辉煌代表）中的若干遗产，可供救治工业文明病端时参考。

——冯天瑜、何晓明、周积明：《中华文化史》，上海：上海人民出版社，1990年，第1172—1173页

资源27：传统文化对国家发展的关键作用

历史和现实的经验表明，一个国家、民族，必须知道自己是谁，从哪里来，要到哪里去。如果不能懂得甚至有意模糊自己的来路，不敢正视甚至全面否定自己的历史，不够珍惜甚至彻底贬损自己的思想文化，那么，这个国家、民族是立不起来、没有希望的，不仅不可能发展起来，而且“很可能上演一场历史悲剧”。这样的历史悲剧，古往今来并不罕见，有许多曾经创造了辉煌文明成就的国家、民族，最终都昙花一现，变成浮云。究其原因，往往与他们抛弃了自己的文化传统、迷失了来路和方向，有很大关系。

——高长武：《中国优秀传统文化的价值定位》，载《光明日报》2016年9月5日

资源28：中国文化软实力的力量根基

中华优秀传统文化融汇孕育的哲学理念、价值观念、道德思想、行为规范、社会理想、美学品格、辩证思维等，构成了光耀千秋的不朽文化思想经典，造就了中华民族特有的信仰追求、价值取向、高尚品质、文明准则、审美情趣和思维方式，熔铸了中华民族的性格、气节、品格和气魄，构成了中华民族的脊梁、血脉和灵魂，成为维系中华民族繁衍生息、历经磨难不断强盛的精神家园和精神支柱，是当代中国文化软实力的力量根基。

——王志东：《中华优秀传统文化是当代中国最深厚的文化软实力》，载《光明日报》2019年1月16日

第二单元

多样发展的世界文化

学术引领

一、地理环境和生产方式与区域文化的形成

地理环境通过生产方式来影响人、影响人的文化。正像列宁所指出的:“在马克思看来,地理环境是通过在一定地方、在一定生产力的基础上所产生的生产关系来影响人的。”[①]在地理环境影响文化发展的过程中,人发挥着主体的积极的能动的作用,人是在特定的地理空间中,在自觉或不自觉地受到地理条件的影响下,创造着人类自身的文化。不同的地理环境使人类的历史和文化呈现出多样性的特征。

毛曦在《地理环境影响文化发展的理论思考》(载《唐都学刊》2001 年第 3 期)一文中指出,地理环境对文化发展有着持续的影响,地理环境的差异性造成了文化发展的区域性。人类的一切文化活动都是在一定的地理环境中进行的,地理环境为人类文化的发展提供了必要的空间。不同地域的地理环境总是有着这样那样或大或小的差异。受千差万别的自然地理条件的影响,加之其他人类因素的作用,文化的形成和发展便具有明显的地域特征,形成了范围或大或小的世界各国各地区文化以及万紫千红的区域文化。地理环境对人类文化的影响作用在很多时候并不是前者决定后者的直接因果关系,生产方式充当了地理环境作用于人类文化的中介。就一般情况而言,地理环境是通过生产方式这一中介作用于人类文化,影响了文化的发展。

葛剑雄在《全面正确地认识地理环境对历史和文化的影响》(载《复旦学报(社会科学版)》1992 年第 6 期)一文中指出,地理环境对人类和人类社会的作用不能简单地划分为决定或不决定两种,而应该有一个全面的认识。地理环境对人类和人类社会起着决定性的作用,但同时为人类的发展保留着相当广泛的自由。丰富多彩的历史和文化就是人们对地理环境不同的利用程度和方式的产物。迄今为止的人类历史和人类创造的全部文化或者全部精神和物质的文明,都是在地理环境所提供的条件下产生的,都离不开地理环境的影响。由于不同地区、不同时期的人们对地理环境的利用程度存在着相当悬殊的差异,利用的方式迥然不

① 《列宁全集》第 38 卷,北京:人民出版社,1959 年,第 1459 页。

同，人类的历史和文化才会如此丰富多彩、千差万别。同样的地理环境，在不同的生产方式或生产力的条件下，所起的作用也是不同的。所以在人类的早期，也即人类基本上还只能被动地适应现成的地理环境的时候，地理环境对人类各方面的活动几乎都起着决定性的作用。但随着人们生产力水平的提高和生产方式的多样化，开始能动地利用地理环境，因而地理环境对人类具体活动的决定作用逐渐减弱。生产力越发达，人类对地理环境的利用能力和程度就越大，但这一切都是以地理环境所提供的条件为前提的，并且是以不违背它的内在规律为限度的。正因为如此，我们在考察地理环境对历史和文化的影响的时候，就一定要从当时当地人们具体的生产力状况出发，才能得到有说服力的结论。

（一）地理环境与古埃及文化

马克垚在《世界文明史（上）》（70—76页，北京：北京大学出版社，2016）一书中指出，河谷与沙漠共同构成的独特地理环境在古埃及文明的形成过程中起到了重要的作用。古埃及文明发源于非洲北部一片广袤的沙漠地区，尼罗河自南向北从这里流过，留下一条狭长的河谷，这就是古埃及人的家乡。与河谷形成鲜明对比的是东西两边红色的沙漠地带，这一地区气候干燥，不能居住，因此被认为是异域和危险之地。河谷和沙漠是古埃及人生活环境的主要组成部分。这种地理上的相对孤立性对古埃及文明的发展产生了重要影响。一方面，由于沙漠屏障对大规模民族迁徙和入侵起着阻隔作用，使得古埃及保持着相对稳定的政局，这对经济发展和文化繁荣都有积极作用，也使文化传统有着更大的延续性。另一方面，尼罗河周围的自然屏障并没有隔绝古埃及与外界交往，而是起着“过滤器”的作用，对外来因素进行缓冲处理，然后再逐渐吸收进来，这正是古埃及文明的特色及其生命力之所在。

（二）地理环境与古印度文化

张法在《对印度文化的核心象征湿婆之舞的读解》（载《湘潭大学学报（哲学社会科学版）》2010年第5期）一文中指出，印度河古代城市文明的出现与印度特殊的地理环境紧密联系。古代的印度，面积410多万平方公里，比古埃及和古巴比伦加起来还要大。印度人生活在喜马拉雅山下，在喜马拉雅山南面的印度半岛所形成的一个倒三角形，宛如一个硕大的牛乳，斯里兰卡则如这巨乳流出的一滴晶莹的乳汁。印度的主要河流，印度河、恒河、布拉马普特拉河，不是发源于喜马拉雅山，就是流经喜马拉雅山脉。在公元前3000—前2500年，以哈拉巴与摩亨佐—达罗为代表的印度河古老城市文明出现。在这时，印度文化中的圣畜崇拜、圣树崇拜、母神崇拜、瑜珈方式、清洁观念等元素已经出现。

陈鹏飞在《古代印度法律思想独特性之探索》（载《贵州民族学院学报（哲学社会科学版）》2009年第1期）一文中指出，印度的自然历史条件对早期印度法律文化和宗教产生重要影响。印度河和恒河为早期印度居民生存发展提供了肥沃土地和良好的农业灌溉条件，由此产生的法制文明属于农业文明，不同于古希腊和古罗马的商业法制文明，但也有别于古埃及、两河流域和古代中国世俗的农业法制文明。古印度法律与宗教密不可分，宗教戒律就是世俗法律。印度北部高山使其同亚洲其他地方隔离开来，东、南、西三面又有海洋包围，使它自成一个相对孤立的地理单位，印度文化的独特性就与这一地理特点相关联。北方的喜马拉雅山是世界屋脊，令人生畏之余又常引发无穷的遐想，被视为神居仙游之地。印度洋给南亚次大陆带来丰沛雨量的同时，也常使那里河流泛滥，给人们带来诸多不幸。印度早期宗教中灵魂轮回和解脱思想的形成首先是对自然和人生的沉思与抗争，也因此铸就了印度文化“苦难—解脱”型思维的主轴。

（三）地理环境与古希腊文化

斯塔夫里阿诺斯在《全球通史——1500 年以前的世界（第 1 版）》（吴象婴、梁赤民译，202 页，上海：上海社会科学院出版社，2004）一书中指出，希腊地区没有丰富的自然资源，也找不到肥沃的大河流域和广阔的平原，而这些恰恰是建立如中东、印度和中国那种复杂的帝国组织所必需的。在希腊和小亚细亚沿海地区，只有连绵不绝的山脉，这不仅限制了农业生产率的提高，而且把陆地隔成小块。因而，那种可作为地区合并基础的天然地理政治中心，希腊人是没有的。这些由村庄扩大而成的居留地一般称为“城邦”，城邦常常策略性地设在土壤肥沃的地方或商路附近，因而吸引来更多的移民，成为该地区的主要城市。许多小城邦彼此较为隔绝，而又生气勃勃地保持独立。

（四）地理环境与古阿拉伯文化

李振中在《中国文化与阿拉伯文化》（载《西北民族研究》2014 年第 3 期）一文中指出，阿拉伯文化发源于阿拉伯半岛的腹地，气候炎热，终年干旱少雨，没有常年的河流，只有在沙漠旷野深处的绿洲可供放牧，不适合农业生产，所以阿拉伯文化具有明显的沙漠文化和游牧文化的特点，这就是自由和开放。公元 7 世纪以后，阿拉伯国家扩展到西亚北非的广大地区，处于亚非欧的中心地带，是世界东西和南北交通的必经之地。这时阿拉伯民族居住的国土，已经不再是沙漠旷野中的几片绿洲，而是幅员辽阔的版图。在这里地中有海，海中有地，东西方向很长，南北方向较窄，形成一个世界走廊，整个地形呈开放状态。在阿拉伯伊斯兰历史上，曾出现过中央集权形式的哈里发帝国，但当时对边远地区也常常是鞭长莫及。7 世纪，伊斯兰教出现以后，周围的文化如希腊文化、古埃及文化、波斯文化和印度文化，被引进到阿拉伯哈里发帝国，多元文化在这里汇合交融，促成了中世纪阿拉伯伊斯兰文化的繁荣辉煌，体现了阿拉伯伊斯兰文化的包容性和开放性。

二、世界各主要区域的传统文化

夏建国在《当代世界文化的多样性与统一性论略》（载《长沙理工大学学报（社会科学版）》2009 年第 3 期）一文中指出，在不同的人群、不同的社会、不同的时代和不同的地方，文化具有各种不同的表现形式，呈现出文化样式的独特性和多样性。文化的多样性对人类来讲就像生物多样性对维持生物平衡那样必不可少。德国历史哲学家斯宾格勒曾把世界文化分为八种，即埃及文化、巴比伦文化、印度文化、中国文化、雅典文化、玛雅文化、伊斯兰文化、西欧文化。亨廷顿也把世界文明分为基督教文明、东正教文明、儒教文明、日本文明、印度文明、伊斯兰文明、拉丁美洲文明和可能存在的非洲文明等八种。《多种文化的星球——联合国教科文组织国际专家小组的报告》的作者欧文·拉兹洛，将世界文化区分为欧洲文化、北美洲文化、拉丁美洲文化与加勒比地区的“解放文化”、阿拉伯文化、非洲文化、俄罗斯文化和东欧文化、印度和南亚文化、中国和东亚文化等表现形式。尽管他们划分的标准不一，说法不同，但都肯定了世界文化的多种表现形式。

（一）古代西亚文化

刘健在《苏美尔文明基本特征探析》（载《外国问题研究》2016 年第 2 期）一文中指出，苏美尔文明是目前所知世界历史上最为古老的文明。它植根于幼发拉底河和底格里斯河下游冲积平原，是古代两河流域文明的发端。由它所创造的各种文明要素构成了古代两河流域文明的主体，并深刻地影响着之后的巴比伦文明和亚述文明，也通过其他古代文明影响了古代世界其他区域。

刘健认为，苏美尔文明是指公元前 4500—前 2000 年左右在两河流域冲积平原南部兴起的古代文明，它跨越乌鲁克时代、早王朝时期、阿卡德王国、乌尔第三王朝及伊新第一王朝五个时代，是古代两河流域文明进入有史时代的第一个文明发展阶段。

刘健指出，苏美尔人及两河流域南部冲积平原居民共同创造了人类历史上最古老的文明。这个文明创造了多种原生文明的要素，主要体现在农业的产生和定居生活的开始；城市的出现与社会组织的日益复杂化；国家的形成；文字、科技、艺术等文化要素的发展等多个方面。这一切都发生在公元前 4500—前 2900 年间。文字是苏美尔文明形成的最重要的标志。在乌鲁克时代晚期，图画文字开始出现，文字记录在神庙中被发现，大多是账目记录。之后再晚一些（约公元前 3200—前 2900 年），这些图画文字发展成为楔形文字。这种文字在之后 2000 多年时间里逐渐发展，成为可以书写 20 余种语言的文字书写体系。文字的出现对于古代两河流域文明发展至关重要，它标志着古代两河流域地区正式进入有历史记录的文明发展阶段。印章的出现年代更早，大约在 7000 年前已经被古代两河流域居民用作表明财产所有权的标志。文字出现后，文字和印章共同用于管理国家经济活动，印章也日益成为王权和官僚身份的标志物。

刘健进一步指出，苏美尔文明是具有广泛传承性的、影响深远的文明。苏美尔文明中的经济基础、政治体制、社会管理、宗教思想、文化和科技要素均对后世巴比伦文明和亚述文明产生深远影响，并流传后世。乌鲁克时代晚期，苏美尔人发明楔形文字。阿卡德人入主两河流域南部冲积平原后，继续发展苏美尔文明，并藉战争和贸易之利向周围地区传播两河流域文明，楔形文字的书写体系是在这个时期被周围居民接受。用楔形文字书写的民族语言达十余种，其中包括苏美尔语、阿卡德语、埃布拉语、赫梯语、卢维语、乌拉尔图语、阿拉米语、古波斯语等。在近东各国国际交往十分频繁的阿玛尔纳时代，阿卡德语成为近东地区的国际通用语言，各个国家的宫廷都设置了阿卡德语翻译或教师。在一波波移民浪潮中，来自边缘地区的游牧民族到达近东地区，他们大多采纳楔形文字书写自己民族的语言，更多的游牧民族放弃了自己的语言，转而接受了当地的语言文字。苏美尔人创造的国家模式和管理体制、苏美尔神祇的崇拜仪式和传统、苏美尔人的科技成就以及文学经典等都是两河流域地区历代临摹、抄写和保存的经典，也被广大区域的各地居民接受。苏美尔文化的主要元素随之成为巴比伦文化和亚述文化的核心元素。

史若冰在《汉谟拉比的历史功绩》（载《河北大学学报》1984 年第 3 期）一文中指出，《汉谟拉比法典》体现了古巴比伦人强烈的法治精神，法典的制定是历史发展的一大进步。法典分序言、本文和结语三部分，组合编排和结构比较严谨。它不仅有刑法、诉讼法，还有民法、经济法和婚姻法，是保存下来的世界古代一部涉及一切立法部门的法律大全。法典本文前五条开宗明义，讲司法行政、诉讼要有证据，诬告者处死，法官受贿擅自更改判决者严厉惩处，以保证法典的实施。法典明显地把法律与宗教道德区别开来，对各种社会关系采取了现实主义态度，对私有财产、商业贸易、租佃信贷关系等经济事务都有精密细致的规定。而这时的欧洲还处在原始社会末期。汉谟拉比要求自由民尊重法律，服从法律，维持国家法律的统一和尊严。同时，从中央到地方建立了一套司法机关。有公社法院、寺庙法院和最高法院，其法官都由国王委派，必须严格地依法判决，对法典不准曲解和更改。对判决不服者，可以上诉国王，国王是最高法官。《汉谟拉比法典》不仅是了解和研究古巴比伦社会的最重要材料，也是古代西亚最宝贵的史料之一。

（二）古埃及文化

刘文鹏、令狐若明在《论古埃及文明的特性》（载《史学理论研究》2000 年第 1 期）一文中指出，古埃及传统文化具有以下三大特点：第一，古埃及出现成熟的象形文字，使文化得以延续和传承。第二，文学体裁的多样性和艺术创作的固定模式。古埃及人创作了几乎包括后来文学的所有体裁：神奇迷人的神话传说、炫耀功德的传记文学、规范人们行为的教谕文学、引人入胜的散文故事（或小说）、虔诚与纯真的诗歌以及适于表演的戏剧等。艺术创作方面，特别是在雕塑艺术的创作上，形成了一套基本的模式。古埃及人的陵墓、庙宇和纪念碑的建筑风格和构造，在世界建筑艺术发展史上也是独树一帜的。第三，繁文缛节的丧葬习俗是传统的古埃及文化和风俗习惯的又一表现。古埃及繁琐拖拉的丧葬习俗，在古代世界是绝无仅有的。古埃及人的灵魂不死意识和系列仪式的丧葬习俗，导致了金字塔、木乃伊和宗教文学的产生，并影响了建筑、医学和科学的发展。

马克垚在《世界文明史（上）》（118—124 页，北京：北京大学出版社，2016）一书中指出，古埃及的宗教信仰有以下几个特点：多神崇拜、神祇没有鲜明的个性、神人关系和谐、王权和神权紧密结合。神人关系相对和谐是古埃及宗教的一大特色，这从真理女神玛阿特①的信仰中可以得到证明。古埃及几乎所有神庙中，都有这样的描述：国王双手捧着玛阿特女神，连同面包、啤酒等供品，一起敬献神前。这个简单的仪式包含着丰富的含义：玛阿特代表神赐给人类物质世界，它在国王的管理下维持了初创的和谐完美，在此时由国王归还神。这个给予和归还的过程象征神与人之间的合作，通过这种合作，神和人共同维持他们的存在，达到永恒的境界。

赵克仁在《古埃及和谐文化探源》（载《中东问题研究》2015 年第 1 期）一文中指出，和谐文化是埃及文明的重要内容。它不仅包括人与自然的和谐、人与社会的和谐，还包括人与人之间的和谐。和谐文化是在尼罗河环境中形成的，有自然的因素，也有人文的因素。自然因素在于古埃及人生活的尼罗河环境、绿洲生态。尼罗河养育着埃及人，因此，埃及人把维持

---

① 玛阿特这一符号最初出现于古王国早期，含义是“基础”，因此玛阿特的最早抽象意义是“世界和人类生活的基础”。后来，拟人化的形象女神出现。在古埃及神灵形象中，玛阿特是位长着翅膀、头顶上饰有羽毛的女神。根据埃及宗教神话，她是智慧之神托特的妻子太阳神拉的女儿。玛阿特既是宇宙秩序的化身，又是真理、公平与正义的象征。古埃及宗教宣扬君权神授，法老的权威来自玛阿特，法老代替玛阿特管理着人间的秩序。

绿洲的生态平衡提高到最高层面，对滋养他们的尼罗河、哺育他们的太阳产生出极大的敬畏感。这样的自然崇拜使埃及人认为，人也来自自然，人具有强壮的身体、旺盛的生命力标志着人与自然之间的关系是和谐的。人的身体健康与生命长短成为衡量人与自然关系的标准。生活在沙漠中的埃及人，只有顺应自然才能生存，埃及人的一切成就都是适应绿洲环境的产物。在这样的条件下，埃及人充分利用环境，通过石头表达自己的思想，展现自己的才能，创造了巨石文明。埃及人在石刻作品中渗透其和谐思想，表达他们追求永生的理念。雄伟的金字塔、巍峨的神庙建筑，成为埃及文明的象征。人文因素在于古埃及灌溉农业孕育出的制度文明，而制度文明的核心内容是埃及宗教。在尼罗河狭长的绿洲里，埃及民族逐渐兴盛起来。农业灌溉使埃及社会有了明确的分工，而劳动中的分工协作使埃及人凝聚成为一个共同体，和谐有序的埃及社会形成了。在埃及这个神权政治统治的国度里，法老是埃及万事万物的中心，集神权与王权于一体，是沟通现世与来世、神界与人间的媒介。法老被认为是诸神的代表，代替神灵来管理埃及。尼罗河水的定期泛滥、农民的丰收、商业的繁荣、军队的强大都有赖于法老，因为法老是根据女神玛阿特的旨意来统治人间。玛阿特对于官员来说就是秉公执法、对于祭司来说就是虔敬神灵、对于农民来说就是辛勤耕耘、对于工匠来说就是精雕细琢、对于士兵来说就是英勇作战。总之，玛阿特就是各守其职，社会井然有序，和谐美满。法老政府通过玛阿特这样的神灵控制着埃及人生活的方方面面，于是在古埃及形成了一种和谐文化的氛围。三千多年来，人与自然、人与社会、人与人之间形成了相对和谐的关系，这种和谐关系促使人们之间相互协作的愿望不断加强，集体主义在这里大放异彩。在这种和谐关系中，一座座金字塔建成了，一座座神庙竣工了；在这种和谐关系中，伟大的埃及文明诞生了。自然因素与人文因素之间既互相关联又互相促进，二者的互动构建了古埃及的和谐文化。

（三）古印度文化

吴永年在《印度文化的特点及其精神支柱》（载《国际观察》1995 年第 1 期）一文中指出，印度文化具有三大特色：以宗教为中心、佛教文化兴盛和以诗代史。第一，以宗教为中心。印度的文学、艺术、音乐、舞蹈、雕刻都以宗教为中心，其表现形式和内容也都与宗教有关，连政治法律的制定、人的道德观念的形成以及各民族的风俗习惯，也都是在宗教的影响下产生和发展起来的。例如，世人熟知的《五卷书》这部闻名全球的寓言故事集，也是宗教人士为后代创作的，字里行间流露出宗教的情感，宣扬的是宗教精神。第二，佛教文化兴盛。佛教思想的产生，是在与婆罗门教森严的种姓制度的斗争中发展起来的。佛祖释迦牟尼反对婆罗门的种姓制度，强调梵我不二，苦身修行。主张四姓平等，取消种姓制度。佛教便由此兴盛起来。特别是在孔雀王朝阿育王的倡导下，佛教发展到了极盛时期。由于佛教的兴盛与发展，随之而来的是受佛教影响的文化繁荣起来。无论是在政治、哲学、文学、艺术、雕刻、音乐、舞蹈和科学技术的发展中，都留下了佛教的烙印。佛教的哲学、仁爱牺牲精神、因果关系、超脱苦修、乐于施舍等，都被印度教加以吸取。所以，佛教文化在印度文化中占据着极为重要的位置。第三，以诗代史是印度文化的又一大特点。由于印度独特的气候和地理环境，古印度人富于幻想，爱作诗，他们往往把古代历史上的大事记和英雄人物加以改编，并与丰富多彩的神话故事混在一起，写成一本本长诗加以传颂。天长日久，致使后人分不清哪是诗哪是史了。印度最为著名的两大史诗《罗摩衍那》和《摩诃婆罗多》就是以诗代史的代表作。

张法在《对印度文化的核心象征湿婆之舞的读解》(载《湘潭大学学报(哲学社会科学版)》2010年第5期)一文中指出,湿婆是印度教的三大主神之一,是宇宙之王。湿婆之舞,是宇宙之舞。在一定的意义上说,就像十字架是基督教的象征、新月是伊斯兰教的象征、太极图是中国文化的象征一样,湿婆之舞是印度文化的象征。湿婆之舞,以多样性的方式,象征了印度文化的思想精髓。

易宁在《走进古印度文明》(18—19页,北京:民主与建设出版社,2001)一书中指出,在后期吠陀时代,以吠陀梵语(即吠陀文献的语言)、婆罗门教和种姓制度为核心内容的雅利安文化基本形成。由于雅利安人是占统治地位的民族,其文化也渐成为占主导地位的文化。自后期吠陀时代以后,古印度文明的结构特点是,以雅利安文化为主导地位的多种文化的并存。

尚会鹏在《印度文化史·绪论》(14页,桂林:广西师范大学出版社,2007)一书中指出,种姓制度的存在对古印度文化融合有双重影响。在这一制度下,古印度固有文化在同化异质文化的时候,主要不是采取将异质文化融合为一体的方式,而是将其作为一个相对独立的部分,容纳到印度文化之中。印度的政治史可以说是一部不断被异族征服的历史,印度的文化史可以说是一部不断地接受异质文化挑战的历史。不过,异质文化挑战的结果是,外来文化既没有消灭印度文化,印度文化也未能完全把外来文化同化。种姓是长期遭受外力打击下产生的一种保护机制。这种机制保护了印度文化自身,但也阻碍了外来文化与印度文化的融合。

尚会鹏在《种姓与印度教社会》(371—372、394页,北京:北京大学出版社,2001)一书中指出,印度村社社会构造的特殊性质使它们本身可以构成一个简单的独立共和国,这在很大程度上抵消了国家的作用。居民们生活在这种共同体之内,对王国的崩溃或分裂毫不在意。而且,印度的国家在经济上是多余的,它甚至没有起过最低限度的国家作用,例如维护社会秩序等,因为这一任务已由种姓、村社完成了。

南怀瑾在《中国佛教发展史略》(5、19—20、29页,上海:复旦大学出版社,1996)一书中指出,只有先了解印度固有文化的宗教和哲学,才可以发现释迦牟尼慈悲救世的动机和目的,才能理解他所创立的佛教和承前启后、继往开来的精神所在。因而,南怀瑾在对印度上古以来的历史文化和宗教思想,以及各个哲学学派等作了简要介绍后,得出佛教产生的思想渊源和文化背景:一是地理环境和天然气候的殊异,古代印度人喜欢醉心思维,骋志高远。二是早已有了根深蒂固的婆罗门教和普及的宗教思想。三是有史以来,古印度人便倾向于出世思想,以求净化身心,并以林栖遁世为人生最大的享受。四是思想高远,偏向虚幻,由崇尚神我而回到平实的人生,中间缺乏人本主义的思想体系,导致阶级划分森严,贵贱等级悬殊,连宗教的信仰,都不能得到平等自由。因此,就有了释迦牟尼的应运而生,他以慈悲宏愿创立佛教。

陈鹏飞在《古代印度法律思想独特性之探索》(载《贵州民族学院学报(哲学社会科学版)》2009年第1期)一文中指出,古印度法律思想的具体特征有四个方面:一是独特的个体观念。印度文化一开始就将个体置于凸显的位置,这种个体观念与古希腊和古罗马的个体自由观念还是不同的,古希腊罗马的个体观念是为追求世俗的幸福生活所表现出的个性张扬，他们在世俗世界中通过外在立法进行超越，而古代印度的个体观念则是为追求生命终极摆脱苦难的修道思维，只是内在地为自己立法约束自己，漠视了自由个体外部世界的权利。二是平等关怀思想。平等关怀思想主要指注重众生灵魂平等和解脱，由此引发社会众生平等对待的思想，体现了古印度法律的核心价值。这种平等思想体现了古代印度法文化的原创性。虽然是一种宗教意识，但却具有朴素唯物论的平等思想，它引导着人们在寻求内在精神自由超脱的同时，也在把人们引向现实的平等和谐，形成了印度民族法律文化的核心价值。三是世俗义务本位。宗教法律的一体化使法典规定的义务在落实方面主要是由宗教引导人们修行落实。宗教强调“业力”，而善业的增加不是靠权利的行使，而是靠履行义务，为他人不断服务和付出，甚至国王不履行保民的义务而征收贡品，将立刻下地狱。在这里不仅世俗的权利融合并转化为义务，而且法律的义务又以宗教的戒律自觉地深深扎根于人们的内心深处。四是严格的伦理观念。古代印度宗教律法非常注重伦理观念，体现了宗教与法律两个向度的亲和力。《摩奴法论》用大量篇幅规定了各种礼仪，从家庭人伦之礼和宗教各种梵礼，到王室之礼，无所不包，甚至战争中也有“不准用暗器杀敌人”之礼。阿育王时代根据佛教的伦常观念创立的达摩法令要求人们少作恶、多行善、慈悲、慷慨、真诚和纯洁，该法令代表着古代印度的法制文明。

（四）古希腊罗马文化

张兰星在《略论古希腊文化中所体现的民主精神》（载《四川大学学报（哲学社会科学版）》2004年第S1期）一文中指出，在古希腊文化中表现出的对人格、尊严、自由、权利等因素的独特追求，实际上就是一种对民主精神的追求。第一，关于神话和文学。古希腊文学总是与其神话相联系的，但是其中的精神实质却与其民主政治有关。民主精神在这一领域的重要表现就是：文学、神学是表现人的，即人学。这是古希腊人的一种人文主义、人本主义和民主观的表现。第二，关于艺术和竞技。希腊古典艺术的中心是雕塑、建筑和绘画，一般都不追求过分的奢侈和繁华，而注重适当的朴素。当然古希腊古典艺术也会以其独特的表现形式来反映古希腊人的民主精神，即追求完美性、独立的个性和审美观、人本主义和善于改革进取的精神。第三，关于哲学和史学。希腊人发明了哲学，哲学这个词语在希腊语中意为“爱智慧”。民主精神在哲学中具体表现为反对迷信崇拜，怀疑传统观念，推崇主体，高扬个性，强调个人主义，从而奠定希腊人不受束缚、自由思想的基础。古希腊史学家在撰写史书时也给我们展示了他们内心对民主和平的渴望。《荷马史诗》给我们展示了一个神与人的时代，在这部史诗中，神话虽然扮演了相当大的角色，但是更重要的是其中的精神带来的直接的、巨大的影响，即通过诗人的活力和光芒肯定人的价值。而史学之父希罗多德尤其对雅典的奴隶制民主政治心向往之，不胜称羡，热忱歌颂它的民主自由与权利平等。

王永本在《古希腊的人本思想》（载《东北师大学报（哲学社会科学版）》1988年第6期）一文中指出，人本思想是古希腊文化的基本特征之一。公元前5世纪是古希腊空前繁荣的时代。在这个时代里，希腊社会经济空前繁荣，民主政治高度发展，文化事业兴盛发达，这为西方人本思想的产生创造了条件。对人本思想发展做出贡献的应首推智者学派。智者学派最著名的代表人物普罗泰格拉有句名言：“人是万物的尺度，是存在者存在的尺度，也是不存在者不存在的尺度”。他的哲学命题冲破了传统的人与神、人与自然关系的束缚，强调了人的自我意识，力图在人的生活本身确立和寻求人的存在原则，从而把人置于人类历史舞台的中心，提高人的地位和作用。苏格拉底通常被称为人的哲学的创始者。他所思考、探究的不再是象早期自然哲学家那样探究自然、太空或宇宙，而是关于人的问题，人的思想、人的道德、人的情操，即研究人的精神自我。苏格拉底提出了“认识你自己”的哲学思考。一方面把人作为不断探究其自身的存在物，另一方面号召人要有自知之明，要探索自己，认识自己，知道自己并非全知，只有这样才能放弃原有的经验性的、感性的东西，去认识理性知识，认识真理。除此之外，德谟克里特、柏拉图等人都为希腊的人本主义思想研究做出过杰出贡献。

杨共乐在《罗马文明持续发展的动力》（载《求是学刊》2012 年第 6 期）一文中指出，适时开放、兼容并蓄是罗马文明不断发展的动力。首先，罗马依赖于适时开放的公民权政策，把创造罗马文明的主体建设得厚实坚固。公元 212 年，罗马皇帝卡拉卡拉颁布敕令，规定把罗马公民权授予所有罗马帝国境内的自由人。至此，罗马享有公民权的人数已经达到了古代西方世界的极点。这项政策，不但没有给罗马人带来损害，相反却为其持续发展储备了数量庞大的人力资源。其次，为了更好地增强实力创造更高的文明，罗马人还不断吸纳其他文明的优秀成果。在共和国早期，罗马文明较多地接受了埃特鲁里亚文明的影响。公元前 3 世纪上半叶以后，随着罗马对意大利南部地区、西西里和希腊巴尔干地区的征服，罗马人开始从希腊人那里吸取营养，希腊文明尤其是诗歌和演说等立即成了罗马人学习和模仿的对象，对罗马文明的发展起到了不可替代的作用。

谢冬慧在《罗马法的借鉴价值》（载《现代法学》2005 年第 1 期）一文中指出，罗马法的精神支柱是理性主义。罗马法的理性思想产生于古希腊哲学理念，也就是说，罗马在希腊哲学的基础上产生了伟大的理性法，创造了正义的法观念。罗马法公私法界限分明。在罗马，一方面由于帝国的大力扩张和商品经济的高度发展，罗马法与市民社会紧密相连；另一方面，在罗马诉讼主要是私人的事情，国家并不主动予以干涉，以致在罗马法中，私法极为发达，而公法却始终未能发展到一定的程度，从而形成了以私法为核心的局面。

（五）古阿拉伯文化

孔令华在《阿拉伯—伊斯兰文化的形成及其对世界文化的影响》（载《青海民族研究》2007 年第 3 期）一文中指出，阿拉伯—伊斯兰文化博大精深，源远流长，它的起源要追溯于一位叫做穆罕默德的统领。6 世纪初，穆罕默德出生于麦加地区，并在后来对麦加的居民进行传教活动的灌输，穆罕默德以犹太教和基督教的文化为主流思想，对阿拉伯人民进行一系列的传教宣传，结合阿拉伯人的生活习惯，对阿拉伯人民提出了新的宗教信仰，受到阿拉伯人民的爱戴和拥护。后来，穆罕默德通过战争占领了麦加地区，将麦加地区定为伊斯兰教的宗教中心，从此，伊斯兰教诞生了。穆罕默德有了自己的军队和宗教后，开始对外战争，在战争中屡战屡胜，将自己的团体不断扩大，并将伊斯兰文化广为传播，引领伊斯兰文化走向更广阔的领域。随着阿拉伯人民对宗教信仰的新追求，加上独具特色的伊斯兰文化的传播，开始形成了独具风格的文化——阿拉伯—伊斯兰文化。

哈力木杜山艾力在《浅析阿拉伯文化的历史渊源和对世界文化的贡献》（载《文学界（理论版）》2010 年 2 期）一文中指出，阿拉伯文化体系是世界四大文化体系之一，它以阿拉伯语为载体，以伊斯兰精神为指导，故又称“阿拉伯—伊斯兰文化”。它是中世纪阿拉伯帝国各族人民在吸收融汇东西方古典文化的基础上而创造的具有伊斯兰特点的新文化。阿拉伯半岛处于亚洲、非洲和欧洲三大洲的交界地带，其版图内的很多国家都具有先进的文化。阿拉伯帝国处在两河流域的巴比伦和尼罗河流域的埃及之间，而这两个地方都是世界古老文明的发源地，北方和东方分别和希腊、印度及波斯接壤。优越的地理位置为阿拉伯吸收文明古国的先进文化创造了极好的条件。从文化构成上看，阿拉伯文化主要是由阿拉伯本土文化和伊斯兰文化以及希腊、波斯、罗马和印度等外来文化构成。阿拉伯本土文化同这些外来文化的融合经历了漫长的过程，所以阿拉伯文化具有多民族性、包容性、继承性和开创性等特点。

哈全安在《阿拉伯伊斯兰国家的起源》(153—154 页，天津：天津人民出版社，2016)一书中指出，教俗合一的国家形态，是伊斯兰传统文明的基本特征之一。先知穆罕默德时代的阿拉伯半岛处于原始社会的野蛮状态，信仰的转变和伊斯兰教的诞生揭开了阿拉伯人建立国家和步入文明时代的帷幕，而公共权力由宗教生活向世俗领域的延伸则是这一过程的核心内容。《古兰经》屡屡强调安拉至上和顺从使者的信仰原则，进而阐述国家权力的政治理论，将尚且鲜为人知的崭新政治概念引入阿拉伯半岛氏族部落的社会体系。先知穆罕默德作为安拉的使者而凌驾于氏族部落之上，不仅负有传布启示的神圣使命，而且行使驾驭社会的世俗权力。先知穆罕默德在麦地那创立的温麦①，无疑是《古兰经》所阐述的政治思想和社会理念得以逐步实践的逻辑结果。从宗教意义的顺从到世俗行为的约束，标志着国家权力通过温麦的形式始露端倪。教俗合一的温麦作为伊斯兰国家的原生形态，构成伊斯兰传统文明的基本政治框架。

张莉在《经典中透射出的人文光芒——浅议〈古兰经〉中的人文主义思想》(载《外国文学研究》1998 年第 4 期)一文中指出，伊斯兰文化具有兼容并蓄的开放性特征，人文主义与宗教文化在《古兰经》中一定程度上实现了共生共存。《古兰经》中的人文主义比较丰富，主要包括以下几点：第一是重视人的地位和价值，以人为重，强调人的本份，追求人的道德修养和理想境界。第二是追求平等、博爱、宽厚仁慈的兄弟情谊。第三是以智慧为高，以理性为美，已成为伊斯兰所追求的审美理想，这种审美理想已转化到集智慧为一身的安拉身上。第四是反对封建割据，拥护中央集权，建立一个以伊斯兰为中心的、有秩序的穆斯林帝国。

(六) 古代朝鲜与日本文化

陈放在《论朝鲜文化与儒学的关联》(载《延边大学学报(社会科学版)》2018 年第 6 期)一文中指出，儒学传入朝鲜后，对朝鲜的政治统治、思想观念、教育制度等方面产生了深远的影响，而朝鲜立足本国国情，从多角度、多侧面与儒学发生了融合，并逐步形成了具有本民族特色的朝鲜儒学，并使其成为朝鲜思想文化发展、进步不可或缺的深层动力。在发展的过程中，百济、新罗对峙时期为朝鲜儒学的萌芽期；统一新罗时期为朝鲜儒学发展期；高丽前期为朝鲜儒学的进一步发展期。在每个时期，儒学对于朝鲜的政治、教育及社会生活都产生了重要的影响。

---

① “温麦”又译作“乌马”，是穆罕穆德组建的穆斯林公社。他为这一公社制定 47 条规则。其主要内容是：在公社内不分氏族部落，穆斯林皆以兄弟相待，相互帮助；公社内不准仇杀，若有争议必须由真主或先知予以调解、裁决；维持社会秩序，保护私人财产，对非法侵害他人财产者，予以严惩等。这一组织体制不仅是穆斯林的宗教团体，也是一种军事和行政组织，实际上是政教合一政权的国家雏形。

陈放指出，中国汉代董仲舒的天命论，论证了封建专制的合理性，君王统治地位乃天之意志。儒学这种君权神授和秉承天意治国的理论自然符合朝鲜历代国王的需要，因此成为维持与巩固其封建统治的护身符。而宣扬其统治地位乃天之意志与安排，其治国治民秉承天之意志，实质是借助天界之权威强化人间之权威。这就致使朝鲜历代国王与王廷信奉天命、信奉君权神授。再者，朝鲜历朝统治者提出以德治国。所谓道德之"道"，即儒学，意即用儒学治理国家，以道德治理国家，即德治。高句丽太祖东明王将自己一生的政治经验概括为"以道与治"，这是德治思想的最初提出。此后，高句丽历代国王都把它作为重要的社会政治理念，并努力加以实施。

陈放指出，"三纲五常"是儒学提倡的人与人之间的道德规范。朝鲜历代王朝的国王都利用儒学的伦理理论来维护和巩固其统治地位，完善国家的道德秩序。朝鲜固有"子孝于父"的孝道思想，与儒学伦理理论相结合，进而提出了子女对父母尽孝是天经地义的事，将孝道提高到人伦的最高原则。这就使得孝道深入民间，成为人们事亲的行为规范。另外，儒学三纲中的"夫为妻纲"实是男尊女卑，朝鲜历代深受其影响。

陈放进一步指出，儒学对于朝鲜文化教育思想方面的影响也尤为巨大，成为朝鲜教育体制确立的影响因素。公元682年新罗于礼部下属设置主要讲授儒学思想的教育机构——国学。由于新罗国王多次亲幸国学听讲儒学经典，这一举动进一步促进了儒学思想在新罗的传播与发展。公元759年，新罗王朝惠恭王把《论语》《孝经》作为共修之科目，目的是强调儒学的实践意义。公元992年，高丽在首都开京设置国家的最高学府——国子监，招收贵族两班子弟学习儒家经典。除朝廷官办的儒学教育机构外，高丽还出现了私人兴办的儒学教育机构，推动了儒学的发展，出现了一批著名的学者，其中朝廷重臣、学术泰斗崔冲被誉为"海东孔子"。

张碧波在《古朝鲜文化探源》(载《北方论丛》2000年第1期)一文中指出，古朝鲜文化有三个来源：一是中华古老的汤谷扶桑十日神话，汤谷指朝鲜半岛东南端观日出测日影之地，也是朝鲜一词产生的人文基础。二是颛顼高阳族团文化，颛顼萨满文化、卵生神话与人工改变颅形习俗影响古朝鲜文化。三是殷商文化，殷商先起于东北并影响东北与朝鲜半岛，古辰国是商族海外属地，箕子所以"走之朝鲜"正与之有关。

郭强在《试论日本文化的复合性》(载《云南师范大学学报(哲学社会科学版)》1996年第2期)一文中指出，日本文化具有复合性，在各个文化层次和文化要素上均显示出多元复合的特点，最明显的是体现在文字和宗教上。日语起源于古代远东语系，它构成了日语的语法、语言的特点，是日语的基本框架。后来又受到印尼语、柬埔寨语的影响和缅甸系统江南语的影响，形成了日本语祖语。公元5世纪，随着汉字进入日本，当时尚无文字的日本人就开始使用和吸收汉字，后来在汉字草体的基础上创造了万叶假名、平假名和片假名等表音文字。6世纪，随着佛教传入日本，梵语也对日语产生了一定影响，近代以英语为主的外来语大规模输入日本。目前，日文报刊杂志和专业书籍中出现的外来语已超过40000条。日语的这种复合性特点直接影响到日本文学。日本著名思想家中江兆民说，仿汉文体最适合表现崇高典雅或慷慨悲歌的风格；要使文章委婉细腻，充分透彻则可用翻译体；发挥优美的色彩，那就是教语体的专长了。日本的宗教也有很强的多元复合性。神道教、儒教、佛教共存于日本社会，并被人们普遍信仰。调查数据表明，日本信教人口总数是日本人口总数的2.7

倍,即平均每一个日本人要信 2.7 种宗教,可见不同的宗教不仅可共存于日本社会,还可共存于日本人的心灵中。日本民间普遍信仰七福神,认为他们能带来福寿吉祥。这些神分属佛、道不同系统,这是日本宗教复合性的一个显例。

罗雪琳在《从古代时期日本对外交流中的中国影响看日本文化》(载《西安文理学院学报(社会科学版)》2010 年第 4 期)一文中指出,日本文化在历史的发展中发展,其变化呈现出了多元化的特征。一是持续性、稳定性。日本文化在其形成和发展中,以善于吸收外来文化而著称,但日本文化仍然有自己的根。日本文化的根源仍然来自日本国的风土,岛国环境下形成的日本文化具有稳定性和持续性。绳文文化与后来的弥生文化、古坟文化,是日本原出文化的三个时期。本国的和外国的历史,以及佛教、儒教甚至基督教都曾对日本文化起过作用,日本在变化,但是却从未真正脱离其最古老的本土文化根源。二是外向性、创新性。日本是个十分重视也十分善于吸收和输入他国文化的民族,从 7 世纪的"大化改新"大规模地输入大唐文化,到 19 世纪的"明治维新"大规模地吸收与输入西方文化,都对日本的发展进步起到了巨大的推动作用。由最澄和空海分别开创的日本天台宗、真言宗虽然均传自中国,但为迎合当时的日本国情都有创新和改造。三是矛盾性、独立性。这种矛盾与统一首先表现在文化的吸收性和独立性方面。日本的岛国地理特征,使岛国文化呈现了单一性和独立性。正因为这种单一和独立,日本需要向隔海相望的大陆看齐,于是他们在古代历史时期就开始大量吸收大陆文化。日本文化各个领域都有外来文化的成分和因素,但同时又鲜明地体现出了日本岛国特色的文化气息。从日本佛教的形成和产生以及日本的古都建设中都可见日本文化的矛盾性和独立性。

三、人类文化的多样性、共通性和差异性

共同的地理环境和实践活动使人类文化呈现共通性的特点。人类生存的地理环境和实践活动也存在着空间和时间的差别,使得人类文化又呈现差异性。具体而言,由于人类在不同地域栖息、繁衍和发展,受不同自然环境和社会条件的影响,因此形成不同的生产和生活方式,它既体现为不同的民族语言、不同的思维方式和交流方式,也体现为不同的物质条件、不同的风俗习惯和行为方式。人类生活方式的多样性,决定人类文化具有多样性。

曹明德在《文化的共通性和差异性》(载《厦门大学学报(哲学社会科学版)》1996 年第 4 期)一文中指出,人类文化具有共通性和差异性的特征。文化的共通性的根据在于人类共同的实践活动;文化的差异性的根据在于人的实践活动的差异,尤其是各民族的生产活动和交往活动及其所面临的自然环境的不同。

曹明德指出,各个民族、种族,不论其生活在哪一个地理空间中,他们之间都有某些共同的、可以互通的文化内容,存在着某些共同的基线和色调。我们可从各民族文化中,概括出人类某些共同的文化现象。如任何民族都要从事生产活动,都有自己的道德、法律规范,都有自己的宗教信仰、风俗习惯、价值追求、审美观念。文化的共通性的根据,在于共同的人类实践活动。人类共同的实践活动,首先就在于人的生命存在的共同性。这种共同性主要表现为人类具有共同生命特征,具有相同的身体结构、器官组织、生殖功能,身体各部件的分工方式也相同。这些共同的自然特征,都构成了人类共同实践活动的自然基础。人类共同的

实践活动还在于人类面临共同的外部环境。这一共同的地理空间构成了文化共通性、人类性的环境基础。

曹明德进一步指出，文化的民族性、时代性本身就意味着文化的差异性。任何一种文化都具有民族性。它是一个民族共同的理想、愿望和要求，是一个民族对事物的共同认识、共同观念。文化是在时间中形成、存在、延续的线性过程。文化在时间中的流传，是通过人本身的再生产，即人的生命的代代相续而实现的。文化在人类的世代繁衍中与时间同行，形成文化传统。各民族在生产活动和交往活动中，其文化进步并非是同步的。由此产生的差异有时非常明显。文化的差异性的根据在于人的实践活动的差异，尤其是各民族的生产活动和交往活动及其所面临的自然环境的不同。就文化存在的空间来说，各民族在生产活动和交往活动中，所面临的外部自然环境虽然同属地表及大气层，但是，在这一大范围之内，存在着地形、气候、资源等明显的地域特征。这些自然环境的差异对各民族活动方式，特别是生产活动和交往活动的影响是巨大的。由于生产活动和交往活动的不同，进而导致了各民族间文化的物化成果、规范形态及思想观念的一系列差别。从文化活动的主体来看，也存在着一些差异。各民族在肤色、毛发、体质等人种特征方面存在差别，语言、宗教信仰、习俗等方面也不相同。这些差异，都给文化打上了民族的印记。就文化的时间性来说，各民族在生产活动和交往活动中，其文化进步并非是同步的。由此产生的差异有时非常明显。这突出表现在同一时代，存在着几种不同形态的文化。如当欧洲殖民者踏上美洲大陆时，当地土著居民印第安人还处于奴隶社会，而中国当时正处于封建社会。甚至直到今天，地球上还存在着少数原始部落。这些都说明各民族间文化进步的不平衡性。造成这些不平衡的原因是复杂的、多方面的，这些原因既有各民族文化产生时间上的差异，也有其存在、累积、传递方面的差异，而主要是由于各民族经济发展、特别是生产力发展水平的差别造成的。而各民族生产力的发展水平是与自然环境的状况和交往活动的方式密不可分的。

周文华在《世界文化多样性相关理论分析》(载《中国政法大学学报》2014 年第 4 期)一文中指出，联合国教科文组织对世界文化多样性的阐发经历了一个逐步探索的过程。2001 年教科文组织第 31 届大会通过《世界文化多样性宣言》及其“行动计划要点”。《世界文化多样性宣言》认为，文化多样性就像生物多样性一样，对人类社会是不可或缺的；文化多样性指人类的共同文化遗产在不同时代和不同地方具有不同的表现形式；这种多样性的具体表现是构成人类的各群体和各社会的特性所具有的独特性和多样化。此后，这一概念经常被引用并逐渐在世界范围内得到较为广泛的认可，并在一些国际文书中得到体现。世界文化多样性有利于人类文化保持自身活力和人类社会的可持续发展，同时，它体现了对人权的尊重与保护。世界文化多样性以其较强的合理性与现实性而得到越来越多的理解与支持。不过，保护世界文化多样性的实践还面临来自多方面的阻力。

(一) 文化多样性的形成

于璎在《文化多样性研究述评》(载《广西民族研究》2007 年第 1 期)一文中指出，关于文化多样性的形成及其发展，各国学者的看法显著不同。我国学者韩民清认为，文化多样性是与人和人类社会的存在形态密切联系在一起的，人的存在方式具有多样性决定了人类文化发展的多样性的客观必然性。不同的个体不同的人群之间，都存在差异性。这种差异性也必然通过文化的多样性表现出来。再加上人类社会历史发展的长期积淀和传承，以及地域环境等方面的因素的相互作用，文化的多样形态就更加复杂和分化。而美国著名文化人类学家露丝·本尼迪克特则认为，在现代文明社会中，文化的差异性或特殊性更多地体现出一种文化的本质。她认为，人类文化具有不同的模式，这是因为人类行为方式是多种多样的，但一个种群只能选择其中的一部分，并演化成对自身社会有价值的风俗、礼仪、生产、生活方式，而这一系列的选择，便结合成这一族群的文化模式。

姜秀敏在《全球化时代的国际文化关系研究——关于国际文化新秩序的探讨》(55—56页，吉林大学2006年博士学位论文)一文中指出，文化多样性的发展原因有三点。第一，人类社会生产力的发展状况是文化多样性发展的根本决定因素。影响人类民族文化发展的因素是多种多样的，但其中最根本的就是人类社会生产力的现实发展状况。社会生产力的发展水平，决定了人类社会的进步程度，也决定了人与人之间进行信息、物质和能量交流的程度和深度。这些因素制约了文化发展的形式和范围，也决定了文化多样性的表现方式。第二，人类认识水平的逐渐提高为民族文化多样性发展提供了基础。人的认识水平，作为人类文化的组成部分，是人类意识水平的主要标志。而人类意识水平和认识能力的进步，对于促进人类社会的文化进步、推动人类文化的多样性发展发挥着十分重要的作用。借助人类已有的文明成果，全球化时代人们的认识能力有了很大的提高，认识水平有了新的提升，这必然对人类文化的多样性发展产生广泛影响。第三，不同地域文化形态自我意识的逐渐增强是文化多样性得以发展的时代动因。随着全球化进程的加快，各国、各民族之间的物质和信息交流空前加强。他们的自我意识空前加强，促使这些国家在与其他国家、其他民族的交往中强调和捍卫本民族的文化传统，以此来保证自己作为交流主体的地位。一方面，这种本土意识的强化，对保持世界文化存在形态的多样性具有维持作用，为世界文化的发展提供了多样的表现形式。另一方面，也对文化的整体发展产生负面影响。全球化经济和市场的发展，推动全球化文化传播的同时也加剧了愈演愈烈的民族、种族、社区和宗教冲突，导致文化的分裂和解体。在这种意义上说，这种条件下实现的人类文化多样性，具有很大的片面性。

于沛在《反"文化全球化"——经济全球化背景下对文化多样性的思考》(载《史学理论研究》2004年第4期)一文中指出，文化作为人类社会生存的方式，是一种价值体系，在全球化的背景下将进一步形成各民族文化的多样性。经济全球化是全球范围内交流与互动的一个自然历史进程。由于人类社会的空间障碍正在消失，不仅使世界经济的发展，而且使人类文化的发展也不可避免地会受到深刻影响，但这种影响并不是产生"单一文化模式"的所谓的"文化的全球化"，也不是建立以美国文化为中心的"世界文化的标准化"；恰恰相反，在"地球村"中，各个国家和民族之间的交往更加广泛、更加频繁，使自己的文化在不同文化的交流和交融中不断获得新的动因，从而使各民族的文化丰富多彩，充满生机，表现出更加鲜明的文化的多样性。由此人们完全可以有理由说，正是在经济全球化这一新的历史条件下，才使文化进一步表现出具有各自民族特征的多样性。

（二）当代文化多样性发展面临的威胁

胡显章在《全球化背景下的文化多样性与文化自觉》(载《清华大学学报(哲学社会科学版)》2007年第3期)一文中指出，文化传播全球化背景下，美国文化霸权和娱乐文化成为世界文化多样性的两大威胁。第一，美国文化霸权威胁文化多样性。美国表面上不断渲染“意识形态终结”论，但是实际上却依托经济、政治与传媒的优势，顽固地向全球推行其意识形态与文化观。这种具有政治、经济和宗教基础的文化霸权主义显示出持续的扩展力，使得文化多样性受到的威胁有增无减。第二，消费主义文化与大众传媒威胁文化多样性。在经济全球化的过程中，伴随着跨国公司的商品、广告借助于电视、网络等现代传媒手段走向世界时，消费主义文化也随之走向世界的每个角落，形成一种全球性文化，成为资本全球扩张的重要动力。与此同时，一个显而易见的现象就是传媒与娱乐的合流和媒介自身的消费主义取向的加剧。媒体为追求利润而迎合低俗化的市场需求，潜移默化地改变着传统的价值观念，使发端于美国的消费主义价值观和生活方式，影响着中国广大消费者和受众的价值判断与文化选择。

黄旭东在《文化多样性与文化殖民主义》(载《贵州大学学报(社会科学版)》2009 年第 2 期)一文中指出，所谓文化殖民化主要指以美国为首的西方发达国家凭借自身政治、经济、文化的强势，有意识地强行推销自己的生活方式、价值观念、政治理念等，全方位地宣传发达国家的文化价值观，企图用发达国家的文化价值观影响其他国家的文化价值观，在其他国家的文化中植入自己国家的文化价值观念，其目的是使其他国家社会大众在思想观念深处发生潜移默化的转变，对西方的生活方式、价值观念等产生渴望和模仿，进而逐步侵蚀其他国家的民族文化传统、破坏其文化独立性、达到在文化上影响甚至同化他国文化的目的。文化殖民主义企图用单一的文化模式强行取代世界文化的多样性模式，它违背了不同文化主体间平等交往的原则，是对人类文化生态的破坏。

(三) 世界文化多样性的意义

于琛在《文化多样性研究述评》(载《广西民族研究》2007 年第 1 期)一文中指出，发展文化多样性具有重要意义。第一，文化多样性是人类文化得以延续和保存的重要前提。任何一种文化，都有自身的长处，同时也有其缺陷。一种文化要想在不利于自身存在的条件下获得生存的机会和可能性，就只有通过吸收其他文化的优势因子以取长补短，来迎接挑战，积极地适应环境。第二，文化多样性的存在还是人类文化保持自身活力的重要条件。一方面，文化多样性为人类文化实现类似于生物学意义上的“杂交优势”创造了必要的条件；另一方面，文化多样性的存在还为特定文化的选择提供了多种可能性，而对新的可能性的尝试和探索，恰恰是创造性与活力的重要表现。

周文华在《世界文化多样性的形成、意义及困境》(载《齐鲁学刊》2014 年第 1 期)一文中指出，世界文化多样性有利于人类文化保持自身活力。文化间的多样并存为大家提供了彼此交流、学习和借鉴的机会，以及共享彼此文化成果的机会，并在相互试探、接触和了解中形成不同文化间的张力关系，这都有利于保持人类文化自身的活力，并推动人类社会向前发展。世界文化多样性有利于人类社会的可持续发展。正如生物多样性的减少会使生态系统变得更加脆弱，文化多样性的减少也可能会将一种强势文化的缺陷放大为整个人类文化的缺陷，从而威胁人类自身的生存和发展。因此，文化多样性是人类持续发展的重要条件。

张红霞在《论文化多元化的特点、实质和意义》(载《国外社会科学》2010 年第 4 期)一文中指出，文化多元化具有重大意义。一是有利于增强文化的生命力。文化多元化是文化创新和创造的源泉。文化创新或某种新文化的创造，在许多情况下是有赖于对不同文化元素的重新组合。一个社会已有的文化元素越多，文化多样性就越丰富，人们的选择就越多，就越能诱发人们的灵感和创造性，文化创新的可能性就越大，创造、发明就越是丰富，文化的生命力就越强。二是有利于维护文化生态平衡。文化多样性给文化进化提供了丰富的选择和更大的可能，而保护文化多样性是对文化差异性的尊重，是维护文化生态平衡的必要前提。三是有利于反对文化霸权主义。未来世界只能是不同民族共存的世界，时代要求每个民族不得不学会与其他民族和谐相处，否则就会丧失自己的利益，不利于自己的发展。四是有利于化解民族冲突。化解民族矛盾，处理好民族之间的关系是各个国家和民族和睦相处的重要条件，而民族平等是民族团结和共同繁荣的基础。因为每一个民族，无论其大小，都是人类大家庭的一员，都为人类的发展作出过重要贡献，都应该是平等的，也应该得到尊重、理解和认同。

（四）世界文化多样性的保护

姜秀敏在《全球化时代的国际文化关系研究——关于国际文化新秩序的探讨》（120—121页，吉林大学2006年博士学位论文）一文中指出，如果不同文化主体都过分地追求其文化本土化、地方化的本质性或本真性的绝对化标准，并将其作为文化全球化的唯一标准的话，那么不同文化主体之间就无法进行理性的对话与沟通，更无法达成共识，势必会引发严重的价值危机和对抗，甚至在某些时候会成为一些国家攫取自身利益的工具和采取暴力行动的合法性证明。所以，在承认文化差异性的基础上不断扩大不同文化之间的交流，从而促进文化向世界化的方向发展，也是全球化时代国际文化新秩序的客观要求。

秦治来在《尊重、维护和推进世界文化多样性》（载《国际关系学院学报》2011年第5期）一文中指出，树立文化多样性的世界眼光，就是要立足世界文化多样性的客观现实，把握文化发展的基本规律，最后实现文化共生的崇高目标。第一，尊重世界文化多样性。多样性是自然界的根本属性，地球生态系统的统一性正是建立在差异性与多样性的基础之上。文化多样性是人类社会的客观现实，是当今世界的基本特征。人类文化的起源是多元的，人类文化的发展过程和具体形态也是多元的。在人类创造的光辉灿烂的多种文化中，有的已经退出了历史舞台，有的生生不息地延续下来，有的相互融合诞生了新的文化。文化多样性不仅是人类社会的基本特征，也是人类社会进步的重要动力。文化多样性是经济全球化深入发展的必然要求。文化多样性既是世界多极化的反映，也是对世界多极化的推动。世界多极化的深刻基础在于世界文化多样性。第二，维护世界文化多样性。维护世界文化多样性，是一项迫在眉睫的伟大事业。相比于对生物多样性保护，人类对文化多样性保护的认知还比较落后，世界文化交流存在严重的不平等现象。当今世界文化体系体现为由西方国家建立并精心维护的一种“中心—边缘”结构。所谓核心区是欧洲和北美洲，世界的其余部分绝大多数是边缘地带。西方国家主导下的经济全球化深入发展，绝非一个纯粹的经济相互依赖，同时也蕴含着一个文化扩张过程。维护世界文化多样性，需要倡导国际关系民主化。国际关系民主化的真谛是，世界各国之间以求同存异扩大共识，以合作协商谋求共赢。倡导国际关系民主化，必须尊重各国自主选择社会制度和发展道路的权利。倡导国际关系民主化，必须大力推进多边外交。国际关系民主化的基本精神是反对强权政治和单边主义，主张世界各国通过平等协调共同治理世界。第三，推进世界文化多样性。人类社会文化发展的最终目标，并非意指一味固守文化多样性的现状，而是倡导各种文明的相互交流，相互借鉴，以求共同进步。正是通过文化的交流和传播、文化适应和外来文化本土化以及文化转型等文化互动，世界文化多样性的魅力才得以展现出来。推进世界文化多样性，必须加强不同文化的对话和交流，必须改革国际秩序、伸张国际正义，必须致力于推动建设和谐世界。

赵存生在《世界文化的走向与大学的文化使命》(载《北京大学学报(哲学社会科学版)》2006年第4期)一文中指出，我们要承认和尊重文化的多样性。文化的魅力取决于多样性，文化的可持续发展也取决于多样性。承认和尊重文化的多样性，对不同国家、不同民族的文化采取尊重、包容、鉴赏、吸纳的态度，这本身就是一种文化表现。中国著名社会学和人类学家费孝通先生对世界各国、各民族文化所秉持的态度是"各美其美，美人之美，美美与共，天下大同"，表现了一位文化大师宽广、磊落、豁达的胸怀。关于尊重文化多样性问题，世界文化是多元的，多元文化之间因其所固有的差异很可能会发生某种碰撞或者冲突，但这种碰撞和冲突的结果不是一方吃掉另一方，而是在碰撞和冲突的过程中实现着不同文化之间的彼此交融和相互提升，从而使世界文化在新的基础上多元共存、繁荣发展。用一句形象的话来概括，就是"多元文化激荡交融"。

胡显章在《全球化背景下的文化多样性与文化自觉》(载《清华大学学报(哲学社会科学版)》2007年第3期)一文中指出，在全球化背景下，面对强大的文化霸权，我们应当做出科学选择。一是要抵御文化霸权主义，防止文化孤立主义。世界是多民族的，而文化正是民族的主要表征，文化的多样性与民族的多样性共存，构成了色彩斑斓的多元世界。同时，各民族的文化又是在相互交流融合中发展的，全球化明显加快了这一进程。二是要坚持文化发展的先进性，满足文化需求的多样性。保持文化的多样性，满足人们对文化多样性的需求，这已获得愈来愈普遍的共识，但是只有对文化多样性与先进性的追求一起成为世界各地域、各群体文化发展的共同目标，才能有效地抵御文化霸权和满足不断增长的文化需求。追求文化的先进性与保持文化的多样性都是人类进步的共同要求与必由途径。三是要克服文化消费主义的影响，发挥传媒的文化引导功能。大众文化是借助于商业机制，以大众传媒为载体而流行于广大受众之中的通俗文化。大众文化终归不应当是纯商业文化，我们不能只追求经济效益而忽视其社会效益，无视其肩负提高全民族科学文化素质、满足人民群众对精神文化日益要求的使命。因此，要实现大众文化的先进性与商业性的有效结合，大众传媒责无旁贷，应当努力发挥好文化的引导功能。

俞思念在《文明的冲突与文化的多样性辨析——兼答"文化全球化"论者》(载《探索与争鸣》2005年第10期)一文中指出，世界上各种文明、不同文化彼此尊重，在竞争比较中取长补短，在求同存异中共同发展，是全球化时代关于文化的科学态度。全球化时代的到来，一方面使不同民族间的文化相互交流、借鉴、融汇，而获得进一步发展的空间；另一方面，也会引起不同民族文化的相互摩擦或斗争，直至压迫一部分文化的生长。如何解决不同文化价值和文化目标间的冲突，就是全球化时代文化建设面临的一个共同问题。首先，必须承认全球化时代文化主体是多元并存、共同发展的，不能对任何一种文化采取歧视和排斥的态度。其次，全球化并不排斥和削弱各自的民族文化特色，相反会在更大的发展空间体现和发扬民族文化的特色。再次，全球化时代文化的进步在于以民族文化赖以存在的社会发展为前提，在世界现代化的推进中充分吸收全人类所创造的优秀文化成果。

辛杰在《反对文化霸权推进文化多样性》(载《中国社会科学院院报》2014 年 7 月 22 日)一文中指出,中国社会科学院世界历史研究所和复旦大学历史系联合主办的“中外史学理论的热点问题和前沿问题”研讨会中提出了反对文化霸权和推进文化多样性的主张。与会学者提出,由于多种民族的存在,在全球化的背景下形成各民族文化的多样性。马克思主义经典作家笔下的“世界文化”,并不等于文化的“全球化”。以美国文化为代表的西方文化竭力要成为世界文化的主流文化,进而要成为全球的“文化”,实际上推行的是体现西方价值观的一种新的意识形态。正确理解马克思、恩格斯所说的“世界文学—世界文化”的涵义,应将其放在广阔的世界历史背景中去理解。世界文化的形成只是在新的历史条件下,赋予了民族文化新的内容,主要表现为民族文化在保持民族性的同时,更加突出民族文化的时代感和时代精神。传统文化适应时代发展的客观要求,不断发生新的转换,并不存在着与民族文化相悖的单一的“世界文化”。与会者认为,世界历史是多元文化的历史。文化的基本特征之一是民族性,这是一个民族立足于世界民族之林的基石。任何一种文化如果失去其“民族性”,它作为一个独立的文化就不存在了。建立以美国文化为主导的所谓文化的“全球化”,其实质是推行文化霸权,是典型的“文化帝国主义”,这种做法比直接鼓吹“全盘西化”更具有欺骗性。现代中国文化是世界文化的重要组成部分。在多样性的世界文化格局中,中国文化只有在与外来文化的碰撞、交流和交融中,才能显示出它区别于其他文化的独特魅力,朝气蓬勃地融入世界,走向未来。

阮炜在《文明的表现——对 5000 年人类文明的评估》(3 页,北京:北京大学出版社,2001)一书中指出,要以一种中正、平和的心态对主要的人类文明进行一种宏观性的比较研究,在更具体、更全面地认识其他文明的过程中更准确、更深入地认识自己的文明。新文化运动时期,面临民族生存危机的中国人对自己文化的短处进行了猛烈的批评,这对于中国文化的现代转型是必要的。时过境迁,当代中国人不应该继续沉溺在某种自虐性的文化心态中。新条件下重新强调中国文明的优秀表现,或许有助于纠拨这种心态。这样做并非出于某种文化民族主义心理,也不是要在反西方中心论的全球思潮中鼓吹一种不健康的中国中心论,更不是要全盘否定晚清以来中国人对自己文化的缺陷所作的深刻反省。

四、区域文化的贡献

世界多样文化的发展建构了丰富多彩的人类文明史。多样的历史和文化传统,使得人类形成了多样的思维方式和表达方式,形成了多样的信仰和思想体系,形成了多样的文化艺术成果。正是人类文化的多样性成就了人类生活的丰富性,成就了当今世界的多彩和灿烂。可以说,世界各国、各地区、各民族对人类文化的发展都做出了各自的贡献,推动了人类文化的整体进步。

(一) 古埃及文化的影响

吴于廑、齐世荣在《世界史·古代史编(上卷)》(135—139 页,北京:高等教育出版社,2005)一书中指出,古代埃及人民创造了丰富的文化,为人类文化宝库做出了杰出的贡献。

古代埃及人创造了自己独特的文字——象形文字。古埃及人的象形文字在几千年的使用过程中几经变化，先后出现了祭司体、世俗体和科普特文字等。古埃及的象形文字由于体系过于复杂，不易被一般人所掌握和使用，后来逐渐被人遗忘，但它对西亚的腓尼基字母的产生有重大影响。古埃及人在天文、历法、医学和数学等应用科学方面也做出了自己的贡献。现在所知道的古埃及最早的星座图是在第12王朝时的墓中发现的。到新王国时期，埃及人已经知道43个星座，在天文观测的基础上，产生了古埃及人的历法。他们最初用的是阴历，后来改用阳历。古埃及人发现，每年阳历6月15日，在三角洲地区尼罗河涨水与太阳、天狼星在地平线上升起同时发生。他们把这样的现象两次发生之间的时间定为一年，共365天（比现在的一年少1/4天）。古代埃及人的太阳历对罗马共和国晚期恺撒制定的儒略历（朱里亚历）有很大影响。古代埃及的若干医学文献也被现代人发现。1872年，在埃及古都底比斯，发现长约20.5米的《艾贝尔斯纸草》，该纸草包含900个医治各种疾病的处方，可以说是古代埃及人的一部医学百科全书。古代埃及人在数学方面的知识包括算术、代数和几何三大类。代数已经能解一次方程。古埃及人创造了自己的十进位制度。他们的算术主要是迭加法，乘除法也是化作迭加步骤来做的。在几何学方面，他们已经会计算矩形、三角形和梯形的面积，他们会求圆的面积和柱体等的体积。古代埃及的建筑以其雄伟浑厚而为世人瞩目。除大金字塔外，在底比斯修建的卡尔纳克神庙和卢克索神庙，也是古代埃及人的杰作。这两大神庙都以其众多巨大的圆柱著称于世，其中卡尔纳克神庙有12根大圆柱，每根70英尺，柱子上有70吨的横梁，作开花状的柱顶可站立100人；此外，还有122根圆柱高45英尺，圆周长28英尺。古代埃及留下丰富的艺术作品。雕刻是其中的典型代表。雕刻有浮雕和圆雕。浮雕多在坟墓和神庙的墙上，反映了古埃及社会生产、生活、宗教信仰等方面，为研究古代埃及的历史提供了极为丰富而生动的资料。圆雕的数量也很多，如哈夫拉金字塔前的狮身人面像、阿布—辛贝尔庙前的巨大雕像等，这些雕像至今已历时几千年。

黎海波、宋瑞芝在《略论古埃及文化对世界文化的影响》（载《阿拉伯世界》2005年第1期）一文中指出，古埃及文化不是孤立封闭的，古埃及文化的传播对世界其他地区的文化产生重要影响。第一，考古方面的发掘和分析表明，公元前3150—前3000年埃及文化对巴勒斯坦的影响巨大。在巴勒斯坦发现的古埃及陶制品或是定居于此的埃及人制作的、具有鲜明的埃及风格；或是直接从埃及进口的器皿。第二，古埃及文化对非洲内陆产生重要影响。研究发现非洲的一些国家曾建立过与埃及相似的神圣王室。尤其引人注意的是古埃及技术、风俗习惯及信仰，与非洲较近代出现的一些技术、风俗习惯和信仰之间有许多相近之处。第三，古埃及文化对西方古典文化的形成也具有孕育作用，在保存、传播西方文化遗产以及世界文化遗产方面发挥过重要作用。“历史之父”希罗多德遍游埃及，搜集了大量史料，写下名著《历史》，最为可贵的是他能不带民族偏见地被埃及文化的辉煌成就所打动，实事求是地分析古埃及文化对希腊文化的影响。黎海波、宋瑞芝还指出，从纵向来看，古埃及文化保存与延续了人类文化，对世界文化影响重大。当古希腊文化趋于衰落时，亚历山大城成了希腊思想和文化的中心，是它把希腊文化传播给阿拉伯人，阿拉伯人再把它传到西方世界。

（二）古印度文化的影响

季羡林在《古代印度的文化》（载《历史教学》1962年第10期）一文中指出，古代印度人民在与自然的斗争中和阶级斗争中，获得了不少的知识，积累了不少的经验，创造出灿烂的文化。这文化影响了周围的一些国家，对世界文化宝库做出了巨大的贡献。在自然科学方面，印度人民在生产活动中，逐步掌握了一些自然界的规律，在天文、数学、物理、化学、生物、医药、农艺各方面，都有了一些收获。为以后自然科学的发展打下了初步的基础。在最古老的经典《梨俱吠陀》和《阿闼婆吠陀》中，记载了一些关于使用肥料、农作物种植以及谷物虫害的知识。《阿闼婆吠陀》里面还有不少关于疾病和医药的记载。书中有一段比较精确的关于人体骨骼的记载，可见当时的印度人民对人体解剖学已经有了一些知识了。最迟在隋朝以前，印度医学已经传到中国。1890 年，在中国新疆发现了一些梵文文献残卷，从字体上来看是属于公元四世纪后半期的。其中有三个医学残卷，里面讲到大蒜的医疗效果，还开了不少的药方。从这里可以看出印度医学在中央亚细亚一带传播的情况。现在流行全世界的从 0 到 9 的十个数字，我们习惯于称之为阿拉伯数字，实际上是印度人创造而阿拉伯人借用的。古代印度人在记数方面表现了惊人的想象力，也是其他民族所少见的。在文学方面，古代印度对于世界文化的贡献还要大得多。古代印度人民给我们留下了不少的闻名全世界的辉煌的文艺巨著。在很古的时代，在史诗、戏剧、抒情诗和叙事诗方面，印度都达到了很高的水平。最古的文学作品是四吠陀本集，其中最老的是《梨俱吠陀》，文学价值也最高。这是一部诗歌总集，有点像中国的《诗经》。其中共有 1028 首诗，以颂神为主，实际上反映的却是在生产力极端低下时同自然进行斗争的一些情况，有很多首诗很有艺术价值。吠陀以后最著名的文学作品是两大史诗：《摩诃婆罗多》和《罗摩衍那》，这两部大史诗不但在印度本土产生了极大的影响，一直到今天还成为文艺创作的源泉，家喻户晓，深入人心；而且还影响了印度许多邻国的文艺创作。在东南亚国家里，像缅甸、泰国、印度尼西亚等，古代的文艺也深受这两部史诗的影响。我们中国古代没有这两部史诗的译本，但是其中的一些故事却早已随着来往商旅的口传和佛经的翻译传入中国，在民间流传起来。在社会科学方面，古代印度人民也有一些光辉灿烂的创造，影响深远。如在哲学方面，印度哲学的起源可以追溯到荒邈的古代。在《梨俱吠陀》中，有许多颂歌已经含有深微的哲学意义。以后，哲学逐渐发展，形成了不同的派别。古代印度人民在漫长的岁月中所创造的文化是多方面的、丰富多彩的，而且是自成体系的。古印度文化一方面对其他国家产生了影响，同时也吸收了其他国家，特别是中国和希腊的文化。它在世界文化史上闪耀着不朽的光芒。

朱明忠在《印度教对我国古代思想文化的影响》(载《东南亚南亚研究》2011 年第 4 期)一文中指出，大约在公元前后，印度教伴随着佛教，就已从印度传入中国，对中国古代思想文化的诸多领域如天文、数学、医学、哲学、宗教等学科都产生了一定的影响。第一，天文学领域。印度教崇尚祭祀，为了选择天时以利于祭祀，它在吠陀经典中就建立了一套完整的天文学体系。印度教的天文学知识，早在汉代就已传入我国。到了唐代，有一个特殊的印度家族对中国天文历法的发展做出了突出贡献。这个家族就是瞿昙悉达家族，瞿昙悉达是一位印度裔华人，他的祖先在唐初就移居中国，其家族四代人都在朝廷做官，主要司管天文。在这四代人中，瞿昙悉达是把印度教历法引进中国贡献最大的一个。他编制的《开元占经》成为唐代一部重要的天文历算著作，对后世影响很大。第二，医学领域。印度教的医学历史悠久，早在《阿闼婆吠陀》中就有大量治病方剂的记载，后来形成了许多医药典籍。中国最早的两部医药学著作——《千金翼方》和《千金要方》，是我国唐代著名医药学家孙思邈所著。在这两部著作中，就可以看到印度医学的影响。在医学理论上，印度医学主张：人由四大（地、水、风、火）和合而成，四大不调，百病聚生。孙思邈的医学思想也受到这种“四大不调”理论的影响。在唐代，中国还有另一部著名的医药学著作，名为《外台秘要》。在这部书中，也详细记载了印度医学在基本理论、眼科医术、药物方剂等方面对我国的影响。第三，数学领域。印度教的算法书籍很早就传入中国。在《隋书·经籍志》中，记载着《婆罗门算法》三卷、《婆罗门阴阳算历》一卷、《婆罗门算经》三卷等。印度教的运算方法，有许多内容比中国的先进，故促进了我国数学的发展。例如，瞿昙悉达所译的《九执历》，就把印度的数字码（即我们所说的阿拉伯数字）和笔算方法介绍给中国人。第四，哲学领域。印度教中重要哲学派别——胜论派，在7世纪传入中国。胜论派主张地、水、火、风——四大物质元素是世界的基础，承认运动是事物不可分割的属性，并对事物的各种形态进行了细致的分析和归类。在探讨物质和物质运动时，胜论派又提出了“极微说”，即“原子论”。胜论传入中国后，对我国唯物论哲学的发展有深刻影响。第五，宗教领域。印度教古代的许多梵文经典很早传入我国，并完好地保存下来，如《摩诃婆罗多》《薄伽梵歌》《莲花往世书》等。这些梵文原典伴随着佛教，印度教许多教义和思想也在我国得到广泛的传播，如“生死轮回”“善恶报应”“三世因果”“解脱”“瑜伽”“化身”等等学说。印度教的许多神灵被印度佛教所吸纳并奉为护法神，这些神灵也随着佛教传入我国。现在，在我国的佛教庙宇中，供奉着许多印度教的神灵。印度教对中国的道教也有一定影响。

李云霞、史纪合在《印度文化多样性初探》（载《国外理论动态》2015年第4期）一文中指出，印度文化经历了与雅利安文化、伊斯兰文化、西方文化的冲突与融合、交流与碰撞等不同时期，在全球化的大背景下形成了自身文化多样性的特点。印度文化的多样性具有双刃剑效应。一方面有利于印度社会的和谐稳定和民主政治建设，有利于印度成为世界文化大国，参与全球文化交流与竞争，并为印度经济、社会和科技的发展提供文化基础。印度传统文化“非暴力原则”使印度独立后各政党、阶层、不同利益集团之间在解决矛盾和冲突时多选择议会斗争这种和平方式而非暴力手段，这就使权力斗争、利益冲突和矛盾都被纳入政治制度之内，避免了对政治制度的致命冲击。这无疑是印度独立以后能长时期保持政治制度基本稳定的思想因素。印度文化包容并蓄的传统使其在数千年的发展中延绵不绝、激荡交融、推陈出新，成为世界最伟大的文化传统之一。丰富多样的文化积淀为社会经济发展提供了丰富的文化底蕴。印度文化的多样性和开放性使其在接受外来先进文化方面几乎没有障碍，不仅建立了健全的宪政民主政治，而且实现了印度科学、教育、文化产业与世界的接轨。另一方面又会对国家的治理和整合形成障碍，导致经济和社会发展在地区、民族、教派和种姓阶层之间产生不均衡，拖延社会改造和社会发展的进程，激化宗教矛盾和种族矛盾，成为国家不稳定的因素。印度众多的民族、人种、部落之间语言差异极大，没有一种可以通用于全国的语言文字，给国家治理和整合带来障碍。经济和社会发展在地区、民族、教派和种姓阶层之间的不均衡导致了贫富差距悬殊，社会改造进程缓慢，陈规陋习成为印度社会发展的痼疾。

（三）古希腊罗马文化的影响

吴长春在《中世纪西欧吸收古希腊文化渠道问题初探》（载《历史教学》1988年第2期）一

文中指出，古希腊文化是西欧文艺复兴和近代自然科学兴起的文化根源和要素之一。在罗马帝国之后，中世纪的阿拉伯人和拜占庭人是古希腊文化主要的继承者。通过阿拉伯和拜占庭两条渠道，古希腊文化在中世纪传入西欧，与其他文化一起，作为一种酵素，融入西欧文化思想界并在其中不断发酵扩展，为后来西欧的文艺复兴奠定了思想和科学文化的基础。

庄锡昌在《西方文化史》(28 页，北京：高等教育出版社，1999)一书中指出，古代希腊文化的发端离不开东方文明的哺育，但在其成长过程中最终还是与近东文明分道扬镳，形成了它自己独特的思想和文化，并取得了辉煌的成就。从《荷马史诗》到亚历山大里亚的科学，古代希腊文化在文学、艺术、哲学等方面大放异彩，被西方学者称为古典文化。古罗马承前启后，在继承希腊文化的基础上创造了自己独具一格的文化，最为重要的是把法制精神灌输到古典传统中，使古典传统发扬光大。希腊罗马古典文化在西方文化发展史上占有极其重要的地位，对近现代西方文化有着巨大而深远的影响。

蒋云芳、胡长林在《雅典民主政治的特征及对西方民主的影响》(载《西南师范大学学报(哲学社会科学版)》1999 年第 1 期)一文中指出，雅典民主政治所倡导的民主原则和宽泛的自由精神是后来欧洲民主和自由的基础和滥觞。雅典民主政治对西方政治的影响，主要表现在“法律面前人人平等”的政治原则；国家机构的“三权分立”的组织形式；“少数服从多数”的决策原则；国家公职人员选举任职原则等方面。

韩秋红、史巍在《古希腊早期哲学的人文精神》(载《东北师大学报(哲学社会科学版)》2006 年第 5 期)一文中指出，人文精神是哲学乃至人类文明中的一个重要向度，这种人文向度肇始于古希腊早期哲学。古希腊早期哲学家们把自己对于宇宙人世的关怀称为“哲学”，用毕生的生命智慧孜孜以求的探寻着世界之真、德性之善、生命之美。他们的哲学探讨直接关涉的是人自身，是人对自然统治力量的反抗和对人自身生存状况的觉醒，在永恒的追求外物本质的过程中更深刻地体会了对命运的追寻、对智慧境界的向往和对人性的多向度的追求，具有深厚的人文意蕴。古希腊早期哲学创造的成就的确使他们获得了人类文明史上永恒的崇高。

徐松岩在《古希腊文明的形成及其特征》(载《光明日报》2017 年 11 月 27 日)一文中指出，随着马其顿国王亚历山大东征而开始的所谓“希腊化”时代，使得希腊文化的传承进入新高潮。在西方，随着罗马的崛起以及随后对希腊本土的征服，罗马人开始大量吸收希腊文化因素；在东方经过长期的战争，形成希腊化时代的君主制，它是马其顿的国王统治传统和东方现行君主制以及希腊城邦的外壳有机结合的产物。在文化上，希腊化文化是以希腊文化为主体，在适应新时代的要求下与其他各种文化汇合形成的一种多元统一的文化。希腊化时代是以军事征服为先导的，但它开启了欧亚非大陆间文化交流、汇合的序幕，在世界文化发展史上具有重要意义。

斯塔夫里阿诺斯在《全球通史——1500 年以前的世界(第 1 版)》(吴象婴、梁赤民译，241—242 页，上海：上海社会科学院出版社，2004)一书中指出，罗马文化基本上源自希腊，尤其是在文学、艺术和哲学等领域。但在工程和法律方面，罗马人因爱好实践，故作出了自己的重要贡献。比较典型的是罗马人虽然在理论科学上没什么建树，可在开挖沟渠、铺设下水道网、建造桥梁公路方面是很出色的。同样，罗马的建筑物也和希腊大不相同，主要是一些世俗建筑物，如浴室、运动场、圆形剧场等。混凝土、砖和灰泥等新型建筑材料使罗马人为大型建筑物修建宏伟的拱顶结构成为可能。

斯塔夫里阿诺斯还指出，罗马人的法律是基于理性而不是习俗，影响深远。罗马人最早的法律是在公元前450年前后制定的《十二铜表法》，是一部简单、保守、代表农业文明的成文法。随着商业和帝国的发展，原先的法律不能再满足需要，于是他们制定了新的法律《万民法》，他们认为这部法律对罗马人和非罗马人都可以适用。罗马人发展的最终的法律观念是自然法的观念，自然法不是来源于司法实践，而是由大自然确立起来的，通过健全的理智方能发现，而且对所有的时代和所有的民族都一样有效。这一基本原则是罗马人的一个伟大贡献，至今仍在起作用。实际上，罗马法是后来公元6世纪中期在查士丁尼法典中系统化的，从而构成欧洲拉丁国家、拉丁美洲国家、加拿大魁北克省和美国路易斯安那州现存法律制定的基础。

马克垚在《世界文明史（上）》（302页，北京：北京大学出版社，2016）一书中指出，无论是对中世纪和近现代的西方法学还是对亚非拉国家的现行法律体制，罗马法都有不可磨灭的贡献。罗马法对近代法学的影响主要在民法方面，比如家庭和私有财产的观念，契约的神圣性。但古代罗马法其实包括重要的宪法和刑法内容，其中有一些是至今依然通行的法学公理，比如“法律不能针对个人而制订”的原则和“区别故意伤害和无意伤害”原则。罗马法是罗马文明留给后人最持久的遗产。它不仅是博大精深的法律和司法体系，而且具有高度的灵活性和实用性。在实际的操作中，法律制度本身虽然不足以保证司法的公正，但却是伸张正义的必要条件。

（四）古阿拉伯文化的影响

孔令华在《阿拉伯—伊斯兰文化的形成及其对世界文化的影响》（载《青海民族研究》2007年第3期）一文中指出，阿拉伯—伊斯兰文化博大精深，源远流长，对欧洲文化、东方文化、中国文化都有着重要的影响。首先，阿拉伯—伊斯兰文化的形成对欧洲文化的影响。阿拉伯—伊斯兰文化通过不断地改进和创新，在各个科学领域取得优秀的成果，促进了欧洲文艺复兴运动。在欧洲文艺复兴时期，出现了很多的优秀著作，这些著作都源于一些文化名人受阿拉伯—伊斯兰文化的影响之后创作的，最终，这些文化著作都被翻译成阿拉伯文在欧洲国家进行传播。阿拉伯—伊斯兰文化的传播引起了思想界的强烈反响，促进了欧洲的哲学文化。阿拉伯—伊斯兰文化利用最基本的语言体现出对世界文明的贡献，包括在数学领域也有着不同凡响的作用，阿拉伯数字的出现，是数字领域的一笔财富。在医学方面，阿拉伯医学在吸取古希腊、波斯、埃及和印度等国家的医学精华的基础上进行创新，对欧洲医学史的发展有着重要的作用。其次，阿拉伯—伊斯兰文化的形成对东方文化的影响。随着伊斯兰教文化的广为传播，世界各国的文化都深受影响，其中东方文化受阿拉伯—伊斯兰文化的影响最大，影响主要体现在两方面：宗教和语言。以南亚的印度为例，由于穆斯林在印度的统治，在一定范围和程度上同化了相当一部分印度人，使一部分印度人伊斯兰化。阿拉伯—伊斯兰文化对印度文化和文学的影响，就文化而言涉及语言文字、风俗习惯和宗教信仰等诸多方面，其中宗教信仰的影响不但体现在一部分印度人信仰伊斯兰教，而且体现在伊斯兰教对于印度教的影响。印度的文学在语言词汇、诗歌形式和宗教思想等方面都与阿拉伯—伊斯兰文化有密切联系。除南亚外，阿拉伯—伊斯兰文化对西亚、中亚、东南亚、非洲许多国家和地区的文学也产生了深刻的影响。最后，阿拉伯—伊斯兰文化的形成对中国文化的影响。

伴随丝绸之路的发展，阿拉伯文化就与中国文化息息相关。阿拉伯文化对中国的天文学事业也是很有帮助的，阿拉伯国家将很多天文学方面的书籍和仪器运往中国，中国通过对这些仪器和书籍不断地改进，推动了中国的天文学发展。从唐代开始，伊斯兰教医学就在中国境内传播，很多阿拉伯国家的本土药物被中国医药界广泛采用。

刘家和、王敦书在《世界史·古代史编(下编)》(96—100页，北京：高等教育出版社，2011)一书中指出，阿拉伯—伊斯兰文化带有浓厚的伊斯兰教特色。穆斯林向来比较重视天文学和数学，因为他们必须根据星宿来确定礼拜的方向。帝国时期，随着农业和航海的发展，他们更加重视天文学的研究。在艺术方面，也是体现了伊斯兰教的特色。阿拉伯的艺术以建筑艺术最具特色，并且集中地表现在清真寺的结构和装饰方面。清真寺以圆顶寺为主体，大圆屋顶下有本堂和回廊，还有半圆形的凹壁和马蹄形的拱门，侧面矗立着指示礼拜方向的尖塔。圆顶寺坐落在四方形或长方形套院的中央，墙壁用镶嵌细工和各种图案装饰。在哲学方面，法拉比是把阿拉伯哲学推向顶峰的人物。他承认物质世界的存在，运动是物质的特性，但他强调宇宙万物都起源于安拉。他解释说，安拉流出第一精神，第一精神流出天体精神，天体精神再流出最高天体。各种精神就这样依次流出，自最高的安拉精神，递减到最低的人类精神，表明他的哲学思想也受到伊斯兰教的影响。

黄运发在《略论阿拉伯—伊斯兰文化的成因、成就和世界影响》(载《西北大学学报(哲学社会科学版)》1993年第2期)一文中指出，阿拉伯人在继承了人类文化遗产之后，经过消化、吸收、发明、创造，又把它贡献给了人类，从而对东西方文化产生了巨大影响。阿拉伯人把中国的发明创造传入西方，对西方社会经济的发展产生了无法估量的影响。阿拉伯文化的西传，唤醒了沉睡中的欧洲，促进了文艺复兴运动的早日到来。文艺复兴时期所产生的文学名著，如塞万提斯的《唐·吉诃德》，薄伽丘的《十日谈》等都不同程度地受到阿拉伯著作《一千零一夜》的影响。阿拉伯哲学家伊本·阿拉比著作中关于先知夜间旅行和登霄的说法，成为意大利诗人但丁《神曲》的先驱。12、13世纪，阿拉伯哲学家的著作传入欧洲，对欧洲经院哲学产生了重大影响，尤其被西方称为阿维罗伊的伊本·鲁世德影响最大，他的著作被规定为巴黎大学和其他高等学校的教科书。亚里士多德等人本是西方古典哲学家，可是在他们的著作被从阿拉伯译成拉丁文前，西方几乎没人知道他们是哲学家。阿拉伯在自然科学领域的成就对西方影响尤为突出，它点燃了西方智慧的火炬，促进了欧洲自然科学的建立。天文著作传入欧洲，被哥白尼等西方天文学家奉为权威著作，对西方天文学的发展起了重要作用。阿拉伯医学也在西方占有令人瞩目的地位，巴黎大学医学院的大厅里至今仍挂着拉齐和伊本·西那的巨幅画像，足证明其影响之大。拉齐的《医学集成》《曼苏尔医术》，伊本·西那的《医典》被列入一些大学的教科书达5个世纪之久。阿拉伯数字，“0”号和十进位法对计算科学的发展做出了巨大贡献。另外，阿拉伯的物理学、光学、化学等，也都曾对西方产生不小影响。

(五) 古玛雅文化的影响

朱伦在《玛雅文明——“美洲的希腊”》(载《中国民族》1985年第3期)一文中指出，在美洲这块广袤的有丰富自然资源的大地上居住着早在25000年以前从亚洲通过白令海峡进入美洲的原住民。他们属蒙古人种，创造出了举世闻名的玛雅文化、阿兹特克文化和印加文化，对世界文化繁荣作出了伟大贡献。他们培育的玉米、薯类和番茄等农作物传遍世界，丰富了人类的食品。玛雅文化是其中的代表性文化。4 至 10 世纪期间，玛雅文化高度繁荣。玛雅人创造了独特的表意文字，用字母或记号作为表达思想的传统符号。为了计算时间、预言未来和为献祭和主要的丧葬事宜推算吉日，他们还研究天体运动，创造了历法。玛雅人的历法主要有两类：一种是“阿希历”，一种是“索尔金历”。阿希历包括 365 天，分为 18 个月又 15 天，每月都按农业节气命名，最后 5 天则称“倒霉的日子”。索尔金历包括 260 天，不分月份，但却用 13 个数字分别和 20 个偶像相互结合为每天命名。这两种历法同时使用，其间的规律类似于中国的天干地支纪年方法。此外，他们创造 20 进位法，在计算中引入“0”的符号。此外，玛雅人在绘画、雕塑和建筑等领域，也取得了相当高的成就。

教学设计

设计一：从尼罗河的治理管窥古埃及人的和谐文化

设计意图

和谐文化是古埃及文明能够延续三千多年经久不衰的重要因素。本教学设计以尼罗河的治理为例，引导学生理解古埃及人的和谐文化，并认识到古埃及人的和谐文化对埃及社会发展的影响。

设计方案

教师讲述：尼罗河养育着埃及人。埃及人与尼罗河的关系是一生共生、一毁俱毁的关系。每年 7 月中旬，当天狼星与旭日一同出现在东方地平线时，尼罗河水位便会迅速上升，滔天洪水裹着淤泥淹没两岸平原，怒吼着揭开古埃及一年中“泛滥季”的序幕。

材料一　太阳与尼罗河的确是埃及人生存的希望，但是任何事物都具有两面性。太阳温暖大地，使万物得以生长，但夏季的酷热也会给人类带来毁灭；尼罗河为埃及人提供了赖以生存的水源，但它不寻常的水位也会给埃及人带来灾难。当尼罗河处于意外高水位时，它会冲毁横向的堤坝，将居住区夷为平地，它会破坏粮仓，危及下一个种植时节所需要的种子，它会毁灭牲畜。当处于意外低水位时，由于河水不能漫过堤坝实施灌溉而使丰收无望，甚至造成严重的饥馑，进而导致社会的不安定。

——靳玲：《古埃及伦理中的和谐观念》，载《内蒙古师范大学学报（哲学社会科学版）》2018 年第 1 期

教师设问：希罗多德曾经说过“埃及是尼罗河的赠礼”。尼罗河的定期泛滥给古埃及人民带来了什么？（参考答案：使古埃及农业发达，有时也影响古埃及人的农业生产，给人们造成灾难，威胁社会稳定）

材料二　……不过早在公元前 5 世纪希罗多德到埃及旅行之前，古埃及的法老们已经可以精确计算出河水的流量，并根据计算的结果分配水量。当时人们在祈祷中要求得到 16 厄尔的水量，可见 16 厄尔意味着高水位。这也是梵蒂冈圣彼得广场上尼罗河神像周围雕刻

了16个孩子的寓意。古罗马作家普林尼斯(Gaius Plinius,公元23—79年)在他的《自然史》中用罗马人简练的方式表达了埃及人的观点:“12厄尔以下预示着饥荒,13厄尔表示充足,14厄尔显示欢乐,15厄尔代表保障,16厄尔象征丰收。”在古埃及,一切国计民生都依赖于尼罗河,充分验证了“靠山吃山,靠水吃水”的千年古训。

——赵克仁:《古埃及和谐文化探源》,载《中东问题研究》2015年第1期

材料三 从远古开始,埃及人就开始了对水源的治理和对灌溉的控制,先是顺其自然,然后是人工治理。为了农业灌溉,治理水源与疏通河渠成为人人都得参与的事业,不管他是庄稼地里的农夫,还是政府部门的高官。从广袤而恶劣的大沙漠中求得农田,从河谷中争取更多的肥沃淤泥,是埃及人追求的目标。尼罗河的泛滥虽有规律,但每年的水量有很大差别,因此需要居民团结合作治理洪水。在治理洪水的过程中,简单的分工应运而生,一些人成为船夫、农夫,一些人成为工匠、文书。

——赵克仁:《古埃及和谐文化探源》,载《中东问题研究》2015年第1期

教师设问:面对尼罗河定期泛滥造成的危害,古埃及人民是如何趋利避害的?(参考答案:研究尼罗河水定期泛滥的规律,人工治理河水)

教师讲述:古埃及人民在不断的生产实践中学会了与尼罗河友好相处,趋利避害,实现了人与自然的和谐相处。此外,法老政府也利用宗教文化向人们灌输生态保护思想,敬拜自然神灵。

材料四 ……法老宣称自己是“荷露斯之子”的神话,由于他对未来丰收图景的准确预测而更具震撼力。法老与自然紧密联系在一起,农民带着从未泯灭的好奇心关注着河水对法老的服从程度。他命令尼罗河水上涨,农民在神庙中听到,河水在即将跌入炼狱的瞬间,听从了法老的指示。然后,他们又听到祭司们低吟起古老的尼罗河赞美诗,以此呼唤尼罗河神的庇佑,这些尼罗河之歌至今仍被保留在底比斯的神庙中。作为自然力量,尼罗河是黑暗而令人恐惧的;在埃及境内,汪洋般的洪水滋润着广袤的原野,埃及人对神圣的河水,做到了充分的利用。每一块盆地都是农业省份的中心,每一个诺姆①都依赖着邻近地区,每一个诺姆长在管辖区内河水时都要顾及下一地区。所有的地方官员都向中央机构呈递诉求,从中央政府接受命令。如此这般,由于尼罗河流域农业灌溉的需要,等级分明的君主体制在埃及形成了。

在尼罗河狭长的绿洲里,埃及民族逐渐兴盛起来。农业灌溉使埃及社会有了明确的分工,而劳动中的分工协作使埃及人凝聚成为一个共同体,和谐有序的埃及社会形成了。

——赵克仁:《古埃及和谐文化探源》,载《中东问题研究》2015年第1期

教师设问:法老在尼罗河的治理中发挥怎样的作用?尼罗河的治理对古埃及的社会政治产生了什么影响?(参考答案:作用:沟通神人,团结埃及人民,治理尼罗河。影响:有助于形成等级分明的君主制,推进和谐有序社会的形成)

教师讲述:在治理尼罗河的过程中,埃及法老团结着埃及人民,分工协作,使得人与人的关系更加和谐,和谐有序的社会逐渐形成。

材料五 ……而几乎所有的神庙中,都有这样的描绘:国王双手捧着玛阿特女神,连同

① 诺姆:古埃及最早形式的城邦国家。

面包、啤酒等供品，一起敬献神前。这个简单的仪式包含着丰富的含义：玛阿特代表着神赐给人类的物质世界，它在国王管理下维持了初创时的和谐完美，在此时又由国王归还给神。这个给予和归还的过程象征着神与人之间的合作，即神创造世界，而人类以维持神创世界秩序的方式对神表示感激。这样神的创世行为就有了真实的意义，而神与人之间也就有了交流的渠道。通过这种合作神与人共同维持他们的存在，达到永恒的境界。

——马克垚：《世界文明史（上）》，北京：北京大学出版社，2016 年，第 119 页

教师设问：古代埃及人是如何看待神人关系的？（参考答案：人们在日常行为中实践神的意愿，神也会以某种方式予以回报，人与神和谐相处）

教师引导学生小结：在古埃及，人与自然、人与人、人与神之间形成了相对和谐的关系，这种和谐关系促使人们之间相互协作的愿望不断加强，集体主义在这里大放异彩。在这种和谐关系中，一座座金字塔建成了，一座座神庙竣工了。在这种和谐关系中，伟大的埃及文明诞生了。

材料六 总之，河谷与沙漠共同构成了古埃及文明发展的摇篮，二者相辅相成，在古埃及独具特色的文明特征的形成过程中，起到了重要的作用。古埃及人的“二元对称”“均衡”“和谐”“秩序”等观念的产生，与这种特殊的地理环境有着密切的关系。

——马克垚：《世界文明史（上）》，北京：北京大学出版社，2016 年，第 75 页

教师设问：结合材料六并查阅相关资料，以“尼罗河的治理”为例，谈谈古埃及地理环境与古埃及和谐文化的关系。（参考答案：地理环境为人类文化的发生发展提供了前提条件，自然地理环境影响着社会生产力的发展状况，影响着经济发展的程度，并进而影响着文化发展的水平）

教师引导学生小结：尼罗河的定期泛滥，给古代埃及人的生产生活带来收获的同时，也造成了一些消极影响。在治理尼罗河的过程中，人与自然、人与人、人与神之间形成了相对和谐的关系，和谐观念在古埃及逐渐形成，使得埃及文明能够延续三千多年经久不衰！

设计二：光荣属于希腊

设计意图

黑格尔在《哲学史讲演录》中说：“一提到希腊这个名字，在有教养的欧洲人心中，尤其在我们德国人心中，自然会引起一种家园之感。”古希腊文明是西方历史的开源和西方文明的发源地，西方文化在政治、哲学、文学、史学、艺术、宗教信仰、科学和体育上都创造了辉煌的成就，深刻影响了西方文化和世界文化。希腊文化是多样发展的世界文化中不可或缺的部分，了解希腊文化的历史成就及其特点，是理解当今世界文化特别是西方文化的一把钥匙。

设计方案

教师讲述：被称为现代西方文化之源的古希腊文化，以其独特的风采、卓越的成就享誉世界，对以后的西方文化乃至世界文化产生了巨大而深刻的影响。所谓希腊文化，主要是指公元前 5 至公元前 4 世纪希腊古典时代以雅典为代表的文化，也就是通常所说的希腊古典文化。古典时代的希腊在文化的各个领域出现了全面繁荣，文学、艺术、哲学、史学和科学技

术等方面都取得了丰硕的成果。希腊文化的丰富多彩及其所闪烁着的希腊人的智慧之光，充分地展示了欧洲奴隶社会上升时期意识形态的风貌，它以其理性精神鲜明地显示出与神学色彩浓厚的古代东方文化迥然相异。

这一区域文化是如何形成的？具有怎样的内涵？有什么样的特质？产生了怎样的影响呢？

材料一 构成古希腊文化雄厚的物质基础的是发达的奴隶制经济。古希腊的奴隶制经济一直呈上升状态发展，到希波战争以后，达到空前的繁荣。广泛的奴隶劳动促进了社会经济的迅速发展。农业生产技术不断进步，园艺业在雅典、米利都等城邦发展很快。手工业行业繁多，分工细致，产品盛销到地中海和黑海各地。

——解光云：《世界文化史》，合肥：安徽大学出版社，1999年，第91页

教师设问：希腊文化繁荣的根本原因是什么？说明什么道理？（参考答案：原因：发达的奴隶制经济。道理：文化的繁荣必须建立在一定的物质基础之上）

教师讲述：辨证唯物主义认为人类社会的历史首先是生产发展的历史，人们首先应解决衣、食、住、行，然后才能从事科学文化的创造。古希腊文化的发展也是建立在一定的物质基础上的，古希腊正是有了当时相对发达的经济才有那样发达的文化。奴隶制经济的繁荣是希腊文化昌盛的保证。除此之外，古希腊文化在发展过程中，不断吸收外来的先进文化。埃及、西亚历史悠久的文化为古希腊文化的发展提供了可借鉴的遗产。

材料二 毫无疑问，古希腊文明是对当今世界影响最为深远的文明之一，这种影响体现在多个方面。古希腊文明首先体现在其政治领域。古希腊形成了一种特有的国家组织形式——城邦。尽管古希腊城邦规模小，人口也不多，但却是完全独立的政治实体。就是在这些小小的政治实体的基础上，产生了古希腊文明。

——盛文林：《西方历史的源头——古希腊文明》，北京：北京工业大学出版社，2014年，前言，第1页

教师设问：依据材料并结合所学知识，指出古希腊政治制度上的独特之处，并简要评价。（参考答案：独到之处：建立于奴隶制城邦基础上的民主政治；是雅典成年男性公民的民主，是少数人的民主。评价：对希腊古典文化的繁荣起到了积极的作用；为西方近现代资产阶级民主奠定了最初的基础）

教师讲述：雅典是古希腊民主政体的发源地，同时也是希腊民主制的典范。历经梭伦、克里斯提尼和伯利克里等不同时期领导人的改革，逐步走上巅峰。虽经希波战争血与火的洗礼而不衰，但最终却毁于公元前404年结束的伯罗奔尼撒战争——希腊各城邦之间争夺霸权的内战。民主政治属于上层建筑的范畴，雅典的民主政治也有它的阶级属性，它只是少数人的民主，不是广义上的民主，更不是人类理想的政治制度，这是由它的阶级局限决定的。城邦民主，既是希腊文化繁荣的原因之一，也是希腊文化的卓越成就。

除了城邦民主政治制度，希腊文化还在哲学、戏剧、史学、文学、体育、建筑、自然科学等方面取得了突出成就。在哲学方面，古希腊是西方哲学的发祥地，也是人文主义思想的滥觞之地，以思辨为核心的古希腊哲学是古希腊人智慧的巅峰，苏格拉底、柏拉图和亚里士多德等西方轴心时代的文化巨匠是西方哲学传统中的三座高峰。

材料三 进入古典时代之后，在希腊人的理论思维中，对人类自身的力量，对人在自然

界和神面前的地位，人与社会的关系等问题进行新的探索，从而促进了人本思想的发展，把其从初期形态推到一个比较系统化和理论化的新阶段。

——王永本：《希腊古典时代文化构架的主要特征》，载《东北师大学报(哲学社会科学版)》1991 年第 6 期

教师设问：希腊古典文化的关注点有何变化？产生了什么样的结果？（参考答案：变化：希腊人由关注神、关注自然到开始关注人本身。结果：出现了早期的人文主义思想）

教师讲述：人本思想是希腊古典时代文化关系结构中的主体。在当时希腊人的理论思维中，把人作为主要的考察对象，在肯定人的自身力量、人在自然界中的地位的同时，探讨了人与社会的关系和人的本质。在这一思想的影响下，其他思想意识形式，如伦理道德思想、美学思想也开始探讨人的问题。

材料四　欧洲文艺复兴时期是一个重新“发现人”的时代，在文艺复兴时期，人文主义者们重新唤起了对人类自身的关怀，人们要求从神学的统治中解放出来，讲人性、讲个性、重视人的价值、尊严的人文思潮得到空前发展。

——张成岗：《“科学文化”的人文向度——文艺复兴以来西方人文精神的考察与反思》，载《科学技术与辩证法》2001 年第 3 期

教师设问：欧洲文艺复兴依靠什么思想“发现人”的？（参考答案：人文主义）

教师讲述：文艺复兴打着复兴古希腊、古罗马文化的旗帜，以起源于古希腊的人文主义思想为指引，不仅弘扬人的价值和尊严，使西方文化中的人文精神大放光彩，同时也叩开了工业时代科学理性精神的大门。文艺复兴时期的自然科学已有了一定程度的发展，而理性精神正是文艺复兴时期人们继承古希腊文化遗产的重要内容，理性精神与自然科学的结合使人们看到了人类开创世界未来的潜力和希望。

材料五　评价古典希腊，不应看它哪些没做到，而应看它做了些什么。……自由探究的精神，民主政体的理论和实践，多种形式的艺术、文学和哲学思想，对个人自由和个人责任心的强调——所有这些构成了希腊留给人类的光辉遗产。

——[美]斯塔夫里阿诺斯：《全球通史——1500 年以前的世界(第 1 版)》，吴象婴、梁赤民译，上海：上海社会科学院出版社，1999 年，第 220 页

教师设问：古希腊雅典民主制有何重大影响？（参考答案：雅典民主的理论与实践，促进了古希腊精神文化的繁荣，为近现代西方政治制度奠定了最初的基础）

教师讲述：希腊的奴隶制民主政治与东方国家的君主专制有天壤之别，其中很多政治思想、政治制度对后来的早期市民民主、资产阶级近代民主和社会主义民主有着直接和间接的影响。

教师引导学生小结：古代希腊创造了古典文化的辉煌，又直接影响了以后欧洲乃至世界文化的发展，为人类的文明和进步做出了不可磨灭的贡献。

教学资源

资源 1：地理环境与人类社会发展的关系

在地理环境与人类社会发展的关系问题上，长期以来存在着两种对立的观点：一种认

为，地理环境对人类社会的发展具有决定性作用，这种观点可以叫作地理环境决定论，孟德斯鸠、普列汉诺夫等人持这种观点；另一种认为，地理环境对人类社会的发展不具有决定性作用，对于社会发展具有决定作用的不是地理环境而是其他东西，这种观点可以称之为非地理环境决定论，伏尔泰、斯大林等人持这种观点。我国理论界基本上也是在这两种观点之间进行争论。截至目前，不仅分歧的双方没有得到统一，而且讨论几乎没有什么进展，可以说，基本上还停留在伏尔泰、霍尔巴赫同孟德斯鸠争论的水平上。这种状况既不适应理论研究的需要，也不适应文化转型和文化建设实践的需要。

——顾乃忠：《地理环境与文化——兼论地理环境决定论研究的方法论》，载《浙江社会科学》2000 年第 3 期

资源 2：地理环境对古埃及文明的影响

这种地理上的相对孤立性对古代埃及文明的发展产生了重要的影响。由于沙漠屏障对大规模的民族迁徙和入侵起着阻隔作用，使得古埃及社会有一个相对稳定的政局。在第二中间期之前，埃及一直保持着独立，这对经济发展和文化繁荣都有积极的促进作用，也使文化传统有着更大的延续性。但这并不意味着古埃及是闭塞的，其文化是千年不变的。相反，正是在与其他文明的相互交流中，古埃及文明不断吸取着新鲜的血液，维持着自己的活力。古埃及与努比亚、叙利亚、巴勒斯坦及两河流域一直有着密切的联系和交流，并对这些地区的文化发展产生了重要的影响。同时，古埃及文明也向地中海地区传播，爱琴文明就是在吸收埃及和西亚等地文明成果的基础上发展起来的；古埃及的遗物不断在塞浦路斯、提洛、铁拉等地发现。尼罗河谷周围的自然屏障并没有隔绝古埃及与外界的交往，而是起着“过滤器”的作用，对外来因素进行缓冲处理，然后再逐渐吸收进来，这正是古埃及文明的特色及其生命力之所在。

——马克垚：《世界文明史(上)》，北京：北京大学出版社，2016 年，第 70—71 页

资源 3：古印度文化的形成

雅利安文化与达罗毗荼文化的同化和融合。达罗毗荼人在印度次大陆创造了最早的文明——哈拉巴文化，即印度河文明，它是印度最古老的文明形态，以复杂的文化和特有的艺术品闻名于世。虽然在公元前 1750 年前后，印度河文明开始逐渐衰落，哈拉巴文化突然消失，但是它的许多成就通过后来的文化继承而流传了下来，构成了印度文化的渊源之一。公元前 1500 年左右，属于印欧语系的一批雅利安人部落从中亚高原南下进入印度河流域，征服了当地的土著民族——达罗毗荼人，成为印度河地区的主人。雅利安人虽然是征服者，但是他们原有的经济文化水平并没有当地人发达，因此在许多方面还需要向当地居民学习。在与土著民族的长期共处和交往中，雅利安文化与达罗毗荼文化经历了一个相互冲突、磨合而又相互影响、融汇的过程。在这一过程中，印度文化在原有的基础上不断增加新的成分，形成了融印度河文明和雅利安文化为一体的新的印度文化，印度文化也因此再次进入高峰——“吠陀文化”时期，年代大约为公元前 1500 年—公元前 600 年。吠陀时代是一个非常重要的时代，我们今天所称的“印度文化”大部分可以追溯到吠陀文化。在吠陀时代，印度形成了两种日后成为其民族特色的体制和文化，即种姓制度和婆罗门信仰。到公元前 6 世纪，

印度社会逐步稳定，经济繁荣，形形色色的哲学流派和社会理论应运而生。世界三大宗教之一的佛教便是这场思想文化较量的产物。在这一时期，婆罗门教正统六论已初具规模，耆那教开始形成、传播，唯物主义学说“顺世论”也初露端倪，南亚次大陆出现了“百花齐放，百家争鸣”的景象。

——李云霞、史纪合：《印度文化多样性初探》，载《国外理论动态》2015 年第 4 期

资源 4：阿育王弘扬印度佛教的具体做法

佛教作为世界三大宗教之一是印度对世界文明最大的贡献。在印度佛教由本土走向世界的过程中，阿育王所起的推动作用是值得大书特书的。阿育王晚年皈依了佛教，成为在俗弟子。阿育王实行的是一种宗教宽容的政策，并没有将佛教确定为国教，强迫其他人去信奉，但以他为榜样，许多人成了佛教的信徒。阿育王还向佛教僧团捐赠了大量财产和土地，还在印度各地兴建佛教建筑，据说总共兴建了 84000 座奉祀佛骨的舍利塔。在阿育王倡导下，佛教势力迅速发展，公元前 253 年阿育王召集 1000 多名高僧在华氏城阿育王寺举行佛教历史上第三次“结集”。这次佛教大会僧众云集，盛极一时，它的主要成果是进一步推动了佛教经典的编定和佛教向国外的传播。经过这次结集，佛教三藏，即经、律、论三类经典基本完备。第三次结集也是早期佛教发展达于鼎盛的标志。阿育王又向边陲和周边国家派遣了包括王子和公主在内的佛教使团去传播佛教。据说阿育王所派传教者数目之多，范围之广都是空前的。这是佛教走出印度本土、迈向世界性宗教的开始。在孔雀王朝阿育王的倡导下，佛教不仅在印度内部广泛传布，且向海外传播，冲出国界弘扬天下，到达缅甸、斯里兰卡、锡兰、克什米尔、犍陀罗、希腊诸国、中亚、西亚等地区，对以后佛教成为世界性宗教起了巨大作用。

——黄志强：《试论阿育王在印度文明发展进程中的作用》，载《齐齐哈尔大学学报（哲学社会科学版）》2010 年第 6 期

资源 5：甘地的非暴力不合作运动蕴含印度文化的精神

印度伟大的民族英雄——圣雄甘地，在领导全印度人民反抗英国殖民统治，争取民族独立的运动中，他领导的非暴力不合作运动，也源于印度宗教思想的仁爱主义，他是从印度教的“坚持真理”“戒杀”和“自制”的信条中衍生了非暴力思想。圣雄甘地坚信非暴力思想的宗教道德力量最终将使本质上热爱正义的英国殖民者改正自己的错误。甘地始终认为，“政治上一旦失去宗教也就失去了灵魂”。他运用宗教学说鼓动人民参加反英运动。这种由宗教思想激发起来的爱国热情，牺牲精神和民族自尊心，其力量是无比巨大的，它迫使英国殖民者不得不放下武器，同意印度独立。

——吴永年：《印度文化的特点及其精神支柱》，载《国际观察》1995 年第 1 期

资源 6：古希腊人文主义思想产生的原因

这样，使希腊世界的工商业迅速发展起来，并走向工商立国的道路。工商立国不仅使人的实践潜能和认识潜能得到发挥，造成人们在物质上和精神上皆不易满足的心理和不断向外展拓的意向，同时，也使人们树立积极进取、竞争冒险、求新求华、求真求知的精神。这种

意识使人们能够摆脱外在的羁绊，在内在需要的驱动下实现人本身的向往和追求，从而在社会意识形态中形成了探讨人、尊重人的思潮。

——王永本：《古希腊的人本思想》，载《东北师大学报(哲学社会科学版)》1988 年第 6 期

资源 7：古代希腊人文主义精神的主要内涵

古希腊文化中的人文主义精神构成了西方古典文化的精髓。古希腊的人文主义思想以个人主义为基础，并且认为人是具有理智、情感和意志的独立个体。重视个体的人的价值的实现，强调人在自己的对立面—自然与社会—面前的主观能动性，崇尚人的智慧，是古希腊文化的本质特征。

——张树光、许松慧：《西方文明的摇篮——古希腊罗马文化》，载《赤峰学院学报(汉文版·哲学社会科学版)》2010 年第 5 期

资源 8：西方人文精神在中世纪泯灭的原因

中世纪，随着基督教神学的兴起，古希腊文化中的人文精神转换为宗教精神。对宇宙本体的探讨被对上帝存在的论证所取代，有关人性、人的道德、人的存在的价值也被纳入人对上帝的关系中加以解释。这样，人文精神被扭曲了，人们不是在现实生活中确证自己的本质力量和生存价值，而是在虚幻的世界中寻找生存的根据，同至善至美的上帝相比，人性、人的价值、人的现世生活都是应当遭到鄙夷的。因此，盲目信仰、禁欲主义成为至上的美德和追求，人类失去了真实的自我和真实的生活。

——陈娜：《西方人文精神的历史流变及其对当代中国文化发展的启示》，载《晋中学院学报》2012 年第 1 期

资源 9：古希腊文化对阿拉伯哲学的影响

在哲学方面，希腊思想的影响很突出。阿拉伯的哲学在某种意义上说就是希腊哲学，只是经过穆斯林的改造，使之适合于伊斯兰教的精神倾向。阿拉伯人相信，亚里士多德和柏拉图的哲学集中代表了古希腊哲学。主要的阿拉伯哲学家都曾受到他们的影响，并加以发挥，将亚里士多德、柏拉图的哲学与古兰经加以调和，其实质是对信仰和理性、宗教和科学的调和。像最先研究亚里士多德著作的肯迪、杰出哲学家伊本·鲁士德(阿维罗伊)等，其代表作都是研究吸收古希腊哲学思想，采用其学说和仿照其方法完成的，同时加入了他们自己的观点，或对其进行阐释。

——吴长春：《中世纪西欧吸收古希腊文化渠道问题初探》，载《历史教学》1988 年第 2 期

资源 10：罗马文化从落后走向先进的启示

综观罗马一千余年的发展历史，我们完全能够得出：罗马是一个勤劳、务实的民族，同时也是一个善学习、爱思考的民族。他们不但用自己的劳动和心智创造文明，而且更以海纳百川的胸襟和气魄，广泛地吸纳各种优秀文化给它带来的众多养分。在弱小时，不消极；在

强势下，不保守。在开放、比较中定位自己；在开放、学习中，充实自我；在开放、融合中，创造更具自身特色的文明。罗马人的这种开放精神，不但迅速地改变了罗马早先文明的落后地位，而且后来居上很快地超越了其他邻近的地域文明，成为具有广泛影响力的地中海强势文明。罗马文明留给我们的最大启示是：适时开放，兼容并蓄。开放是手段，融合是关键。开放和融合的结果便是活力、效率与创造力。它们共同构成了罗马持续一千余年发展的不竭动力。

——杨共乐：《罗马文明持续发展的动力》，载《求是学刊》2012 年第 6 期

资源 11：伊斯兰文明的突出特点

在中世纪欧洲的基督教诸国，宗教权力与世俗权力长期并立，教会与国家自成体系，分庭抗礼。至于华夏文明及其周边区域，世俗权力极度膨胀，皇权至上的政治体制贯穿封建社会的历史进程。相比之下，教权与俗权的密切结合构成伊斯兰世界传统政治制度的突出现象，宗教与政治长期处于浑然一体的状态则是伊斯兰传统文明区别于中世纪的基督教文明以及华夏文明的显著特征。

——哈全安：《阿拉伯伊斯兰国家的起源》，天津：天津人民出版社，2016 年，第 154 页

资源 12：伊斯兰教产生的历史意义

在历史上，许多革命的真实目的，是被掩盖在宗教外衣之下的。伊斯兰教的产生，从意识形态上反映了阿拉伯地区人民为了经济上的繁荣和社会的进步，在政治上实现半岛统一，建立民族国家的愿望。他们渴望建立一个强大的、统一的中央集权的国家机器来统一半岛，以便克服动乱不安和无政府状态。穆罕默德树起伊斯兰这面宗教旗帜，将各个不同阶层的，彼此间因利益互相冲突而对立的人们吸引到统一半岛的社会运动中来，为建立一个民族国家而共同努力。

——张莉：《经典中透射出的人文光芒——浅议〈古兰经〉中的人文主义思想》，载《外国文学研究》1998 年第 4 期

资源 13：伊斯兰文明对世界文明的贡献

当中世纪的欧洲还在黑暗之时，阿拉伯人和各族穆斯林高举知识和学术火炬，在诸如哲学、宗教、历史、文学、地理、逻辑、数学、物理学、天文学、医学和建筑等各个领域对人类文明作出了杰出贡献：他们通过持续百年之久的翻译运动，把阿拉伯学术的精华，其中包括阿拉伯人完整保存的希腊古代典籍等东西方文化遗产，以及阿拉伯人对它们的发展和创新传给了西方世界，从而为欧洲文艺复兴提供了指路明灯；他们把印度的数字和中国古代四大发明传到欧洲，推动了世界物质文明的进步和发展；从西班牙的科尔多瓦到孟加拉的戈尔，修建了诸多堪称世界最优美的一流建筑物，这些别具风采的伊斯兰建筑一度在世界建筑史上独领风骚；在医学领域，穆斯林中涌现了一大批闻名遐迩的医学家和药学家，其中最具影响力的是拉齐和伊本·西那。拉齐是中古伊斯兰世界最伟大的临床医生，著述多达 150 余种，其代表作《医学集成》，曾对西方医学思想产生重要影响。伊本·西那的医学名著《医典》被喻

为医学百科全书，其编排系统在同期的医学典藏中地位显赫。12 世纪该书被译为拉丁语传入欧洲，在 12 至 17 世纪长达 500 年的时间里，它始终是欧洲各大学的医学教科书，并先后发行了 15 版。

——王铁铮：《伊斯兰文明的兴起及其对世界文明的贡献》，载《光明日报》2014 年 10 月 29 日

资源 14：近代欧洲文化在世界文化体系中占主导地位的原因

14 至 18 世纪，欧洲历经文艺复兴、宗教改革和启蒙运动，确立了人文主义传统，实现从中世纪向近代的转型。同时，地理大发现为欧洲的海外殖民扩张提供了便利条件，原有的世界文化多样性受到欧洲文化的冲击，并逐步确立了欧洲文化在世界文化体系中的主导地位。……当然，欧洲文化对其他文化圈的影响是双向交互进行的。西方的商人、旅行家、外交官和传教士也不断将其他文化介绍到欧洲。包括伏尔泰、孟德斯鸠和卢梭在内的多位欧洲启蒙思想家都曾对中国文化倍加关注，马克斯·韦伯、李约瑟等人都对中国文化有深入研究。今天，在新科技革命的影响下，尤其是在现代信息技术的推动下，世界文化日益呈现出全球化和多样化特征，不同文化间的冲突与融合比以往任何时期都更为复杂和剧烈。

——周文华：《世界文化多样性的形成、意义及困境》，载《齐鲁学刊》2014 年第 1 期

资源 15：俄罗斯文化的“欧亚文化”特征

俄罗斯文化是世界文化的一个重要组成部分，它以自己独具一格的精神内涵立于世界文化之林。在史学大师汤因比列举的 21 种世界文明中，就有“俄罗斯文化”的一席之地，美国著名学者亨廷顿在其代表作《文明的冲突》中，把斯拉夫—东正教文明作为世界八大文明之一。俄罗斯文化不是纯粹意义上的俄罗斯民族文化，甚至也不是纯粹意义上的东斯拉夫文化，它一开始就具有多元文化的特征。俄罗斯独特的地理条件和历史造成了俄罗斯文化来源成分的多样性，而这种多元文化的逐渐形成，则是已经成为传统的民族文化与外来的异质文化相互矛盾和相互渗透的过程。俄罗斯既与西方对立，也与东方对立，它既是西方又是东方。俄罗斯同西方和东方组成一个不可分割的整体——文化上的三位一体。俄罗斯地域状况构成了其“欧亚文化”这一明显特征。

——李英玉：《欧亚空间视域下的俄罗斯文化特征》，载《学术交流》2010 年第 4 期

资源 16：程朱理学对朝鲜的影响

1368 年，明朝建立。明代占统治地位的思想仍是程朱理学。宋学对朝鲜的影响更是越来越大。据《高丽史》记载：明朝建立当年，便往高丽遣书交往；1369 年 8 月，高丽遣总部尚书成准得赴金陵；1370 年 5 月，明赐高丽《六经》《四书》《通鉴》《汉书》；1372 年 3 月、8 月，高丽两次请遣子弟赴明入国学读书；1388 年 10 月，高丽又上入学表，请王官监国子弟入学读书。1392 年，朝鲜李朝建立。明与李朝长期友好，尤其是 1592 年至 1598 年，明军援朝御倭，与李朝军民并肩作战，取得最后胜利，两国人民结下深厚友谊。友好往来不断，文化交流频繁。宋学对朝鲜的影响进一步发展。朝鲜《李朝实录》对此有较多的记载。

——李保林：《宋学对朝鲜文化影响的基础和发端》，载《学习论坛》1996 年第 3 期

资源 17：潜心学习传播中国文化的日本遣唐使

遣唐使中除了政府官员外，还有医师、阴阳师、画师、乐师等。这些人一方面学习中国唐朝的政治、经济制度，另一方面对各种古代文化形态也广加考察。他们回国后结合日本的具体情况广为推广，对朝政进行改革。各种专业人才的派出，主要是为了从专业角度输入唐朝文化。这些人对日本的绘画、音乐、建筑等，都一定有较大的影响。

——查常平：《中国古代文化对日本文化的影响》，载《文史杂志》1997 年第 4 期

资源 18：玛雅文化的毁灭

历史上的玛雅文化曾经一度辉煌，玛雅人曾引以为自豪；阿斯特克部落曾经一度强盛，人丁兴旺；漂哀布罗人安分守己，有过与世无争的安宁生活；然而一切都已经是久远的历史。自从哥伦布到达美洲大陆后，欧洲人便不断进入美洲土著人的家园，美洲土著人的生活从此不得安宁。在同白人近 500 年交往中，美洲土著人得到的是白人的追杀、白人的剥削和白人最终恩赐给他们的保留区。昔日美洲土著人的后裔是否能再造辉煌？几乎没有可能。然而人们永远不会忘记美洲土著人对人类历史与文化所做出的贡献，永远不会终止对美洲土著人的起源与历史的研究。

——黄小群：《美洲土著人文化探源》，载《华中师范大学学报(人文社会科学版)》2000 年第 1 期

资源 19：学者们关于世界文化发展的态势的观点

当今世界发展总体走向的一大特点，是在全球化和本土化之间、一体化和多极化之间进行着“博弈”。迄今为止，愈来愈多的人认为世界多极化、经济全球化、科学技术迅猛发展，已成为明显趋势。与这一趋势密切相关的文化的发展呈现的是一种什么样的态势呢？自 20 世纪 90 年代初以来，世界上的学者对此问题发表了许多不同的看法。概括起来主要有：文化冲突论、文化共存论、文化既冲突又共存论。美国学者塞缪尔·亨廷顿主张文化冲突论，其代表作为《文明的冲突与世界秩序的重建》；德国学者哈拉尔德·米勒则与亨廷顿针锋相对，主张文化共存论，其代表作为《文明的共存——对塞缪尔·亨廷顿“文明冲突论”的批判》。而英国学者理查德·D. 刘易斯则主张文化既冲突又共存论，其代表作为《文化的冲突与共融》。北大的学者则主张“文明的和谐与共同繁荣”，近几年由北大连续举办的“北京论坛”均以此为主题，今后还要以此为主题继续办下去。联合国教科文组织综合世界大多数国家的意见，强调世界文化的多样性，其 2000 年的世界文化报告题目则为《文化的多样性、冲突与多元共存》。2001 年，在“9·11”事件之后不到两个月，联合国教科文组织第三十一届大会就通过了《文化多样性宣言》，2005 年联合国教科文组织第三十三届大会又以压倒性多数通过了《保护文化内容和艺术表现形式多样化公约》(简称为《文化多样性公约》)。我以为，这个公约的通过，再一次表明了人类的智慧和理性，表明了人类对于自己共同家园未来发展前景的明智选择和美好预期。这应当成为我们的一个共识。

——赵存生：《世界文化的走向与大学的文化使命》，载《北京大学学报(哲学社会科学版)》2006 年第 4 期

资源20：全球化背景下文化的世界性与民族性

尽管民族国家和独立国家的出现，使文化的民族性、或者说文化的个性日益凸现出来，与此相统一的文化的共性却被置于一边。但这是社会的进步，而不是倒退。文化的共性存在于个性之中并通过个性来体现，没有个性就没有共性；同理，文化的世界性寓于每一个具体的民族性之中，没有民族性也就谈不上世界性。文化因其个性而斑斓，也因失去个性而枯萎。所以，我们更应注重文化的个性和多样性，注重民族文化的繁荣。

——俞思念：《文明的冲突与文化的多样性辨析——兼答“文化全球化”论者》，载《探索与争鸣》2005年第10期

资源21：文化全球化是否意味着民族文化的消亡

近年来，随着经济全球化的深入，全球化概念也不断向政治领域、文化领域渗透，有人认为，“文化全球化”将是“未来的东西方文化交流和世界文化总体发展的趋势”，“面对文化全球化的潮流，我们的对策应首先是顺应它”。甚至说，通过对“文化全球化”的思考，就能够为中国文化找到走向现代化的出路。其实，关于“文化全球化”的概念是不严谨的。“文化全球化”的倡导者一再证明的是，由互联网、影视报刊等传媒所带来的信息开放性，必然打破地域、国界的封锁和封闭，使世界一切民族文化都成为全人类共有的财富，并在历史的选择面前走向趋同和继续发展。他们认为，作为文化价值载体的知识的全球化，也必然会使文化价值本身实现全球化，这也就意味着，文化的全部内容都将为全球化所“化”。基于这样的认识，文化的现代化就等同于“文化全球化”，或者说，“文化全球化”就是文化的现代化，就是民族文化的消亡和“世界文化”的出现。从现象上看，这种论点似乎有其道理，但在现象的背后，却可以看到这种理论的臆想性，即把一种现实性的问题引向不切实际的猜测。文化的形式是可以仿造的，文化的价值却是在差异中生存的。两种不同的文化价值可以进行由此及彼的渗透直至取代吗？不同的文化价值很少可以通融，而且常常是互相排斥、互相对抗的，文化与文明之间的差异甚至可能上升为在全球占主导地位的冲突。文化的殖民只是某些人的妄想，其成功的可能性谁也说不准，因为老的殖民体系早已土崩瓦解，其经验和代价本是一个不堪重提的旧事，但对于殖民地人民来说，则是胜利的回忆。

——俞思念、贺金浦：《全球化时代的文明冲突与文化多样性》，载《当代世界社会主义问题》2006年第1期

资源22：文化包容性存在的必要性

外来文化中的有益因素融入本土文化以后，就会使原本单调的本土文化变得更加丰富，“传播—容纳”的相互过程便使世界文化呈现出前所未有的多样化，“文明多样性是人类社会的基本特征，也是人类文明进步的重要动力。”每种文化都是历史的积淀，都有其存在的理由；每种文化间都应采取包容的态度，而不是相互对抗。所以说文化的多样性是文化包容性存在的必要条件。坚持文化的包容性，就是要尊重各个国家或民族自主的文化的发展道路，使世界文化和谐发展；坚持文化的包容性，就是要使世界各种文化“百家争鸣”而不是定于一尊。

列宁曾经说过，“每一种民族文化中，都有两种民族文化”。也就是说，即使是同一民族

文化本身也是有优点和缺点的。宽容地对待其他文化，也正是现代人类学家为我们提供的宝贵意见。而认为“只有西方文化间才能够产生一种同心力、亲和力、吸引力，更能理解和包容对方的观念和行为方式”，实质则是企图以一种文化统一天下，自然只有冲突没有包容了。

——田传信：《论文化包容性与存在》，载《文教资料》2007 年第 9 期

资源 23：世界文化多样性面临的挑战

地球村的出现极大地缩小了居住在世界各地各文化系统内的人们之间的距离，使原本属于各个村落的世界居民“走到了”同一个“村庄里”，经济、技术、文化等等在这个缩小了的地理空间中汇聚在一起，各种相异的文化现象出现在某种同时性的空间中，同时，相异性、多样性、传统性和地方性的文化也在“全球化”中面临着重大而严峻的挑战。因此，在全球化与自身化的双重视野中思考文化多样性的尊重和文化多样性的保护，便成为一个重要的理论和实践课题。

——李建盛：《全球化语境中的文化多样性与保护问题》，载《甘肃社会科学》2016 年第 4 期

资源 24：民族文化与世界文化之间的关系

民族文化与世界文化的关系实质是文化的特殊性与共性的关系。民族文化是在一个民族形成和发展的历史进程中，在共同语言、共同地域、共同经济政治生活的基础上形成的共同文化、共同的社会心理、共同的价值体系、思维方式、审美情趣等。民族文化具有一定的民族传承积淀与特定地域的特点，以该民族的民族精神和文化类型体现着民族自身发展的特殊性。而世界文化应当是各民族文化精华融合的结晶，表现为超越不同地域、不同时代，同时也超越政治、经济、民族意识等各种事物，而对人类所面临的共同及永恒问题做出一致认识。世界文化并不简单意味着单一的文化模式，而是一种“多样性的统一”。

——杨倩、赵平俊：《当前我国文化建设中的几对重要关系》，载《山西农业大学学报(社会科学版)》2004 年第 4 期

资源 25：传统文化与现代文化的关系

文化是“时间的”也表明文化是时代的，文化的时间性体现文化的时代性。正像所有的历史都是当代史一样，所有的文化都是当代的文化。那种认为“传统”就是“过去的文化系统”，并进而把传统与现代对立起来，是文化研究的一个误区。把传统设定为“过去的文化”，来讨论传统与现代的关系，实际上是讨论过去的文化与现代文化之间的关系。而文化传统并非静态的东西，而是在时间中流续和变化着的。“所谓的‘传统’‘旧文化’都不是以‘过去’的方式存在着，而是以现时态的方式存在着，它们不是存在于过去，而是存在于现代之中，存在于现代人们的行为方式、思维方式之中，存在于我们的实践状态和精神状态之中。”因而，解决现时代的文化问题，不在于把矛头指向过去，不在于贬斥“传统”和反“传统”，而在于我们对于现实文化进行自我批判。

——曹明德：《文化的共通性和差异性》，载《厦门大学学报(哲学社会科学版)》1996 年第 4 期

资源 26：文化多样性与统一性的关系

文化是多样性与统一性的统一体。文化具有世界性、普遍性及统一性。这是文化存在的可交流的一面。世界文化的统一性或普遍性，是以文化的多样性或特殊性为基础的。在不同的人群、不同的社会、不同的时代和不同的地方，文化又具有各种不同的表现形式，呈现出文化样式的独特性和多样性。文化的多样性"对人类来讲就象生物多样性对维持生物平衡那样必不可少"。因为，文化是人们"交流、革新和创作的源泉"，"文化多元化与民主制度密不可分，它有利于文化交流和能够充实公众生活的创作能力的发挥"，"文化多样性增加了每个人的选择机会；它是发展的源泉之一，它不仅是促进经济增长的因素，而且还是享有令人满意的智力、情感、道德精神生活的手段"。文化是民族的精神血脉。对一个民族和国家而言，文化集中表现为建构民族心理、塑造民族性格、培育民族精神、形成民族传统。可以说，一个民族的兴衰存亡，归根到底是代表民族发展成果的优秀文化的兴衰存亡。古人云，欲灭一国，必先灭其文化。如果一个民族失去其特有的文化，那就等于失去了民族精神和民族灵魂，就意味着民族的文化符号和民族国家的文化身份消失，国将不国。因此，必须尊重各民族文化的生存权、发展权和参与权，尊重世界文化的多样性。一个民族的文化成就不仅属于这个民族，而且属于整个世界、整个人类。世界上每一个民族都以其鲜明的民族文化特色丰富发展了人类文化，都是人类文明进步发展的进步力量。从人类社会顺利繁衍和文明健康发展层面而言，文化多样性是世界文化生机勃勃、平衡发展的必要条件，是人类文明进步的精神动力，也是人类生生不息、繁衍发展的根本保证。

——夏建国：《当代世界文化的多样性与统一性论略》，载《长沙理工大学学报(社会科学版)》2009 年第 3 期

资源 27：各国文化独立发展的合理性

可见，尽管全球化已成为当今世界发展的总趋势，但它却无法摆脱各国文化独立发展的合理性。文化多元共生仍是全球化语境下文化发展的真实状态和普遍现象。另外，因为每一种民族文化都具有其他文化所没有的优势因素，因此，文化的多元共存为各种文化的相互交流、取长补短提供了条件，各种文化在彼此借鉴优势、共同发展和繁荣的过程中产生了互相依存的共生性，从而形成了多姿多彩、魅力无穷的人类文化景观。

——张红霞：《论文化多元化的特点、实质和意义》，载《国外社会科学》2010 年第 4 期

资源 28：文化没有高下之分

文明间的文化账不宜算得过细，但一个无可否认的事实是，近代以来西方文明藉以对其他文明产生深刻影响的东西，不是某种与生俱来的优秀"文化基因"，而是现代资本主义和直接相关的政治制度和文化理念。况且，西方率先开出的现代资本主义虽毋庸置疑地是一种质的变化，但量的积累的重要性却不可低估。在资本主义从量变到质变的现代性呈现中，各非西方文明的贡献决不应被抹杀；对于西方文明率先开出现代资本主义，人类各大文明间长期以来的经济—文化互动无疑起到了根本性作用。事实上，近代以前一直存在一个全球经济体系，该体系内部区域间的互动又很大程度地是以文明为单位的。同样的道理，16 世纪

以前中国文明之所以能长期领先于其他文明，是因为它长期以来相当程度地受惠于“西域”或西亚地中海地区的文化成果，而20世纪初日本的崛起和20世纪下半叶以来中国的复兴又大大受惠于西方。因此，各文明间的关系应当这样描绘：你追我赶，不相伯仲，既无永远的领先，亦无永远的滞后。

——阮炜：《文明的表现——对5000年人类文明的评估》，北京：北京大学出版社，2001年，第381页

资源29：如何应对西方文化霸权

近年，欧美发达资本主义国家凭借其在世界贸易体系的强势地位和科技优势，将自身文化产品销往世界各地，获取巨额利润的同时也积极推动海外文化传播。有些国家甚至强力推行自己的意识形态，实行文化霸权，世界文化多样性格局受到严重挑战。鉴此，中国文化向何处去，就成了一个摆在我们面前的迫切的现实问题。在吸收与学习外来先进文化方面，我们比较积极主动，目前主要问题在于如何加强中国优秀文化的海外传播，增强中国文化的国际影响力。费孝通生前非常重视文化自觉，认为中国首先要了解自身文化的最基本的特点，并在融汇古今中外的基础上对其进行现代解读，向未来展开一个新的起点；同时还要有全球视野，使中国文化成为全球文化多元建构的一个组成部分。乐黛云等学者进一步提出21世纪的新人文精神，强调尊重他者，尊重差别，提倡多样文化的共存与互补；作为共存与互补之关键的对话与沟通，其主要目的不是说服对方，同化别人，统一思想，而是汲取其他文化的长处而不失去自我。在新的历史时期，中国文化要在世界上产生广泛而深远的影响力，既要丰富文化产品的价值意涵，拓宽文化传播渠道；又要加强自身文化建设，不断赋予传统文化以新的魅力与生命力，向世界提供尽可能多的优质文化产品和服务；还要向世界贡献新的思想，能够同其他国家一起解决人类共同的难题。

——周文华：《世界文化多样性相关理论分析》，载《中国政法大学学报》2014年第4期

资源30：全球化背景下中国文化事业发展需要处理的关系

文化全球化的趋势既是挑战，也是机遇。我们应当有面向现代化的理念，自觉推进传统文化的现代转向；我们应当有面向世界的勇气，妥善处理全球化与本土化、世界性与民族性的关系，自觉在与强势传播文化的相互搏击与相互影响中，不断完善自己，并使中国特色的文化走向世界；我们应当有面向未来的眼光，通过文化创新、科技创新、制度创新与理论创新，努力构建国家文化产业的创新体系，体现文化先进性与大众性的统一、世界性与民族性的统一、人文性与科学性的统一、继承性与创新性的统一、经济效益与社会效益的统一，实现文化产业的跨越式发展。在这一历史进程中，中国的传媒、新闻与传播教育，任重道远。

——胡显章：《全球化背景下的文化多样性与文化自觉》，载《清华大学学报（哲学社会科学版）》2007年第3期

资源31：新加坡独具特色的伦理道德体系建设对我国文化建设的启示

新加坡地处东西方文化的汇集处，集世界各主要种族、语言、宗教、文化于一身，享有“兼

存东西方，汇合百家文，流传万国语，容纳各宗教”的世界种族文化的“百花园”之称。为谋求社会和经济发展，不能不取法西方科技，也不得不同时面对西方价值观与风尚的影响。新加坡人在保留强烈的中华传统价值观并赋予其现代意义的同时，也从西方学到科学与技术以及用理性的态度来解决问题的文化习惯。经过新加坡予以现代性阐释的儒家伦理，带有鲜明的兼容性，不仅涵盖了伊斯兰教伦理、佛教伦理和基督教伦理，而且汲取了现代西方某些积极的价值观念，以利于形成各种族认同的“共同价值观”，建立起具有新加坡特色的伦理道德体系。

——于建福：《儒家文化教育传统对“儒家文化圈”的影响》，载《教育研究》2005 年第 4 期

资源 32：学习借鉴西方文明的原因

当然，西方文明决非没有优点。对于这些优点，中国人总归要学习、研究、接受和吸纳的。西方文明最大的优点，莫过于其法制精神，以及在法律的规范下使个人意志得到充分表达、个人能动性得到最大程度发挥的种种有效机制。西方人的公德心和敬业精神也明显、普遍地强于中国人。西方人更敢于进取、敢于尝试、敢于冒险、敢于创新。这些品质，都非常值得中国人学习。衡量一个文明是否底蕴深厚，一个重要的尺度就是看它是否有海纳百川、包容万象的气度。不妨把文明看做一个有机的动态过程，或一个长时段的有机结构。不吐故纳新，不因时因势地变革、更新、创造、发展，便不可能有传承至今的伟大文明。

——阮炜：《文明的表现——对 5000 年人类文明的评估》，北京：北京大学出版社，2001 年，第 4 页

资源 33：对现代中国文明的展望

这里不是说中国文明在根性上比其他文明优越。中国文明并不是完美的。正以此故，未来中国文明应当一如晚清以来那样，继续吸纳先进的现代观念和现代制度，继续吸收利用先进的现代科技成果。唯如此，中国在世界民族之林才可能真正树立起应有的威信，中国文明的悠久智慧才可能从隐匿遮蔽中朗然呈现，造福人类。如果不出现重大意外，中国在半个世纪内将实现现代化。届时，中国文明将成为人类历史上第一个以非掠夺、非霸权形式实现现代化的文明，以其固有的文化资源，不仅在经济上，而且在观念上现代化了的中国必将深刻改变人类文明的既有品质，使其变得更和平、更公正、更人道、更少霸权气。更重要的是，对于人类文明的垂之久远，对于人类文明不至于毁灭在全球性的核大战或其他形式的毁灭性战争中，中国文明以其一以贯之的道义精神，以其“圆而神”的东方品质，以其“天下一家的情怀”，以其“使文化悠久的智慧”，理应作出自己的贡献。

——阮炜：《文明的表现——对 5000 年人类文明的评估》，北京：北京大学出版社，2001 年，第 385 页

资源 34：人类社会的普世价值

首先，社会无论多么复杂，都是由一个一个有着现实生命的个人构成的。如果个人不存在，社会就不言而喻会湮灭。所以，任何社会都必须维持个人生命和价值的存在。适应这一

要求，任何共同体之个人首先要肯定自己存在和价值，在感性层面，这种对自己存在的肯定就是自尊自爱；在理性层面，就是自由，这里的自由是康德意义上的：他必须肯定自己具有积极地“通过一种自行开始诸事件的一个序列的能力”，即他具有主体创造力。一个社会必须鼓励每个人自爱、自尊、自立，否则这个社会将走向颓废和衰败。因此，自尊、自爱必然成为一种普世价值。从经验的层面看，没有任何社会鼓励自虐、自残行为，这同样证实了这一价值的普世性。

其次，出于同样的原因，一个社会必须产生出这样的价值观：除了肯定自己的存在和价值，必须肯定他人的存在和价值，否则这个社会将走向激烈的冲突，最终导致社会的解体。肯定他人的存在和价值，在感性层面就是仁爱、爱他，在理性层面就是平等。一个社会要继续存在并且得到发展，需要其成员相互合作，因而它就不能鼓励人们相互敌视、欺骗、倾轧。也许有人问，奴隶社会不是把奴隶当成牲口吗？封建社会不是把人分为严格的等级吗？这里要注意，即使这样的社会也没有把杀戮、轻蔑他人当成普遍的价值观，对他人的敌视、轻蔑是针对特定人群的，而不是普遍的。即使奴隶社会也不会鼓励普遍地、随意地否定他人。所以，这一现象并不能证明，肯定他人的存在不是普世价值，最多能证明这种普世价值的实现在历史上没有很好的记录。

——李志江：《文化多样性与普世价值》，载《河北学刊》2007 年第 1 期

资源 35：推动“世界文化”的形成

最后，我提出“世界文化”的概念。既然我们认识到中西文化的相互补充性和共同的理想性，那么二者的相互完整就形成了一种内外合一的需要。经过彼此共同理想的构建和对理想愿望追求的认同，中西文化应该走向一个更完整的文化体系，可称为“世界文化”。“世界文化”既包含中国文化的优点，也包含西方文化的优点，也就是，在中西文化优点的相互补充下，排除一些极端性和落后性，在差异性中讲共同性，在共同性中讲差异性，逐渐完善一个“正位居体，美在其中”(《周易》)的人类共同世界。

——成中英：《中国文化与世界文化的共同价值》，载《山东省社会主义学院学报》2017 年第 2 期

第三单元

人口迁徙与文化认同

学术引领

一、历史上的人口迁徙

(一) 古代历史上的人口迁徙

1. 移民的含义

了解中国不同时期的人口迁徙,以及移民所面临的机遇与挑战,需要对移民的含义进行界定。葛剑雄在《中国移民史(第一卷)》(3—23页,福州:福建人民出版社,1997)一书中认为目前国内还没有一个公认的关于移民的定义。"移民"一词,在中国古代文献中,最早出现在《周礼·秋官·士师》中:"若邦凶荒,则以荒辩之法治之。令移民、通财,纠守、缓刑。"[①]又见于《管子·七法》:"不明于决塞,而欲殴众移民,犹使水逆流。"[②]都是迁移人口的意思,是一个动词。在古代典籍中,和"移民"有相同含义的还有"徙民"一词。《管子·四时》:"其时曰冬,其气曰寒。……其事:号令,修禁徙民,令静止,地乃不泄。"[③]仍然是作动词表示迁移。"徙民"作为名词表示迁移的人口,最早出现在《史记·平准书》:"其明年,贫民大徙,皆仰给县官,无以尽赡。卜式持钱二十万予河南守,以给徙民。"[④]在现代汉语中"移民"也有动词和名词两种用法,但没有公认的、确切的解释。在《中国移民史》这一套书中,葛剑雄将"移民"的含义定义为:"具有一定数量、一定距离、在迁入地居住了一定时间的迁移人口。"[⑤]"一定数量"没有确切的数字,是选取中国移民过程中具有一定代表性和规律性的部分;"一定距离"也没有具体的里程指标,主要涉及不同区域之间;"一定时间"一般是指迁移本人在迁入地直至终老没有迁出、其后代也至少在迁入地居留一代人。

2. 古代中国的人口迁徙

葛剑雄在《中国移民史(第一卷)》(54—74页,福州:福建人民出版社,1997)中将移民按

---

① 陈戍国点校:《周礼·仪礼·礼记》,长沙:岳麓书社,2006年,第82页。

② 寇崇琳编译:《诸子十家选译》,西安:陕西人民出版社,1991年,第147页。

③ 郭超:《四库全书精华·子部》第1卷,北京:中国文史出版社,1998年,第315页。

④ (西汉)司马迁:《史记(上)》,长春:吉林大学出版社,2014年,第218页。

⑤ 葛剑雄:《中国移民史》第一卷,福州:福建人民出版社,1997年,第10页。

照人数、持续时间、涉及范围、影响分为五种类型。每种类型的移民原因是不同的。第一种是自北而南的生存型移民；第二种是以行政或军事手段推行的强制性移民；第三种是从平原到山区，从内地到边疆的开发性移民；第四种是非华夏族的向内和向西迁移；第五种是东南沿海地区对海外的迁移。

第一种类型的移民，即自北而南的生存型移民，在中国古代史中所占的规模最大。从西晋至南宋后期的三次黄河流域人口南迁即为其中的典型代表。这几次南迁持续的时间在百年以上，移民的总数都在百万以上，是遍及几乎整个黄河流域的大移民。吴松弟在《中国移民史·辽宋金元时期》(246—247页，福州：福建人民出版社，1997)一书中认为，靖康之乱后的北方人口南迁是我国三次北方人口大规模南迁的浪潮之一，且它的规模最大，距今最近，对近现代的经济文化影响最深远。这一时期的人口南迁持续了约一个半世纪，按照时间可划分为三个阶段。靖康之乱时期：从1125年至1142年前后共十七年，这一时期的移民分布面最广，遍及南宋各个地区，其中江南、江西和福建吸引了最大量的移民，为移民的主要分布区域。南宋金对峙时期：从1141年至1234年，由于双方发生大规模战争，人口南迁也随之出现。南宋蒙元对峙时期：宋蒙战争持续了20余年，受此影响，这一时期又出现移民的高峰。后面两阶段的移民主要分布在长江以南离长江不太远的地方，以及淮南、荆襄与四川的北部。

第二种类型的移民，是以行政或军事手段推行的强制性移民。陈世松在《明初胶东半岛川滇移民由来考》(载《历史研究》2016年第5期)一文中认为，明初的胶东半岛和当时整个北方地区一样，移民来源广泛，所不同的是，胶东半岛的有些地方声称他们的祖先来自四川或云南，但两者相距数千公里，为何会联系在一起呢？作者通过梳理明初政府的迁徙政策，认为胶东半岛的川滇移民并不是自发的结果，而是洪武时期政府的强制性移民行为。洪武四年，朱元璋派军队进入重庆，大夏政权的明氏母子投降，大夏政权灭亡，明朝接管了四川。为了能够尽快恢复生产、稳定秩序，推行了两种移民政策：一种是从湖广地区迁出大量人口以填补四川的空虚；另一种是将明氏的残余势力迁移出去以消除反对势力。所以，在明朝政府的精心布局下，四川、云南两省同时在明初以同一个理由即铲除明氏政权的残余势力共同将其迁徙到胶东半岛。最先迁入胶东半岛的四川移民家族大多来自成都府华阳县的“铁碓臼”，他们也是因为较早融入当地社会而取得成功和声望的一批人。值得注意的是，四川其他州县的移民也将自己的祖籍和“铁碓臼”相联系，出现了“南溪县铁碓臼”“峨眉县铁碓臼”等称呼。甚至，还有一些北方移民后裔宣称自己来自“大槐树底下铁碓臼”“枣林庄铁碓臼”。这些现象体现了胶东半岛这一多省移民地区的文化认同和融合特征。

第三种是从平原到山区，从内地到边疆的开发性移民。谢重光在《客家源流新探》(3—118页，福州：福建教育出版社，1995)一书中指出，客家是指共同生活在江西、福建、广东交界地区，有不同于附近各民系语言的方言系统，从事有显著山区特点的农耕经济生活，并形成了以团结、奋进、吃苦耐劳和强烈的内部凝聚力及自我认同意识为主要特征的族群心理素质的居民共同体。根据此概念，在客家民系完全形成之后，一个群体或个人迁入客家基本住区，并被客家民系同化，这个群体或个人就成为了客家人。而客家民系中的某一个群体或个人，从客家基本住地迁出后，他们被其他民系同化，那么他们便不再是客家人。客家民系是一个开放的体系，在客家和非客家的转化中，只有文化起着根本作用。客家的基本居住地是指客家人长久以来集中居住的范围最大、地位最重要的三个地区：赣南、闽西、粤东。在这三个地区之外的其他客家聚居地，基本都是客家民系形成后向外迁徙传播形成。之所以赣闽粤交界地区成为客家民系形成的场所，有自然和社会两个方面的原因。自然环境方面，赣南、闽西、粤东三个地区都属于典型的丘陵山地，山多水多，且林木繁盛，瘴疠横行，故而这些地区开发的较晚，且与其他地区相对隔绝。社会条件方面，从唐初至宋末，赣闽粤交界地区基本上是土著少数民族的天下，汉人基本未进入这片区域，这些土著少数民族的名称，有俚、越人、洞蛮等多种叫法。这些少数民族的经济较为落后，文化上和汉族有很大区别。而客家先民一般是由平民百姓构成，在南迁的过程中，这里的山区逐渐得到了开发。在南宋时期，客家人已经形成共同的地域、共同的经济生活、共同的社会心理素质、共同的语言——客家方言，所以一般认为客家民系至迟在南宋已经正式成立。

第四种，是非华夏族的向内和向西迁移。毛长红在《东汉至南北朝时期我国北方少数民族内迁的自然因素初探》（载《历史教学问题》1993 年第 2 期）一文中认为，东汉至南北朝时期，匈奴、鲜卑、羯、氐、羌等族的几十万人逐渐向内地迁徙并走向定居，其原因主要有三个方面。一是自东汉以来，北方的军事集团之间割据混战不断，使得中原地区人口急剧减少，大量土地荒芜。二是中原地区的经济、文化、科技较周边地区发达，对少数民族具有吸引力，而社会经济的发展促使民族之间的经济、文化交往增加，由此使得大规模的少数民族内迁。三是东汉到南北朝时期处于中国古代气候的寒冷阶段。居住在北方的游牧民族生存受到严重挑战，匈奴中的南部即迁到黄河河套和陕西、山西北部一带，数十年中，南迁人口达 23 万。奇冷的气候也使得居住在蒙古高原的鲜卑族拓跋部南迁进入中原，统一了黄河流域。

第五种，是东南沿海地区对海外的迁移。以近代时期沿海地区的“下南洋”为主。[①]

3. 古代希腊、罗马的人口迁徙

(1) 古希腊的人口迁徙

在古希腊的历史上，移民运动可分为爱琴文明时期的海外移民、荷马时代的海外移民、古风时代的殖民运动等。移民的原因多种多样，有殖民占领、族群迁徙、入侵和人口压力下的移民等。

甄修钰在《顾准笔下的古希腊海外殖民及其联想》（载《内蒙古大学学报（人文社会科学版）》2007 年第 4 期）一文中认为，古希腊海外殖民具有连续性特点，在古希腊各个历史时期都曾有过。第一，爱琴文明时代。公元前 16 世纪，克里特在爱琴海区域进行过广泛的海上扩张。在昔克拉底群岛、罗得斯岛甚至在小亚细亚沿岸、米利都一带都有米诺斯的殖民地和商站。迈锡尼人主要是向南和向东扩张。在南部，侵犯巴勒斯坦、塞浦路斯岛。在东部，希腊人在雷姆诺斯岛建立了殖民地。第二，荷马时代。这一时期的海外殖民主要分为迈锡尼旧民的殖民和多利安人的殖民。迈锡尼旧民的殖民主要有两个方向：一是小亚细亚西北角上，迈锡尼、阿尔哥斯、斯巴达、派娄斯各地贵族纷纷移居此地。二是小亚细亚西部中部，这里的移民主要是从阿提卡出发的。多利安人的殖民主要是小亚细亚的西南角，是入侵和殖民交织在一起的。第三，古风时代。古风初期的海外殖民具有自发性和分散性，殖民是一种不得已而为之的举动，是农业殖民，属于开发者。但是当海外殖民发展到一定程度时，海外

① 详见本单元“学术引领”之“下南洋”。

殖民就不再是自发的和分散的，而是进入自觉的、有计划的和政府组织的大规模的有商业动机的殖民。第四，古典时代和希腊化时代。古典时期是古希腊的繁荣时期，海外殖民已不像古风时代那么如火如荼了，但这一时期的雅典和斯巴达都有海外殖民地。希腊化时代的海外殖民已发生了显著的变化，海外殖民已发展为以马其顿王为首的有组织的大规模侵略行动。

李韵琴在《试析公元前八—前六世纪希腊殖民运动的主要原因》(载《世界历史》1989 年第 4 期)一文中指出，古风时期，希腊殖民地出现在几乎整个地中海地区，西到西西里、南意大利，东到小亚细亚，北达黑海沿岸，南抵北非。这场殖民运动历时近两个世纪，其规模和范围都是罕见的，究其原因主要有三点。第一，寻找新的土地。希腊自身的自然条件在古代众多文明中并不是很理想的，多山、多岛，土质多石，平原少且多狭窄。生产力水平低、生产技术落后致使希腊土地利用率低，基本处于粗放经营阶段。加上城邦公民的不断增加，就使得土地缺乏的矛盾更为突出。第二，人口过剩。这一时期，希腊的经济有了一定程度的发展，生活相对安定，人口也呈一定的增长趋势。人口长期的缓慢增长导致人口过剩，土地的压力也随之而来。第三，城邦的形成和发展。公元前 8—前 6 世纪，希腊正处于早期国家的形成和发展时期，城邦本身构成了希腊殖民运动的原动力。城邦的本质特征是小国寡民，其最高理想是自给自足。这一时期，希腊无论是可耕的土地还是疆土都十分有限，而人口又呈缓慢增长的趋势，这样就进一步限制了城邦的发展。将过剩的人口从母邦迁移出去，重新建立新邦成为希腊人最常用也是最有效的办法。殖民运动是希腊城邦世界的产物，是早期国家形成和扩张的一种表现形式。

在世界古代史中，从亚历山大东征建立起帝国，至公元前 30 年罗马最终消灭托勒密王国的 300 年间，自地中海到中亚的广袤疆域，经历了希腊化时代。沈坚在《关于希腊化时代的历史考察》(载《史学集刊》1992 年第 3 期)一文中指出，“希腊化”一词为 19 世纪德意志历史学家德罗伊森首创，主要有这样两层意思。第一，它是一种融合了希腊和东方因素在内的新文明。第二，它是希腊文化对东方的延伸。在希腊化时代，长期的征服战争在东方各处形成了若干个具有希腊文化特色的国家，而大规模的人员流动也为古典希腊文明与东方文明的密切接触提供了契机。这样，希腊文明得以流布于中近东各国以至更广袤的地域，反过来也从东方文明里汲取到丰富的养料。所以，就其实质而言，希腊化时代是一个东、西方物质文明和精神文明大交流的时代。希腊化的历史影响大致由横向和纵向两个互有联系的层面组成。所谓横向影响，即希腊文化超出自身的种族界限，与同时代的埃及、叙利亚、巴比伦、犹太、小亚细亚、波斯及印度、中亚文化发生碰撞和交流，形成混合型文化。所谓纵向影响，即从希腊文化发展的历史流程考察，将希腊化时代看成一个承前启后、继往开来的重要环节。

(2) 罗马扩张下的移民

古罗马的对外殖民和扩张也推动了移民的产生和发展。刘佐在《略论古罗马的殖民问题》(载《世界历史》1990 年第 3 期)一文中指出，古罗马的殖民活动可以划分为四个阶段。第一阶段始自罗马建城(约公元前 754 年)，终于公元前 338 年拉丁人反罗马斗争失败。这一阶段是罗马殖民活动的初期阶段，具有数量少、范围小和影响弱的特点。第二阶段始自公元前 338 年，结束于公元前 134 年的格拉古改革。这一时期是古罗马大规模征服的时代。第三阶段从格拉古改革起，到奥古斯都时代。这一时期罗马的殖民活动进入高潮期，范围扩展到罗马帝国全境。第四阶段开始于奥古斯都时代，结束于罗马帝国的灭亡。这一时期罗马的殖民活动走向灭亡。殖民者的成分很复杂，一般由罗马公民、拉丁人、罗马人的同盟者、意大利人和殖民者所在之处的土著贵族等构成。

王鹤、王河江在《老兵殖民地与罗马西部行省政治罗马化》（载《佳木斯大学社会科学学报》2011 年第 6 期）一文中指出，罗马人在意大利和海外行省建立殖民地的历史由来已久，从殖民地建立的目的来看，主要经历了两个阶段的演变。第一个阶段是从公元前 4 世纪罗马统治中部意大利开始到公元前 2 世纪中期，这一时期建立殖民地主要是出于军事上的需要。公元前 3 世纪时，罗马人建立的殖民地已成网状散布在意大利半岛各地，总数约有 30 个。早期的殖民地包括拉丁殖民地和罗马殖民地两种类型。从公元前 2 世纪晚期到奥古斯都时代的殖民和土地分配构成了罗马殖民活动的第二个阶段。此时，军事上的考虑退居其次，殖民成为满足社会和政治需求的工具，其传统的战略功能和军事色彩开始减退。此时殖民的根本动因在于两点：一是作为城市贫民的输出途径，二是对服役期满的军团士兵的回报。如公元前 100 年，马略在阿非利加和努米底亚最肥沃的土地上为其两个军团的老兵分配了土地；公元前 47—前 44 年，恺撒在意大利为其 15000 名老兵找到了安身之地。

宋立宏在《行省中的罗马军队：以罗马不列颠为中心》（载《古代文明》2008 年第 3 期）一文中指出，军队是罗马帝国边境上最突出的罗马制度与组织。随着罗马军队常备职业化特点的形成，军人堪称行省中最大的外来移民群体，他们对行省社会具有持久而深远的影响。军队是促进城市化进程、改变行省道路体系、带动地方社会经济发展的主要动力。军队在城市化过程中起的重要作用突出反映在殖民市之起源上。不列颠的首座殖民市科尔切斯特建立于公元 49 年，用以安置当时不止一个军团中的退役老兵；随后建立的格洛斯特和林肯分别安置了奥古斯都的第二军团和西班牙的第九军团的老兵。殖民市数量虽少，但作为罗马文化的中心，最初是城市生活的样板，有示范作用。军队对城市的影响还以一种无意的方式表现出来。不列颠罗马时期的道路和征服前的道路体系关系不大，主要由罗马军人修建；道路的走向则视战略需要而定，而不是以正常的交通需要为依据。军队对民用建筑，尤其是城市中的公共建筑的发展影响很大。军队中一些有专长的勤务兵如建筑师、测绘师、石匠等，常被城市借调去提供有关的技术支持。军队在影响行省社会的同时也会受到行省社会的影响。随着驻军日益定居化及军队周围依附性人群的出现，军队与行省社会的整合程度日益提高。这必然激发军人对行省社会的认同，使军队产生维护并伸张地方利益的倾向。

宫秀华在《意大利半岛的“罗马化”进程》（载《东北师大学报（哲学社会科学版）》2002 年第 5 期）一文中指出，意大利半岛的罗马化进程是一个漫长而复杂的历史过程。罗马在对外扩张的过程中，凭借自己的政治、经济、军事等方面的优势向“同盟者”施加影响，使得整个意大利半岛逐渐“罗马化”。罗马人为保持自己的独尊地位，将罗马的公民权视为自己的独享之物，享有特权。绝大多数意大利人被排斥在公民权之外，意大利同盟者认为，获取罗马公民权是他们争得与罗马人在政治上平等、经济上分得土地的根本所在。在尝试合法斗争失败后，他们走上了武装斗争的道路。公元前 91 年底，位于意大利中东部地区的阿斯库伦城首先举起了反抗罗马的大旗。经同盟战争的残酷整合，意大利半岛基本上完成了罗马化进程。同盟战争迫使罗马统治者将罗马公民权向意大利人开放。同盟战争扩大了罗马国家统治的社会基础，为其成为地中海世界的统治者提供了安稳、坚实的根据地。同盟战争表面上看是一场意大利半岛上的无权公民反对全权公民的战争，实际上却是意大利趋于统一、民主的一个整合过程。同盟战争促使整个意大利境内人民的思想感情、民族意识发生了根本的变化，统一的意大利文化体系逐渐形成。

4. 古代印欧人的早期迁徙

印欧人指的是说“印欧语”的人，18 世纪的欧洲语言学家们发现，印度语（Indic）、伊朗语（Iranian）、斯拉夫语（Slavic）、日耳曼语（Germanic）、罗曼语（Romance）、凯尔特语（Celtic）、希腊语（Greek）、阿尔巴尼亚语（Albanian）、吐火罗语（Tocharian）、赫梯语（Hittite）诸语言的分支存在着某些共同点，因此，便取欧洲和印度两词，构成“印欧语”一名。[①] 印欧人在体型上属于欧罗巴人种，主要以畜牧业为生，因此经常迁徙。印欧人的迁徙从公元前 20 世纪持续到了公元前 7 世纪，大致是以南俄草原为中心，向海岸线辐射。

蓝琪在《印欧种人的第一次迁徙对世界历史的影响》（载《贵州师范大学学报（社会科学版）》2003 年第 5 期）一文中认为，公元前 18 世纪至公元前 15 世纪，是印欧游牧民的第一次大迁徙，这次大迁徙使得除中国以外的三大古文明受到了冲击并开始走向衰落，也使得古代文明之间进行了融合。首先受到冲击的是希腊文明。爱奥尼亚人在公元前三千纪末进入匈牙利平原，到公元前两千纪初南下到了希腊地区。公元前 1650 年前后，另一支印欧种人阿卡亚人也到达了希腊本土，并创造了迈锡尼文明。公元前 13 世纪后期，迈锡尼因战争被削弱，印欧种人的另一支，多利亚人进入了希腊，希腊历史进入荷马时代。这三支印欧人创造了希腊文明的语言、文字和宗教。其次是美索不达米亚文明。约公元前 2000 年，印欧种赫梯人（Hittites）翻越高加索山脉进入小亚细亚，并在公元前 14 世纪左右建立起包括叙利亚大部和整个小亚细亚的庞大帝国。公元前 1530 年，赫梯人撤离了巴比伦，另一支印欧人喀西特人占领了这个都城，建立喀西特王朝（Kassite Dynasty）。第三个是埃及文明。埃及在刚开始受到入侵时团结起来将入侵者赶走并统治了地中海东岸。公元前 1730 年左右，埃及受到亚洲游牧民族“喜克索人”入侵，后在公元前 1567 年，喜克索人被逐出埃及。第四个是古印度文明。印欧种的雅利安人从里海西部进入到中亚，进而到印度，原先的印度河文明逐渐衰亡。第五个是中国文明。中国文明在此次印欧民族迁徙中没有衰落，印欧种族也进入到了中国的民族中去。印欧人中有一支进入中国的塔里木盆地及其周围地区，受地理环境的影响，居住在帕米尔高原的那部分保留了自己的传统特征，发展成为我国的塔吉克族。塔吉克族也是我国 56 个民族中，唯一说印度语系伊朗语族语言的民族，他们的体质特征也区别于蒙古利亚人。这次全球大迁徙有三大成就：马拉车的推广、青铜工艺的推广、商路的扩大与延伸。

（1）赫梯人

郭圣铭在《世界文明史纲要（古代部分）》（57—60 页，上海：上海社会科学院出版社，2013）一书中指出，亚洲西部诸国的历史极其复杂，这里为了掠夺土地、牲畜等，经常不断地进行武力扩张，赫梯人便在这里用武力建立了帝国。公元前 2000 年左右，赫梯人建立了国家，并扩展到了巴比伦尼亚和叙利亚。赫梯人在古代东方历史上最重要的贡献是铁器的大

① 蓝琪：《印欧种人的第一次迁徙对世界历史的影响》，载《贵州师范大学学报（社会科学版）》2003 年第 5 期。

量铸造和使用。由于小亚细亚北部和叙利亚一代蕴藏着丰富的铁矿，所以早在公元前15世纪以前，赫梯人就掌握了炼铁的技术。铁器的使用，使得赫梯人的武器更加先进，战争也变得更加频繁。公元前15世纪中期，一个位于克泽尔河东岸的赫梯人的王国势力特别强盛，它把小亚细亚绝大部分地区收入版图，建立起以哈图沙为首都的帝国。公元前1200年左右，印欧语系部族中的弗里吉亚人和亚美尼亚人侵入到小亚细亚，赫梯帝国灭亡。

（2）雅利安人

沈坚在《文明的历程》(50页，杭州：浙江大学出版社，2006)一书中指出雅利安人和赫梯人一样同属于印欧人。他们原本生活在黑海和里海以北地区，位于东方的部落进入到了伊朗后，有些部落在那里安居下来，一些讲梵语的雅利安人部落继续东进至印度河流域和恒河流域，最终成了印度河—恒河平原的主人。雅利安人的迁徙并不是有计划地进行的，而是赶着羊群、牛群和马匹，一小股一小股地渗入到印度。早期的雅利安人没有书写文字，这段历史时期被称为“吠陀”时代(约公元前1500年至公元前1000年)，吠陀是通过记忆和口耳相传的。

（3）波斯人

沈坚在《文明的历程》(94—96页，杭州：浙江大学出版社，2006)一书中指出波斯人起源于印欧游牧民族。约公元前2000年左右，波斯人在伊朗高原的西部定居下来。公元前553年，波斯人发动反抗米底人的起义，在居鲁士领导下，波斯人战胜，在原米底王国的基础上建立起波斯国。公元前549年到公元前538年，居鲁士征服了从伊朗高原到小亚细亚的广袤土地，后经过冈比西斯和大流士一世的征服，波斯变成了一个地跨亚、非、欧三洲的大帝国。其领土东起印度河流域，西到爱琴海和色雷斯，北至亚美尼亚，南达尼罗河第一瀑布。

（二）近代历史上的人口迁徙

1. 近代中国的人口迁徙

（1）下南洋

曹树基在《中国移民史·清、民国时期》(517—528页，福州：福建人民出版社，1997)一书中认为，近代海外移民主要是以广东省珠江三角洲地区为主，其原因主要有三个方面。首先，从迁出地的推力来看，在鸦片战争前，珠江三角洲中心地区的番禺、南海、顺德三县手工业发达，商业繁荣，附近地区的新会、开平和恩平三邑则以农业为主，番禺等地手工业的发展促进了新会等地农村人口的转移。但鸦片战争使得广东地区的直接经济损失达1950万两白银，战争赔款中的70%都由广东承担，这些损失都转嫁到了劳动人民身上，广东的经济逐渐恶化。鸦片战争后受外国产品冲击，珠江三角洲地区的手工业急剧衰落，周边地区的农村压力更为突出。所以，从19世纪50年代开始，新宁、开平、恩平一带的土客矛盾尖锐，当地难以容纳更多的人口，海外迁移成为缓解人口压力的主要方式。其次，从迁入地的拉力来看，当时无论是美洲殖民地，东南亚的橡胶园、农场，澳大利亚和新西兰，南非地区等，都需要大量劳动力进行建设，奴隶贸易被禁止之后，中国成为各个殖民地抢夺的目标。最后，迁移中介方面，1859年，英法联军迫使清政府承认华人的“任便出洋”，1866年，英法又让清政府允许他们在中国任意招募劳工。1840—1949年间，海外移民的人数大约是1500万，流向主要是亚洲、美洲和澳洲，其中又以亚洲最多。

曹树基认为,海外移民的高潮时期是在1840—1912年,其原因主要是“苦力贸易”。“苦力”是英语Coolie的音译,意思是奴隶,“苦力贸易”也即是指“奴隶贸易”,在西方文献中一般使用“契约工人”(indentured labour)代替。签订“契约”的方式有两种,一种是外国公司发布招工信息,中国人“应募”,在契约上写明工作的性质、工资数额等;另一种是先向船主赊欠船票,到达地点之后从工钱中扣付。这些契约很多是强迫签订,且签订之后并不能真正履行,因此,“苦力贸易”在本质上是贩卖行为,也被称为“猪仔贸易”。1846年12月7日,英国商人德滴(Tait)的德记洋行在厦门建立,拉开了“苦力贸易”的序幕,之后英国商人塞姆(Syme)、康诺利(Connoly)、美国商人布莱德特(Bradley)等也来到厦门加入了贩卖劳工的行列,他们因为有外国领事馆领事的身份,且享有治外法权,所以“苦力贸易”发展百无禁忌,仅1852年一年就有4000余人被贩卖出国,还有8000—15000人已经签订了契约。1852年,由于厦门群众自发抵制“苦力贸易”,“苦力贸易”的中心转移到广东汕头。1852—1858年间,从汕头贩运出去的华工多达4万多名。第二次鸦片战争后,苦力贸易的中心转移到了广州,1859—1866年英国在广东地区招募了约12600名契约华工。而被殖民者占据的澳门在1864—1873年间,贩运出国的契约华工多达147729人。在此期间,契约华工受虐待的消息传出,清政府不得不采取相应措施制止“苦力贸易”,到1873年3月底,“苦力贸易”名义上已经结束,但仍有大批契约华工通过各种方式被贩卖到各殖民地。

曹树基进一步指出,民国时期仍有大规模的移民外迁,其过程大致可分为三个阶段。第一阶段从1912年至1919年。这一阶段中国政局动荡,海外移民仍然按照原有轨迹进行,这一时期的契约劳工主要迁往欧洲、俄国。第二阶段从1929年至1941年。此时,中国处于战争时期,西方国家处于经济危机和二战时期,受此影响,有些年份回迁人口超过了外迁人口,但从总体而言,外出移民数量要占主体地位。第三阶段从1941年至1949年。1945年以前,海外移民几乎停止,1945年以后,人口外迁与移民回迁并盛。综上所述,这一时期的海外移民原因和过程比较复杂。从迁出地自身来看,民国时期的中国政局动荡、经济时常出现衰退、自然灾害频发、人口压力巨大,海外移民成为一种谋求生计的选择。从迁入地来看,第一次世界大战、殖民地独立运动、经济大危机、第二次世界大战等也使得迁入地的吸引力降低,使得移民出现时断时续的局面。

薛秀霞在《印尼华侨移民的历史考察》(载《宁波大学学报(人文科学版)》2001年第3期)一文中认为,印尼华侨移民的历程可以分为三个阶段,每个阶段的人口迁移都是迁出地的推因素和迁入地的拉因素共同作用的结果。公元前后到公元15世纪是印尼华侨从出现到初步发展的阶段。汉代海外贸易的发展使得印尼出现了早期的华侨。唐朝国力强盛、对外贸易和航海事业发达、佛教交流频繁,中国与印尼之间交往密切,由于唐朝的影响力,居住在印尼的华侨称自己为“唐人”,居住地为“唐人街”。宋代陆路交通受阻、海上丝绸之路发达、政治经济中心南移、海外贸易成为财税重要来源使得华侨大批移居印尼,并形成社区。元朝政府鼓励下南洋,明朝郑和的远航使得移民和贸易更加发达。这一阶段的移民主要是自发移民,且在印尼地位较高,移民的原因主要有三种:经商、避祸、宗教文化交流。公元16世纪至公元19世纪上半期是第二阶段。这一阶段的华侨人数剧增,其原因主要是荷兰殖民者在侵入印尼后,为获取劳动力而诱骗华工出洋。公元19世纪上半期至20世纪上半期是第三阶段。这一时期中国每年出国人数平均在10万人以上,印尼又是华侨移民的首选地,因此移居印尼的华侨人数急剧增加。其原因主要有三点：一是清政府同西方国家签订了很多不平等条约，允许人民自由出国，各国可以雇用中国工人；二是鸦片战争后，很多农民和手工业者破产，为了谋求生计，背井离乡；三是19世纪后期，荷兰殖民者发展矿业和种植园经济，需要更多的劳动力。此时期的移民队伍大部分都是以“契约劳工”的身份被出卖，1912—1932年移入印尼的契约华工就有224607人。

(2)“闯关东”

高乐才在《近代中国东北移民历史动因探源》(载《东北师大学报(哲学社会科学版)》2005年第2期)一文中认为，近代中国东北地区的移民有2000万以上，大部分来自华北地区的山东和河北。移民是原住地推力和迁移地吸力共同作用的结果。首先是原住地的推力。华北地区人口迁移频繁有四个原因：一是地租沉重，捐税繁多。如1928年山东的苛捐杂税按正额累计，已经征至1939年。二是灾荒多，民生凋敝。华北地区是灾害频发地，其中发生次数最多、最严重的是旱灾和蝗灾，一经发生，则颗粒无收，饥民满地。如光绪二年至光绪五年的三年间，山西、河南以及山东的一部分，几乎没有降水，受灾人数有900万—1300万人之多。三是战乱频仍，匪患猖獗。近代以来发生的外国侵略战争和国内战争都涉及华北地区。战争所到地区，苛捐杂税加重，人们的生产遭到破坏、生命受到威胁。如1930年的中原大战，因战争死亡人数达12万，在外逃亡者也有118.5万人。当灾区人们走投无路时便会有一部分人铤而走险，弃农为匪，如山东有“鲁国多盗”之称，河南有“土匪王国”之名。四是人口过剩，土地“饥饿”。如从1687年到1887年，山东地区的耕地面积只增加了26%，人口却增加了近4倍。耕种千年的土地，一些矿质养料无法补充，土地越来越薄，收获越来越少。东北地区为什么能吸引这么多华北人口呢？原因有四点。一是东北地区地广人稀，资源丰富。二是土质肥沃，物产丰饶。三是地域接近，交通便利。四是移民实边，筹饷济用。

刘德龙在《山东人“闯关东”文化现象学术研讨会综述》(载《山东社会科学》2007年第4期)一文中指出，山东人向东北三省的移民在明代以前就有记载，在东北三省的人口中，有70%—80%为山东人。移民的高潮有三个时期：清代、民国和中华人民共和国成立后。清代的移民分为三个时期。一是清初顺治至康熙六年时期，政府采取奖励向辽东移民政策，山东流民自发进入东北。二是康熙七年至咸丰九年，清政府对东北实行封禁，山东等地的贫苦农民为了生存不顾禁令进入东北。三是咸丰十年至宣统三年，迫于太平天国和沙俄侵略等形势，清政府对东北地区开禁，由此形成移民浪潮。民国时期有两次高潮。一是1912—1929年间，因天灾人祸、人口压力等原因，山东移民数量激增。二是抗日战争时期，日本从关内大量招募、诱骗、强征劳工入境以建立重化工基地。建国后，由于实行高度集中的计划体制和严格的户籍管理政策，这一时期的移民以计划性的迁移为主导。山东人移民的原因最初是来自经济、社会、自然环境、人口生态环境等因素的某一方面，后来发展为诸多元素缠绕在一起，如自然经济的解体、中国近代工业化的吸附、土地兼并、农民的无地化趋势、苛捐杂税的重压等。

(3)“走西口”

段友文、高瑞芬在《“走西口”习俗对蒙汉交汇区村落文化构建的影响》(载《山西大学学报(哲学社会科学版)》2006年第9期)一文中指出，“走西口”指的是清朝至民国年间，陕西、山西等地区的民众经过张家口、杀虎口等关口出关，迁徙到长城以北的内蒙古地区，从事农耕与商业经营等活动的移民活动。这一移民活动产生了一种独特的习俗文化，对迁出地和迁入地均产生了影响。“走西口”产生的原因可以归结为自然原因与社会原因两个方面。自然原因的影响表现为以下两个方面：一方面是晋西北、雁北、陕北等地恶劣的生态环境使得人们的生存艰难，只能被迫外出寻找新的生存之路；另一方面，内蒙古虽然是以游牧经济为主导，但有很多地区适合农耕生产，且这些地区紧邻山西、陕西等地，是当地逃荒汉人的首选之地。社会历史条件的影响表现为四个方面：一是山西、陕西地区的土地兼并日益严重，激化了人地矛盾，使得“走西口”的进程加快；二是历史上各朝代都有内地人迁移至长城以北地区的情况，这些人的活动为“走西口”开辟了道路；三是自清朝建立以来，长城内外实现了统一，为内地人的大规模移民提供了政治保证；四是康熙以来逐渐开放对内蒙古部分地区的封禁政策，使得长城内外的人口出现自由流动，其中主要是内地人口向内蒙古的大量移民。“走西口”的人群绝大部分是山西、陕西等地为求生存的贫苦农民，还有一些木工、泥瓦匠等民间匠人。所经过的路线大致是从山西的保德、河曲等地渡过黄河到达陕西，之后从陕西的府谷向北进入内蒙古，在到达包头之后一支向西到达五原，另一支向东北到达石拐沟矿区，再向西到五原地区，直至到达陕坝镇和米仓。“走西口”的习俗就沿着这一条路线在内蒙古各地传播。

2. 近代世界的人口迁徙

田方、陈一筠在《国外人口迁移》(46—51 页，北京：知识出版社，1986)一书中指出，近代以来国际人口迁移主要分为两部分，即十五至十九世纪的人口迁移和十九至二十世纪的人口迁移。首先，十五世纪随着新大陆的发现，世界人口迁移的规模开始扩大。当时的国际移民多具有资本主义性质。先是西班牙、葡萄牙，接着是荷兰，最后是英国、法国等。这一时期移居新大陆的欧洲人人数不多，最初多是推行殖民统治的殖民者和士兵，接着是贫苦的劳动者。这一时期大规模迁到美洲的是非洲黑人。黑奴贸易从 1619 年第一批非洲黑人被贩运到美洲，一直延续到 1870 年前后。其次，十九世纪到二十世纪上半叶是国际人口迁移最多的时期。这一时期是资本主义发展到垄断阶段的时期，也是人类经历的两次世界大战时期。进入二十世纪，欧洲平均每年外迁的人口超过 150 万。这一时期，国际移民的流向仍是由欧洲大陆向新大陆迁移。从十九世纪初到二十世纪四十年代，移居到新大陆的欧洲人有 5030 万。最后，第二次世界大战后，随着一批新的国家的出现和资本主义国家之间发展的不平衡，国际人口迁移又进入一个新的历史时期。这一时期国际人口迁移的主要特点有三点：第一，政治性的人口迁移比以往规模更大、时间更长。第二，外籍工人的国际迁移规模越来越大。第三，国际迁移的流向发生很大变化。

(1) 地理大发现与人口迁徙

夏丽仙在《国际人口迁移与拉丁美洲》(载《拉丁美洲研究》1992 年第 3 期)一文中认为，国际人口迁移主要是指人口超越国界的迁移行动。16 世纪以前，世界人口实际处于封闭的隔绝状态。15 世纪末的地理大发现和由此开始的殖民活动，开启了国际人口迁移和流动的新纪元。从哥伦布发现新大陆到第二次世界大战结束，拉丁美洲地区一直是国际人口的净迁入区，这一过程可以分为四个阶段。第一阶段，从 15 世纪末地理大发现到 18 世纪中叶。这一时期的人口迁移具有以下几个特点：第一，从人口迁移的动机来看，这一时期的人口迁移完全是以侵略、掠夺和抢占为目的的洲际性人口大迁移。第二，从人口迁移的规模看，这一阶段从欧洲迁入美洲的人数有限，规模不大。从16世纪初到18世纪末的三个世纪里，迁入新大陆的欧洲移民大约有200万人。第三，对非洲黑人采取强制性国际间集体移民。第二阶段，从18世纪中叶到19世纪上半叶。这一时期美洲的人口迁移状况有以下几个特点：第一，迁入美洲的欧洲移民数量大大增加，规模空前。迁入美洲殖民地的欧洲移民，从1570年占美洲殖民地总人口的1.25%猛增到1825年的39.1%。第二，非洲黑奴仍是美洲人口迁移的重要部分。第三阶段，从19世纪上半叶到20世纪中叶。这一时期美洲人口迁移的特点有：第一，欧洲人口向美洲迁移的规模，超过以往任何时期，大约有5030万人。第二，迁入拉美和美国的欧洲移民素质有很大不同。欧洲专业技术人员和有经验的农民都愿意去美国，而迁往拉美的多是在欧洲农村破产逃生的人。第三，大量的中国人、印度人、日本人等被西方国家拐骗到美洲，从事繁重的体力劳动。第四阶段，从第二次世界大战到20世纪70年代末。这一时期美洲人口迁移发生了很大变化，主要表现为：第一，美洲从国际人口迁移的净迁入区变为净迁出区。第二，拉美各国之间的国际人口迁移现象增多。

吕昆在《黑奴贸易的兴起与发展》(载《辽宁大学学报(哲学社会科学版)》1978年第5期)一文中指出，西方殖民者闯入非洲掠夺或诱骗非洲黑人，将他们源源不断地贩运到美洲的种植园或矿井中，这一罪恶活动从十五世纪中叶一直延续到十九世纪末，整整持续了四百多年。葡萄牙是西方殖民国家中最早从事血腥奴隶贸易的。西班牙、荷兰、英国、法国也相继加入。葡萄牙人早在十五世纪中叶刚侵入非洲沿岸时就掳掠当地黑人。但十五世纪中叶的欧洲并不需要劳动力，故这一时期黑奴贸易规模不大。十五世纪末，美洲被“发现”，西方殖民者在争夺美洲殖民地的过程中，以人类罕见的暴虐手段，屠杀和驱逐当地的土著印第安人，导致印第安人人口锐减，劳动力严重不足。距离欧洲和美洲较近的非洲，成为了西方殖民者获取劳动力的目标。哥伦布到达美洲的第十年，即1502年，葡萄牙人便把奴隶运到了美洲的圣多明各岛，投入种植园，这是向美洲贩运黑人奴隶的开始。西方殖民者把非洲黑人变成奴隶，可以大致分为三个阶段。第一阶段从十五世纪中叶到十六世纪八十年代，以海盗式掠夺贩卖为主要特征。这一时期的西方殖民者一般采取两种办法掠夺黑人：一是殖民者亲自参加掠夺黑人；二是参与非洲部落之间的战争，从战俘中分得黑人奴隶。第二阶段是从十六世纪八十年代到十八世纪下半叶，这是以奴隶专卖组织垄断为中心的奴隶贸易全盛时期。到十六世纪八十年代，随着美洲金银矿的大量开发和种植园经济的膨胀，对非洲黑人奴隶的需求便急剧增加，国际贩奴规模愈来愈大。从十七世纪初开始，奴隶专卖的垄断组织纷纷出现。1672年，英国首先成立了“英国皇家非洲公司”。此后，各种各样名目的专做奴隶买卖的垄断公司接连出现。这一时期，不仅贩卖出去的奴隶数量多，而且猎捕、收购奴隶的活动范围也迅速扩大，一直深入到非洲的内陆。第三阶段是从十八世纪末到十九世纪末，这是以奴隶走私为中心的“禁止”奴隶贸易时期。进入十八世纪，随着西方资本主义的发展，特别是工业革命后，资本主义要求更多的自由劳动者、海外市场。这时，英国、法国、葡萄牙、西班牙等国，先后在法律上禁止奴隶贸易。奴隶贸易由公开、合法阶段进入走私、非法阶段。

(2) 美国西进运动

18世纪晚期到19世纪中期的美国西进运动，不仅促进了美国西部的开拓，巩固了美国社会的根基，而且为整个美国经济和社会组织的发展带来了巨大的推动力。容新芳在《论美国西进运动的原动力》(载《河北大学学报(哲学社会科学版)》2003年第2期)一文中指出，美国西进运动经历了三个阶段。第一阶段从独立战争到18世纪末。这次西进高潮中，开拓者们涌入宾夕法尼亚、纽约、乔治亚州的西部地区定居下来，最终形成了肯塔基、田纳西和俄亥俄州这3个美国的新成员。第二阶段发生在1812年第二次独立战争之后，规模更加庞大，最终印第安纳、伊利诺斯、路易斯安那、密西西比、阿拉巴马和密苏里州5个美国新州诞生。第三阶段兴起于19世纪30年代，这一阶段的西进运动造就了阿肯萨斯、密歇根、得克萨斯、依阿华和威斯康星州。经过几十年的西进运动，美国的疆土也得到了数倍的扩张，几乎相当于整个欧洲大陆的总面积，人口也从1790年的300万激增到1860年的3100万。

生键红在《美国中央太平洋铁路建设中的华工》(28—35页，上海：中西书局，2010)一书中认为，美国早期华工的出现是国内的生存压力、国外的吸引力及特定的历史环境共同交织作用的结果。国内的推力主要体现在以下三个方面，一是人口耕地压力。从清初到道、咸年间的中国人口增加了5倍，闽粤两省的人口增长幅度更远超全国平均水平，但土地面积却增长很少，于是，向海外寻求生存空间成为了当时的被迫选择。二是自然灾害的影响。美国华工的主要故乡是台山，但台山自咸丰元年(1851)到光绪三十四年(1908)的这57年内发生了35次水旱、地震等灾害。生存资源的不足使得广东民众向海外寻求出路。三是社会动荡，社会矛盾激化。19世纪中叶，广东局势动荡，太平天国起义、土客械斗、两次鸦片战争等使得社会矛盾尖锐，引发了华人的大量外迁。美国的吸力主要体现在两个方面。一是淘金热的影响。1848年的加利福尼亚地区发现了黄金，消息传到珠三角之后，大批广东人前往淘金。二是劳动力的需求。美国在赢得独立后，既要发展经济，又要开发广大的西部地区，但美国在1810年时，平均每平方公里也只有1.6人，因此，美国政府需要吸引更多移民开发经济。国内特定的历史环境体现在三个方面。一是新思想、新信息的引导。广东作为中国最早被迫开放的口岸之一，接受了大量的新思想和新信息，中国先进的知识分子也在向中国输入外部的信息，这使得广东对异域的恐惧感逐渐减少，迈出了人口迁移的最早步伐。二是根深蒂固的“天子观”被颠覆。对世界的新认识和清政府无能的表现，让中国几千年积淀下来的“天子观”受到撞击。三是清政府对海外移民的政策转变。自1860年《北京条约》之后，沿袭多年的海禁政策被迫废除，劳工出洋得到允许。

(三) 现代历史上的人口迁徙

1. 现代中国的人口迁徙

中国现代的移民形式主要有三种：向国外流出的海外移民、农村向城市的移民、三峡工程等大型设施影响下的政策移民(从本土迁往外地)等，其中最具有典型意义的是20世纪中国创办经济特区所引致的居民由原住地向特区流动的移民潮，深圳特区的移民即是典型代表。[①] 根据深圳统计局2017年公布的数据，至2016年末，深圳全市土地面积1997.27平方公里，常住人口1190.84万，常住户籍人口384.52万，常住非户籍人口806.32万。[②] 刘国红在《深圳移民文化及其精神》(载《深圳大学学报(人文社会科学版)》2001年第2期)一文中认

① 刘志山主编：《移民文化及其伦理价值》，北京：商务印书馆，2010年，第171页。

② 《深圳统计年鉴——2017》，http://tjj.sz.gov.cn/xxgk/zfxxgkml/tjsj/tjnj/201712/P020181106396942527198.pdf。

为，深圳是一个移民社会，深圳的文化也是一种典型的移民文化。移民社会是指外来人口占社会总人口的50%以上，且外来人口占主导地位的国家和地区，移民文化即是该社会成员中占主导地位的生活方式和价值观。深圳移民文化产生有五个方面的原因。一是历史原因。深圳的发展是在我国从传统农业国转向现代化国家的大背景下进行的。二是政治经济原因。深圳的形成和发展与我国的改革开放和大力进行经济建设密切相关。三是政策成因。深圳的早期发展得益于国家给予的优惠政策。四是地理原因。深圳与香港、澳门邻近，又处于广东省内，受到港台文化、岭南文化的影响。五是人口成因。1980 年的深圳人口有 33 万人，1999 年 405 万人。这些增长人口中的大部分是来自于全国各地的外来移民，且深圳的常住人口平均年龄只有 28.68 岁，人口年龄构成非常年轻。我国的户籍制度也影响了深圳社会文化的内涵。深圳的 405 万人口中，有 285 万多人只是持有暂住证。由于缺乏合法的深圳身份，暂住人口很少能对深圳产生深刻的认同感。

三峡，位于长江流域中上游之间，具有独特的地理优势和重要的战略地位。经过四十年的反复论证和八年的试点，1992 年 4 月 3 日第七届全国人民代表大会第五次会议正式审议通过长江三峡水利枢纽工程。这项国家重点工程包括枢纽工程、输电工程和移民工程三部分。黎小龙、张文、郎诚等人在《三峡移民文化理论研究》(4、13 页，重庆：西南师范大学出版社，2016)一书中指出三峡移民工程从 1993 年开始，到 2010 年宣告全面完成，历时 18 年，移民总数超过了 120 万。重庆地区承接了移民人数的 85%以上，共计 1138049 人，另外 15%的约 18 万人口外迁到了我国山东、上海、江苏、广东、江西、浙江、安徽、福建、湖北、湖南、四川等 11 个省(直辖市)。三峡移民，即特指因长江三峡水利枢纽工程引发的三峡库区内受淹地区所涉及的移民。从移民的空间分布看，这些移民的居住环境和文化背景都出现了变更。从时间上来看，由于三峡水库的特点，移民的搬迁是永久性的。从意愿上来看，三峡工程移民属于典型的非自愿性移民，具有人数庞大、内容繁杂、项目众多、资金数额巨大、时间跨度长、管理难度大等显著特点。

2. 现代世界的人口迁徙

李其荣在《经济全球化与国际人口迁移》(载《民族研究》2003 年第 6 期)一文中指出，1918—1945 年间，国际移民人数呈下降趋势，主要原因在于经济停滞和政治动乱。在 20 世纪 30 年代的经济大萧条时期，许多移民被遣送出境，1936 年时外籍人口减少了 50 万。第二次世界大战后，国际移民的范围和数量都在扩大。1945—1973 年，长时期的繁荣导致不发达地区的劳工大规模迁入西欧、北美和大洋洲。20 世纪 80 年代晚期和 90 年代早期，移民活动达到前所未有的程度。全球移民总量从 1965 年的 7500 万增长至 1990 年的 1.2 亿。

李其荣还指出，经济全球化导致了国际人口迁移出现了一些新的特点。首先，国际人口迁移的流向发生了很大变化。传统的国际人口流向是，从宗主国向殖民地和附属地迁移，如英国向美国、加拿大、印度、澳大利亚等地迁移人口；从较发达地区向不发达地区迁移。新型的国际人口迁移则发生巨大变化，国际人口迁移的主要方向是发展中国家向发达国家迁移，亚非拉发展中地区向欧美等发达地区迁移。其次，国际移民成分多样化。随着国际分工的出现，不同的劳动力满足了不同的市场需求，由此构成了多样性的移民群体。

宋全成在《简析欧洲移民历史进程及移民类型》(载《天津社会科学》2006 年第 4 期)一文中指出，欧洲一体化进程中的欧洲移民进程，大致可以分为三个阶段。第一阶段从 20 世纪

40 年代中期到 60 年代，以欧洲国家殖民地宗主国人民回迁和殖民地移民到宗主国为特征的殖民主义和后殖民主义移民。第二次世界大战动摇了殖民主义统治，加速了殖民地人民解放的进程。欧洲主要强国在亚洲、非洲和拉丁美洲的殖民地相继独立。殖民主义体系的瓦解带来了原殖民地三股移民群体：原欧洲宗主国在殖民地的外迁移民及其后裔、原亲殖民地宗主国的殖民地政府成员及部分军队和殖民地国家部分人民一同来到欧洲的宗主国。第二阶段是从 20 世纪 50 年代初到 1973 年，以招募外国劳动者为特征的工作移民。第二次世界大战后，源于国家经济和社会重建的需求，西欧主要国家劳动力缺乏，于是大量引进劳工。1946 年，法国成立了国家移民局。随后，德国成立了招募委员会，通过招募，共有 1400 万外国人来到德国。第三阶段从 20 世纪 50 年代至 90 年代，是冷战体制背景下的移民。以德国为例，1949—1961 年，大约有 310 万德国人从东德来到西德。

二、移民面临的文化挑战

（一）古代人口迁徙面临的文化挑战

1. 古代中国人口迁徙面临的文化挑战

葛剑雄、安介生在《四海同根：移民与中国传统文化》（114—119 页，太原：山西人民出版社，2004）一书中认为，少数民族的大量内迁激化了中原与游牧民族文化的矛盾。东汉时期，为了消除“羌乱”的威胁，政府开始将羌人内迁，羌人数量在关中地区急剧增加，使得汉羌矛盾更加激化，东汉一朝几乎都与“羌乱”“羌叛”相关联。三国时期，氐、羌继续大量内迁，引起汉族士大夫的忧虑。西晋的江统著有《徙戎论》一书即是强调氐、羌人内迁对汉族王朝的巨大威胁，主张将这些人迁回河湟故地。

谢重光在《客家源流新探》（125—158 页，福州：福建教育出版社，1995）一书中认为，客家先民与土著之间既有斗争又有交融。赣闽粤边界地区是百越种族的聚居地，客家先民大量到来之前，土著民与汉族势力之间的关系较为和缓。在唐末及以后的客家先民大量到来后，土著和汉族移民错居杂处，爆发了数次大规模的武装冲突，而汉族政权在冲突斗争中总是维护移民的利益，镇压土著，故而这些冲突都被政府视为“寇”“乱”。土著的反抗斗争有两次高潮：唐末和南宋的前半期，这两个时间正好也是客家先民迁移到赣闽粤边界地区的高潮时期。因此，土著反抗官府的行动，和土客间的冲突有着很大关系。

林移刚在《川主信仰与清代四川社会整合》（载《西南大学学报（社会科学版）》2013 年第 5 期）一文中认为，清初的四川战火纷飞，再加上水旱、瘟疫等自然灾害的影响，这块土地上的土著人口丧失过半。面对这种局面，从康熙起，清政府开始移民实川，其中湖南和湖北的移民人数最多，这一运动也被称为“湖广填四川”。移民进入的过程必然伴随着移民与土著的文化冲突。大量移民的进入使得四川的社会结构发生了改变，在各个地区的移民比例都已超过 50%，各个省份的移民将自己家乡的神灵信仰带进四川，使得这里的信仰结构也发生了改变。在外来移民和会馆祭祀神的强烈冲击下，川主作为四川本土乡神的典型性被凸显出来。四川的土著为应对移民的压力，开始大量的修建川主祠庙，川主宫由明代的 40 多处增加到清代的至少 550 处。而川主庙的祭祀神也逐渐统一为秦时的太守李冰或李冰父子。

土著与移民之间的文化冲突在移民初期凸显。

2. 古代希腊、罗马人口迁徙面临的文化挑战

(1) 古希腊人口迁徙面临的挑战

古希腊的对外殖民活动激化了殖民者与当地土著之间的矛盾。易宁等人在《古代希腊文明》(78—79 页,北京:北京师范大学出版社,2014)一书中认为,古风时期的希腊海外殖民活动面临严峻的挑战。斯巴达不合法婚姻所生的子女要求平等分得土地,并秘密组织暴动。于是斯巴达政府出面,提供必要物质,组织他们外出殖民。最初,他们到非洲殖民,但遭到当地居民的抵制,殖民受挫,企图回国,但遭到国人的拒绝。锡拉岛的锡拉人迫于自然环境压力也对外进行殖民。锡拉岛长期干旱,食物匮乏,于是政府采取抽签制,从多子女家庭中抽取一名成员进行海外殖民,任何拒绝接受抽签结果或隐藏公民、间接破坏殖民活动的人都会被处死。锡拉人在昔兰尼殖民生活几十年后,大批希腊人也来到这里,这直接导致了殖民者与土著之间的土地之争。殖民者的殖民活动激化了与当地土著之间的矛盾。

何志龙在《移民活动是早期人类社会历史交往的普遍形式——从历史交往看移民与塞浦路斯早期人类社会的形成和发展》(载《西北大学学报(哲学社会科学版)》2002 年第 4 期)一文中指出,从公元前 13 世纪末至公元前 11 世纪初的一个多世纪里,希腊人向塞浦路斯岛的移民活动一直持续着。希腊人大量移民,对塞浦路斯产生了深远的影响。希腊移民彻底改变了塞浦路斯的人种结构,希腊人成为人口占绝对多数的民族,而且这一状况一直持续至今。人口稀少的土著塞浦路斯人逐渐被同化,尽管土著人聚集的阿马修斯一直生存到公元前 4 世纪,但也没有逃脱被同化的命运。公元前 16 世纪从克里特传入的米诺斯文字,也最终消失了。岛上通行的语言成为希腊语,迈锡尼文化逐渐渗入塞浦路斯的各个领域。希腊移民彻底改变了塞浦路斯社会,把它变成了一个希腊化国家。而且尽管后来周边强国对它轮番征服和占领,也未能改变它的这种根深蒂固的希腊化特征。

沈坚在《关于希腊化时代的历史考察》(载《史学集刊》1992 年第 3 期)一文中指出,希腊化时代的文化冲突之一,表现于希腊文化和犹太文化之间。当希腊文化涌入犹太地区时,犹太人出现了欢迎希腊化和抵制希腊化的两大派别。严守教义的耶路撒冷和犹地阿地区的犹太民众,大部分对希腊化持强烈抵制的态度,他们认为希腊文化同偶像崇拜、无神论、不道德及异教没有区别。而散居巴勒斯坦以外的犹太人,对多种文化并存的现实,则持有开放的态度。不同地域间犹太人对待希腊化的不同态度,也和各希腊化国家的政策有关。如托勒密埃及政府的犹太民族政策较为缓和,托勒密二世当政时曾释放大批犹太奴隶,免除犹太人与其宗教信仰相抵触的义务;又如塞琉西王朝在巴勒斯坦向犹太人推行强制性政策,不尊重犹太人的信仰传统,在耶路撒冷地区强制推行异教习俗,废除割礼和不食猪肉的戒律,逼迫犹太人放弃独立并进行血腥镇压,这便大大激化了与广大犹太民众之间的矛盾。

(2) "罗马化"下的文化冲突

胡玉娟在《罗马化抑或高卢化——高卢罗马化过程中的文化互动现象考察》(载《社会科学研究》2015 年第 4 期)一文中指出,罗马化运动本质上是一种文化互动或文化互渗现象。以罗马宗教在高卢传播为例,罗马宗教随军队和殖民者传入高卢地区,同当地源于凯尔特传统的宗教信仰发生了接触。罗马宗教通过罗马化的高卢人间接渗入高卢社会,构成行省文

化的一部分，但不可避免地受到高卢原有宗教崇拜方式的影响和渗透，从而带有杂糅性特点。第一，罗马人并没有在行省民众中强行推广他们自己的宗教崇拜。罗马的神主要依靠罗马人在殖民地城市和罗马化城市范围内传播。罗马神在高卢地区的传播过程中，当地的宗教因素对其产生了一定影响。例如，罗马卡皮托山的三位主神中地位最高的朱庇特在该地被称为"最优美的朱庇特""最伟大的朱庇特"。第二，变身为罗马人的高卢人仍按照自己的方式祭祀罗马的神。例如，帝国西部行省的宗教建筑"最优美、最伟大的朱庇特"纪念柱，神的名字和建筑工艺都是罗马的，但神的形象及其象征意义却出自地方宗教传统。还有一部分罗马的神与高卢许多地方的神发生同化。例如，高卢的锤神苏塞卢斯与罗马树神希尔瓦努斯归为一体，成了葡萄园和住宅的保护神。可见，罗马的神并没有取代当地的神，反而走向本地化，趋向与当地神合为一体。第三，除德鲁伊德教因政治原因遭到取缔以外，大多数高卢地方宗教崇拜，因罗马的宗教宽容政策，并没有消失或被替代。只要对罗马利益不构成损害，不但高卢行省居民可以自由信奉自己的神灵，而且许多在行省生活的罗马人，无论他是否有罗马背景，也信奉高卢的神。第四，高卢人模仿希腊罗马的雕刻、壁画中的神像造型，按照罗马神的形象来塑造对应的高卢神，但在局部刻意添加了一些地方文化元素，强调高卢神的地方属性。第五，高卢人的日历也是一个宗教互动的样本。凯尔特人用的是太阴历，罗马人用的是太阳历。罗马时期的高卢人改造传统历法，实行阴阳合历。

(二) 近代人口迁徙面临的文化挑战

1. 近代世界人口迁徙面临的文化挑战

牟英华、刘春英、高春常在《北美殖民地对海外奴隶贸易的抵制及其原因》(载《鲁东大学学报(哲学社会科学版)》2014 年第 6 期)一文中指出，自 1619 年荷兰贩子将首批黑奴运往北美大陆以来，西班牙人、北美人、墨西哥人、英国人乃至委内瑞拉人都相继卷入这里的奴隶贸易。从 18 世纪初开始，英国人已基本控制了来自非洲的奴隶贸易。与此同时，一场黑奴贸易的抵制运动也在北美逐渐展开。首先，东北部殖民地对海外奴隶贸易进行了抵制。东北部殖民地又称新英格兰，包括马萨诸塞、罗得艾兰、康涅狄格、新罕布什尔。本地区奴隶数量不多，但民众对奴隶存在的敌意却是北美大陆地区中最强的。1641 年，马萨诸塞就将奴隶限定于"陌生人"范畴内；1788 年，出台法令禁止本地居民参与其他殖民地奴隶贸易。其次是中部殖民地对海外奴隶贸易的抵制。中部殖民地包括纽约、宾夕法尼亚、新泽西、特拉华。1642 年，作为纽约前身的新阿姆斯特丹就对奴隶进出口贸易征收 10%的税收，对奴隶贸易的征税一直持续到 1785 年奴隶贸易被彻底废除为止。最后，南部殖民地对海外奴隶贸易的抵制。南部殖民地包括弗吉尼亚、马里兰、南卡罗来纳、北卡罗来纳、佐治亚。南卡罗来纳的奴隶贸易的数量位居北美大陆殖民地之首，但当奴隶的数量对白人呈现某种威胁时，也开始对奴隶贸易加以限制。1703 年对每个进口的非洲人征收 10 先令税收，其他奴隶是 20 先令。此后，奴隶贸易的征税不断增加，直到 1787 年彻底禁止奴隶进口。作为重要的烟草殖民地，弗吉尼亚在北美大陆的奴隶贸易中占据第二的位置。1778 年，弗吉尼亚终止奴隶贸易。

赵昌在《华工出国与近代中国历史场域的拓展——以澳洲淘金华工史为例》(载《历史教

学问题》2017 年第 5 期)一文中认为，华工赴澳洲淘金，虽历时半个多世纪，但其在生活的各个方面都表现出了离散性，没有太多融入当地生活的迹象。首先，在社会组织形式上，华工的生活具有封闭性。这一方面是因为华工受到掮客的严密监视，只有偿清债务才能获得自由身，因此活动很受限制。另一方面是因为华工受国内家庭各种债务负担的约束，只希望早日淘金成功，回国与家人团聚。其次，在经济生活上，淘金华工有一套独立的经济系统。在澳洲殖民地的中国人很少购买欧洲商人物品，较大的村落几乎都能够自给自足。这一方面是因为华工生活拮据，另一方面是因为他们习惯了这种自给自足的生活方式。最后，在生活风俗上，延续了在国内的地方习俗。如华工除把自己的经济收入寄回国内外，死后也要把尸体运回中国安葬，而当时广东盛行的赌博风气也被带入了澳洲。

(三) 现代人口迁徙面临的文化挑战

1. 现代中国人口迁徙面临的文化挑战

王晓华在《深圳新移民合法身份与心理归属感》(载《深圳大学学报(人文社会科学版)》2000 年第 2 期)一文中认为，合法身份对于移民的心理归属感影响很关键。移民对于迁入地的归属感与法律身份并不完全一致。现今深圳人口的绝大部分都是移民，受国家户籍管理和深圳人事政策的限制，不同类型的移民对于深圳的心理归属感不同。心理归属感是指人们把一种文化所表现出的价值观、思想、信仰等认同为自己心理文化的一部分，并且自己也完全融入这种文化中。心理归属感的最重要体现就是移民是否把自己看作是迁徙地中的一员，认同自己的移民新身份。通过抽样调查发现，生活在深圳的移民，超过一半的人只认同自己的原有身份，而不把自己视为“深圳人”。这其中取得合法身份的“新移民”认同率是没有取得合法身份的“潜在移民”认同率的五倍，合法身份的获得是建立新身份认同感的最根本条件。而取得合法身份的新移民自身的不同条件也影响了移民的心理归属感。具体表现为三个方面。一是文化素质。结合户籍调查发现，新移民和潜在移民群体中，认同率较高的均为文化程度较高的移民，但合法身份的影响更大。二是移民前的生活环境。以前生活在省会级大城市的移民比生活在城镇和乡村地区的移民认同程度高。这一方面是因为大城市的移民更受法律规范影响，“故土难离”思想淡薄，另一方面是因为乡村等文化和生活方式与深圳差距较大，从心理和行动都需要被迫适应城市环境，改变自己原有的文化和习俗。三是移民年龄。移民年龄与身份认同之间没有呈现正负相关关系，身份认同最高的年龄段是 31—40 岁，最低的则是 41—50 岁。两者差距较大，是因为后者的移民文化程度低，且来自城镇和乡村的比例较大。

何泽仪、彭婷在《入湘三峡移民与当地居民的文化融合探析》(载《三峡大学学报(人文社会科学版)》2006 年第 1 期)一文中认为，在三峡移民工程中，三峡移民与迁入地居民之间存在矛盾的原因主要是文化差异所致，具体而言，有以下三个方面：一是经济文化上的差异。迁入移民的人均收入和生活水平均低于当地居民。在谋生方式上，移民原本熟悉的旅游、船运、渔业等生产经营方式因迁徙不得不转变为农业，且移民在新搬迁地的市场熟悉程度和社会关系网也比不上当地居民，从事第三产业的难度较大。二是语言文化的差异。被调查移民主要用西南官话口音，接近于普通话。而当地语言与普通话差异很大，移民对当地语言的适应很慢。三是生活方式上的差异。移民与当地居民在丧葬等民俗习惯上、家庭规模上、社会关系网的疏密上都存在差异，且两者都对搬迁带来的好处有过高期望，在面对现实产生极大的心理落差时，会将责任归咎于彼此而产生矛盾。

2. 现代世界人口迁徙面临的文化挑战

宋全成、赵雪飞在《论欧洲难民问题及其消极影响》(载《人文杂志》2007 年第 2 期)一文中指出，欧洲难民问题形成于 20 世纪 90 年代，其主体是来自东欧、非洲、中亚等地区的难民。欧洲难民问题对欧洲国家主流文化产生了冲突和撞击。这些欧洲难民远离难民接纳国主流文化，形成独立于接纳国主流文化之外的边缘文化。这就造成了难民接纳国通常情况下的社会文化的断裂，导致外国移民难以同化。这在宗教文化氛围十分浓厚的穆斯林难民中，表现得尤为突出。例如在德国，来自土耳其和伊拉克北部的库尔德难民，在进入德国以后，很快得到已经在德国长期居留的土耳其人所建立的移民网络的支持与帮助，而融入信奉穆斯林宗教文化的非主流文化的氛围之中。这无疑加剧了包括难民在内的土耳其移民融人德国主流社会文化的难度。

金喜在、孔德威在《全球化时代欧洲各国移民政策的调整》(载《社会科学战线》2004 年第 2 期)一文中指出，欧洲各国移民政策的严厉化，是全球化以来西方社会反移民情绪上升的反应，其直接原因是西方社会所面临的日益严重的“移民问题”。第一，“移民问题”首先集中在移民对西方民众经济状况的影响上。第二次世界大战以来，欧洲各国为缓和社会矛盾，逐步建立起了以社会保障为核心的福利制度。高水平的福利和较多的工作机会吸引着大批移民进入欧洲，加重了欧洲人的担心。第二，“移民问题”同西方的社会治安密切相关。近年来，欧洲各国的犯罪率不断上升，恐怖活动猖獗，社会治安成为欧洲民众关注的重要问题之一。而多数欧洲人认为犯罪和移民之间存在必然联系。第三，“移民问题”易引起文化冲突。欧洲移民中有三分之二的是穆斯林，而且他们都没有融入所在国的文化。

三、移民推动的文化认同

(一) 古代人口迁徙推动的文化认同

1. 古代中国人口迁徙推动的文化认同

第一种移民类型，即自北而南的生存型移民所推动的文化认同是深远的。葛剑雄在《中国移民史・先秦至魏晋南北朝时期》(413—420 页，福州：福建人民出版社，1997)一书中指出北方移民南迁对中国的发展有着重大影响。第一，使得传统文化得以延续和发展。北方少数民族政权的整体文化水准低于汉族，在政权更迭和变换的过程中，中国的物质文明和精神文明都遭到了巨大的破坏。但中国的文化并没有毁灭，这要归功于数量最多、素质最高、在南方定居的移民。由北方移民建立的政权东晋和南朝，将中国的制度文明、物质文明和精神文明等各个方面带到了南方，并对北方的非汉族政权带来示范作用，因此，北方自觉或不自觉地在汉族文化上产生了学习和认同。如北魏孝文帝“改革朝仪”的两位主持者都是熟悉南朝典章制度的人物，改革的参照物也是南朝。第二，汉族政权的实际疆域进一步扩大和巩固。秦朝至三国时，长江中下游地区的很大部分土地和人口游离于汉族政权之外，永嘉之乱后，南迁的政权为了延续统治，不断扩大开发地区和设置新的行政区，使汉族政权的实际疆域进一步扩大。第三，汉族与南方诸族间进一步融合。北方移民的大量迁入和迅速繁衍，使得汉人逐渐成为南方地区的主体民族。数量和质量上的优势，以及生产技术、生活水平和文化上的吸引使得少数民族逐渐被同化，汉族也吸收少数民族的文化加以发展，民族间的交融加强。

第二种移民类型，即以行政手段推行的强制性移民，在带来文化剧烈冲突的同时，也使得当地的文化重新进行了整合。林移刚在《川主信仰与清代四川社会整合》(载《西南大学学报(社会科学版)》2013 年第 5 期)一文中认为，“湖广填四川”使得大量移民出现，移民在进入四川之后，面临实现移民土著化以及移民、土著隔阂与差异淡化的过程。在这一过程中，存在多种因素的影响，其中四川最典型的土著民间信仰——川主信仰即对移民社会起到整合作用。四川土著在面对大量移民的冲击时，整合了他们的信仰——川主信仰。随着移民与土著交流的增加，移民也逐渐认同了川主信仰，使得信仰趋同，从而促进了四川文化的整合。如岳池县余家场南楚会馆设立于嘉庆二十一年，原本只祭祀禹王，到道光时期，附祀文昌和川主。像这样在移民会馆中，主祀本籍主神，附祀川主的现象越来越多地出现，民间信仰的趋同使得文化认同加强。

第三种类型的移民，即从平原到山区的开发性移民面临的文化认同经历了漫长的过程。谢重光在《关于客家移民与文化认同若干问题的思考》(载《广西民族大学学报(哲学社会科学版)》2012 年第 3 期)一文中认为，客家移民与文化认同的关系在不同时期呈现不同的特点。首先是宋代之前。从唐代中期到宋代末期，江西、福建、广东交界处的大片山区，曾经接受过五次大规模的外来移民，分别是安史之乱后、唐末五代宋初、两宋和平时期、两宋之际、宋元之际。这些地区的移民与本土人混合后，在文化认同上的体现是福建的汀州等地士人群体“风声气习颇类中州”，即他们的民风、习俗、方言之类和中原地区相似，与福建其他地区截然不同。其次是明清时期。明代中叶，赣闽粤边境的一大批梗化民①被纳入编户成为良民。所谓梗化民，有两个来源，一是原先居住在湘鄂黔边界五溪地区的少数民族武陵蛮，因为他们有盘瓠信仰，也被称为盘瓠蛮，受朝廷和周边汉人的压迫，从南朝起逐渐南迁。二是躲避官府徭役的逃跑老百姓，这类移民的流动性也最强。梗化民大多敢于反抗官府，且盗贼甚多，严重影响王朝统治。后来，明王朝设立地方行政机构，专门负责剿除匪寇。这其中，影响最大的是王阳明。王阳明采用“良知良能”的心学主张，使乱民实现三化：制度上王化，将梗化民纳入编户；思想上儒化，按照儒家规范行事；民族关系上汉化，使梗化之民都融合为客家人。之后，明朝当局均采用这些措施安抚民众暴动，原先的梗化民逐渐转化为良民，成为客家人。这其中，不仅有官府的政策作用，还有民众的文化认同影响。例如，闽南和闽北很多地区语言、饮食、衣服、起居、习俗、教育等都自觉地融入汉文化中。最后是明清之后。居住在赣闽粤交界地区的客家人口增长很快，加上战乱和禁海等政治原因影响，很多客家人逐渐向外迁徙，他们与本土人之间产生矛盾，出现了一些新问题。面对这些新问题，知识精英和普通民众的反应截然不同，各自表现了不同的文化认同。知识精英在他们的文章和著作中表达了强烈的客家文化认同：一、客家拥有强者的血统；二、他们有刻苦耐劳、耕田读书等优良的传统；三、客家是一群能很好适应环境的强者；四、客家祖先是中原贵胄，他们最有气

① 梗化：阻塞教化或妨碍管教。

节。普通客家群众在外迁后由于处于弱势群族地位，因此他们的文化认同取向，往往是隐忍、融入，甚至被同化。

第四种类型的移民，即非华夏族的内迁或西迁，使得民族交融大大加速。龙成松在《中古时期北方族裔谱系建构与民族认同》(载《西南边疆民族研究》2018年第1期)一文中认为，谱系是连接氏族、家族、民族等共同体的重要纽带，这种超越了客观血缘组织结构的政治、文化工具，常见于中古时期北方内迁的族裔中，这种谱系建构本身具有民族认同和民族融合的重要意义。谱系建构有三种方式。第一种是谱系重建。北方民族和他们的后裔，本身部族的历史存在许多缺漏，进入中原之后，受汉文化的影响，他们对于缺漏的部族历史采取完全或者部分重建的方式来建构谱系。例如鲜卑族将其"史前"历史和汉人的传统相结合。本是出自羯胡的侯景，他的祖宗世系皆没有记载，汉臣王伟则将侯景的族系攀附到汉人世家侯霸、侯瑾身上，这实际上是一种伪冒。第二种是谱系嫁接。谱系嫁接包括"断层世系"和"无缝世系"两种。断层世系是指内迁的北方族裔将自己的祖先攀附为某个显赫的汉人或虚构的人物，但是中间有一段空缺。无缝世系是将家族谱系嫁接到一个较为悠远的汉人祖先，后面连续不断。第三种是排行攀附。中古时期，北方族裔的联宗现象较为频繁，原因可能是他们都迫切需要通过联宗、合族来凝聚宗族，强化宗族势力。龙成松还认为，文献中北方族裔的谱系文本，多数出自汉人文士之手，这表明谱系建构是胡、汉双方的共同选择。汉人之所以热衷于将北方族裔与自己祖先联系在一起，原因主要有三点。第一，长久以来，汉人或者汉民族都是用谱系作为凝聚族群的核心模式，这种模式是汉人区别异族或者收纳异族的一种方式。第二，汉人为北方族裔"创作"的世系文本，反映出汉人以自己为中心来"想象"四夷，是一种"话语霸权"。第三，对北方族裔自身而言，将自己的世系嫁接到汉人的祖先上，能够简便地完成向汉人身份的转变，获得"华夏"正统性身份。

2. 古代希腊、罗马人口迁徙推动的文化认同

(1) 古希腊时期

张春梅在《"希腊化"还是"埃及化"——托勒密埃及希腊移民的文化地位研究》(载《史学集刊》2007年第1期)一文中指出，公元前332年亚历山大大帝征服埃及，开始了希腊人对埃及的统治，后建立托勒密王朝。希腊人征服埃及后，大量的希腊人涌入埃及，两种文化在同一时空中交汇碰撞，并彼此影响、相互渗透。希腊人作为征服者，在文化心理上有一种天然的优越感，自认为是优等的民族，于是便想尽一切办法保留希腊文化的传统。如希腊人努力在陌生的土地上营造家乡的氛围，很多新建村庄的建筑布局和风格都是希腊式的；希腊移民在闲暇时间阅读古希腊经典著作，观看戏剧，欣赏音乐，也和故土的同胞一样有高昂的热情参与体育活动。公元前三世纪的希腊移民无论在血统、语言、习俗、宗教等方面都还保留希腊文化特色，但随着时间的流逝，两种文化交汇的广度和深度不断增加，希腊移民在生活的各个方面不同程度地受到了埃及文化的影响。婚姻方面，大批希腊移民和埃及人通婚，一般情况是希腊男子娶埃及女子为妻，埃及男子娶希腊女子的情况较少；语言方面，埃及人学习希腊语，希腊移民为了更好地与埃及人交流，也开始学习埃及语；宗教领域，希腊移民受到埃及深刻的影响。萨拉匹斯神是希腊与埃及文化融合的典型代表。萨拉匹斯据说是埃及的阿比斯神牛、丰产神和冥神奥西里斯的结合。希腊移民很快接受了埃及的各种神灵崇拜，埃及的宗教信仰已经逐渐渗透到希腊移民生活的方方面面。

希腊化过程中，亚非土著文明并非处于被动接受状态。岑松、王立桩在《“化”之能与不能——希腊化时期的东方世界》（载《宜宾学院学报》2004 年第 3 期）一文中认为，希腊化中的“化”字是一个表动的词汇，意谓“质”或“状态”的转变，希腊化指的是一种影响，希腊文明对土著文明的渗透和塑造，土著文明对希腊文明的模仿甚至移植。希腊化过程中希腊文明处于主导地位，对亚非影响涵括了政治制度、经济生活、文化艺术、宗教观念、语言文字等各个方面。在政治上，希腊化的东方世界的政治建构是服从于希腊——马其顿人的殖民统治的。在经济上，商品货币因素也随同希腊人的殖民而融入东方传统的经济结构。在语言上，希腊化的世界中，希腊语不仅是希腊移民的母语，更是帝国的官方语言。东方民族的许多成员，特别是其精英阶层也通用希腊语。东方世界的各个层面的改观，实质是强势文明外在冲击下的变异，是内外两种文明碰撞、交融并自我调适的结果。但东方世界的希腊化只是表象，在很多方面存在抗拒希腊化的潮流。在希腊化时期，各希腊化国家的政体结构上虽然有古希腊城邦体制的外观，却缺失希腊民主政治的真韵。希腊化国家的经济生活虽引入了希腊商业精神，却也无法冲破固有的藩篱。希腊语言影响的主要是社会上层的精英群体，对绝大多数下层民众的影响则微乎其微。

杨巨平在《“希腊化文化”是人类历史上第一次文化大交流大汇合》（载《山西大学学报（哲学科学社会版）》1992 年第 4 期）一文中认为，希腊化文化是人类历史上第一次文化大交流、大汇合，具有承前启后、继往开来的地位。首先，从文化交流的范围看，包括马其顿人的直接统辖地及受其影响的周边地区。从印度到西地中海，从里海到印度洋，各种不同文化都参与了交流与汇合。其次，从文化汇合的内容看，这一时期的文化丰富多彩。希腊的人可成神的观念与埃及、巴比伦的王权神话相结合，形成了新的国王崇拜。再次，从文化中心和成果看，这一时期的文化中心在欧亚交接之地。新兴的城市及上百个希腊式的小城邦，既是东西方文化的交汇之地，也是交流的结果。最后，从希腊化文化交流、交汇的成果与程度看，这一时期人民的文化观念发生变化。哲学、戏剧、科学、雕刻等不属于某一城市或城邦，而是属于整个希腊化世界。

（2）罗马化

对于罗马化的定义，学术界并无一致的意见，主要指罗马统治下所发生的社会转变的历史过程。罗马化包含的内容十分广泛，包括罗马文明的各个方面，有政治制度的传播、经济的发展、法律的实施、文化上的交流等。罗马化是罗马文明与不同地域文明之间的融合。

尚德君在《罗马帝国早期西班牙行省罗马化研究》（88—102 页，东北师范大学 2016 年博士学位论文）一文中指出，公元前 218 年，罗马发动第二次布匿战争，到公元前 200 年罗马基本征服和控制了西班牙东部海岸，并于公元前 197 年在西班牙建立远西班牙行省和近西班牙行省。西班牙行省罗马化是公元前 3 世纪末到公元 5 世纪初这个时段内发生的欧洲伊比利亚半岛的全方位社会变革，涉及政治、经济、宗教、军事、文化等诸多领域。西班牙罗马化是伴随着罗马的扩张，两种文明相互碰撞、彼此融合的过程。从长远看，罗马化成就最重要的结果是在文化领域。拉丁语的传播与使用、罗马教育的发展和罗马艺术的发展是西班牙罗马化在文化领域的重要表现，对西班牙行省产生了深远的影响。首先，拉丁语的传播与使用。拉丁语能够在西班牙传播，罗马军人起到非常重要的作用。军队将拉丁语带到了相对落后、偏远的西班牙行省，加速了其文化领域罗马化的进程。在公元前 3 世纪末和公元前 1

世纪早期之间，伊比利亚半岛每年就有不少于两个军团（每个军团不少于4200人）和一支数量较大的拉丁同盟军队驻扎。其次，教育的发展。伴随着征服战争，罗马的教育与文化也传播到了伊比利亚半岛。帝国早期，罗马西班牙行省的罗马教育，尤其是精英阶层的高等教育有了较大发展。最后，艺术领域的罗马化。西班牙行省在罗马帝国各个行省中罗马化程度比较高，因此比较全面地承袭了罗马人最典型、最伟大的艺术成果，即建筑、雕塑和绘画。罗马—西班牙时期，产生了许多雕塑艺术中心，例如，巴塞罗那、塔拉戈纳、埃梅里塔、意大利卡和科尔杜巴，而绘画中心则位于意大利卡、科尔杜巴、加的斯、塔拉戈纳和巴塞罗那。

夏遇南在《罗马帝国》（94—96页，北京：中国国际广播出版社，2014）一书中指出，罗马在对外征服的过程中，罗马社会、罗马人也被外来文化渗透、侵入、影响。例如，罗马人因惊叹、折服于高度发达的希腊文明而掀起了学习模仿希腊之风。罗马受希腊文明影响是从观念上开始的。罗马原是农业社会，人们崇尚朴实的生活。但是，朴实无华的观念随着罗马对外征战而改变，一股追求奢侈豪华之风逐渐兴起。侵略带来了大量财富，孕育出一批富人，他们开始注重享受生活。这些富人修建豪宅，配置各种便利设备，摆放希腊艺术品。罗马人不仅学习模仿希腊人的生活，还热衷于希腊文学，学习希腊的教育方式。希腊的文学作品《奥德赛》被翻译成拉丁文，并被作为儿童教科书，其他希腊文学也被陆续介绍到罗马。希腊式的学校也被介绍到罗马，一些有文化的希腊奴隶获得自由，开办学校时，罗马人也将子女送入这些学校。

于贵信在《古代罗马史》（114—115页，长春：吉林大学出版社，1988）一书中指出，公元前2世纪的对外征服使罗马人的生活方式发生了巨大变化。罗马人开始模仿东方社会腐化堕落的生活方式，旧的道德廉耻观念开始被打破：罗马人学会了希腊人的剃须；城市中的饮食以烤制的面包代替以前的麦片粥；有钱人讲究用银制盆盘盛装食品；餐桌上经常有酒，学会希腊式痛饮；妇女服饰、头饰、宴会、丧礼、住房等日益考究奢华。元老院为了讨好群众，开始规定几种节日：阿波罗节、地母节、谷神节。这些节日都是由国家或私人出钱供罗马市民尽情欢乐。罗马家庭生活中最激进的改变是家庭奴隶数量的激增。罗马家庭内奴隶的特点是普遍、数量众多，有知识的希腊奴隶作为秘书、家庭教师，无形中把较为成熟的希腊文化带给主人家庭。家庭内奴隶是希腊文化传入罗马的一个渠道。

3. 古印欧人口迁徙推动的文化认同

沈坚在《文明的历程》（51—53页，杭州：浙江大学出版社，2006）一书中认为，根据吠陀文献的记载，当时雅利安人的社会与后来的印度社会有很大区别。如当时的雅利安人吃牛肉，后来的印度则将牛视为圣物；他们放肆地喝酒，而印度人则比较节制；当时的祭司地位在贵族之下，而不是后来的位于最上层。这时期雅利安人的社会和其他印欧语系的社会相似，和后来的印度社会有很大不同。为什么在后期雅利安人发生了这么大的变化呢？最简单的解释即是印度雅利安人在与早期印度文明接触的过程中逐渐印度化了。这种变化体现在两个方面，一是宗教。早期雅利安人认为灵魂不死，要么被扔到黑暗的井里，要么升入天堂。要进入天堂，就需要在生前进行正确的祭祀，这样，主持祭祀仪式的祭司们便越来越重要，这些祭祀被称为婆罗门，在公元前10世纪中叶左右祭司们将宗教教义抽象发展形成了婆罗门教，这是雅利安人的原始信仰与当地古老宗教结合的产物。二是种姓制度。雅利安人和当地的土著在肤色上有很大差异，出于强烈的种族优越感，他们极力阻止与当地人结合，由此发展出具有种族和阶级隔离性质的社会等级制度，即种姓制度。

（二）近代人口迁徙推动的文化认同

1. 近代中国人口迁徙推动的文化认同

（1）下南洋

冷剑波、曹树基在《原乡与南洋："客家"的他称与自称》（载《学术界》2018年第5期）一文中认为，"客家"这一名称有一个从"他称"到"自称"的演化过程，客家"自称"的出现代表了海外客家文化认同观念的成熟和定型，对于国内客家意识的高涨起到了关键作用。"客家"一词最早出现是在康熙二十六年（1687）的《永安县次志》，从文献中能够看出当地人已经有了对于惠、嘉地区外来者"客"的观念，这时的称呼主要作为一种中性的"他称"而存在。在康熙五十年（1711）编撰的《潋水志林》中，"客"成为了一种带有贬义的"他称"，其原因主要是土客纷争已经开始。而在广东地区，由于"土客"之间矛盾日益高涨，在咸同年间爆发了持续14年之久的"土客大械斗"（1854—1867）。县志等官方文献中常常出现"客贼""客獠""客狙"等歧视性字眼，甚至一些县志会在"客"字旁边加上具有蔑视意味的"犭"偏旁，这种蔑称一直持续到晚清乃至民国初年。嘉庆二十年（1815），广东人徐旭曾作《丰湖杂记》，"客家"开始作为自称出现于客籍文化精英的个人著述中，之后很多官家名宦都为客家正名，但作用很小。1929年南洋"客属总会"正式成立，获得客属社群的热烈响应，南洋客家人以"客"作为自称出现在了庙宇、义山、会馆中，客家日益成为南洋人普遍使用的"自称"，其原因主要有三个方面。一是在殖民时代的南洋，生存的艰难使得来自各地的客家人很容易因方言走到一起；二是客家的人群在国内时分散在各个地域，需要一种能够超越地区差别的符号将他们统一起来；三是殖民政府和海外不再有歧视环境，客家人很容易将"他称"变为"自称"。

（2）"闯关东"

马平安、楚双志在《移民与新型关东文化——关于近代东北移民社会的一点看法》（载《辽宁大学学报（哲学社会科学版）》1996年第5期）一文中认为，近代东北地区是一个典型的移民社会。移民社会的心态和性格对新型关东文化影响很大。一方面，清代以前的东北虽有汉人，但没有形成以移民为主体的结构，满族等土著居民一直生活在白山黑水之间。从清代开始，关内广大汉族移民逐渐进入东北，形成了以汉族移民为主体的新结构。在移民初来时，很多人仅仅把东北当作谋食之地，他们自称是山东人、河北人等而不是东北人。远离家乡的孤寂和现实生活的压力使得移民群产生了一种新的社会关系，即"山东帮""河北帮"等地缘关系。同乡之间的联系让移民社会呈现出一种两重性心态：讲义气、讲豪爽、讲帮派却又忍辱怕官、消极生存。艰难的生活处境、精神上的饥渴滋生了乐天知命、寻求快乐的社会心态。另一方面，东北的汉族移民能够打破传统心理，步行千里"闯关东"，这种勤劳艰苦的本色和支撑他们生活的乐天思想，以及敢于反抗帝国主义的素质，沉淀于关东人的性格中，使"虎""实""好乐"成为近代东北移民社会成员的共同性格。这些性格和心态作为一种文化遗产积淀于东北人的天性中，形成别具特色的东北文化。

（3）"走西口"

段友文、高瑞芬在《"走西口"习俗对蒙汉交汇区村落文化构建的影响》（载《山西大学学报（哲学社会科学版）》2006年第5期）一文中认为"走西口"使得内地汉族移民大批进入内蒙古草原，致使关内的农耕文化与内蒙古地区的游牧文化出现了交融。一部分蒙民在和汉族的共处中，选择了走向定居，并逐渐形成一种兼具蒙汉特色的村落习俗。首先，在村落的物质习俗方面，由于蒙民逐渐放弃游牧选择农耕，所以居住方式由移动的蒙古包转向近似于汉族的平顶屋。饮食上，两个民族相互学习，形成了具有互补性的共同的饮食风俗，如汉族也吃乳制品和肉制品，蒙古族也吸收了以小米、白面为主食的饮食习惯。服饰上为了耕作方便，蒙古族改宽大的蒙古袍为汉族短服。其次，在村落信仰方面，原本汉族和蒙族有着各自不同的民俗信仰系统，但"走西口"使得两个民族在同一村落空间内产生了长久的、深层的互动，最终促使两个民族在精神文化上出现一定程度的认同，如蒙古族会在自己的村落里修建祭祀汉族神灵的神庙，反之亦然。最后，在村落的社会、游艺民俗方面也出现了民族间的交融。如，蒙古族大量地吸纳了汉族的定亲、丧葬礼俗，汉族也流行蒙古族中常见的摔跤、骑马、射箭等娱乐活动。

殷俊峰在《走西口移民与绥远地区晋风民居的演变》(载《史学月刊》2015 年第 7 期)一文中指出，绥远地区，也就是今天的内蒙古中西部地区的呼和浩特市、鄂尔多斯市、包头市、乌兰察布市等地，在明末至民国初期的三百多年里，接收了山西、陕西等地的大量走西口移民，由此成为蒙汉杂居、农牧交错、信仰内容多样的地区。移民在绥远地区修建了大量的晋风民居，这一过程体现了移民所引起的文化冲突和交融。绥远地区原本以蒙古族为主，这一地区的建筑也主要是蒙古包。明朝嘉靖年间，迫于生存压力，内地很多汉民进入土默特平原，这些移民修建的居住建筑以祖籍地的民居为模板，叫"板升"，是绥远地区汉族居住的土木结构住房及农耕村落的统称。康熙年间，清政府部分开放了对蒙古地区的禁令，大量内地人口进入绥远地区，这些移民的住房建筑多以夯土房和土坯房为主。这一时期一部分蒙古族受汉族移民影响，生活方式逐渐走向定居，蒙汉间的文化逐渐相互融合。光绪年间，清廷取消了蒙禁政策，长城沿线出现向绥远地区的全线移民之势，这时的移民多选择了定居。房屋的建筑结构完善，分化为以土房为主的"农宅"和以砖瓦为主的晋风"商宅"。在这些建筑中有些使用蒙古族的符号进行装饰，体现出蒙汉文化的融合。而一些蒙古族的达官显贵也仿照汉人样式修建了大宅院，只是保留了一些蒙古族的标志性装饰。

2. 近代世界人口迁徙推动的文化认同

美国西进运动不仅使得美国的疆土面积急剧扩大，同时也促进了美国独特文化的形成。邓俊娥在《西进运动对美国文化的影响》(载《甘肃高师学报》2014 年第 3 期)一文中指出，西进运动在美国历史上具有举足轻重的作用，不仅扩大了美国的版图，促进了美利坚民族的形成，还促进了美国文化的形成。第一，西进运动推动了美国的民主进程。西进运动的贡献不在于发明了什么革新的理论或机构，而在于它加快了早就存在于西方世界的民主趋势。西进运动中的移民大多来自东部的 13 个州，这些州沿用的是欧洲的民主政治模式。经历了民主政治的西进移民，自然而然地养成了追求民主、平等和自由的习惯。随着向西的逐步迈进，西部一个个新建立的州开始学习、借鉴东部各州法律中最民主的部分，并逐步建立起独具西部特色的民主政治制度。西部广阔的边疆为移民者提供了自由、平等与民主的舞台，而美国民族的民主主义思想也正是在西进运动的过程中得到了极大的延伸与发展。第二，西进运动促进了个人主义的形成。"个人主义"的主要内容是：强调人是价值的主体，相信每个人都具有价值，高度重视个人的自我支配，自我控制，自我发展。个人主义在轰轰烈烈的美国西进运动时被充分发展。没有过多的政治和法律束缚，许多边疆移民都能凭着不懈的个人奋斗而改变他们的地位和命运。边疆移民的自力更生、个人奋斗的成功先例，也激励着一代又一代美国人去实现他们的美国梦。第三，西进运动孕育了美国人的实用主义哲学。西进运动中的特定环境孕育了美利坚民族的实用主义哲学，即“立足现实，积极行动；注重目的，讲求实效；崇尚进取，重在开拓”。美国在不断向西扩展的过程中，实用主义的价值观渗透到社会的各个层面，使务实、奋斗和注重实效成为整个美国的国家精神。第四，西进运动为美国的文学艺术提供了丰富的资源和养分。西部广阔壮丽的山河、惊心动魄的拓荒生活、白人殖民者与印第安人的血腥斗争等等，激发了美国作家的创作灵感，也为文学创作提供了丰富的素材。

西进运动对美国的民族性格甚至民族精神产生了深远的影响。王蕊在《略论西进运动对美国民族精神的影响》（载《赤峰学院学报（汉文哲学社会科学版）》2011 年第 3 期）一文中指出，西进运动对于美国民族精神的塑造和发展有着深远的影响，西进运动造就了美国民族开拓进取精神，发展了其民主主义的思想，强化了其个人主义的价值观。第一，西进运动造就了美国民族的开拓进取与乐观精神。西进的移民者，大体包括土地投机家、资本家、冒险家及迫于生存压力而去西部冒险谋生的东部落魄者及外来移民。早期的西进运动没有政府的外力支持，交通也极为不便，移民唯有的仅是信念——勇于开拓进取、乐观的精神。第二，西进运动发展了美国民族的民主主义思想。随着西进运动的一步步推进，美国民族的民主主义思想也得到了发展。西部各州在建立过程中，以西部经验为基础，吸收东部各州立法中最为民主的部分确立起新的政治制度，极大地发展和延伸了美国的民主主义思想。第三，西进运动强化了美国民族的个人主义价值观。西进运动的过程，实际上就是移民者与险恶的自然生存条件做斗争的过程，在此过程中，个人主义的思想逐渐被强化。

（三）现代人口迁徙推动的文化认同

1. 现代中国人口迁徙推动的文化认同

刘志山在《移民文化及其伦理价值》（178—180 页，北京：商务印书馆，2010）一书中认为，深圳地区的移民共同塑造了深圳的文化精神。“深圳文化”指使得深圳人与其他地方人相区别的、把深圳人塑造为“深圳人”的那些生活方式和价值观念，也就是人们头脑中的“深圳人”的形象和独特的“深圳人格”。深圳地区的文化按其地理位置而言，本应属于岭南文化，但在深圳，通用语言不是广东白话、客家话或潮汕话，而是内地的官方语言——普通话。全国各地的饮食、风俗习惯和民俗文化在深圳都能看到。这表明，深圳是一个典型的移民社会，深圳文化具有浓厚、典型的移民色彩。深圳移民文化精神或深圳人格概括起来有以下几个方面：浓厚的商业意识、开拓创新和务实竞争的精神、生活与工作中对时间的重视及工作的高效率、重创造，讲享受的幸福观念、兼容并包的心态和独立进取的人格等。

刘志军、孙泽建在《外迁三峡移民的社会融入——基于浙江嘉善 H 村 13 户移民的研究》（载《广西民族大学学报（哲学社会科学版）》2012 年第 5 期）一文中认为，2000 年搬迁至浙江省 H 村的 13 户三峡移民在社会融入的各个方面有不同的特点。三峡移民是从 2000 年开始并由政府主导和安排的跨省移民，共有 16.6 万移民先后搬迁到湖南、浙江、上海等 11 个省市。浙江嘉善县 H 村的 13 户移民即是 2000 年自重庆奉节迁入的首批移民。这批移民的社会融入在三个维度中展开。一是生计的恢复。大部分移民在辛勤劳动下恢复了以前的生活水平。但也有因为移民而致贫的现象。在生活经营方式上,移民在搬迁初期,均是被动的接受安排,经过一段时间后,开始自主探索生活经营方式。如在农业经营上,大部分移民放弃了当地的水稻种植,改为原地的果树种植。二是公共生活的参与。移民对村庄的公共事务普遍表现出较高的参与热情,但是H村的集体会议往往使用方言召开,这使得移民参与公共生活出现了障碍。而村干部的个人因素则会影响移民与当地政府的干群关系。三是社会关系的重建。移民被从原先的社会网中剥离进入新的社会网中,这个过程会受到物质利益、移民心态和交往策略、安置地人口结构等各个方面的影响。如在婚姻关系中,移民普遍表示不具备娶当地媳妇的经济实力,将女儿嫁给当地人则相对容易,但其处境则值得关注。

李华、蒋华林在《论三峡工程移民的社会融合与社会稳定》(载《重庆大学学报(社会科学版)》2002年第2期)一文中认为,三峡移民的社会融合有一个过程。三峡工程移民是政府就地安置与异地安置的非自愿移民,其中异地安置的移民面临着社会融合的难题。从移民的融合过程来看,影响三峡工程移民社会融合的因素主要有以下五个方面:一是政府政策。国家的移民政策对移民与安置地有双向影响。移民初期,采用"一次性的补偿安置模式",移民和安置地的积极性均不高,造成了很多无法弥补的问题。移民开始后,政府制定了《长江三峡工程建设移民条例》,采用前期补偿补助、后期扶持的政策,得到两者的普遍认可。二是搬迁安置。移民安置的地点和方式对社会融合的影响较为明显。如广汉三星堆等集体安置地点,矛盾和冲突最严重。相比而言,分散安置较为有利于社会融合。三是经济因素。经济利益是影响移民社会融合的重要因素。如云阳县巴阳镇移民外迁到江西静安,两地的经济发展水平和农业结构等差异较大,移民很难适应当地的生产生活。四是角色的转换。部分移民有"特殊公民"和"我是移民"的意识,会自觉不自觉地与当地居民进行区别,也因此对当地居民造成了负面的影响。五是其他方面,如心态、习俗、语言等,也会对社会融合产生影响。

2. 现代世界人口迁徙推动的文化认同

常夷在《美国政治文化与移民》(载《河北师范大学学报(哲学社会科学版)》2016年第1期)一文中指出,美国是世界上最典型的移民国家,移民的历史构成了美国史中最为重要的部分。在国家建立和发展的进程中,美国形成了独具特色的政治文化,其中,欧洲移民和少数族裔移民对美国的政治文化产生了深远影响。早期欧洲移民对于美国政治文化的影响主要体现在两个方面:清教与自由。最早到达北美洲大陆的欧洲移民来自于英国、爱尔兰、西班牙、德国、法国等地,他们中有很大一部分是清教徒,为了逃离本国残酷的宗教迫害和政治压迫来到美国,来到美国的目的即是追求自由。清教徒在北美大陆实践清教主义的相关教义,反对专制主义政治。清教的教义本身具有很强的自由、民主、共和色彩。美国少数族裔移民涵盖众多,其土著居民——印第安人早已成为组成美国人口的少数族裔之一,其他均由来自亚洲、非洲、拉丁美洲、大洋洲等的移民组成。少数族裔移民与早期的美国移民相互摩擦、相互斗争、相互影响、相互融合,形成了现在丰富多彩的、包容性极强的美国社会。

李芳田在《国际移民及其对国际政治经济的影响》(载《齐鲁学刊》2009年第1期)一文中指出,国际移民对国际政治、经济、文化产生了重要影响。第一,国际移民有利于促进世界各民族的相互了解，加强国际对话与合作，维护世界和平与稳定。随着经济和政治全球化的进一步发展，国际移民对加强世界各民族间的相互了解与友谊，加强国际对话与合作，维护世界和平与稳定，具有重要意义。第二，国际移民对民族国家管理控制其领土事务的权威、能力提出了挑战。第三，形成多元文化及多重认同，对民族国家的社会及政治稳定造成危害。大量移民的移入带来不同的文化，使移入国民族的同质性和共同的价值观遭到挑战。移民要融入当地社会，需要克服许多因素，诸如移居国的语言、风俗习惯、行为方式、价值观念等方面的差异。第四，国际移民加剧了南北双方政治经济发展的不平衡。在当代，国际移民的一个重要的新趋势就是高技术移民的增加。大量的高学历、智力型的知识分子、科技人员及拥有一技之长的技术工人等优秀人才从欠发达国家和地区流向发达国家和地区。第五，国际移民造成国际关系的紧张。

李其荣在《国际移民对输出国与输入国的双重影响》(载《社会科学》2007 年第 9 期)一文中认为，国际人口流动是一把双刃剑，给输出国与输入国带来双重影响。国际人口迁移的积极影响有六点。第一，国际人口迁移对提高人口素质起着积极的作用。第二，国际人口迁移促进了接受国经济的发展。第三，国际移民在人口增长和就业上起着重要的作用。第四，国际移民促进了城市的发展。第五，国际移民参与所在国的政治生活，进而促进了民主政治的发展。第六，国际移民有利于文化交流和传播。以美洲为例，大规模国际人口迁移，使拉丁美洲成为世界不同种族和不同民族的人群相互杂居的地区。属于不同种族和民族的广大移民把各自的语言、宗教、风俗习惯和文化艺术带到了拉美。这些不同渊源的文化之间，以及它们同印第安文化之间，经过长期的互相影响和互相适应的过程，终于形成一种新的拉美文化。国际人口迁移对迁出国和迁入国也有一定的负面影响。第一，对原籍国的负面影响主要是造成了人力资源的流失，进而可能会影响原籍国的经济发展。第二，从迁入国方面考察，国际移民带来的消极影响是难民问题、非法移民问题和跨国移民犯罪问题。

教学设计

设计一：罗马文明传播的载体——军队

设计意图

作为一个军事色彩浓厚的文明古国——罗马，军队在罗马国家的领土扩张、政治变革、经济发展以及文化交流中均发挥了重要作用。因此，本教学设计通过军队这一小切口，通过呈现大量史料，引导学生进行史料分析和问题探究，培养学生分析、归纳、总结的能力，使学生认识到军队在罗马文明传播中的作用。

设计方案

教师讲述：罗马海外殖民城市出现于公元前 2 世纪，其海外殖民政策是在意大利殖民政策基础上的发展和创新。格拉古时代，罗马正式在意大利以外的地区建立殖民城市；恺撒时期，海外殖民城市迅速发展；奥古斯都时代，海外殖民城市进入高峰期，大量涌现。殖民城市的建立，在罗马经济发展、政治和文化传播过程中均扮演着重要的角色。罗马靠什么来统治这些殖民城市呢？

材料一 共和末期到帝国初期，罗马有25个军团分别驻守在各行省的边界上。莱茵河地区具有十分重要的战略意义，故有8个军团防守，另有3支舰队防守在意大利的东、西海岸线和高卢南部海域。这一时期，罗马军队的士兵总数是32万人。

——宫秀华：《罗马：从共和走向帝制》，长春：东北师范大学出版社，2002年，第306—307页

教师讲述：共和时期罗马的军团战士由罗马公民组成，服役期为16年。帝国初期，罗马军团向非罗马人扩大公民权，兵源得到保证，此时，罗马士兵服役时间为20年。随着罗马海外疆域的不断扩展，需要大量的军队对这些偏远的地区进行镇守，以维护罗马的统治。自从罗马成为地中海的霸主后，就利用自身的优势推广城市化运动。

材料二 公元2世纪时，罗马帝国的道路系统几乎遍及帝国全境，东起幼发拉底河，北达苏格兰低地，总计约5万英里的干道和20万英里的支线纵横交错，穿越不列颠、欧洲、北非、小亚细亚和阿拉伯、叙利亚及美索不达米亚的沙漠。罗马帝国四通八达的公路网大部分都是罗马军团的杰作。

——王鹤：《罗马军队与帝国西部行省城市化》，载《学习与探索》2012年第9期

材料三 由罗马军队修建的公路、桥梁等设施在便利了军队的迅速调遣和给养运输的同时，也用于民用，从而促进了帝国境内居民之间贸易的往来和文化的交流。公路和军营成为较大的平民定居点的核心，带来了凝聚力和安全感，它们也有助于向帝国边境地区传播罗马文化。

——王鹤：《罗马军队与文化传播》，载《佳木斯大学社会科学学报》2011年第1期

教师设问：罗马城市化进程中军队起到了什么作用？（参考答案：加强了罗马帝国境内居民间的贸易往来和文化交流，有助于向帝国边境地区传播罗马文化）

教师讲述：在罗马帝国早期，对内、对外战争相对减少。罗马军队除了履行军事职责外，还承担起修建堡垒、开辟森林、开沟挖渠、筑路搭桥等任务。罗马每个军团都有一批掌握专门技术的士兵，如建筑师、水利工程师、铁匠等，基本占到整个军团的1/5。公元2世纪时，罗马的道路系统覆盖全境，有5万英里的干道和20万英里的支线，大部分为罗马军队所修建。公路、桥梁等基础设施的修建有利于城市社会经济的发展，极大地促进了殖民城市与罗马文明的交流与融合。

（过渡）另外，军队还为城市提供了罗马化的居民。生活在殖民地的老兵在推广罗马生活方面起到重要作用。

材料四 恺撒时期，为了安置退伍老兵在帝国西部行省建立了许多老兵殖民地，在高卢、西班牙、阿非利加等行省建立了至少40个殖民地。

——尚德君：《罗马帝国早期西班牙行省罗马化研究》，东北师范大学2016年博士学位论文，第106页

材料五 每个殖民地的城市设计和规划都是罗马式的，城市都建有宽广的街道，横纵交叉形成棋盘状的格局。城市内部建有成排的民居，以及多样的公共建筑，包括集会广场、长

方形会堂、圆形剧场、公共浴场；完善的公共设施，包括输水道、排水道、垃圾处理车等，为市民的社会活动和娱乐生活提供保障。

——刘琳琳：《罗马—不列颠行省的罗马化——以城市、宗教的罗马化为研究基点》，东北师范大学 2015 年博士学位论文，第 59 页

教师设问：恺撒为何建立老兵殖民地？这些老兵殖民地的建立有何影响？（参考答案：原因：安置罗马退伍老兵；影响：促进了西部行省城市的兴起，为当地居民提供了城市生活的样板）

教师讲述：在共和国后期和帝国早期，为了安置退役老兵，罗马政府在意大利和行省建立了众多的老兵殖民地。老兵殖民地的建立增加了罗马式城市的数量，扩大了城市化运动的规模，推动了西部行省罗马化的进程。老兵殖民地的建立，对罗马文化的推广以及与当地文化的交流与融合起到重要的推动作用。生活在殖民地的老兵是通过什么途径同化当地人的呢？

材料六 行省的居民已习惯于同士兵生活在一起，并且乐于同他们往来，而事实上也有许多平民已经同士兵成了朋友并且结了婚，同时长期服役的士兵也爱他们所熟悉的旧营地，把它看成是他们自己的家乡了。

——王鹤：《罗马军队与西部行省罗马化关系研究》，吉林大学 2010 年博士学位论文，第 111 页

教师设问：殖民地的老兵是通过何种途径同化当地人的？有何影响？（参考答案：途径：通婚；影响：促进了罗马人与当地居民的融合，有利于罗马文化和习俗在当地的传播）

教师讲述：通婚是考察社会关系整合程度的一个重要变量。退役的老兵大多选择在当地定居生活，他们会和当地的女性结婚，并用罗马的社会习俗来养育他们的孩子。以婚姻为纽带的社会关系不断加强，加强了边境居民与罗马人之间的交流，有利于罗马文化在当地的交流与传播。而文化的交流与传播又离不开语言，殖民老兵是拉丁语传播最为重要的一类群体。

材料七 这些军团士兵多是罗马人和意大利人，他们驻防期间自然会使用自己的母语——拉丁语，如此就扩大了西班牙行省的拉丁语使用者的数量。

——尚德君：《罗马帝国早期西班牙行省罗马化研究》，东北师范大学 2016 年博士学位论文，第 91 页

材料八 罗马人从整个帝国各个种族集团（意大利人，埃及人、克尔特人、达西亚人、利比亚人等）中召募士兵，并利用他们将罗马文化带到行省。士兵学会了拉丁语，了解并服从罗马的法律，采用罗马的宗教。

——王鹤：《罗马军队与西部行省罗马化关系研究》，吉林大学 2010 年博士学位论文，第 16 页

教师设问：伊比利亚半岛的语言发生了什么变化，有何影响？（参考答案：由使用土著语言到使用拉丁语）

教师讲述：罗马入侵伊比利亚半岛前，该地各个部族使用的是他们的土著语言——伊比利亚语。罗马入侵伊比利亚半岛后，罗马军人在驻防期间使用拉丁语进行交流，扩大了西班牙行省使用拉丁语的人数。为维护行省稳定而招募的罗马辅助部队士兵，得到了接触学

习拉丁语的机会。可以说，是罗马军人将拉丁语带到了相对落后、偏远的西班牙行省，拉丁语的逐步普及逐渐消除了过去多重方言并存的分割局面，有利于罗马帝国政令的畅通和法律的实施，加速了该地区文化领域罗马化的进程。

教师引导学生小结： 伴随着罗马共和国后期的大规模对外征服和帝国初期“罗马和平”的建立，罗马文明逐渐传播到整个意大利、各个行省和周边的蛮族地区，并与当地文化相互融合。可以说，罗马国家开疆拓土，依靠的是军队，而通过军队的不断对外征服和罗马疆域的不断扩大，行省数量增加。军队作为罗马文明的重要传播者，加速了罗马与相对落后的行省和帝国边境地区之间文化的交流与融合；军队是行省和蛮族士兵接触罗马文明、逐步实现罗马化的一个重要媒介。

设计二：从秃尾巴老李的传说看山东人“闯关东”

设计意图

秃尾巴老李的传说是流传于东北与山东地区的共同民间传说。这一传说的出现和内容体现了山东人在“闯关东”过程中的感受和情结。本教学设计以秃尾巴老李的传说为切入点，在引导学生分析传说流传地区的基础上，探讨山东人移民东北的原因，使学生理解人口迁徙是在迁出地的推力和迁入地的拉力共同作用下出现，结合史料和传说内容，分析移民在东北地区面临的问题以及融合的过程。在合作探究的过程中，理解传说与历史真实的关系，正确看待移民传说的价值。

设计方案

教师讲述： 在今天的东北和山东地区，有一个关于秃尾巴老李的传说广为流传，它的内容大致如下：

材料一 （在山东胶州湾一带）李妹无夫而孕，期满产下黑龙，李哥（黑龙之舅）以为妖异，以斧（或镰或刀）偷袭黑龙，断其龙尾，龙亡走东北，化身黑小伙，自称姓李，经过一番打工磨难，在山东人的帮助下，战败白龙，夺得“白龙江”，改“白”为“黑”，成为黑龙江神主——人称秃尾巴老李。

——高等学校民间文学教材编写组：《民间文学作品选》上册，上海：上海文艺出版社，1980 年，第 143—148 页

教师设问： 从材料中我们可以看出老李的老家在哪里？后来定居到了什么地方？为什么这个传说会与这两个不相毗连的地方有关呢？（参考答案：老家：山东；定居地：黑龙江；原因：“闯关东”等使得两地互动频繁）

教师讲述： 一个传说故事之所以能为人们接受并广为流传，必定有其内在的合理性。这种合理性可能是某种共同历史背景下的文化认同，或者记录了流传者都曾有过的生活体验与情感经历。秃尾巴老李的传说正是如此，它记载了中国历史上的一次人口大迁徙——“闯关东”。关东是指以今天的吉林、辽宁、黑龙江三省为主的东北地区，因这一地区处在山海关以东，故名。清前期设禁，前往关东要“闯”，因为那是越轨犯禁的行为。但自近代 1860 年（咸丰十年）解禁后，前往关东谋生就已合法，“闯关东”一语之所以仍被沿用，是积习成俗

使然。那么,人们为什么宁愿犯法都要去关东呢?

材料二 山东是近代史上灾害多发区。……按清代建制全省107州县统计,共出现旱灾3555县次,涝灾3660县次,黄河、运河洪灾1788县次,潮灾118县次,全部水旱灾害达9121县次之多,平均每年被灾34县次,占全省县数的31.8%。这种灾害的"多发性"、严重性,令人震惊,自然成为山东流民"闯关东"的强劲推力。

——池子华:《晚清中国政治与社会》,苏州:苏州大学出版社,2014年,第245页

材料三 山东军队号称二十万人,连年战争,除饷糈多半出自农民外,到处骚扰、拉夫、拉车,更为人民所难堪。至于作战区域(津浦线)十室九空。其苟全性命者,亦无法生活,纷纷抛弃田地家宅,而赴东三省求生。

——集成:《各地农民状况调查——山东省》,《东方杂志》第2卷第16号,第136页

材料四 此后,清政府和东北地方当局对移民一改过去的限制政策,采取了积极态度,实施移民优惠垦荒政策,鼓励移民开发东北,巩固边疆,增加国家税收。清政府为安置移民,在吉林设立特别官署,派任委员专使,订立土地法规和移民奖励办法,办理移民事务。

——高乐才:《近代中国东北移民历史动因探源》,载《东北师大学报(哲学社会科学版)》2005年第2期

教师设问: 山东人移民东北的原因是什么?(参考答案:山东地区天灾不断;赋税沉重;政府政策的推动)

教师讲述: 山东人闯关东有着悠久的历史,但是起初不成规模,是小范围的流动。从清朝开始,山东人闯关东的人数骤增,越来越多的人到关东地区谋求生路,1911年统计的东北地区1841万人口中,鲁、冀、豫三省移入的贫苦农民可达1000万人,而山东往东北的移民大约在70%。[①] 这也是秃尾巴老李籍贯设为山东人的原因。这段传说也在流传与发展的过程中与闯关东这段历史相互融合,在各故事版本中反映着山东人闯关东的种种经历和情节。

材料五 老李的经历是每一位移民的经历,老李是千百万山东移民的化身:断尾之痛,实为离乡别亲之痛,也为流亡生活中不堪回首之心灵伤痛;逃亡东北,都要经历一番打工的经历,积累独立生存的经验与财富,并在找寻新的生存机会;与白龙夺江的斗争,既反映了与当地恶势力、地头蛇的斗争,也反映了山东流民与当地人争夺生存空间的尖锐矛盾;……成为黑龙江主,则说明:一番苦难与斗争之后,移民们的立足与扎根。

——孙克诚:《秃尾巴老李的传说形成考略》,载《青岛化工学院学报(社会科学版)》2000年第2期

教师设问: 通过秃尾巴老李的传说,可以推测出哪些信息?(参考答案:山东移民离家时的伤别之痛、在异乡生存打拼、与当地人的冲突、移民间的团结和互助、最终的立足与扎根)

教师讲述: 传说来源于生活,最终也会在生活中流传。山东人的"闯关东"历史,既有离开故土的悲切,他乡奋战的努力,又有冲突和认同。正是秃尾巴老李的传说与闯关东历史的融合,使得传说更加贴近生活,经久不衰,源远流长。对于传说的解读,从创作者的心态去分析往往会有新的发现。

---

① 路遇:《清代和民国山东移民东北史略》,上海:上海社会科学院出版社,1987年,第58页。

材料六 黑龙江水黑，古名黑水，土人称黑河。

——(清)西清：《黑龙江外记》，哈尔滨：黑龙江人民出版社，1984年，第5页

材料七 移民群体借助于地方风物传说的改造、传播，注入的是移民的强烈现实需求，即“合法”移居当地，进而开发当地的需求。……黑龙江因为黑龙、黑蛇、移民群体的到来而获得了新的地方文化内涵，实现了对当地文化覆盖或重新解释。在此意义上，黑龙江不但成了移民的故乡，也从清朝满族的“龙兴之地”成为清朝版图上的有机组成部分。

——王雪、柴玲：《移民合法性与地方文化重构——以秃尾巴老李传说为讨论中心》，载《原生态民族文化学刊》2017年第4期

教师设问：说一说秃尾巴老李传说与历史文献记载中的黑龙江名称来源的不同，并结合材料七分析其不同的原因。(参考答案：传说：黑龙战胜白龙，得名黑龙江。文献：因水黑得名。不同原因：与紧张的民族关系、人地关系有关)

教师讲述：黑龙江名称的来源，传说与文献的说法完全不同，其背后的原因值得人们探索。山东以及其他移民群体讲述此则传说，这则传说就解释了地权的来源。移民群体借助于对黑龙江名称来源的改造、传播，注入了移民的强烈现实需求，即“合法”移居当地，进而开发当地的需求。

探究：通过秃尾巴老李传说内容的分析和解读，你如何看待传说与历史真实的关系？(参考答案：传说不同于正史，但它可以作为史料来反观历史；移民传说也可以作为研究移民的心态史资料，探讨在何种情境下传说被创造、传播)

引导学生总结：受移民政策、山东生存前景的压力和关东地广人稀的推动，自清朝开始，山东人大规模移民东北。在这一过程中，移民为赋予自身合法性地位，结合黑龙江的名称创作了新的秃尾巴老李传说，反映了移民的历程和心态，推动了土客之间的文化认同。

教学资源

资源1：汉人热衷于为北方族裔建构谱系的原因

关于北方族裔的世系建构的文本，少部分出自北方族裔，绝大部分则出自汉人文士之手。这一区分代表着不同的认同意义。汉人为何热衷于为北方族裔建构一套完整的谱系，并将之与自己的祖先、族源联系在一起呢？历史上，这种行为产生很早，比如《史记》以匈奴为夏后氏之裔。汉人对于谱系的崇拜，表现在文献中常常是长达几十甚至上百世代的世系链条。汉人或者汉民族以世系作为凝聚族群的核心模式，并将这种模式以宗法的形式凝固下来，共同维系在一个谱系认同之下。在大宗世系模式下有所谓百世不祧之祖，通过庙制、祭祀等方式，慎终追远，祖先的记忆得以传承，而谱系就是其文本化。明清以后，宗法的形式更加完善，以合族、收族为目的的联宗通谱，产生了一系列的大型世系文本，动辄上百世不断，其意义已超过血缘共同体而向拟制世系转变。汉人为北方族裔建构的世系亦可从这一角度理解。谱系意识是汉人区别异族或者收纳异族的一种族群意识，是血缘共同体意识的一种变形。

——龙成松：《中古时期北方族裔谱系建构与民族认同》，载《西南边疆民族研究》2018年第1期

资源 2：移民引起的文化冲突

由于金朝的北方汉人，在服饰、发式、饮食、礼节、习俗、歌舞、语言等方面，都不同程度地发生变化，就使得他们在文化上已与以前的北方汉人有一定的区别。而文化上存在的这种差异，就使得两宋之际已经迁入南方的北方老移民及其后裔，对绍兴末年以后迁入南方的北方新移民，产生文化上的疏远感。更何况每年的南迁都夹杂着一定数量的女真人、契丹人和渤海人。南宋人对绍兴末年以后迁入的北方新移民和东北移民，因文化上的疏远感而导致不放心，因不放心于是便有人建议采取适当的防范措施。因此，南宋孝宗以后的每一次北方人口南迁，都会引起大争论，焦点无非是两个，一个是是否接纳这些人（南宋称他们为归明人、归朝人、归正人），一个是如何防范附载于他们身上的源于东北民族的文化的扩散。由于首都临安是北方新移民和东北移民的重要迁入地，每一次争论几乎又都以临安为焦点。透过这些争论，可以看出绍兴末年以后迁入的北方新移民和东北移民对临安文化的影响。

——吴松弟：《南宋移民与临安文化》，载《历史研究》2006 年第 5 期

资源 3：南方移民对临安的影响

尽管文献中有关南方移民文化影响的记载极少，以上的论述已能够证明，南宋后期以来临安文化中的南方的色彩逐渐得到增强，北方文化的特色日益冲淡，到了明代杭州已成为南方文化占主体兼具有一定程度的北方文化特色的城市。今天我们看到的杭州，虽然仍保留着宋代迁入的北方移民的文化和语言的痕迹，毕竟已没有人将她看作北方的城市，原因即在于此。在这一变迁过程中，杭州位于南方文化的汪洋大海之中以及来自南方的外来移民的进入，无疑是导致变迁的最主要的两个因素。如果说两宋之际北方移民在南方土著居民锐减时的迁入，使临安城市文化从南方文化为主演变为北方文化为主的话，那么，南宋中后期的南方移民的源源不断的迁入，以及位于南方文化的汪洋大海中的客观环境，则使临安（杭州）又演变为南方文化为主、同时带有一定的古老的北方文化特色的城市。

——吴松弟：《南宋移民与临安文化》，载《历史研究》2006 年第 5 期

资源 4：非洪洞地区的移民都认同洪洞大槐树的原因

上述的主流解释还无法回答下面这个问题：大槐树移民的历史与大槐树移民的传说在此移民运动后发生了偏离，移民问题的研究者发现移民后裔不论是否来自山西洪洞，均将自己的祖先认定为山西洪洞，称自己是大槐树移民的后裔。国内外人类学和族群研究者对此极感兴趣并提出了疑问：就中国的移民传说而言，类似于洪洞大槐树的移民集散地还有很多，如麻城孝感乡、宁化石壁寨、江西瓦屑坝、苏州阊门外、南雄珠玑巷、山东枣临庄、南京杨柳巷、南昌筷子巷……无不是千百万移民后裔梦魂萦绕的故园家山。何以惟独洪洞大槐树会产生这样的“根祖”认同呢？笔者认为，要解答这个疑问，需要从下面两个方面入手探索，一是洪洞本身具备什么样的客观条件，二是有什么样的深厚地方文化促成其独特性的形成。就洪洞而言，就是下面两点：一是明代洪洞是北中国最大的移民集散地这一客观因素；二是汉民族发祥地的优越地理位置和深厚的历史文化底蕴，加之大槐树移民的空前规模和影响，促成千百万移民把洪洞作为他们魂牵梦绕的“想象家园”。把洪洞而不是其他地方作为“想

象家园”，最根本的因素，恐怕就在于洪洞本身深厚的历史文化底蕴产生了强大的吸引力。

——郝平：《传说、信仰与洪洞乡村社会——兼及大槐树移民的文化认同》，载《历史档案》2006年第3期

资源5：强制性人口迁移原因

在我国古代历史上，每当新旧政权交替之际，新政权统治者为巩固其军事、政治成果，通常会采取强制性的人口迁移行动，以达到铲除旧势力根基、消弭反侧隐患的目的。……可以说洪武之世是中国历史上继秦皇、汉高之后，又一个强制性跨区移民达到巅峰的时期。

朱元璋在完成统一大业的过程中所进行的移民，主要是以服务军事占领为目的，洪武初期的多次移民行动均发生在军事征伐并取得胜利之后。当新政权统治确立之后，他同时又将人口迁徙与医治战争创伤、复兴社会经济结合起来进行考量。这样，随着朱元璋征战南北军事活动的依次推进，在不同区域内所开展的移徙活动，其侧重点自然各不相同。

——陈世松：《明初胶东半岛川滇移民由来考》，载《历史研究》2016年第5期

资源6：移民对京剧形成的影响

以常理言之，北京应该是“京腔”“京韵”的一统天下，而清代徽调、汉调等外省戏曲却如此风靡北京，这本身就是个饶有趣味的文化现象。众多名伶的精湛技艺，固然是一个重要方面，但某种戏曲的兴盛，必然要取得广大观众的认可与支持，没有众多戏迷的热情捧场，戏曲便丧失了赖以生存的客观基础。戏曲研究者发现，作为京剧的前身，徽调与汉调的结合，其实早在进入北京之前已经发生了。因为徽调与汉调的发源地都集中在今湖北与安徽两省交界地区。《梨园佳话》对其演变与传入北京的问题做出了这样的解释：

所谓徽调者，皮黄是也，皮者黄陂，黄者黄冈，皆鄂地名，此调创兴于此，故曰汉调……汉调流行于皖、鄂之间，石门、桐城、休宁间人变通而仿为之，谓之徽调。清盛时，皖桐人官京师者济济有众，乡音流入，殆亦有年，必不始于咸、同之世。①

这一解释让我们心中顿时有豁然开朗之愉悦。原来，出于密切的渊源关系，徽调与汉调传入北京，其最初的忠实听众就是那些京城中期盼“乡音”的同乡人。居官也罢，经商也好，这些同乡长期居留于北京，实际上也形成了一种特殊类型的移民群体，身处异乡的落寞与孤寂，使他们渴望乡音的慰藉。徽班的入京，激起了他们感情的狂澜。在这些同乡的鼓噪下，京城的士民们也开始倾听这些来自外乡的曲调，久而久之，习惯成自然，京剧名称也由早期的“徽调”“汉调”，而最后演化为“京调”“京戏”了。

——葛剑雄、安介生：《四海同根：移民与中国传统文化》，太原：山西人民出版社，2004年，第172—173页

资源7：客家认同意识的建构过程

综上，客家认同意识的建构和形成是一个长期而复杂的过程。首先在国内经历了一个长时段的“酝酿期”，即由土客接触后作为中性含义他称的“客家”出现，到土客矛盾激化，具

① 北京市戏曲研究所编：《京剧史研究——戏曲论汇(二)专辑》，上海：学林出版社，1985年，第99页。

有蔑称意味的"他称"在赣南和广东的广泛使用，再到徐旭曾、黄遵宪等少数文化精英通过"自称"企图为客家"正名"。然而，由于国内长期遭受歧视的社会氛围，使得"客家"始终无法获得普通民众的认同。带着"客家"观念播迁海外的客家人，在全新的时空环境以及内外因素的激发下，反而很快将"他称"转变为了"自称"，并在海外社团领袖以及国内文化精英的多层影响下，实现了客家文化认同意识的成熟和定型，最终"反哺"国内。

——冷剑波、曹树基：《原乡与南洋："客家"的他称与自称》，载《学术界》2018 年第 5 期

资源 8：印欧人的迁徙

从公元前 20 世纪到公元前 5 世纪之间，居于黑海草原北岸的印欧种游牧民陆续离开草原，向外迁徙。延续了 1500 年的迁徙运动，大致可分为三个阶段，从公元前 18 世纪到公元前 15 世纪为印欧种人的第一次大迁徙，从公元前 13 世纪到公元前 11 世纪为第二次大迁徙，从公元前 7 世纪至 5 世纪为第三次大迁徙。

——蓝琪：《印欧种人的第二次迁徙对世界历史的影响》，载《贵州师范大学学报（社会科学版）》2004 年第 3 期

资源 9：希腊移民运动的原因

从社会经济结构上分析，公元前 8—6 世纪的希腊移民运动主要是出于农业的目的。

公元前 10—8 世纪，是希腊社会自多里亚人入侵后一个相对稳定时期。这种相对稳定，使希腊的社会经济得到了一定的复兴。一些自然条件优越，社会经济较为先进的城邦随即出现了人口过剩的危机。人口过剩的原因，一方面是定居生活使人口繁殖增长，另一方面是生产力水平低下，可耕土地不多，单位内产量不高，粮食收入不会随着人口的增加而增加。我们知道，希腊属于亚热带气候，平均温度不超出十七度之差。雨量甚少，很多地方常常受到干旱的威胁。而且希腊的土壤不甚肥沃，可耕地不充裕，只有帖撒尼亚、比奥细亚、拉哥尼亚、美塞尼亚、阿提加等地有些小规模的红土平原。其他地方，因为土层不厚，粮食产量一直很低。有人作了认真的推算，当时希腊作为一个整体看，每亩（折为我国的亩）小麦产量为 50—80 斤，大麦为 105—135 斤，葡萄酒的产量每亩为 76 斤，橄榄油 7.6 斤。在当时的生活水准下，一公顷的土地所得，扣除种子，饲料，余下的仅供三人一年的食用。如果我们按平均一家四口计，又假定每年有一半的可耕地必须休耕，那么拥有两公顷土地的农户便难于维持他的家庭了。

——启良：《公元前八—前六世纪希腊移民运动中的农商关系》，载《北京师范大学学报》1987 年第 4 期

资源 10：塞浦路斯的希腊化

塞浦路斯的宗教和崇拜，也更多地受到希腊人的影响。远在公元前 3000 年，塞浦路斯人就开始崇拜丰产女神，后来一直以希腊女神阿佛洛狄特的名字沿袭下来。虽然她是从希腊传入的，但在塞浦路斯的传奇故事里，却说她最初出现在佩福斯海岸外的大海波涛中。在塞浦路斯的各个角落，都有奉祀阿佛洛狄特的圣所。其他希腊众神也都传入岛上，但各地的

崇拜却不尽相同。如萨拉米斯崇拜宙斯，他们对宙斯的崇拜和萨拉米斯的创建者托塞有关。在索利附近的埃皮亚和伊达利昂两地特别崇拜雅典娜，库里昂则崇拜阿波罗。塞浦路斯的诸王国，尽管它们相互独立，之间时有斗争和冲突，但人们的精神生活却高度地一致：他们都去位于希腊中部的全希腊的宗教中心、阿波罗的圣地达尔斐奉献祭品，这一点与希腊各城邦的情况极为相似。

到公元前1175年，塞浦路斯的希腊化基本完成，其标志正如上所述。塞浦路斯的日常生活用品是迈锡尼器物；原有的塞浦路斯—米诺斯文字已被希腊语所取代；人口中绝大多数为希腊人；原有的阿拉西亚王国早已灭亡，随之而起的是一些希腊式独立城市王国，诸王国仍采用希腊的王位世袭制度，国王行使最高祭司、法官和军事统帅的职权；整个塞浦路斯崇拜希腊众神。不难看出，希腊的迈锡尼文化解体后，这种文化在塞浦路斯又延续了两个多世纪，通常称之为"后迈锡尼文化"。

——何志龙：《移民活动是早期人类社会历史交往的普遍形式——从历史交往看移民与塞浦路斯早期人类社会的形成和发展》，载《西北大学学报(哲学社会科学版)》2002年第4期

资源11：希腊文化与埃及文化的交流

文化融合是一个相当复杂的过程，在希腊和埃及两种文化交锋的三百年间，很显然我们不能再笼统地说希腊文化把埃及文化"希腊化"了。实际上，托勒密埃及的希腊移民文化地位历经了一个变迁的过程，在托勒密王朝的初期，也就是公元前3世纪，希腊移民借助政治和军事实力的扶持还能够保留希腊的文化传统，这一时期的文化融合是希腊因素占据主导。但是到了公元前3世纪末以后，随着政治扶持力的下降，再加上两个民族通婚的盛行和长期的杂居生活使得希腊移民较多地受到埃及文化的影响，尤其是在宗教信仰方面，在这一时期，埃及文化占据了优势地位，希腊移民表现出"埃及化"的倾向。托勒密时期两种文化的融合没有最后完成，公元前30年罗马人的到来阻断了这一进程。

——张春梅：《"希腊化"还是"埃及化"——托勒密埃及希腊移民的文化地位研究》，载《史学集刊》2007年第1期

资源12："罗马化"的衡量标准

"罗马化"的标志或衡量标准是什么？如何对某一行省或地区的"罗马化"程度进行评价？这是研究"罗马化"的两个重要问题。传统的观点认为，"罗马化"是罗马军事和政治扩张的结果。罗马物质文化是伴随着罗马的征服和殖民而带来的副产品。因此，罗马风格的物质遗存被认为是"罗马化"的一个最直观的表现和衡量标准。如罗马史家Haverfield和Mommsen提出，采用罗马物质文化是"罗马化"的关键因素。Woolf也指出，所谓"罗马化"是带有罗马特征的物质文化向行省和蛮族欧洲的渗透。依此为标准，行省地区采用罗马的建筑模式经常被视为"罗马化"的一个标志。典型的"罗马化"的城镇大多包括设计成网格状的街道，罗马风格的公共建筑，如广场、会堂、浴室、神庙、露天剧场和剧院，以及完善的引水和排水设施，罗马的建筑材料和技术(如砖、水泥、大理石、马赛克、拱券结构)的运用等等。

而在乡村，罗马风格的维拉[①]的修建则表明其主人在相当程度上“罗马化”了。行省的“罗马化”还通过罗马风格的墓葬和“碑文习惯”的传播表现出来。在石头上刻字，立碑以示对死者的纪念是罗马人的一个重要习俗。拉丁碑文的出现不仅标志着一种语言的变化，而且还标志着采用了新的、在本质上完全是罗马的文化习俗。

——王鹤：《“罗马化”若干问题论略》，载《北方论丛》2008 年第 5 期

资源 13：罗马殖民的方向与范围

古罗马人殖民的方向与范围以及殖民地的地理分布也是一个十分重要的问题。概括地说，殖民的方向最初是北部的波河流域，然后调头南下，席卷了中部和南部意大利；公元前 3 世纪中叶，罗马的殖民方向是北非和地中海东部群岛及西西里、科西嘉和撒丁尼亚等地；从公元前 1 世纪起，罗马的殖民方向指向了意大利的西北部和西班牙；从苏拉统治时开始，殖民的浪潮又倒流进入意大利本土。这些殖民方向的选择主要取决于下述因素之综合：一是根据罗马当时所处的状况，特别是从军事的与安全的角度考虑；二是出于罗马对征服者的管理控制和进一步的征服扩张的考虑；三是基于奴隶制经济的发展状况，四是着眼于殖民者的组成成分及其自身的愿望；五是从殖民者的动机与目的着想，最后是从土壤状况及土地的开发利用方面考虑。

——刘佐：《略伦古罗马的殖民问题》，载《世界历史》1990 年第 3 期

资源 14：海外殖民城市与罗马文化的发展

不论在帝国西部还是东部地区，罗马殖民城市的建立都会给地方的文化领域带来巨大影响，只是在西部地区，这种影响波及的范围更加广泛、更加深入。拉丁语的传播与使用、地方文化教育事业的发展以及宗教领域的融合等展现了罗马殖民城市的建立对罗马帝国文化的发展与融合所起到的具体作用，而这几个方面实际上也是相互关联的。拉丁语的学习是一些地区文教事业的基础，拉丁语以这种方式得到的传播或许是最规范、最有效果的。拉丁语的传播与使用还有助于促进包括皇帝崇拜在内的罗马宗教成分的传播，并使当地人了解罗马的制度习俗，反之亦然。因此，殖民城市就像是罗马文化的载体，它们不仅自身在传承罗马的文化，而且将之传播到更广的地区，又由于殖民城市所处的大环境为行省本土，因而不可避免地会受到当地文化的影响，这就为罗马文化与地方文化的交流融合提供了机会。

——肖丽：《罗马海外殖民城市的建设及其影响》，东北师范大学 2015 年博士学位论文，第 121 页

资源 15：近代东北移民对关东文化的影响

移民初来，也是仅把东北当作谋食之地而不当作家乡，明明要在东北定居下去，却总以为根在关内，家在关内，自称是山东人、河北人、山西人、河南人……而不说是东北人。这也在一定意义上反映了广大移民的社会心态。移民闯关过口，千里东来，在饱受严寒的侵袭下，还要忍受地主、军阀、官僚，特别是俄、日帝国主义的压迫与欺凌，因此忍辱负重地求生存，心境期望值与离开家乡时的相比相差悬殊，内心深处的期望在异地同样不能马上得到或

① 维拉：通常是指罗马贵族建在乡村或海滨的宅第，是休闲的去处。

者永远得不到补偿,心理上的压力不能解决,这就在心态上造成了奋发上进与得过且过的念头和想法。又因为移民乃是各省杂凑之民。身处异乡,则脱离了故乡的那种既限制他们又给他们以精神寄托的家族关系,不免茕茕孑立,形影相吊。为了生存,必求互助,于是移民群中一种新的社会关系应运而生,这就是地缘关系替代了血缘关系,于是有了"山东帮""河北帮""山西帮""浙江帮"等,同乡之间或许有联系,但在整体上却不能不是一盘散沙,故而只能散散漫漫地生存。如此等等,则又造就了移民社会的另一种两重性心态:讲义气、讲豪爽、讲帮派,"抱团"的积极生存精神与忍辱怕官、屈从地生存、给碗饭吃就行的消极心态相共生。撇家舍业后的万般艰难,远离家乡亲人的乡愁与孤寂,更使广大移民们需要苦中作乐以熬过漫长的岁月。就算肚腹可以填补,精神上的饥渴却难以排遣。如此,辽阔、粗犷、雄豪的黑土地不仅没有使他们养成粗犷雄豪的心境,极端艰难的生活处境反滋生了他们乐天知命的思想。

——马平安、楚双志:《移民与新型关东文化——关于近代东北移民社会的一点看法》,载《辽宁大学学报(哲学社会科学版)》1996 年第 5 期

资源 16:"走西口"习俗导致的文化融合

在人生仪礼方面,蒙古族大量地吸纳了汉族的一些礼俗形式,他们接受了汉族给幼儿开锁的风俗,在婚俗上也将汉族为男女双方配八字、算命相的传统引入了自己的定亲过程,"蒙古亦沿汉俗,以男女出生年月日时干支合婚,如干支不合,亦不结婚也。"[①]丧葬方面则逐渐放弃了传统的野葬和火葬形式,实行土葬。与此同时,汉族也在吸收蒙古族的一些礼俗惯制,他们婚礼过程中送"探话羊"、喝"拦门酒"的习俗便源自这里的蒙古族婚俗。在岁时节日方面,蒙古族也和汉族一样过春节、贴对联、放鞭炮、供灶神,他们对春节的重视程度不亚于汉族。在节日里,原流行于汉族中的游戏杂耍、荡秋千、踢毽子、抖空竹、踢球以及流行于蒙族中的摔跤、骑马、射箭等娱乐活动已经逐渐模糊了各自的民族界线而成为蒙汉民众共同的民间竞技娱乐项目。在塞外这片土地上,庙会已不仅仅是汉族村落进行祭祀娱乐的舞台,在这里时常会出现蒙汉联欢共庆的热闹场面。

——段友文、高瑞芬:《"走西口"习俗对蒙汉交汇区村落文化构建的影响》,载《山西大学学报(哲学社会科学版)》2006 年第 5 期

资源 17:非洲奴隶贸易的缘起

1441 年,葡萄牙殖民者在西非布朗角以北地区抓获 12 名土著并带回本国作为奴隶出售,从而揭开了非洲奴隶贸易的序幕。随着葡萄牙对非洲殖民侵略的逐步扩大,奴隶贸易范围也日益扩展。1498 年,达·伽马绕过好望角,发现了通往印度的新航路。为了建立以印度为中心、囊括中东的殖民帝国,葡萄牙着手对东非进行殖民侵略。1510 年,已先后占领了基尔瓦、桑给巴尔、蒙巴萨、索法拉和莫桑比克等一系列东非沿海城市。葡萄牙殖民者占领东非后,随即把奴隶贸易引入东非,成为东非最早的奴隶贩子。

——舒运国:《西方殖民主义者与东非奴隶贸易》,载《郑州大学学报(哲学社会科学版)》1985 年第 1 期

---

① 林传甲:《察哈尔乡土志·礼俗》,载《地学杂志》1916 第 75 号。

资源 18：美国铁路建设中的华工

1866 年春天，合恩角的路基筑好，铺轨工作也完成了。这是中国工人最为人知的功绩。今天离科尔法克斯 8 英里的地方，又有一块铜牌表明合恩角是加利福尼亚的历史遗址。铜牌上镌刻着这样一段文字："看着美利坚河谷北岔的普拉蒙特雷合恩角，沉浸在对于千万中国劳工的记忆中，他们为克罗克工作，建造了中央太平洋铁路。劳工们沿着普拉蒙特雷合恩角的峭壁往下降，坐着单人坐板来到离河面 1332 英尺的地方工作。1866 年 5 月完成了建造路基所需的壁架。横贯大陆铁路于 1869 年 5 月在犹他州普拉蒙特雷地区完工，此铜牌纪念了中国人的职业道德以及铁路完工时间。"

——生键红：《美国中央太平洋铁路建设中的华工》，上海：中西书局，2010 年，第 93 页

资源 19：十五至十九世纪的人口迁移

十五世纪发现新大陆后，世界人口迁移规模开始扩大。当时的国际移民大多具有资本主义性质。先是西班牙、葡萄牙，接着是荷兰，而后英国、法国开始了开拓美洲的殖民政策。起初，西班牙和葡萄牙殖民者到新大陆的目的主要是掠夺金银财宝，他们占领美洲的巴西、墨西哥等地后，迁入的移民为数不多。一是因为这两个国家当时的人口很少。比如葡萄牙人口总共只有 150 万，不可能提供大量移民。其次，为了独霸美洲的财富，葡萄牙和西班牙的统治者对其他国家的移民施加各种限制。第三，欧洲其他国家的人口当时也不是很多，还未感到人口压力，后来迁到北美的移民，主要是英格兰人、苏格兰人、爱尔兰人、德国人和法国人。最初多是推行殖民统治的殖民者和士兵，接着移民一批贫苦劳动者，他们中间有的为了逃避封建压迫和宗教迫害，有的纯粹为了谋生，当然，也有些是为了发财致富冒险来到美洲的。随后出现的向澳大利亚的移民，情况亦复如此，而且移民中间还有不少是英国流放的犯人。总之，那时欧洲迁移到美洲的人口数量不大。1760 年移居美国的人口仅 160 万，1775 年也只达到 260 万；移居到巴西的欧洲白人 1818 年时不过 84.3 万。

——田方、陈一筠：《国外人口迁移》，北京：知识出版社，1986 年，第 46 页

资源 20：移民与当地居民之间的冲突

在被调查区多有这样的情况：当地居民认为移民占有了他们原有耕地，而移民认为，他们分得的土地是当地人废弃的边角地，根本不能耕作。这使得双方矛盾升级，有些演化成较严重的报复事件。例如，岳阳杨林地区移民新种的土豆、辣椒，刚发芽就被恶意破坏，连根拔起，丢在一旁。移民反映，拔菜的是当地一居民陈某，被当场抓到后承认，拔菜只是为了报复移民"侵占"他们的财产。

这种冲突源于人口迁移引起生产资源的重新分配。以新市为例，汨罗政府选择新市镇新书村长坡岭作为安置点，其生产安置的措施是：在就近的 8、9、10 组中调出水田 42.4 亩，旱土 15.9 亩，园地 5.3 亩，安置移民 53 人。这是基于 2001 年新市农业人口人均占有耕地面积为 0.86 亩之上的。但是，安置后出现这样的结果：移民人均分得水田 0.8 亩，而当地居民人均耕地面积降到了 0.76，比移民反而要少。

——何泽仪、彭婷：《入湘三峡移民与当地居民的文化融合探析》，载《三峡大学学报(人文社会科学版)》2006 年第 1 期

资源 21：三峡移民的融入

老范："变化大很多了。刚过来的时候都不会理睬，他说你是外地人。（比如）走路，擦身过，都不会打招呼的。现在在他们心中有地位了……（在跟他们交往中）我们要主动。前七八年前，隔壁邻居女儿考上大学，我给她包了个红包送过去，这边的习俗是要亲戚或者最好的朋友（才送），外面不沾亲带故的不要。我说，我是邻居，我也感到骄傲的……邻居家老妈病逝，家里没有人，我们夫妻俩就主动去帮忙。现在我们关系好，我儿子结婚的时候，他们也主动来问我们有什么需要。"在访谈进行的时候，还有邻居来叫老范去打麻将，邻居说的是当地话，老范用普通话应答，还顺手抓了一把邻居口袋里的瓜子。

——刘志军、孙泽建：《外迁三峡移民的社会融入——基于浙江嘉善 H 村 13 户移民的研究》，载《广西民族大学学报（哲学社会科学版）》2012 年第 5 期

资源 22：普通客家人的文化冲突和认同过程

漳州城区的客家人，来自西部山区的客家乡镇，加上来自汀州、梅州及其他客家地区的客家人，总数可达总人口数的一成多。二十年前，漳州城区的客家人只能说是隐性的客家人。那些来自本市西部山区的客家人，由于长期受福佬人的歧视，有较深的自卑情结，不敢暴露自己的客家人身份，都自称是福佬人。那些来自汀州、梅州等客家基本住区的客家人，在各自的单位或社区，处事也很低调，在人际交往上只敢以地域相认同，而不敢以族群相认同。在婚姻方面，漳州城区客家人的婚配对象，基本上不考虑对方是否客家人，除非是在纯客家住区就已结婚，然后举家迁至漳州城区那种情况，夫妇双方都是客家人的比例是不高的。据调查，迁漳第一代客家人为其女儿择婿，往往会选择本地门户相当的人家。第二、第三代客家人的择配情况，不但不会优先考虑客家人，甚至有点刻意回避与客家人结亲。在交游方面，第一代刚从老家迁居此地，人地生疏，完全被排斥在本地人圈子之外，所以把讲客话的人都视为老乡，"客人"交"客人"的交游意向非常明显。但第二、第三代以降，情况就逐渐起变化了，一般都是以同学、同事、战友、插友（即上山下乡运动中一起插队的知识青年）、亲戚等关系为纽带，各自结成一定的交际圈子，在自己的圈子里活动。在近年客家热兴起之前，客家人的客家意识薄弱，其间关键的因素就是当时大家都不以客家人为荣，恰恰相反，当时大家都还因自己是客家人而感到有些自卑，想尽量不暴露自己的客家人身份。交际语言方面，迁漳第一代客家人开始不会说福佬话，只能用官话（即国语，或称普通话）与本地人交谈，所讲官话又带有极浓的家乡腔调，人们戏称武平官话、上杭官话或永定官话等等，一开口就被人家识破是外乡人，生活中多有不便。于是他们很努力学习本地话，但年纪大了学不像，便出现了生硬官话中不时夹杂着福佬话词汇的现象。从第二代起，比较圆熟地掌握了本地话，在社会上就用本地话与人交际。一旦与本地人交谈完全平顺，对方不会感到"很腔"，不会识破你是外地人，就会感到很欣慰、很有成就感。闽南人一向瞧不起客家人，由于历史的惯性，漳州本地人对客家人的蔑视和歧视一直延续下来。所以迁漳客家人常有屈辱遭遇，因而更千方百计隐瞒自己客家人的身份。

——谢重光：《关于客家移民与文化认同若干问题的思考》，载《广西民族大学学报（哲学社会科学版）》2012 年第 3 期

资源 23：美国各族裔的融合同化

根据有关资料，美国跨族婚姻从 1970 年的 30 万宗发展到 2000 年 310 万宗，主要分布在移民集中的地区，40%在西部，占当地已婚夫妻数的 10%，东北部是 3.8%，中西部是 3.6%，南部是 4.7%。跨族通婚的发展导致美国种族关系的变化，在 1990 年的人口普查时，有 130 万的美国白人实在理不清他们的族裔血脉以致无法确切登记，干脆就填"美利坚族裔"。2000 年，跨族婚姻产生了 700 万"多种族人"，种族、民族、族群界限模糊将引发美国社会种族分类定义的改变。由此可见，美国多元文化不但不会破坏美国的一致性，而且它可因加快异族、跨族通婚而促进美国各族裔的融合同化，从而增强国家认同与民族认同，由花盘与花瓣构建成的葵花型的美国多元文化将显示其活力。

——余志森：《"熔炉""拼盘"还是"葵花"？——对美国多元文化的再思考》，载《历史教学问题》2013 年第 5 期

资源 24：当今世界跨国人口流动的数量及规模

1990 年至 2005 年期间，世界迁移者年均总数增加了 3600 万，从 1.55 亿增加到 1.91 亿，增长率从 1990～1995 年的 1.4%增加到 2000～2004 年的 1.9%。

2005 年，全世界的 1.91 亿迁移人口中，1.15 亿迁往发达国家，7500 万迁往发展中国家；大约 1/3 是发展中国家之间的迁移，1/3 是从发展中国家迁到发达国家。以此可知"南南"迁移者与"南北"迁移者大致一样多。但总体上看，向高收入国家迁移的人数增长大于向低收入国家迁移数的增长。2005 年所有迁移者中的 75%居住在 28 个国家，少于 1990 年的 30 个国家。1990 年所有迁移者中的 15%在美国，而 2005 年这个数字是 20%。1990 年至 2005 年，17 个国家占了新入人口增长总数的 75%。美国增加了 1500 万人，最多；其次是德国和西班牙，各增加了 400 万以上。

——王希恩：《当代族际人口流迁与民族过程》，载《西南民族大学学报（人文社科版）》2008 年第 5 期

第四单元

商路、贸易和文化交流

学术引领

一、世界历史上主要商路的开辟与文化交流

(一) 丝绸之路

丝绸之路是我国古代人民的伟大发明,古代西方人对中国的了解与丝绸之路有密切的关系,以致后世将中国与周边世界的交流通道通称为“丝绸之路”,并作为中西方文化交流的一条实际通道。“丝绸之路”的产生有非常悠久的历史。

1. 丝绸之路的概念和命名

王健在《从“丝绸之路”概念演变到“近代丝绸之路”研究》(载《云南师范大学学报(哲学社会科学版)》2017 年第 6 期)一文中指出,“丝绸之路”是一个不断演变的学术概念,分为狭义和广义两个方面。

王健指出,狭义的“丝绸之路”概念是由德国地质地理学家费迪南德·冯·李希霍芬在1877 年出版的《中国亲历旅行记》第一卷中首次提出,特指西汉张骞通使西域后形成的以丝绸贸易为主的东西方交通线路,时段局限在西汉。线路是以长安为起点,经关中渭河流域,穿过河西走廊,出玉门关、阳关后进入西域(今南疆,以塔克拉玛干大沙漠分南北路),从今喀什越帕米尔高原(古称葱岭)到中亚(河中,今以乌兹别克斯坦为中心),再向西到达伊朗或从西南越兴都库什山到今阿富汗、巴基斯坦与印度。其实,张骞“凿空”后的丝绸之路环绕塔克拉玛干大沙漠分为南北两路,以南路为主。南路:长安—河西走廊—玉门关、阳关—白龙堆沙漠—三陇沙雅丹—楼兰(鄯善,今若羌境内)—南疆—葱岭—中亚;北路:走天山南路,进入塔克拉玛干沙漠北缘的吐鲁番—焉耆—轮台—库车—喀什。这条丝绸之路的西方终点在中亚、西亚和南亚。总的来看,当时汉代开辟的是丝绸之路的东段,即帕米尔以东至西安的线路。后来,安息国与西汉交往后,才将丝绸之路引向地中海沿岸。此外,虽然丝绸贸易是这条丝绸之路的主要贸易活动,但其他商品也十分丰富,种类繁多。

王健还指出,广义的丝绸之路,从时间上看,可上溯到先秦,自西汉形成,经东汉发展,魏晋曲折,到唐代兴盛,下及宋元,直到明代初期,此后衰落,但清代的陆路和海路丝绸之路时有恢复和发展,至近代丝绸之路仍有不可忽略的发展。从空间上看,指陆路丝绸之路和海上

丝绸之路。丝绸之路的东段起点主要从黄河流域和长江流域出发，如陆路的长安、洛阳或建康（南京），海路的建康、开封等。广义的丝绸之路东段从河中往西穿越帕米尔进入中国新疆；西段从中亚到地中海沿岸，最远到罗马，所经包括中亚、印度、阿富汗、西亚、欧洲及俄罗斯、北非等广大地区的多条交通线路。

王健进一步指出，从空间看，近代丝绸之路的通道扩大了，尤其是陆上通道的东北通道大大扩展，西北通道重新恢复，西南通道开辟新线，并由此带来的内地与边疆交通的发展。抗战期间，后方与国际援助通道的开辟，都是古代所不能比拟的。

王小英在《“丝绸之路”的语言学命名及其传播中的话语实践》（载《现代传播》2017 年第 11 期）一文中指出，从“丝绸之路”的命名看，它代表着一种西方现代的经济贸易框架，是西方人站在东西方贸易往来的视角看东方人给西方人带来的货物，并将这种货物用来给交通要道命名。这一命名，虽然带有西方人的认知色彩，但是它体现的是一种注意力的东方拓展，本身是一种不带殖民色彩的开放视野。李希霍芬提出“丝绸之路”的文本语境是：分析大量希腊和罗马关于“丝绸”和“产丝之国”的记载资料，调查汉语中汉朝派遣使者出使西域，将势力扩展至中亚的文献资料，发现西方文献中关于“serer”记载频率的增加，对应的时间恰好是中国的汉朝。因此，李希霍芬的“丝绸之路”时间上的限定是公元前 114—公元 127 年，空间上的大致限定是将中国与中亚、印度连接起来的西域。李希霍芬命名“丝绸之路”的历史文化语境，是 19 世纪末 20 世纪初的亚洲探险热与高涨的经济全球化浪潮下资本的大规模流动，他也是在这一情形下带着明确任务来到亚洲考察的。这使得他对“丝绸”特别关注并以之命名这条东西方贸易之路。

王小英进一步指出，李希霍芬虽然命名了“丝绸之路”，但对其使用十分有限，类似一个速记短语。他认为两汉时“丝绸贸易”是促进西方与亚洲接触的主要原因，但到唐代“丝绸贸易”已经改变，这一名称也就失去了意义。因此，他在《中国》一书中使用更多的是“主干道”“大路”等普通名词。延续李希霍芬“丝绸之路”概念并频繁使用该词的是艾伯特·赫尔曼。他在 1910 年的《中国和叙利亚之间的古代丝绸之路》一书中正式采用了这一名称，并予以更为明确地界定，如将李希霍芬没有明言却暗示限于中国境内进入中亚的丝绸之路，明确扩展为向西进入叙利亚之路，并且所包括的条数也大量增多。这意味着“丝绸之路”的外延在扩大，这一名称也从李希霍芬那偶尔用之的速记短语上升为一个标准的专业术语，“Silk Road”这一英译名从此也被更多西方学者所认可和使用。1987—1997 年间，联合国教科文组织的“丝绸之路：对话之路综合考察”活动后，“丝绸之路”的认同度进一步提高，成为欧亚大陆国家的“共同记忆”。

高山在《两千年从未中断的海上丝绸之路》（载《世界文化》2018 年第 4 期）一文中指出，自古以来，中国与南亚、中亚、北非及欧洲的往来，除了有陆地上的通道（即丝绸之路和西南丝绸之路）外，还有海上丝绸之路。海上丝绸之路是古代中国与外国经南海进行交通贸易和文化交往的海上通道。最早提出“海上丝绸之路”的是法国汉学家沙畹（1865—1918 年），因在通道上运送的主要大宗货物是丝绸而得名，又称“海上瓷器之路”“海上香料之路”。海上丝绸之路的发展过程大致可分为五个历史阶段：形成期——秦汉，发展期——魏晋，繁盛期——隋唐，鼎盛期——宋元，由盛转衰时期——明清。自秦汉以来，中国人就开通了经南海入印度洋，通往西亚、中亚和欧洲的海上商路，同时欧洲人和西亚人、中亚人也从海上向东方开拓商路。至迟在公元前2世纪，中国的丝绸等物产已经开始由海上丝绸之路向外销售和传播，并从海上引进外国丰富的物产。“安史之乱”后，唐朝失去对陆上丝绸之路的管控，致使陆上丝绸之路一度中断并衰落，海上丝绸之路开始取代陆路成为中外贸易交往的主通道。宋元时期，海上丝绸之路达到鼎盛。尤其元朝时，无论陆上丝绸之路还是海上丝绸之路，都由以前朝代的国际路线变为国内路线，管理和交通更为便捷。明代初期，郑和船队七下西洋，最远抵达今东非索马里。后来明朝皇帝下令禁海，将宝船、海图及七下西洋的相关文字记载付诸一炬。从此以后，在海上丝绸之路上就不见了中国商船。虽然清朝仍保持了一口通商，但此时在海上丝绸之路上航行的只有来自欧洲等地的外国商船了。

王勇在《“丝绸之路”与“书籍之路”——试论东亚文化交流的独特模式》(载《浙江大学学报(人文社会科学版)》2003年第5期)一文中指出，“丝绸之路”的概念并不适用于古代东亚尤其是中日文化交流史。若从东方人的立场对古代东亚尤其是中日文化交流史进行考察，则东亚文化交流无论在内容、形式，还是在意义、影响等方面，都有别于“丝绸之路”，而称之为“书籍之路”更为恰当。日本的遣隋唐使均以购求书籍为重任，这便是中日两国虽然人员往来极少，但日本继承中国文化甚多的原因所在，也是古代丝绸之路与古代书籍之路的差异所在。通观唐朝与北狄、西戎乃至南蛮的交聘内容，多为征战、和亲、贸易之类，惟独东夷别具一格，包含了书籍的流通。日本遣唐使是中国典籍传播到日本的主角，中国、新罗乃至日本的商人则是不可忽视的配角，这使中日之间的书籍交流有了多种渠道。总之，如果说丝绸是中华物质文明的象征，书籍则是中华精神文明的结晶。中国典籍犹如文明的种子，经由“书籍之路”播撒到日本列岛，在异国他乡生根发芽，虽然不免出现种种变异，但中华文明的遗传基因始终传递着古老的信息。

2. 丝绸之路兴起的原因

冯天瑜在《开辟“丝绸之路”的三大动力源》(载《湖北社会科学》2014年第9期)一文中指出，中华先民开辟丝绸之路的三大动因分别来自军事外交、商贸流通、宗教传播。

第一，军事外交推动“凿空西域”。秦汉大一统帝国建立后，形成“御胡”和“拓疆”战略，至汉武帝时，“勤远略”得以大规模实施，汉民族的活动空间从黄河—长江流域扩展到中亚地区。在古代，朝廷满足于与外藩的朝贡关系，以谋利为目的的商品交换不是朝廷对外政策的焦点，而探察并消弭“夷狄”对“天朝”的军事威胁才是重心，因此，军事外交构成历朝对外遣使的主要意图。两汉派出的使节几乎全部肩负军政使命。正是这种军事外交推动了“凿空”西域的伟业。第二，商业诉求是丝绸之路开辟的又一动因。张骞等人的出使在客观上助推了亚欧大陆商道的畅达，但就这条中西通道而言，商业之力更在军事外交的先头。早在张骞西行之前千百年，沿河西走廊、天山南北路的贸易通道就已存在，中原丝织品西传甚早。西汉以前，从中原到西域只有断续、零星的民间商贸活动，自西汉开始发展为持续、成规模的官民并行的物资人员交流。张骞通西域后，从长安到中亚、西亚的使节、商贾往来不绝，而班超、班勇父子在西域的经营活动，除军政目的外已有确保商道畅通的意图。第三，传道弘法是丝绸之路开辟的第三个动因。在丝路上，既有外域佛徒沿丝路来华传教，如鸠摩罗什、菩提达摩等；也有中土佛徒西天取经，如东晋法显和唐代玄奘；还有中土佛徒异域传道，如传戒东瀛的鉴真；更有道教、儒教及其他宗教人士远道弘法的，如道教全真道丘处机远行西域，劝成吉思汗戒杀。值得一提的是，明清之际的朱舜水循东线海上丝路到日本，传播儒学，培养了一批日本学者，促进“水户学”[①]的形成，对后来的明治维新起到思想推动作用。

钱耀鹏在《丝绸之路形成的东方因素分析——多样性文化与人类社会的共同进步》(载《西北大学学报(哲学社会科学版)》2007年第4期)一文中指出，中国在丝绸等方面所取得的文化成就，以及对西方世界诸如小麦加工技术等发明创造的需求，构成了丝绸之路形成的东方因素。第一，秦汉以前，中国内部的不同地域文化之间的交流、融合相当普遍，且随着社会集团的不断扩大，重要文化因素的聚合现象越来越突出，有力促进了中国古代文化的发展及丝绸之路的形成。中国大陆自古形成的三种经济文化体系包括长城沿线以北(含新疆、西藏)主要是采集狩猎或游牧文化，长城以南分别是黄河流域的粟作农业文化和长江流域的稻作农业文化。这三种尤其是后两种经济文化类型之间的交融现象相当突出，有利于农业经济文化的主导和文化连续发展，使得古代中国文明长期延续。第二，汉唐都城长安逐渐成为丝绸之路的东方起点和中心。西周以后，作为相对稳定的政治、经济和文化中心的都城往往设立于西安附近，直至隋唐时期，这里始终都是中国古代的政治、经济中心，文化交流与融合明显，集中了古代中国几乎所有的突出文化成就。随着丝绸之路的开通，西安自然成为这一国际文化交流网络的东方起点和中心。第三，东西方文化尤其是农业文化体系的差异性与互补性是丝绸之路长期存在的重要因素。随着古代中国在纺织业方面取得独特的文化成就，西方世界对以丝绸为代表的中国物质文化产品及技术的需求逐渐增强。另外，中国在秦汉之前形成的不同于世界其他地区的植物栽培体系，其主要作物种类在生长季节上的一致性，一定程度上降低了国内各区域文化间的互补性，而西方以大麦、小麦为代表的冬季作物体系及其加工食用技术等，与古代中国的作物体系具有极强的互补性。两者都属于旱地作物系统，在自然环境条件方面的类似性，似乎就使得这种作物栽培体系之间的差异性更具互补意义，两个农业文化体系之间互补交流的可能性很强。应该说，丝绸之路的开通不全是出于当时国际政治关系的需要，古代东西方在文化成就方面的差异性和互补性导致了丝绸之路上的文化交流经久不衰，创造出人类文化交流史上的奇迹。

3. 丝绸之路上的文化交流

作为一条重要商道，商人商队自然是丝绸之路上文化交流的重要力量。丝绸之路上文化交流层次多、范围广、时段长，既有中国文化的外传，也有西域诸文化的回流，异彩纷呈、光耀古今。

(1) 陆上丝绸之路的文化交流

薛东前、石宁、段志勇、郭晶、李玲在《文化交流、传播与扩散的通道——以中国丝绸之路为例》(载《西北大学学报(自然科学版)》2013年第5期)一文中指出，早在张骞出使西域前，汉朝政府为了安定匈奴，赠送丝绸以求和平。匈奴把从中原获得的大部分丝绸运往中亚及其以西，换取所需物品，形成了丝绸之路上早期的贸易往来。张骞出使西域后，丝绸之路正式成为一条官方的贸易通道，中原地区与丝绸之路沿线各国的贸易往来日益频繁。商品贸易不仅通过人与人之间的交流进行文化传播，商品本身也是文化的载体，蕴含着创造者所代

① 水户学：是指日本第二代水户藩主德川光圀集合诸多朱子学家在编纂《大日本史》过程中形成的学派，以朱子学为中心，综合国学和神道，倡导尊王和大义名分思想。后期的水户学成为“尊王攘夷”运动的意识形态支柱，也是明治维新的原动力之一。

表的精神文化。丝绸之路上的文化交流包含物质文化、技术文化、精神文化等三个层面。丝绸之路最初以物品交换为主，之后逐渐发展为官方的贸易通道，物质文化交流一直是丝绸之路上最主要的文化交流形式。技术文化多包含于物质文化，又高于物质文化，如中国的冶铁术、丝织技术、四大发明、水利灌溉、医学等当时世界领先技术的传出和国外玻璃制造、制糖技术等的传入都是建立在物质文化交流的基础上。随着物质文化交流的深入，文化交流逐渐上升到精神文化层面。佛教、伊斯兰教、天主教、景教等宗教文化通过不同路线和途径传入中国，中国化的佛教以及本土的儒教、道教、民间信仰也经丝绸之路向日本、朝鲜、东南亚地区传播。唐朝时，音乐、舞蹈、文学、艺术等领域融入了大量的西方文化元素，使精神文化交流的内容更加丰富。

薛东前等人进一步指出，不同历史时期丝绸之路上的文化交流层面、范围等都有所不同。第一，西汉时期，汉高祖时与匈奴和亲，促进了中原与匈奴的物质文化交流；文景期间在延续和亲政策的同时，鼓励与西域各国进行贸易往来，加强了丝绸之路早期的文化交流；汉武帝时，派张骞出使西域，极大地促进中原与西域的物质文化交流，之后商旅、使节往来不断，扩大文化交流范围。第二，南北朝时期，北方政权采取了一系列措施以促进丝绸之路上的贸易往来，陆上丝绸之路的路线在原基础上向北向南扩展。与此同时，立足江南的六朝政权积极发展海外关系，使海上丝绸之路逐渐向南海、东海延伸，与波斯、南亚、大秦(东罗马)、东南亚、朝鲜、日本等地区和国家都建立了密切的贸易关系。陆海丝路的空间扩展，扩大了文化交流的空间范围，使文化交流内容更加宽泛。这一时期，中国的养蚕缫丝技术传入西方，国外如埃及的玻璃制造技术也逐渐传入中国，实现了技术文化层面的交流。第三，隋唐时期，隋炀帝亲自西巡开拓疆土，打通丝绸之路，还在张掖举办了万国博览会，各国商人、使臣云集，成为一次各国文化交流的盛典。唐朝时，继续扩大与西方的交往范围，拓宽与中西亚各国的贸易渠道，中外文化交流达到鼎盛。唐中期，陆上丝绸之路由盛转衰，海上丝绸之路得以发展，尤其对宗教文化交流产生了重要影响。第四，清朝时，茶马古道与西南丝绸之路相接，马帮为中原、西南、印缅文化的交流、融合创造了条件，使得楚文化、巴蜀文化、青铜文化、佛教文化在交流中得到沉淀。

叶晓锋、陈永霖在《从丝绸之路语言接触的角度看先秦部分医学词语的来源——以“扁鹊”“痹”“达”等词语为例》(载《民族语文》2018 年第 1 期)一文中指出，通过与西域医学词语的语言学比较，“扁鹊”“痹”“达”等古代中国医学词语与当时印度—伊朗语或印度雅利安语中的某些词语有明显的对应关系，从中可以看出上古时期中国医学曾受到以印度医学为代表的西域医学的影响。

第一，春秋时期的名医秦越人，在赵国被称呼为“扁鹊”。在《史记·扁鹊仓公列传》及成都老官山汉墓医简中，“扁鹊”又写作“敝昔”，二者音近通假。其实“扁鹊”“敝昔”是来自印度—伊朗语支的词语，应该是从印度雅利安语借入的。“敝昔”的上古音与梵文 bhishag 等印欧语中表示“医生”的词语非常相似。将“敝昔”或 bhishag 写作“扁鹊”，从对音的角度看，这可能与上古西北汉语的影响有关，也和西域医学传入中国首先是从西北地区进入对应。可以说，上古文献中的“扁鹊”其实是印度雅利安语中表示“医生”的通称，后来借入赵国，称呼秦越人并随着秦越人名声扩散到其他地区，由于其他人不懂“扁鹊”的意思，于是“扁鹊”就由一个通称变成了秦越人的另一个名字。第二，中国古典文献中风病的概念，最早出现的是

"痹"或"痱",主要表示风湿病和风病,出现在战国末期的秦晋方言中。以"风"来表示风病则是汉代以后。实际上,中医里的风病"痹"借自印度—伊朗语"风"baad 或者 vād。由于不知道命名的理据,所以只是用语音相近的"痹"来标音,这也是借词的最初阶段。到了汉代已经知道命名的理据了,所以用"风"来表示"风病",这基本上是意译了,是本土化的对译。可见,汉语"风"病概念的演变完全符合借词的一般规律,即第一阶段是音译,第二阶段是本土化的意译。第三,"达"也是个音译字,表示"针",与梵文 tātala 以及其他印度雅利安语 tal、dal 等完全对应。这也说明杜预把《左传·成公十年》里的"达"解释为"针"是有依据的。此外,结合当时秦国多位名医的记载,可以证明早期印度医学与早期中国交流的史实。

荣新江在《出土文献所见丝绸之路概说》(载《北京大学学报(哲学社会科学版)》2016 年第 1 期)一文中指出,粟特人是丝绸之路上的一支重要商业力量。丝绸之路上的粟特人善于经营,往往组建商队活跃于东到洛阳、邺城甚至中国东北边境地带,西到撒马尔干的广阔地域上,逐渐形成自己的贸易网络,进行长途或短途贩卖,把西方的贵金属、香料、药材等运到中国,再把中国的丝绸运到西方。粟特人还是丝绸之路上的人口贩子,他们把中亚粟特地区、北方草原游牧民族地区的男女奴隶,倒卖到高昌、敦煌以及中原一些地区。这些被倒卖的男女奴隶多被命名为中国人熟悉的吉祥、褒义、好听的名字,如"益富""绿珠""绿叶"等非常中国化的名字,其目的显然是为了兜售他们的商品。

荣新江还指出,佛教传入中国离不开陆上丝绸之路的开通,历史上不论是印度高僧的东来还是中国僧侣西行求法都离不开丝路上绿洲王国的支持。最初的佛教并非从释迦牟尼传法的印度本土传入西域和中原内地,而是主要从西北印度的犍陀罗地区传入的。在丝路南道的和田地区出土的梵文和于阗语翻译的大乘佛教经典,说明古代于阗王国是西域大乘佛教的中心,也是中原大乘佛教的重要输送地。在丝路北道的龟兹(库车)、焉耆、高昌(吐鲁番)等地,则主要流行小乘佛教。

刘瑜在《以服饰为视角的"丝绸之路"文化交融研究》(载《兰州大学学报(社会科学版)》2018 年第 2 期)一文中指出,丝绸是"丝绸之路"上的最重要流通商品之一,这些作为纺织品的丝绸大多数最终被制成了各种服饰用品,因此丝绸的流通必然促成了服饰的交融。丝绸之路上的各地区、各民族的服饰百花齐放、异彩纷呈,以符号透视出穿着者的生活环境、生产方式、风俗习惯、宗教礼仪、技术水平、审美风尚等信息。沿线各地服饰流行款式的变化、搭配服饰的形成、色彩图案的选择,都是特定时间、特定空间条件下,生产力状况、技术水平、艺术品位、宗教信仰等生活因素的最直观、具体的反映,因此,丝绸之路上的服饰交融是各地区、各民族文明交融的集中体现。具体表现在:第一,中国丝绸的西传。早在秦汉时期,源自中国的丝绸就开始经由古老的丝绸之路传到中亚,进而传到欧洲。敦煌文书中多处记载当地有吴绫,吐鲁番文书中有专门从事丝织品交易的"帛练行",这些来自中原各地的丝绸面料,先是运到敦煌、吐鲁番,进而远销到丝绸之路沿线的其他地方。值得注意的是,随着唐代丝绸传到中亚,唐代丝绸之路重镇的敦煌、吐鲁番等地也出现了来自中亚的胡锦和波斯锦等丝绸面料。第二,丝织技艺的交融。如唐朝《步辇图》中吐蕃大臣禄东赞身穿的吐蕃上层贵族长袍,其面料并非中国传统丝绸面料,而是具有独特粟特地域艺术和技术特点的"撒答剌欺锦"。"撒答剌欺锦"是中亚人在公元 5—6 世纪时期对中国丝绸织造技术进行改革,结合当地技术特色,将"经锦"技术改为"纬锦"技术的创新发明。再如中国的蒙元时期,有一种极其华贵的丝质面料在贵族和宫廷中流行，即“纳石失”，它是中原丝织品与西域纺织品技术的综合产物，也是元代贵族礼服——质孙服的重要原料。总之，“丝绸之路”不仅有丝绸织物的传输和流通，还有以服饰为载体的更纵深的技术和艺术、物质和文化的交融。

金千秋在《古丝绸之路乐舞文化交流史》(5—6 页，中国艺术研究院 2001 年博士学位论文)一文中指出，在丝绸之路上，中国与西方的乐舞交流历史悠久，其交流的形式有三种：随中外使臣往来；随皇室公主外嫁；随佛教东传。汉代中国与西域各国的乐舞交流形成了一个高潮，推动了汉代乐舞交流的发展，形成了汉代突出的历史乐舞特色，即“百戏”“俗乐”。它为中国传统乐舞文化的发展奠定了深厚的基础。魏晋南北朝时期，随着佛教日渐成为当时人们的重要精神支柱，佛教乐舞迅速普及全国，“龟兹乐”“天竺乐”“西凉乐”成为人们喜闻乐见的佛教乐舞和传播佛教的工具。隋唐时代的宫廷乐舞中的“十部伎”“九部伎”“坐部伎”“立部伎”“健舞”“软舞”等乐舞包含大量的外来因素，并将经过整理、变化的中西乐舞艺术传向东亚、东南亚各国，推动了晚开化民族乐舞的形成与发展。唐宋以后，中西乐舞交流规模变得相当小。海上丝绸之路的兴盛，使唐、宋开始与日本、朝鲜、阿拉伯、波斯、印度交流日渐频繁，如东亚的日本基本上照搬了唐代宫廷“燕乐”的表演形式与内容，并用我国周时的宫廷乐舞“雅乐”名字命名之。阿拉伯的乐舞艺术形式也影响了我国乐舞艺术的形成与完善，如源自阿拉伯国家的“木卡姆”歌传至新疆，成为新疆地区的著名传统乐舞“十二木卡姆”。“木卡姆”的表演形式还影响了唐代的歌舞大曲。总之，丝绸之路上的乐舞交流是世界上各种文明交流中的一个亮点。

刘永连在《从丝绸文化传播看丝绸之路上的文化回流》(载《西域研究》2008 年第 2 期)一文中指出，在丝绸之路上，除了中国丝绸文化的外传，也有各具特色的外来丝绸及其传说等文化现象汇成色彩纷呈的文化回流，从不同地域、沿不同路线涌回到中国。这对中国从生产技术到社会生活产生了深刻而又广泛的影响。这种文化回流构成了中外文化交流的重要环节，属于中西文明发展不可缺少的组成部分。具体地说，丝绸文化从中原地区沿丝绸之路外流主要在东、西、南三个方向。东路是指从中原地区向东，沿丝绸之路东线可以到达中国东北和朝鲜、日本等地区，素称东夷之地；西路是指从中原地区往西，沿丝绸之路主要干线特别是绿洲丝路，可以深入欧亚大陆腹地，包括中亚、西亚和欧洲广大地区，属于西域范围；南路是指从中国南部入海，经东南亚、印度洋可到非洲东部和红海、地中海乃至大西洋沿岸，古称南海或西洋。以上三个地区先后发展起蚕桑丝绸业，并将各具特色的丝绸产品和生产技术回馈到中国，在丝绸之路各线汇成一股股丝绸文化的回流并具有不同的特点。第一，在丝路东线，丝绸文化的回流为时最早，与中国丝绸文化比较接近，甚至具备了一些特色技术，如新罗朝霞绸染色技术比较突出，它传播到中国东北，对契丹朝霞锦的发展产生了影响。第二，在绿洲丝路上，丝绸文化的回馈以新异丰富为特征。丝绸和蚕丝传入之后，该地区把丝绸纺织和原来的毛、麻纺织结合起来，以锦类为主，染色、提花、刺绣一如毛纺，采取斜纹组织和纬线起花等手段，创造出许多质地和性能皆称奇特的产品。同时，西域纺织品在花纹图案方面也与中国大异其趣，结构形式多连珠团窠或几何图形内填加动植物纹，题材内容多葡萄、忍冬①、鹿、马、驼、象或西域神话形象。第三，在海上丝路上，丝绸文化回流较迟，但对近代中国

① 忍冬：一种常用的中药材，《本草纲目》中称“金银花”。

丝绸发展影响较大。宋元以降，西方丝绸多从海路而来，特别在欧洲蚕丝业兴起和新航路开辟以后，西洋丝绸大量涌入中国，其品种以缎类为主，兼有绒毡类产品。

刘永连进一步指出，丝绸文化的回流给中国社会造成了多方面的影响，一方面它在生产技术上为中国丝织业注入了新鲜血液，促进其进一步发展；另一方面在社会生活上满足了人们的物质需求，开阔了人们的精神视野。比如，冰纨绞绡、织金锦绣之类成为中国诗词歌赋咏叹的主题；不少以异域神、祥瑞或传说故事为图案内容的外来丝绸，充满着文化和宗教的内涵。

刘小荣在《"丝绸之路"上的希腊文化》(载《历史教学》2001 年第 9 期)一文中指出，早期的龟兹石窟艺术通过佛教的传播而受到希腊艺术的影响，在石窟壁画中留下了深刻的痕迹。从本生故事画、因缘故事画、说法图、涅磐图等可以看出，龟兹石窟的早期壁画往往突出人物，而非景物或动物，体现出明显的以人为本的艺术特征，这是与古代希腊文化的艺术表现形式的基本原则相一致的。在龟兹石窟壁画中，还有一个形象来源自古希腊的神话传说，这就是人面鸟身的金翅鸟。从希腊古典神话来看，人面鸟身的怪物有两个，一个是哈耳庇斯，另一个是古希腊的旋风女神哈耳菲。由此可见金翅鸟形象的出现有着希腊神话的渊源。另外，古希腊文化中裸体艺术的传统在龟兹石窟壁画中也有反映，其中的裸体人像的数量之多，在全国石窟中首屈一指，特别是男性裸体人像几乎随处可见。

刘小荣进一步指出，丝绸之路上的希腊文化在不同时期的影响不同。早在公元前 5 世纪以前，北方草原游牧地区的中西商路上就已出现希腊文化的传播；马其顿亚历山大东侵后，为希腊文化向东方传播创造了有利的条件，西亚、中亚、伊朗、印度、中国的商人们在这条丝绸之路上往来不息，促进了各地、各民族的经济文化交流。随着希腊化的推行，希腊文化融入到中亚、西亚和印度各地的文化中，也融入到佛教艺术里。公元前 2 世纪左右，西汉张骞通西域后，往来于内陆绿洲、葱岭地区的商人、使节等络绎不绝，进一步丰富了沿途的物质文明和精神文明；公元前 1 世纪匈奴帝国强大时，在其君侯墓葬的艺术品上也能看到希腊文化的影响。到了公元 3 世纪以后，希腊文化的影响才逐渐消失。丝绸之路上的希腊文化在不同地区的影响程度也不同。总的来说，丝绸之路沿途的国家，希腊文化的影响是越往西影响越深远，时间越长，越往东影响就越小，时间也较短。丝绸之路沿途地区深受希腊文化影响的一个重要原因，就是上古亚欧各国人先后探通了从地中海到西亚、中亚、中国的陆上交通要道和从中亚到南亚次大陆的索帕特马再到塔科拉，过南海直达中国番禺的海上交通要道。中西海陆交通要道的探通，大大便利了亚、欧各国各民族的经济文化交流，为希腊文化向东方传播提供了有利条件。

朱宏斌在《浅论农业科技文化交流史研究的基本维度》(载《农业考古》2011 年第 1 期)一文中指出，在传统农业阶段，农业科技文化的交流成为对外交流的主要内容之一，形成了以对外传播为主体的、包括域外引进、互动交流在内的农业科技文化交流。我国古代从域外引进作物有三次高潮，即秦汉时期、唐宋时期、明清时期。由于各自的社会背景与需求有别，故引种作物的侧重点及引入路径亦有不同。秦汉时期，以丝绸之路为主要通道的中外经济文化科技交流长足发展。这一时期域外引种主要涉及优良畜牧品种和果蔬品种两方面。畜牧品种有秦人引入的蒙古马，汉朝引入的大宛马和乌孙马以及驴、骡、骆驼等动物，甚至引入了优质牧草——苜蓿。果蔬品种有黄瓜、大蒜、芫荽、芝麻、核桃、葱、石榴、蚕豆、豌豆、葡萄等。

唐宋时期，农业科技文化交流的内涵发生了微妙的变化，园艺作物种类和品种大量增加，如无花果、茉莉、槟榔、杨桃、柰、莴苣、菠菜、西瓜、海枣、扁桃等。大量果蔬品种的引入极大丰富了国人的餐饮内涵。明清时期，以海上交通之路的开通和新大陆发现为背景，农作物引进包括三个方面：与人口激增相联系的高产作物，如玉米、番薯、马铃薯等；适应商品经济发展趋势的经济作物，如烟草、花生等；菜蔬作物，如辣椒、番茄、菜豆、洋葱、南瓜等。这一时期的作物引进引发了我国作物布局的重大变化，使我国现代作物、果蔬种类结构基本定型。

（2）海上丝绸之路的文化交流

燕海鸣、朱伟、聂政、赵哲昊在《古代世界的海上交流——全球视野下的海上丝绸之路》（载《中国文物科学研究》2016年第2期）一文中指出，“海上丝绸之路”是作为“丝绸之路”衍生概念逐渐明晰起来的。在空间范围上，海上丝绸之路始终是个以海洋为纽带的世界性体系，由不同文明板块构成，这些板块包括：东亚、东南亚、南亚、西亚、地中海（埃及）、东非。每个板块之间及板块内部，都存在一些以港口片区为基本空间形态的节点。在时间跨度上，海上丝绸之路的上限为公元前1世纪，下限为19世纪中后期。在时间轴上又分为四个主要时期：第一个时期，公元前1世纪到6世纪末，西端的罗马帝国凭借大量的金银货币购买来自沿线各地的货物，东端的汉朝向西出口丝绸，并吸收来自南亚的佛教。第二个时期，公元7世纪初到10世纪末，是伊斯兰文明和中华文明都相对稳定的一个时期。第三个时期，公元11世纪初到15世纪中期，多元文化繁荣，伊斯兰教进一步扩张，中国执行强劲的海外贸易政策，中国商人活跃在东南亚，郑和七次下西洋。第四个时期，是15世纪中期到19世纪中后期，以地理大发现和大帆船贸易的开始为起点，以蒸汽轮船的广泛应用为终点。19世纪中后期以后，蒸汽轮船取代木帆船成为海上贸易的主要交通工具，一批欧洲殖民者主导下的新港口兴起，传统的海上丝绸之路体系消亡。

燕海鸣等人进一步指出，海上丝绸之路之所以形成和发展，其根本动力是不同区域之间的货物交换，并在此基础上产生了人员、技术、文化、宗教等一系列的交流模式。这些区域之间通过海上丝绸之路构建起了一个货物往来的网络，其中贸易品可分为三大类。第一类是品质较高的手工艺产品，第二类是独特的原材料加工品，第三类是具有货币价值的黄金和白银。海上贸易交流主要有两类，一类是私人的商团贸易，另一类是国家主导的贸易。伴随着商贸活动而逐步繁盛的人文交流，是海上丝绸之路对人类历史产生深远影响的重要表现形式。在长途贸易联系下，港口城市成为人们的聚居地和中转站，贸易的开展、文化的交流主要依靠的是这些港口城市，它们成为海上贸易线路上的节点。同时，文化交流的遗迹，也可能出现在港口城市影响的腹地。正是这些节点及其关联的区域共同构成了海上丝绸之路文化遗产体系的基本层次。自公元7世纪以来到地理大发现之前，海上丝绸之路历史的最重要的特征之一，是伊斯兰宗教与文化的传播交流。海上丝绸之路沿线以宗教为主要内容的文化传播引发了各方面的文化交流与融合。在沿线各地，尤其是跨板块的节点区域，大量地域特色鲜明且反映交流历程的文化遗存，见证了人类海洋命运共同体的演进历程。

贺圣达在《17—18世纪的荷兰—印尼—中国贸易与多元文化交流》（载《广西师范大学学报（哲学社会科学版）》2015年第4期）一文中指出，欧亚新航路在16世纪开辟后，传统的海上丝绸之路延伸到了西欧，给东西方贸易与多元文化交流带来了新的活力和内容。在17—18世纪的东西方贸易尤其是茶叶、瓷器贸易与多元文化交流中，荷兰发挥了重要作用。

当时中国货物尤其是茶叶和瓷器主要由荷兰商船转运到西欧诸国，茶叶则随着瓷器中的茶具输入欧洲而在旧大陆走俏。第一，饮茶风气的逐渐盛行。荷兰人在与福建人开展直接贸易后首开饮茶之风，并按福建人的发音而把茶叶称为“Thee”而非“Cha”或“Cia”。喝茶之风是逐步为荷兰人所接受的，早期喝茶的人仅是少数。因为直到1700年左右，一磅茶叶价格仍然高达50—70荷盾，这是普通民众无法消费得起的。1720年前后，荷兰东印度公司为了打压西方的竞争对手，故意倾销茶叶，导致茶价剧跌，茶叶才成为日常生活的可口饮料，为平民百姓所享用。茶叶进入欧洲初期，人们习惯于在茶馆喝茶，但不久后，荷兰人召集其朋友在家里品尝各种茶。正是通过这种社交方式，荷兰妇女才能走出家庭与同性交往。在这个意义上说，茶在妇女解放运动中起到了一定的作用。随着喝茶之风盛行，中国式茶亭在当时的荷兰如雨后春笋般地广泛兴建。可以说，茶叶进入荷兰和欧洲后对当地社会一定程度上起到了移风易俗的作用。第二，随着茶叶输入欧洲，茶具之类的瓷器开始得到普遍使用。中国瓷器以其不可渗透性、清洁性和实用性等特质而为欧洲社会欢迎。荷兰人则成为经营中国瓷器贸易的主力，他们向中国福建海商采购了各种瓷器，然后用荷兰船与东印度公司的帆船把这些瓷器载运到巴达维亚，部分瓷器用荷兰船转运到马来群岛以外的公司商站，部分通过返航船队运回荷兰，其余的则留在巴城供群岛各地居民使用。据估计1602—1682年的80年间由荷兰东印度公司输出到欧洲的中国瓷器总数估计达1600万件，其中很大一部分是定制瓷器。中国瓷器的输入丰富了欧洲人餐具的品种，很快成为荷兰家庭、欧洲人家庭中客厅里的装饰品甚至珍品，一度成为荷兰上流社会联姻的嫁妆和英法等国君主的收藏。至此，用中国瓷器布置室内的风气在欧洲逐渐盛行。就17—18世纪荷兰对华贸易对荷兰乃至欧洲文化的影响而言，茶叶和瓷器是最为重要、贡献最大的。需要指出的是，由于交往性质和方式的局限以及制度、文化、语言等方面的差异与隔阂，当时荷兰与中国的文化交流受到多种因素制约，精神文化的交流相当有限，尽管荷兰人对中国已经有了比较多的了解，荷兰在文化上对于中国人来说却还是一个陌生的国度。

黄启臣在《人痘西传与牛痘东渐——丝绸之路的文化效应之一》(载《海交史研究》1999年第1期)一文中指出，丝绸之路既是贸易之路，又是文化交流之路。中国预防天花的人痘接种医术，经陆上丝绸之路西传欧美各国；英国的牛痘接种医术经海上丝绸之路由澳门传入中国，这就是一个很好的例证。第一，中国人痘接种医术的西传大致经历了这样的过程：1688年，经陆上“丝绸之路”传至俄国和土耳其相毗邻的高加索锡尔戛西地区；1689年，俄国派医生来中国学习痘医，之后将人痘接种医术传到土耳其、突尼斯和非洲部分地区；1721年及以后，人痘接种医术又从土耳其传到英国、美国和欧洲其他国家。但是，西方国家推行中国人痘接种技术，只用了“痘浆法”，即从天然患天花病者疱浆中沾取其浆，然后划破健康小儿臂膊皮肤接种，没有做到中国医生那样选择“连种七次，精加选炼”的熟痘苗接种。这就给新接种者带来一定的风险。因此，以牛痘代替人痘的改造发明应运而生。第二，瑟纳发明的牛痘接种医术在1798年以后风靡世界并东渐中国。1803年8月，英属孟买总督将一批牛痘苗赠给澳门东印度公司，在澳门的中国儿童身上进行试验，但因痘苗失效而未成功。1805年，英国东印度公司的外科医生皮尔逊利用葡萄牙商人许威氏从马尼拉运来的一批新牛痘苗，再次在澳门进行试种并取得成功，标志牛痘接种医术开始传入中国。皮尔逊还制作了小册子《英咭唎国新出种痘奇书》，全面介绍了牛痘的发明过程、传播途径、方法等。此书由十三行商人郑崇谦翻译抄录，后由香山县(今中山市)的曾望颜从广东带到北京翻刻出版，在北京产生较大影响。但在中国，传播种牛痘技术最主要的是1817年出版的邱熺所著《引痘略》一书。邱熺将皮尔逊在澳门和广州施种牛痘医术加以详细介绍，并把中国传统的中医理论及出痘后用药护理结合起来，将上臂种痘部位定为手少阳三焦经的消烁、清冷渊二穴，以经络脏腑理论作了诠释，大大提高了牛痘医术的可信程度。

黄启臣进一步指出，人痘接种医术是中国的专利，西传欧洲国家挽救千百万人的生命；而经英国医生提高发明的牛痘接种医术东渐中国，也使中国人民得益匪浅。这说明中西文化的交流是双向的，两者互相激荡、互相渗透、互相吸收、互相促进、互相利用，共同发展。

王瑜在《外来建筑文化在岭南的传播及其影响研究》(35—36页，华南理工大学2012年博士学位论文)一文中指出，外来建筑文化随海外贸易的持续开展而传入。比如，南越王宫的御花园建筑符号与中国传统园林的建筑符号体系大相径庭，反而与古埃及、古罗马的建筑有较多的相似之处。广州两千多年前的南越国王宫遗址的建筑手法有别于传统的中国木构建筑，却仿效古埃及、古希腊的建筑，似乎说明南越国时已引进了外来的建筑技术，充分证明了岭南的中外文化交流有着悠久的历史。此外，广州出土的西汉墓葬中也有明显的舶来品。在西汉后期的陵墓中，发掘出由玛瑙、鸡血石、石榴石、水晶、琥珀、玻璃等材质制作而成的串珠。又如在汉墓中出土的陶俑灯座与侍俑，俑的形象明显异于汉人，酷似西亚或东非人种。总之，汉代海上丝绸之路的开通揭开了中国历史上跨文化传播新的一页，促进与扩展了岭南的中外文化交流。

马捷、李小林在《从一则“丝绸之路”中医药文告看中越医药文化交流》(载《中医药文化》2018年第3期)一文中指出，中医药文告的应用与传播为民众及商旅提供疾病的防治方法，为清代丝绸之路的稳定发展提供了中医药的保障，也从一个侧面见证了中医药在海上丝绸之路上的交汇与融合。两千多年来丝绸之路兴盛，使得沿途地区与国家之间的医药交流与应用逐渐拓展，中医药也得到了发展和传播。丝绸之路上的中医药向西域传播除了广泛的中药材流通外，也有大量的关于中医药的文献的流传，其中之一就是中医药文告。在丝绸之路分布地区出现的中医药文告，内容多是针对时疫、痧症、金刃跌打损伤、骨断筋折等急性病防控设立的效验方剂。地域方面涉及丝绸之路途经的中国西北多个省市，包括陕西、甘肃、敦煌等，甚至包括海上丝绸之路途经的泉州、福州、上海、香港、台湾等地。中医药文告具有较大的功能服务作用，为民众以及流动性较强的商旅提供地区性疾病和传染病的防治方法，并促使中医药在欧亚大陆上有效迅速地传播。这不仅是丝绸之路中医药传播的重要形式之一，也见证了中医药在陆路、海上丝绸之路的传播与应用。

马捷、李小林进一步指出，清代以后虽然西学东渐之风盛行，大量的西医学和民族医学通过丝绸之路进入华夏大地，然而，仍有大量的中医药文化传播到西域，最终形成中医药文化在丝绸之路沿线国家的交汇融通。

4. 丝绸之路的意义

关于丝绸之路的历史意义，学者们从不同角度进行了论述。

高福顺在《汉代丝绸之路的兴衰变迁与历史意义》(载《人民论坛》2017年第14期)一文中指出，汉代丝绸之路开辟不仅具有非凡的政治、经济、文化交流互补的战略意义，而且也成为西汉王朝认知西方世界的不可替代的重要窗口与途径。汉代丝绸之路的兴衰嬗变对全球化的当下具有相当重要的启示意义。第一，坚持不懈的理想信念追求是汉代丝绸之路成功开辟的主导因素。张骞出使西域可谓是磨难丛生，但始终坚持不懈。第二，超强的政治、经济实力是汉代丝绸之路形成的基础因素。凭借汉武帝时期西汉王朝强大的政治、经济实力，域外奇珍特产尽为西汉王廷所拥有，而西汉王朝的丝绸等物品也源源不断地输入西域诸国。第三，强韧的凝聚力与向心力是汉代丝绸之路形成的外部因素。丝绸之路开通后，与丝绸之路上诸国的政治、经济、文化的交往始终掌握在西汉王朝的手中，呈现出怀柔远人、羁縻不绝、四海贡献、八方朝觐的盛世景象。第四，和时兴与战时衰是汉代丝绸之路兴衰嬗变给予我们的经验教训。

林少雄在《丝绸之路的文化意蕴》(载《兰州大学学报(社会科学版)》2018年第2期)一文中指出，丝绸之路不仅是物质传播之路，更是人类文化呈现的舞台和文明展示的平台。在此视域下，丝绸之路的文化意蕴不断彰显，具体来看：第一，丝绸之路是世界文明、文化重新发现之路。丝绸之路为各种文明形态的呈现、传播与交流提供了一个巨大的舞台与强大的场域，使世界各地人们首次将其所创造的各类文明形态进行展示与分享。华夏文明、古埃及文明、古印度文明、古希腊文明、古波斯文明等都在这一平台现身交流。第二，丝绸之路是人类社会各种文明形态开放交流之路。从自然地貌来看，人类各种文明形态，如采集文明、渔猎文明、游牧文明、农耕文明、海洋文明等先后都在丝绸之路上发生、发展、冲突、交流、融合。从物质财富的创造与交流来看，人类的各种粮食作物、经济作物、生活用品、豢养动物等各种行为和形态都在丝绸之路上得以成形、展示。不仅如此，丝绸之路上的各种文明形态也在不断向四处辐射，相互产生影响。如瓷器的出口彻底改变了西亚、东亚、欧洲等地域人们的生活方式及风俗习惯。第三，丝绸之路是人类物质文明相互流通之路。今天不同学者从不同视角提出的对丝绸之路的不同命名，如玉器之路、彩陶之路、黍粟之路、小麦之路、青铜之路、天马之路、香料之路等都是以物质文明的交流为其外在表征。丝绸之路上的物质交流主要有三类：满足人类生存延续需要的物质交流，主要以植物、粮食、茶叶等经济作物为主；人工创造的、体现人类意识及观念的物质交流，如陶瓷器、青铜器、丝绸等；满足人类的精神及审美需求的物质交流，如玉器、青金石、玛瑙、绿松石，以及具有某一特色的植物颜料或动物香料，如麝香等。第四，丝绸之路是人类语言媒介交汇传播之路。丝绸之路成为了人类语言文字的展示与交流之地，可以称之为“人类语言文字博物馆”。就当时而言，除汉语及今天还在使用的亚欧文字外，吐蕃、回鹘、突厥、吐火罗、于阗、粟特、龟兹、匈奴、西夏、摩尼、蒙古、八思巴、天竺梵文、古波斯、叙利亚等国家或民族的语言文字均在当时出现并交流。丝绸之路语言媒介的传播交流，也不断丰富与充实着汉字及汉语的书写表达习惯，如将沿丝绸之路输入的物品大部分冠之以“胡”“番”“西”“洋”等字，这种称谓极大丰富了汉语的语言词汇，促进了汉语的进一步表现与发展。第五，丝绸之路是人类观念信仰开拓延展之路。佛教、基督(景)教、伊斯兰教、印度教、萨满教、道教、祆教、摩尼教等宗教形态都在丝绸之路兴盛。这些宗教的相互传播、冲突、融合使得人类的各种信仰的观念、形态等得以展开，使丝绸之路沿线人们的精神信念得以形塑。第六，丝绸之路是人类思想精神融汇沟通之路。就佛教而言，大量的僧侣西去求经，带来了大量佛教典籍及其他文化经典。除了佛经的翻译，还有一大批硕士大儒著书立说、建立学馆进行思想传播。总之，丝绸之路很好地阐释了“人类命运共同体”这一宏大命题下“人类文明共同体”的细微肌理，具有不同寻常的文化意蕴。

（二）新航路开辟与世界文明交融

关于新航路开辟的原因和概况，吴于廑、齐世荣在《世界史·近代史编·上卷（第2版）》（3—12页，北京：高等教育出版社，2001）一书中指出，在多种因素和条件综合作用下，地理大发现出现。具体动因有：第一，经济上的动因。1453年，奥斯曼帝国的军队攻陷君士坦丁堡，占领巴尔干、小亚细亚及黑海北岸等地区，控制了东西方之间的通商要道。他们劫掠商旅，对过往商品课以重税。对黄金的追求是另一个经济动因。1500年左右，欧洲商品货币关系日益发展，黄金是最贵重的交换手段，人人都渴望黄金。自从《马可·波罗行记》在欧洲流传以来，欧洲人一直把东方特别是中国看成遍地黄金的人间天堂。第二，传播基督教是精神动力。基督教从一开始就以博爱人类为教旨，并以全人类的宗教自命，因而有一种强烈的使人人都接受基督教的要求。当时航海家们从事海上冒险活动的动机之一，便是弘扬基督教于海外诸国。第三，人文主义思想是思想动力。人文主义者讴歌现世生活，相信人的力量，认为人应当通过自己的努力和发挥自己的才能来创造幸福。人文主义思潮实质上反映了资产阶级的个人进取精神和物质利益至上的价值观。第四，航海技术的改进、海上武器和战术的进步、商业上的进步和专制政府的支持也是新航路开辟的重要条件。

吴于廑、齐世荣进一步指出，最先探寻通往印度航线的是葡萄牙人。迪亚士率领船队在航行中发现了非洲最南端的海角，回国后，葡萄牙国王命名该海角为“好望角”。达·伽马率领船队绕过好望角，沿非洲东岸航行，并横渡印度洋到达印度。这是人类史上第一次完成从西欧绕非洲来到东方的航行，从而开创了东西方之间最短的海上航路。当葡萄牙人沿着非洲海岸向印度探航时，西班牙支持的航海家却朝着另一方向前进。哥伦布率领船队虽然没有到达中国，但是发现了美洲新大陆，从而打开了新旧大陆之间的闭塞。麦哲伦率领船队开始探航，到达菲律宾时，麦哲伦被当地人杀害。其队友历尽艰辛，回到欧洲。这是人类史上第一次绕全球一周的航行。

王冠宇在《葡萄牙人东来初期的海上交通与瓷器贸易》（载《海交史研究》2016年第2期）一文中介绍了葡萄牙人东来的早期路线。15世纪以后，世界进入地理大发现与新航路涌现的时代。欧洲各国纷纷加入向亚洲和美洲的扩张活动，揭开东西方直接对话与碰撞的序幕。随之而来的是席卷世界的以欧洲人为主导的海上贸易。这场变革的风暴，促进了“现代世界体系”的形成，将世界带入早前全球化的历史进程中。其中，葡萄牙人最先东来。1498年，达·伽马率领的葡萄牙船队第一次进入亚洲海域，葡萄牙人由此逐渐东进，武力扩张至印度果阿、东南亚的马六甲、摩鹿加群岛，在1514年到达中国东南沿海，中葡贸易由此展开。1511年，葡萄牙人占领马六甲之后，积极在东南亚其他地区建立商站，并很快与活跃于此的中国海商取得直接接触，开始了在中国沿海一带的探索。葡萄牙人从事贸易的主要路线：从东南亚采买香料至马六甲，再由马六甲贩运香料至中国沿海出售，交换中国物产后，在马六甲出售给东南亚及印度等地的商人。

关于新航路开辟的影响，美国学者R.R.帕尔默、乔·科尔顿、劳埃德·克莱默在《现代世界史（插图第10版）》（何兆武等译，85—86页，北京：世界图书出版公司北京公司，2008）一书中指出，新航路开辟是一重大事件。直到1500年以前，大西洋一直是一道栅栏，一个终点。但在1500年左右，它一变而成为一座桥梁、一个启程之地。其巨大的影响波及各方。

一般看来，这一变化对欧洲人是有利的，对其他地方的人则意味着灾难，如美洲，由于欧洲传来的天花等疾病而人口大量减少；非洲则出现跨大西洋的奴隶贸易；最后甚至远至澳大利亚，导致那里长期存在的文化和语言的毁灭。

帕尔默等人进一步指出，欧洲人所谓的新旧世界之间全新而复杂的交往变成了人类历史上的一件重大事件。不断的人口迁移、世界范围的贸易运动以及不同文化的交叉相遇而产生的令人迷惑的经历，都标志着现代世界史的真正开始。欧洲人改变、甚至毁灭了许多别的文化，但他们自己的文化也通过与世界其他地区人民、社会传统和宗教之间的稳定而广泛的联系而发生转变。新的富裕商业阶级在欧洲大西洋沿岸成长起来。海军成为决定性力量。欧洲由于引进美洲的马铃薯而人口增加。欧洲人民开始依赖糖和烟草等进口商品。欧洲作家日益为他们对世界的理解力感到自豪，并将其视作他们的文化或宗教传统的优越性。欧洲人还对人类种族与文化的多样性进行了很多的思索，这有时导致部分欧洲人的一种新的种族意识，有时也会导致一种文化相对主义，在其中欧洲人的习俗被看作是整个人类举止的唯一形式。与此同时，各种文明地区日益与跨大西洋的经济体制联系在一起，当欧洲士兵、商人和传教士进入这些地区时，美洲和非洲的人民也为保卫自己正在发展的文化和各种习俗而斗争。

杨凤霞、宁波在《对新航路开辟的历史影响的探析》(载《牡丹江师范学院学报(哲学社会科学版)》1999 年第 1 期)一文中指出，新航路的开辟在客观上推动了世界各地区间的经济文化交流和欧洲近代自然科学的进步。大西洋的航线开通后，来往于欧、美的船只日益频繁，它们把一船船欧洲的物品运抵美洲，又把一船船美洲的物产和财富运回欧洲，这些货物有的是明火执仗抢来的，有的是通过低级的不等价的交换得到的。同时，来往的船只，还把欧洲的生产方式、农作物品种和家畜等传到美洲。美洲的“发现者”哥伦布在第二次航行时就用 17 艘大船不仅运去了同印第安人交换的物品，还运去了工匠、农夫和农业工具，以及大麦、小麦、柑子、柠檬、甜瓜的种子、甘蔗幼苗和牛、马、驴、猪、羊等动物以及开矿用的炸药和机械，犹如运去了一个小型社会，这对促进美洲社会生产的发展起到了积极的作用。同时，美洲的玉米、土豆、番茄、烟草、可可等也传到欧洲，并随着世界市场的形成传播到世界各地。另外，作为开辟新航路的探险家哥伦布还在航海日记中，对马尾藻海作了详细的记录，对东北信风和海流作了观测，并留下了许多大西洋和美洲的原始资料，这无疑对以后地理学、海洋学、历史学的研究都有重要的影响。

美国学者斯塔夫里阿诺斯在《全球通史：从史前史到 21 世纪(第 7 版修订版，下册)》(466—470 页，北京：北京大学出版社，2006)一书中指出，近代初期是文化上的眼界不断开阔的时期。欧洲文化的强加和欧洲政治统治的强加一样，取决于各土著社会的状况。然而，即便是偶然来到拉丁美洲的旅人，也不能不注意到印第安文化残余物的迹象。在 1763 年以前的这一时期中，除粮食作物的传播外，欧洲人对非洲和欧亚诸土著文化的影响是微不足道的。在印度大陆和中国，影响同样很小。虽然这一时期，中国人、印度人和土耳其人对欧洲人的文化没有印象，但欧洲人却相反，对他们在君士坦丁堡、德里和北京所看到的东西印象非常深刻。他们首先熟悉奥斯曼帝国，其反应是尊敬、钦佩和不安。17 世纪期间，奥斯曼帝国失去了其在欧洲人中间的声誉。当时，欧洲知识分子正被中国文明强烈地吸引住。中国由于其儒家的伦理体系，为政府部门选拔人才的科举制度，对学问而不是对军事才能的尊重以及精美的手工艺品如瓷器、丝绸和漆器等，开始被推崇为模范的文明。18世纪末叶，欧洲人对中国的钦佩开始消逝，一方面是由于天主教传教士正在中国受到迫害，另一方面是由于这一时期欧洲人开始对中国的自然资源比对中国的文化更感兴趣。正如欧洲人的兴趣在17世纪从奥斯曼帝国转移到中国一样，到了18世纪后期，欧洲人的兴趣又转移到希腊，并在较小程度上转移到印度。

斯塔夫里阿诺斯进一步指出，从1500年至1763年的近代初期，是前几个世纪中的地区孤立与19世纪的欧洲统治世界之间的一个中间阶段。在文化上这是一个眼界不断开阔的时期。整个地球上，一些民族正注意到其他民族和其他文化。总的来说，欧洲大陆诸古代文明给欧洲人的印象和影响较后者给前者的印象和影响更深。当欧洲人发现新的海洋、大陆和文明时，他们有一种瞪大眼睛的惊讶感觉。他们在贪婪地互相争夺战利品和贸易的同时，还表现出某种谦卑。他们有时甚至经历了令人不安的良心反省。但是在这一时期结束以前，欧洲对世界其余地区的态度起了显著变化，变得愈来愈粗暴、冷酷和褊狭。

李立坚在《商路变化对西欧经济从中世纪向近代转型的影响》(载《文史博览(理论)》2009年第3期)一文中指出，新航路开辟后，商路遍布西欧各国。西欧中世纪的商路是伴随着10、11世纪西欧商业的复兴而逐渐复兴和开辟的，到14世纪时已经形成了许多重要的商路并且热闹非凡。15、16世纪由于海外商路的开辟、西欧社会的转型以及科学技术的进步，西欧的商路又发生了很大的变化。陆路和海路的商道跨越巴尔干、地中海、大西洋沿岸和中欧，同时新开辟了与亚洲、美洲和非洲的海上航线。欧洲已经不再是一块闭关自守的大陆，它已日益成为世界经济的一部分。由于这些商路的变化，人类文明的总体结构由以大陆为中心的区域文明向以海洋为广泛联系通道的全球文明过渡。国际间的贸易日益发展，世界市场开始形成并广为扩展。

李立坚进一步指出，西欧的商路变化对西欧经济从中世纪向近代转型的影响巨大。第一，15、16世纪商路变化最大的一个后果是为商业的发展提供了世界性的市场，整个世界日益广泛地联系起来。15、16世纪海上商路已经取代陆上商路的主导地位，人类的活动范围随之越出了内陆的局限，近海的游弋随之飞跃为跨越沟通全球的远航，从而使整个世界成了一个密不可分的有机联系的整体。第二，大城市和小城镇之间的商业网络发展成为覆盖全西欧的市场网络。这种网络包括有宽敞的道路交通系统和财政信贷体系。

关于新航路开辟对旧航路有何影响呢，宋保军在《奥斯曼帝国与16世纪中期旧商路的贸易复兴》(载《西北大学学报(哲学社会科学版)》2016年第3期)一文中指出，新航路开辟之初，旧商路贸易虽然遭到较大打击，但并没有自此一蹶不振。由于旧商路国家的反制措施以及葡萄牙的衰弱，旧商路于16世纪中期又重新复兴和繁荣起来，并与新航路并存、竞争，促进了东西方贸易的发展与奥斯曼帝国经济的繁荣。1498年，葡萄牙开辟了西欧直达亚洲的新航路。此后，葡萄牙人采取措施封锁旧商路，实行垄断贸易政策，对旧商路贸易带来严重影响。1505年起，葡萄牙人建立起大洋上的葡萄牙贸易网。同时，葡萄牙人在印度洋上烧毁穆斯林商船，封锁红海和波斯湾入口，阻断旧商路，垄断东西方贸易。葡萄牙人将原经旧商路从亚洲运往西方的大量商品经新航路载回欧洲，从而获取丰厚的商业利益。仅在1503年至1506年间，葡萄牙人平均每年输入230万磅(约合1044吨)货物，其中88%是胡椒。16世纪初，葡萄牙的政策使旧商路贸易和一些严重依赖这些贸易的国家遭到沉重打击。这些国家采取多种手段对抗葡萄牙，但效果甚微。此后，奥斯曼帝国成为对抗葡萄牙贸易垄断的主要力量。为了改变葡萄牙垄断政策引起的旧商路贸易衰退的局面，奥斯曼帝国采取了一系列振兴旧商路贸易的政策。第一项举措就是同葡萄牙人在红海、波斯湾和印度洋等几个地区进行长期战争。第二项举措是用和谈方式以确保波斯湾商路畅通。在奥斯曼的军事压力下，1540 年，葡萄牙人第一次提出和谈请求。奥斯曼帝国和葡萄牙关于商路的多次外交谈判取得了一些成果。第三项措施是与亚齐、法国等结盟并发展贸易。第四项措施是改进旧商路的贸易制度和贸易环境。在奥斯曼帝国实施各项振兴旧商路政策的同时，葡萄牙的衰弱也是旧商路得以复兴的重要客观原因之一。

伴随着新航路的开辟，西欧走上了对外殖民扩张道路。吴于廑、齐世荣在《世界史・近代史编・上卷（第 2 版）》（259—260 页，北京：高等教育出版社，2001）一书中指出，西欧的海外殖民扩张的另一个重大后果，便是世界各地区间的经济联系也密切了，出现了全球性的经济关系。到 18 世纪后期，大陆之间贸易的发展是有史以来最大的。在 1500 年以前，阿拉伯和意大利商人在亚欧大陆上从一个地区运货到另一个地区，而货物主要是奢侈品——香料、丝绸、宝石和香水。但是到 18 世纪后期，这种数量有限的奢侈品贸易已经发展为生活必需品的大宗贸易了。大西洋贸易尤其如此，新世界的种植场生产的大量烟草、砂糖、咖啡及棉花等大部分运往欧洲出售。因为种植场生产的是单一作物，所以种植场需要进口一切日常必需品，其中有粮食、鱼、布匹及金属用具。这些种植场也要求进口劳动力，所以就导致三角贸易的繁荣——从欧洲把甘蔗酒、布匹、枪支及金属用具运往非洲，从非洲运奴隶到新世界，再从新世界运砂糖、烟草及白银到欧洲。当然也从欧洲运日用必需品到美洲。这个时期新兴的大宗全球贸易的另一个分支便是西欧与东欧之间的贸易，西欧进口的是原材料，特别是粮食，因为西欧人口增长，农田变为牧场。在但泽（波罗的海粮食贸易的主要港口），在 1550 到 1600 年间裸麦价格上升 247%，大麦的价格上升 187%，燕麦价格上升 185%。这大大刺激了东欧粮食及其他原料出口的增加，所以在这几十年间波兰及匈牙利向西欧的出口价值通常为进口的两倍。波兰、匈牙利、俄国及巴尔干诸国则进口纺织品、武器、金属产品及殖民地商品，出口的则是粮食、牛羊、皮革、船上用品及亚麻。

关于工业革命对世界贸易的影响，美国学者斯塔夫里阿诺斯在《全球通史：从史前史到 21 世纪（第 7 版修订版，下册）》（505 页，北京：北京大学出版社，2006）一书中指出，工业革命不仅是海外领地被欧化的主要原因，也是欧洲庞大的殖民地结构在亚洲和非洲得以建立的主要原因。1870 年以后出现的营建帝国的巨大浪潮被称为“新帝国主义”，它使地球上的很大一部分地区都成为欧洲少数强国的附属物。殖民地可以作为数量日益增多的制成品市场；从攫取殖民地的不断增长的欲望中，可以看出新帝国主义与工业革命之间的密切联系。19 世纪期间开始工业化的几个欧洲国家和海外国家很快就在互相争夺市场，并在这一过程中，提高各自的关税，以抵制别国的产品。不久，有人主张，每个工业化国家都应当拥有能够为其制造商提供“不受外国竞争影响的市场”的殖民地。工业革命还产生了剩余资本，剩余资本又致使各强国去寻找殖民地作为其投资场所。资本在国内积累得愈多，利润降得愈低，对国外更有利可图的投资市场的需要也就愈大。实际上，各强国尤其是英国、法国和德国，对外国进行了大量的投资。工业革命还引起了对供给机器用的原料的需求。这些原料——黄麻、橡胶、石油和各种金属——大都来自世界“未开化的”地区。在多数情况下，要充分地生产这些物品，就需要有大量的资本支出。这种投资如我们已经知道的那样，通常导致政治控制的加强。

关于中国改革开放对世界贸易的影响，张丽娟、赵佳颖在《改革开放四十年中国贸易发展惠及世界经济》(载《当代世界社会主义问题》2018 年第 4 期)一文中指出，自改革开放以来，我国经济和贸易发展取得了举世瞩目的成就。改革开放 40 年，是中国不断融入全球贸易体系和世界经济的 40 年。与此同时，跨国公司和全球贸易增长也受益于中国的改革开放，可谓中国经贸发展惠及世界经济。

张丽娟、赵佳颖进一步指出，中国贸易成为全球贸易的主要组成部分。自改革开放以来，中国对外贸易总体呈现稳步快速增长，中国成为推动全球贸易自由化的主要力量。与贸易伙伴的经贸依存关系不断加深，中国开放贸易不仅促进了国内经济和贸易的快速发展，也带动了全球增长。自改革开放以来，“中国因素”成为推动世界经济和贸易增长的主要动力。中国为全球跨国公司提供了市场机遇。首先，开放的中国市场吸引全球跨国公司。吸引外商直接投资的政策激励使中国成为引资大国；经济特区、自贸区与自贸港助力跨国公司的国际化。其次，跨国公司在华实现产品分工到要素分工的国际化。直接生产成本是跨国公司进行加工制造环节全球布局的重要考量；中国不断提升的劳动生产率和不断优化的劳动力结构，成为吸引跨国公司的人力资本基础；中国的物流绩效是影响跨国公司价值链布局的重要因素；良好的产业配套体系和加工制造能力成为中国融入全球价值链的关键因素。再次，“中国制造”比较优势助力跨国公司在华利益实现。最后，中国消费市场为跨国公司提供了最大国际市场。全球化已步入新阶段，中国坚持开放贸易，对当今国际贸易秩序重构具有积极意义。作为世界贸易大国，中国正以更加开放的姿态融入全球贸易体系，推动形成全面开放新格局。中国开放新格局为全球贸易合作与发展提供了重要机遇。一方面，“一带一路”倡议为全球合作发展提供了机遇。另一方面，中国主动扩大开放、促进进口为全球贸易发展提供了重要机遇。

（三）其他区域性商路与文化交流

上古时代中国与欧洲在科技方面已有关联。曹增友在《上古时代中国与欧洲之间的科技关联》(载《海交史研究》2002 年第 2 期)一文中指出，中国是世界上最早养蚕制丝的国家，相传蚕丝系由黄帝元妃嫘祖发现。实际虽不至于这么早，但自有文字以来，即有丝字。甲骨文中有桑字、丝字和帛字；金文中亦有丝字。1958 年在浙江吴兴钱山漾新石器时代遗址下层已发现由家蚕制成的绢片，遗迹距今 4700 年，可知在夏、商时代，中国即有养蚕、植桑和抽丝技术。蚕丝是中国古代文明的载体，是使中国走向世界、打开通往欧洲之路的商品媒介。中国蚕丝在欧洲早闻其名，古希腊文称中国为丝国，中国人为丝人。虽说欧洲人早就知道了中国蚕丝，但对于蚕的性质其实知道的很少。中国蚕丝何时传入欧洲，准确时间尚难断定。上古时期，中国和欧洲的科学技术都有辉煌的发展，不同的是，中国侧重于实用技术方面，古希腊则侧重于理论方面。借助商旅、移民传播的，自然是能为多数人接受、并能给人带来近期利益的技术，而不是抽象、思辨性的理论科学。因而在上古时代的中西文化交流中，中国技术的输出占主导地位，这是中国对西方乃至世界文明发展做出奠基性贡献的历史见证。

1. 茶马古道

茶马古道是中外交往的重要商道。杨福泉在《茶马古道：一条写满历史的高原古文明之路》(载《新西部》2018年第13期)一文中指出，“茶马古道”是一个有特定含义的历史概念，既是交通要道也是文明古道。云南学者木霁弘等于20世纪90年代初正式提出“茶马古道”一词。它是指唐宋以来至民国时期汉族、藏族和中国西南纳西、白、回、傣、布朗等诸多民族之间进行茶马和其他货物的交换而逐渐形成的一条交通要道。这是中国西南众多民族进行经济、文化和宗教等诸多方面交流的一条大通道。

郭志清在《历史上的茶马古道及其社会文化功能》(载《福建茶叶》2016年第12期)一文中指出，“茶马古道”的概念源于唐代的茶马互换交易的史实，是我国历史上内地向西南地区进行茶叶运输、茶文化传播的主要途径，将滇、川、青、藏四个地区紧密联系在一起，强化了沿途各民族之间的经济文化交流。“茶马古道”这一概念蕴含着丰富的文化内涵。虽然茶马古道经历历史变迁在清朝开始衰败，但其深刻的文化内涵被完好地保留下来，对于各民族文化的融合具有至关重要的作用。茶马古道对于茶文化的传播具有重要的历史意义，加速了茶文化传播与交融，促使各民族茶文化升华，进而扩充了中华民族文化的内涵。茶马古道的存在推动了各民族经济文化的发展，凝聚了各民族的精神，加强了各民族间的团结。茶马古道的不断延伸，加速了宗教文化的传播，推动了各民族宗教文化的互相交融。也就是说，以佛教为代表的宗教随着茶马古道的发展而得到广泛的传播。茶马古道不仅是商品贸易的交通要道，也是一条名副其实的宗教文化传播的大道。在这条古道上附着各族文化，如西双版纳傣族的贝叶文化、纳西族的东巴文化、白族的本主文化、藏族的雪域文化等等，各族文化通过这条古道进行融合、发展。此外，茶马古道还是一条进行中外文化交流的重要通道，是连通华夏文明与印度文明的一座桥梁，其文化传播的作用至今仍产生深远的影响。茶马古道现如今已经成为中华民族文化研究、探险与旅游的黄金线路，并为西部大开发提供了新的契机。

彭玉娟、邱健、昌邦在《茶马古道及其对茶文化传播的交互影响探析》(载《广西民族大学学报(哲学社会科学版)》2016年第5期)一文中指出，茶马古道因茶而得以兴起和延续，茶又因古道而得以发展和传播。茶马古道是一种古老而又具有延续性的文化传播方式，这一传播方式复杂而又立体：浅表的层次是商品贸易活动；较深的层次是建筑及生活习惯的互渗；更为深隐的层次是语言和宗教信仰的相互影响。茶马古道这一植根于人性深处的古老传播方式，曾给它所经过的村落和城市带来经济的繁荣和文化的交融与互渗。茶文化的传播还有向日本的东渐和向欧洲的西行。无一例外的是，茶在其所到之处都扮演了重要的文化角色并逐渐成为世界第一饮料。生长于山地的几片茶叶，在连接着山地的古道上流动传播，千百年以降，竟然成为打通民族隔膜，连接东西方不同国家和地域的重要文化传播纽带，这不能不说是文化传播史上的一个奇迹。在今天“一带一路”新的战略背景下，进一步深入研究茶马古道，挖掘其深蕴的文化意义，激活历史的血脉，促进中国与西亚、南亚、东南亚，甚至与世界的协调创新和开放共享，有着极其重大的现实意义。

刘璐在《茶马古道的历史价值研究》(载《历史・文化》2018年第4期)一文中指出，茶马古道有重要的历史价值。茶马古道虽然是一种具体的茶叶贸易活动，但是其从出现到发展都是不断传承，直至融合多种资源要素所具体形成的重要结果。从茶马古道的形成历史看，其中也包括了丰富而完善的民族文化和地域文化，以及社会大众自身的普遍价值认同。随着古代茶马古道的出现，一系列丰富而完美的文化艺术内容被社会大众所认知。尤其是很多优美的故事更是被人们传唱，从而实现了西南地区文化体系的有效传播。可以说，与茶文化体系相关的各项元素内容，其作为当前重要的文化"综合体"，其中所具有的价值理念不仅是重要的文化元素，同时也是以民族文化融合、边疆贸易活动、社会大众生活习惯等为重要内容的全面展现。茶马古道作为重要的茶叶产品运输活动体系，其中所具体融入和包含的是一种沿袭沿途地区人情风貌的文化交流活动。

刘璐进一步指出，在整个茶马古道经过的地带，其通过茶叶贸易和具体的交流活动，从而实现多种文化要素的深度融合和全面应用。客观上看，茶马古道与其他任何一种茶叶贸易途径都有着本质上的区别，这不仅是因为本地区有着悠久的贸易历史，同时更重要的是其中所独有的文化现象和价值内涵，因此，在当前对茶马古道的历史价值进行深层次认知，就极具现实意义和传播价值。

格勒在《"茶马古道"的历史作用和现实意义初探》（载《中国藏学》2002 年第 3 期）一文中指出，研究和开发"茶马古道"具有十分重大的现实意义。"茶马古道"与"丝绸之路""唐蕃古道"等一样，曾是中国历史上最为著名的西部国际贸易古通道之一，在古代中国对外经济文化交流和古文明传播中起过重要的历史作用；也是历史上中国藏区连接祖国内地，并外延至南亚和中亚的纽带；是中国西南各民族自古以来相互交往、融合的走廊。

赵明在《茶马古道与"一带一路"建设》（载《理论视野》2015 年第 2 期）一文中指出，茶马古道是文化传承之路。茶马古道是文化之道、各民族交往融合之道，具有深厚的历史积淀和文化底蕴，是古代西藏和内地联系的桥梁和纽带。它见证了西藏自古以来就是中国的一部分，见证了中华民族的形成过程。千年沧桑，汉、藏等各民族常年往来其间，唐朝文成公主沿着古道远嫁吐蕃，带去了先进的生产技术，藏汉人民一道从事各种生产，亲如一家，增进了各民族团结友谊。历史与现实的发展使得"一带一路"倡议与千年茶马古道不谋而合，茶马古道在新的历史时期有了新的定位与广阔的发展空间。茶马古道沿线是人类原始文化的发祥地之一，从考古文化遗迹看，远在四五千年以前，古称"察木多"的昌都就出现了卡若古人类聚落遗址。古道是迄今我国西部文化原生形态保留最好、最多姿多彩的一条民族文化走廊，彰显了中华民族的"多元一体"性。

2. 万里茶道

万里茶道是中外重要商路之一。宋奕在《文化线路遗产视角下的"万里茶道"申遗》（载《华中师范大学学报（人文社会科学版）》2014 年第 6 期）一文中指出，"万里茶道"是中外贸易和文化交流之路。"万里茶道"又被称作"中俄茶叶之路"，它特指从 17 世纪后半叶起至 20 世纪二三十年代中国茶叶经陆路输出至俄罗斯等国的贸易路径。"万里茶道"作为一条专用于茶叶运输的道路，是由清代的山西晋商所辟。最初的"万里茶道"从福建崇安的下梅村出发，前一段水路长达两千九百余华里，后段陆路达六千六百余华里，中蒙境内全程共约九千五百余华里，故被人们称作"万里茶道"。如果将俄国境内 5000 公里茶道一并计算，其全长将达到 9000 公里以上。这条跨越了今天中、蒙、俄三国的漫漫茶道一路跋山涉水，贯穿戈壁大漠，将中华民族特产的茶叶连同茶文化一并输出。"万里茶道"的开辟是中国对外贸易史上的重要篇章，它不仅将 25 万吨茶叶输入俄国，满足了当地人民对茶叶的需要，更打破了当时统治者对茶叶商贸的禁锢，通过和谐的商业文化造就了亚欧大陆上不同民族文化间的交流与融合，成为中国茶文化史、东方文明史、国际贸易史乃至整个东亚地区的国际政治史上具有重要意义的历史文化现象。

3. 郑和下西洋

郑和下西洋影响深远。王介南在《郑和下西洋与中国东南亚文化交流》(载《东南亚纵横》1993 年第 4 期)一文中指出，在郑和下西洋过程中，东南亚是郑和船队活动最多，逗留时间最长的一个区域，影响深远。郑和是中国历史上伟大的航海家，也是世界历史上的伟大航海家。从 1405—1433 年的 28 年间，郑和连续 7 次统率百艘巨舰，27000 多名官兵，渡南洋，过印度洋，达红海，航程总计 16 万海里，历经东南亚、南亚、西亚和东非的 30 多个国家和地区，与所到国家和地区建立和平友好关系，进行经济文化交流。郑和所率船队主要活动在东南亚(又称南洋)、南亚和东非三大区域。东南亚是郑和前 3 次航海的主要目的地和后 4 次航海往返的必经之地。

王介南进一步指出，郑和下西洋不仅是中国航海史上的空前创举，也是具有世界性影响的历史事件，可以说它是世界地理大发现的先导，郑和船队在东南亚产生了深远影响。第一，物质文化的交流。15 世纪初，东南亚许多国家与中国相比，还处于较为落后的社会发展阶段上。因而东南亚各国人民渴求和仰慕中国产品。郑和船队通过赏赐、贸易等途径输往东南亚的物品，如丝绸、瓷器等，反过来又促进了国内丝织业和制瓷业的发展。东南亚物产丰富，若干物品为中国人日常生活不可或缺，如香料、药材等。第二，制度文化与精神文化的交流。郑和船队通过赏赐、贸易等方式输出的中国铜钱，大量传布到东南亚，致使原来使用贝币的东南亚国家逐渐使用中国铜钱，大大有利于当地的商品流通，从而促进印尼各岛农业、手工业和商业的发展。中国的金融制度在东南亚通行了几个世纪，时至今日，这种文化影响仍然存在。郑和七下西洋，向东南亚国家宣扬教化，以提高其文化程度，改变其落后面貌。明廷对所有外国来使的文化娱乐生活给予妥善安排，逢喜庆节会，常邀使节与臣民同乐，参加酒宴、击射、观灯等活动。郑和下西洋对妈祖的宣扬，首先在我国南方各省尤其是福建、台湾、广东等沿海省区产生了深刻影响；随着福建广东人徙入东南亚的增多，妈祖信仰在东南亚盛传不衰。明初的郑和船队，有效地清除了洪武以来我国东南沿海和东南亚地区的海盗之患，完全打通了由中国至东南亚各国的海上丝绸之路，增进了中国人民对东南亚国家的认识和了解，在东南亚建立起大明帝国的巨大威望，为其后闽广之民成批赴东南亚开发南洋经济，传播中华文化创造了条件。郑和下西洋促进了回教在东南亚的传播和佛教在中国和东南亚的弘扬。

明清时期中国帆船的海外贸易有所发展。钱江在《一幅新近发现的明朝中叶彩绘航海图》(载《海交史研究》2011 年第 1 期)一文中指出，英国牛津大学鲍德林图书馆近来发现了一幅彩色航海地图，航海图上清楚地绘制出了明朝中叶中国帆船经常使用的 6 条东洋航路和 12 条西洋航路，对研究明清时期中国帆船的海外贸易具有重要的参考价值。由于尚未见到航海图的原件，仅根据电子版观察，所以此处归纳的东西洋航路或有遗漏。在上述这几条东西洋航路中，除了自福建沿海前往日本长崎、马尼拉以及经由柬埔寨南部往印尼爪哇岛北岸咬留吧(巴达维亚)这三条航线是穿越大海直航之外，其余的航路基本上都是沿岸航行。之所以如此，固然因为沿岸航行便于中国商人随时停靠各大小贸易港埠与当地土著交易，同时应该也考虑到海途险恶、需不时就近躲避台风等安全方面的因素。值得注意的是，在此航海图上，无论是东洋航路，还是西洋航路，其自中国沿海出发的起点都是福建东南沿海的泉州港或漳州港，这充分说明了明朝中叶时执中国民间海外贸易之牛耳者非闽南商人莫属。

4. 大庾岭商路

大庾岭商路也是重要商路。门亮在《徽商与大庾岭商路》(载《九江学院学报(社会科学版)》2013 年第 2 期)一文中介绍了大庾岭商路这条重要的商路。大庾岭商路是明清时期横穿南北的商品流通的渠道之一，它是从赣江经大庾岭到广州的水陆商路。它直接同岭南市场相联，是沟通湖广、江西同岭南的重要渠道，是中部地区同海外进行贸易的主要渠道。大庾岭商道不仅促进了江西商业城镇的形成和发展，而且使江西、湖广和两广在经济上成为一个整体。

5. 其他商路

费驰在《17 世纪末 18 世纪初的东亚商路及其影响》(载《中国边疆史地研究》2011 年第 4 期)一文中指出，17 世纪末 18 世纪初，中、朝、日三国间形成了一条相对稳定的商路，即中国北京—栅门—义州—东莱—对马—日本京都，促进了文化交流，增进了彼此的了解。其中最受关注的是朝鲜的诗，在中国广为传播。汉字文化成为联结东亚区域的坚韧纽带，是这条商路所承载的另一个重要内容。

纳忠在《阿拉伯通史(上卷)》(6—24 页，北京：商务印书馆，1997)一书中指出，汉志位于西奈半岛的东南部，沿红海东岸，又称希贾兹。“汉志”意为“间隔”，因为那里是一段山脉，分开了红海沿岸的低凹地带——提哈玛和东部的高原地带——内几德。汉志贫瘠多山，却有丰饶草原，以优美的牧场见称，居民多为游牧人。汉志地处南北要冲，首府是麦加。阿拉伯人同其他民族一样，十分重视商业，把商业看作最光荣的职业，甚至把汉志和也门等交通要道的商人看作最受尊敬的人。直到伊斯兰教时代，商人的地位仍是很高的。阿拉伯人运往国外的商品多为原料，如香料、黄金、白银等，香料是出口大宗；进口的商品多为制成品，如刀剑、皮革等。南阿拉伯语中，有关香料的语汇颇为丰富，如麝香、“没药”①、肉桂、樟脑等，部分为阿拉伯半岛自产，多为从印度、非洲、中国、锡兰等地进口。

关于汉志商道兴起的原因，纳忠在《阿拉伯通史(上卷)》(81—85 页，北京：商务印书馆，1997)一书中指出，公元 6 世纪左右，波斯萨珊帝国和拜占庭帝国的长期争斗，使得拜占庭逐渐失去了对红海出海口的控制，在红海与非洲海岸的贸易活动也大大缩减，于是汉志商道逐渐兴起。

纳忠指出，公元 6 世纪是西方政治形势发生重大转折的时期。波斯萨珊王朝开始衰落，拜占庭帝国本部及所属西亚、北非地区同样祸乱丛生。在科思洛埃斯一世时期(531—579 年)，趁拜占庭忙于应付帝国西部战争之际，波斯人多次发动战争并占领西亚各地，使拜占庭受到沉重打击并从此失去了对红海出海口的控制。两大帝国在西亚的争夺战时断时续，导致西亚无法安定，丝绸之路的西亚段(从伊拉克到地中海东岸)也从来没有畅通过。萨珊人打通西亚进入西方的意图难以实现；拜占庭既不能畅行红海，进入阿拉伯海，也无法打通西亚，进入海湾直达东方，在这种情况下，两大帝国都争相利用汉志商道，尊重汉志——麦加的

① 没药：中药名。为橄榄科植物地丁树或哈地丁树的干燥树脂，具有散瘀定痛，消肿生肌之功效。

中立政策。此外，连年战祸之后，两大帝国都已经精疲力竭，这也为阿拉伯人的军事扩张创造了有利条件。在20年间，阿拉伯人迅速灭亡了波斯帝国，攻占了拜占庭所属的西亚和北非等东部的广大土地。这对拜占庭经红海在印度洋的贸易影响很大。拜占庭在红海与非洲海岸的贸易活动也大大缩减，于是汉志商道独得其利。总之，红海多阻、西亚不通、两帝相争、麦加得利等是6世纪末、7世纪初汉志商道大兴的主要原因。

二、商品贸易与文化交流

（一）商品的文化内涵

一切商品无不具有文化价值，无论其文化倾向、文化品位、审美情趣怎样，都反映一定的观念意识、精神追求、价值取向、文化心理。商品的文化价值具有时代性。任何商品都是一定历史时代的产物，因此，一定历史时代的商品都反映该时代的社会风尚和人们的精神文化需求。姜键在《论商品的文化价值》（载《社会科学战线》2003年第2期）一文中指出，不同的时代具有不同的社会物质生活条件和不同的精神文化生活水平，因此，其生产的商品也必然具有不同的外在形式，承载和传递着不同的文化价值观念。商品的文化价值也具有民族性。现实存在的一切商品，其生产者都是属于一定民族的，其生产活动都是依据一定的文化观念，在特定的文化条件下进行的，因此，一定民族的商品生产者生产的商品，都反映该民族的观念意识、精神追求、审美情趣、价值取向和文化心理。因为不同的民族具有不同的社会生活条件，即具有不同的生产力发展水平，人文地理环境，历史文化传统，也具有不同的宗教信仰、思维方式、行为模式和价值准则。因此，凝结在商品中的文化价值也必然是相互区别的。

姜健进一步指出，商品的文化价值也表明一定的人类群体的生存样式、对生活意义的把握、对可能的发展方向和道路的整体性态度与倾向，表明其独特的文化形态及该群体自我确证、有别于其他群体的主要特征，也表明该文化形态在世界文化发展中的地位和意义，及该群体在世界民族之林发展中的地位。商品的交换也是一种文化交流，不同国家、不同民族之间进行商品交换，一方面要进行人员的接触和交往，另一方面又要了解和接受对方的商品。无论是人员的接触和交往，还是了解和接受对方的商品，都必然伴随着文化价值观的接触和交流。在文化价值观的接触和交流过程中，有的经过碰撞、冲突，达到磨合、融合，有的经过相互吸纳、相互弥补，达到相互交汇、通贯。只有达到了文化认同，取得了文化共识，商品的交换才能充分实现。而商品交换实现的同时，也便实现了文化的交流。通过商品的交换，商品的文化价值差异日益缩小，表明民族文化的世界性发展趋势和人类文化不断融合的历史取向。

白玲、吕东峰在《国际贸易中的文化互补理论》（载《北京工商大学学报（社会科学版）》2001年第6期）一文中从文化互补理论的高度对商品的文化价值进行了阐述。所有商品都可以视为文化产物，这就是商品的文化内涵。商品的文化内涵是人类劳动赋予的，正是因为人类的劳动才使得商品具有了价值、使用价值与文化价值。

白玲、吕东峰指出，商品的文化价值是针对商品的文化特征而言的，同商品的使用价值一样也具有共性与个性。商品的文化价值在于商品能满足我们不同的文化需要，这种需要与商品的使用价值是一致的。无论是商品的使用价值，还是商品的文化价值都是人类劳动创造的，因此，人类劳动可细分为使用价值的劳动与文化价值的劳动。商品的使用价值是商品生产者在生产过程中创造的，而文化价值则不仅包括了生产过程中的文化价值劳动，更多的在于商品形成后的流通领域中被人为地赋予的更多的文化价值。

白玲、吕东峰进一步指出，文化交流和互补的形式是多种多样的，其中之一就是通过商品交换来实现。以商品为媒介的文化传递不仅满足了不同文化群体的需求，更重要的是，它开发了新的和更多的文化需求。这就是文化互补意义的延伸。如火药是中国的四大发明之一，它原本用于开山炸石和驱鬼辟邪，但后来发展为节日喜庆的工具，更成为武器。这不仅是我国发明自传与外传的结果，更多的在于外传后的互相传播与学习。

因为商品蕴含了文化内涵，因此商品传播成为了文化传播的重要方式。王征国在《论文化传播的三维方式》（载《邵阳学院学报（社会科学版）》2012 年第 5 期）一文中指出，商队在进行国际贸易活动时，不仅通过商品交换将商品中蕴涵的丰富文化加以交流，而且通过人与人之间的交往过程来交流文化。它是一个使用价值（商品）—交换价值（商品文化）—价值（文化商品）的过程。所以，从商品的输出来看，它首先是在输出商品的使用价值、让渡商品的有用性。但它同时又是在输出“商品文化”。比如丝绸之路将古代亚洲、欧洲甚至非洲的文化联结在一起。中国的四大发明、养蚕丝织技术以及丝绸织品、茶叶、瓷器等，通过丝绸之路传送到亚洲、欧洲和非洲的一些国家。同时，中外商人通过丝绸之路，将中亚的骏马、葡萄，印度的佛教、音乐、熬糖法、医药，西亚的乐器、金银器制作技术、天文学、数学等输入中国。这也就是说，人们在商品贸易活动中，不仅“营销”着商品的使用价值（个别），而且“营销”着马克思所说的商品的交换价值（特殊），即蕴涵着“商品文化”，如丝绸文化、茶叶文化、瓷器文化，等等。在文明状态下，一切商品和服务都成为文化的载体，而一切财富都将凝结为文化价值，也包括通过人与人之间的商品交往过程，交流着“文化商品”中的生产方式及制度文化，交流着以人为核心的价值观念。

傅华在《论商品文化与价值传播（下）》（载《商业时代》2008 年 13 期）一文中指出，一般情况下，商品流通将物质与文化一起传播，在满足消费者实用需求的同时满足其精神需求，因而成为消费者最乐意接受的传播方式。中国历来就是多民族统一的国家，而正是中原王朝的互市政策保证了民族贸易的发展，使北方的游牧民族与内地保持了游而不离的状况，加强了各民族间经济文化的交往，促进了民族价值和情感的融合。汉武帝时期开辟的丝绸之路，将精致的中国商品源源不断地输往中亚、西亚各国，最后到达罗马。通过这些商品，他们对东方中国的文化不断加深了解而且向往不已。唐朝时期，长安城乃当时最大的国际大都会和经济贸易中心，八方商品不仅传播、交流着自身承载、携带的人文价值，而且带动整个文学艺术的繁荣。宋朝被一些史学家描绘为“最令人激动的时代”，印刷术的日益推广，通向东南亚和印度的海上航线的开辟，绘画、小说、戏剧、音乐以及口头说唱文学的空前繁荣，为商品文化的传播奠定了物质、技术和文化条件。明朝郑和七下西洋，构筑了一条前所未有的海上丝绸之路。郑和所到之处包括东南亚、印度、波斯湾，最远抵达非洲东海岸，他承载的不仅仅是奇珍异宝和大明皇帝的雄威，而且是镌刻着东方大陆国家民族价值和情感的商品文化。

傅华指出，通过贸易活动，文化与商品一同在欧亚大陆之间传递，中亚乃至欧洲因此都对中华文化产生了深切的崇慕心理。在中国的邻国中，形成了以朝贡贸易为基础的丝绸文化圈，形成了某些共同的文化元素和倾向：文字造型借用汉字或仿汉字；学术倾向崇尚儒家；宗教信仰中的佛教由中国传入，均为中国式的佛教；而中国本土生产的道教在丝绸文化圈内也发挥了重要影响。明清之际，对中国的赞美甚至导致欧洲出现一股追求中国艺术、建筑、花园、瓷器以至家具和墙纸的风气。商品文化虽然不是一种纯粹的文化艺术内容，商品与艺术品不同，也不是完整意义上的文化表述形态，但是古往今来，不同地区和民族的人群恰恰通过具有商品文化内涵的商品的流通和消费，相互体验着彼此的文化并触摸对方的灵魂。

张建生在《文化传播的商贸媒介思考》（载《兰州商学院学报》2005 年第 6 期）一文中指出，商贸活动是文化传播的重要媒介。文化传播与社会文明的紧密联系，不仅表现在人类文明发展不平衡的共时性的横向交流中，同时也表现在一个国家和民族内部社会结构的变化中。近现代文化传播与文明发展的联系，尤其突出地表现为与商业繁荣、商贸交流密切的联系。

张建生进一步指出，商贸活动中的主导地位，决定着文化传播的主导地位，决定着文化传播的主导方向。在一定意义上，国际文化传播的方向、层次、规模，取决于国际商贸格局。在当代，不同文化价值取向的冲撞交汇，都带有鲜明的商业利益冲突和妥协的烙印。文化传播的主导方向与商贸活动的主导方向相一致。商贸媒介对文化的广泛传播，并非始于现代文明，在古代社会就已经显现出其强大生命力。我国“古丝绸之路”就是这方面的典型例证。从现代观点看，“丝绸之路”主要是商业通道，但正是借助这一商业通道，在商贸交流中，中西文化得到了广泛交流。由于“丝绸之路”的交往是我国商贸活动处于世界领先水平时期，所以文化交流乃是以我为主，我国文化对外影响和传播是主要的，即便是接受外来文化，也很快为我国文化所吸收、消化，成为我国文化的有机组成部分。

在人类历史上，由商品传播促进文化交流的例子比比皆是。吴建来在《清前期中西贸易中的文化交流与融合》（载《清史研究》2008 年第 1 期）一文中指出，清前期的中西文化交流，主要是通过中西贸易完成的。商业的沟通从来就是文化的交流与融合。商品的形式无论是以自然形态出现的物产、原料，还是赋予劳动价值和文化要素的人工产品，都会对交易的双方产生文化的影响。自然产品，可以丰富和改善人们的生活，同时也造成了生活习俗的变迁；人工产品，更是直接传递了不同文明的文化信息，不但会影响人们的生活方式，而且会在更深层次的领域对人们的理念、情感产生重要的作用。清前期的中西文化交流，很多方面，甚至可以说主要的方面，是通过中西贸易完成的。清前期中国对西方国家出口的商品以茶叶、生丝、丝绸、瓷器等为主。这些商品都是具有古老传统的产品或手工业品，不但是人们生活的必需品，而且凝聚着数千年的文化积淀，既体现着复杂的工艺技术，又具有丰富的文化内涵。18 世纪，这些商品曾风靡欧洲的主要国家，对西方的生活习俗产生了影响，也为工艺界、思想界、艺术界注人了活力、灵感和理念。中国商品对欧洲的大量出口，对 18 世纪的西方社会和文化产生了重要的影响。

商品传播不仅促进文化交流，同时也塑造了文化空间。张春梅在《商品中蕴含的交流场域和文化空间——以“丝路”城市喀什为例》（载《中国商贸》2014 年第 14 期）一文中指出，商品在东来西往的人们及其文化中，发挥着重要的文化使者的功能，它既将多种文化元素带入当地文化，同时也是多元文化实存的历史见证。在这些商品的物质结构背后，隐含着多彩的生活和地域文化，传统、礼俗、信仰、审美观念，都可在看似单体的商品中找到痕迹。这些决定了商品结构的多元性。古有丝绸、香料等商品东西流动，带动经济和文化的发展；现今商品形式更加表现为多元化，加入了更多的现代元素。自古及今不间断的商品往来，表明交往是相互的，商品的流通与文化交往是同时进行的。

（二）特色商品的贸易与文化交流

在人类文明史上，诞生了许多著名的商品，这些商品在世界贸易史上占有重要地位，同时这些商品的贸易也带动了各地区各民族之间文化的交流。这其中，比较著名的有茶叶、瓷器、丝绸、香料等。

1. 茶叶

中国的茶叶是“一带一路”的核心交易物。苏文菁在《海上看中国》（228—237 页，北京：社会科学文献出版社，2016）一书中指出，6 世纪以后中国人开始把茶叶销往国外。茶叶首先传到朝鲜和日本；随后通过丝绸之路、万里茶道和茶马古道传到中亚和东欧；17 世纪初，中国茶叶沿着海上丝绸之路到达西欧，又随着欧洲人的脚步传往北美，最终传遍世界。历史上中国人通过四条道路与其他地区的人民建立了非常积极的关系：一是以西安为起点的陆上丝绸之路；二是以东南沿海为主要枢纽的海上丝绸之路；三是以武夷山为起点、通往俄罗斯的万里茶道；四是从中国东南出发，穿过西南向印度半岛延伸的茶马古道。在这四条向外交通的道路上，茶叶都是不可或缺的物品。除经济价值外，茶叶也具有高度的文化价值。这四条古道不仅是物产交换和商业贸易通道，更是中外文化交流与对话的重要桥梁。

茶叶首先向边疆地区传播。宋时磊在《唐代茶叶及茶文化向边疆塞外的传播》（载《人文论丛》2016 年第 2 期）一文中指出，唐代茶叶向边疆塞外的输出和传播，不仅拓展了茶文化圈，更重要的是以茶为媒介促进了内地和边疆的经济往来，强化了边疆民族对汉文化的认同，并且为以茶羁縻边疆的民族政策提供了历史机遇。

宋时磊指出，茶首先是一种饮品，当饮茶风俗被一般民众普遍接受后，饮茶融入人们的日常习惯，成为一种生活方式。茶叶作为新兴饮品的出现促进了唐朝统一国家内茶叶经济贸易网络的形成，使得中国经济的南与北、西与东的联系更加紧密。随着饮茶风俗向边疆塞外的少数民族聚集区进一步的深入传播，他们对茶叶的需求迅速增加。但由于边地并不出产茶叶，这就不得不促使他们汇入唐王朝的茶叶经济贸易网络之中。自此，以茶叶贸易为媒介，原本相对疏离的不同贸易圈越发紧密地联系在一起。

宋时磊进一步指出，汉地饮茶风习和文化的普及，加速边疆对中原的文化体验和认同。从内地和边疆塞外的关系看，茶叶向边疆塞外少数民族地区的输出，一方面属于商品经济的流通和贸易销售，另一方面是茶文化圈在新的区域的不断开拓与发展。贸易的日益紧密意味着文化的不断融入，与典章制度、礼法制度、官僚制度等较为无形的文化要素相比较，茶文化可感、可观、可学，更重要的是茶具、品茶等都暗含着汉文化内在审美情趣。从本质上看，茶叶贸易加速和茶文化不断普及的过程，实际上推进和扩大了汉文化在边疆塞外少数民族的影响，加速了两者之间的内在有机融合，进而实现了对中原的不断文化认同。以茶为代表的文化在边疆的发展，在一定程度上推进了“天下观”范围的扩大，少数民族地区正不断地融合到天下大一统的文化进程之中。

刘礼堂、宋时磊在《唐代茶叶及茶文化域外传播考》（载《武汉大学学报（人文科学版）》2013 年第 3 期）一文中指出，唐代中国与周边各国的交往极为密切，茶叶是中外交往中必不可少的物品。越南因其地理的特殊性，成为中国茶叶输出的重要中转地。以安南为中心，中国茶文化还继续向外传播。唐代中国和印度半岛的交流也很频繁。特别是随着佛教在中国盛行，印度大量的典籍传入中国，同时两国之间物品的交流也很多，天竺僧入唐后，经常会接触到茶。中国的茶叶在唐代也通过海上丝绸之路传播到了波斯、阿拉伯等西亚地区。7 世纪末，茶在朝鲜半岛已较为普遍。新罗人入唐把茶叶及茶文化带回了新罗，一方面在朝鲜半岛传播了唐朝先进的饮茶文化，另一方面又提升了该地茶文化发展的层次与水平。日本大化改新之后，中日之间的交流更为频繁，他们全方位学习唐代文化，中国的茶叶及茶文化也随着这股汹涌的文化交流大潮，源源不断地向日本输出。平安时代前期（794—930 年），茶文化在日本的传播进入新的发展阶段，人们开始种茶、制茶、饮茶、咏茶，茶文化之风大盛。

刘礼堂、宋时磊进一步指出，这一时期茶文化对外传播主要呈现以下几个特点：第一，该时期茶叶传播是一种文化意义上的沟通与交流，而非商品贸易活动。第二，在中心—边缘的地缘政治秩序格局中，茶从“文化高地”流向“文化洼地”。第三，更注重精神与审美内涵，而非物质享受。第四，僧侣在茶文化的传播中起到了至关重要的作用。

冼剑民、王雪萍在《中国同东南亚的茶叶贸易与茶文化交流》（载《饮食文化研究》2002 年第 2 期）一文中指出，中国同东南亚的茶叶贸易由来已久，郑和下西洋就携带有茶叶、丝绸、瓷器等与东南亚贸易。民间的商业活动在明代也很频繁，清代禁海解除后，对外贸易空前活跃。乾隆二十二年十一月，中国同外国贸易的口岸定于广东，广州成为当时唯一的通商口岸和茶叶贸易的主要集散地。五口通商前，几乎所有外销茶仅以广州为出口基地，而当时广州十三行又占有绝对优势地位，控制着茶叶外销。每年中国的帆船都会从广州出发，驶往南洋群岛的新加坡、爪哇、婆罗洲等地，同那里的商人进行贸易。

冼剑民、王雪萍进一步指出，东南亚地区属于热带、亚热带海洋性季风气候，天气炎热、潮湿，所以，补充水分、清热解暑是这一地区民众生活中的一件大事。因此，中国茶文化的传入对于他们的饮食健康起到了积极的促进作用，这也是中国茶文化能够为东南亚人热情广泛接受的重要原因。华侨华人出洋东南亚，不仅传播中国的饮茶文化，并且和当地的风俗人情、自然条件相结合，同当地人民一起创造出了独具特色的东南亚国家的茶文化。

人类繁衍不息，文化传承不止。在不断的经济与文化的交流之中中国的茶文化显示出独特魅力。中国同东南亚地区的茶叶贸易以及茶文化的传播，不仅在东南亚，更在世界上创造了一种健康的饮食方式和积极的文化氛围。

茶也是中西文化交流的重要桥梁。盛敏、刘仲华、林海燕在《近代中国茶文化向西欧的传播与中西文化交流》（载《农业考古》2017 年第 5 期）一文中指出，自从《马可·波罗行记》在欧洲传开之后，西方人对东方世界的中国充满好奇与幻想，拉姆西奥的《中国茶》和《航海旅行记》让欧洲人了解到茶，随着地理大发现与航海技术的发展，17 世纪初，西方人成批地来到中国，他们将中国茶带到欧洲大陆，虽然早期中国茶在欧洲大陆曾有过争论，但很快欧洲人就认可和感受到了这种东方饮品的神奇魅力，并从茶叶贸易中找到了巨大商机。

盛敏、刘仲华、林海燕指出，17、18世纪欧洲大陆掀起的这股“中国热”，从宫廷贵族蔓延到普通大众，中国精美贵重的丝绸与器物是普通老百姓消费不起的，但宫廷贵族追捧的饮茶之风在民间普及开来，英国社会一改酗酒的靡靡之风，开创一股文明绅士的饮茶风尚，中国茶所传递的精致典雅的东方美学和美容养颜的功效为西方女性所推崇备至，在饮茶皇后、女王、伯爵夫人等人的推介下，宫廷茶会和下午茶让贵族千金和劳动妇女都有了饮茶社交的机会，从某种意义上提高了欧洲妇女的社会地位。到18世纪末，饮茶在英国已经相当普及，

盛敏、刘仲华、林海燕进一步指出，现代的西方人物质生活远远在中国之上，但在古代乃至近代，却是极其羡慕中国人的物质生活的。茶入欧洲之前，西方人对中国的了解始于丝绸，他们称中国人为“赛里斯人”。“赛里斯”就是“丝国”的意思。后来所知渐多，但仍以器物层面为主。比如中国的四大发明，他们是很看重的。特别是17、18世纪后中国沿海上丝绸之路运往欧洲的物品越来越多，丝绸、瓷器、漆器、家具、工艺品和茶叶，这些中国货极大地刺激了西方人的好奇心，同时也在上流社会形成了一种以享受中国物品为高贵的时尚。

苏文菁在《海上看中国》(228—237页，北京：社会科学文献出版社，2016)一书中指出，作为中国文化的载体，茶叶随着商业活动向世界各地传播，融入当地人民的日常生活中，进而对世界文明的进程产生了一定的影响。在日本，“茶道”是最引以为傲的民族传统，被日本人视为一种修身养性、提高文化素养和进行社交的手段。日本盛行的抹茶道和煎茶道都源于中国，在传播和成型过程中与福建茶文化密切相关。日本茶道盛行源于日本对中华文明的倾慕而模仿中国的生活方式。抹茶道源于中国的斗茶之风，煎茶道则吸纳了明代文士茶的文化精华。由于茶叶比较昂贵，一般百姓很难消费得起。茶在欧洲社会的风靡是从皇室贵族开始的，并逐渐发展为一种风行全英国的社交活动，即今天的英式下午茶。18世纪前半期，饮茶逐渐在英国社会普及开来，逐渐成为一种习俗。茶叶成为英国的“国饮”，与其在工业革命中扮演的角色有关。工业革命中产生的工厂制度要求工人必须严格遵守时间。欧洲的奶、中国的茶，加上加勒比海的红糖，三者的组合既是热量和咖啡因的源泉，又能大大地节省时间。正是这种快捷有效的组合，支持了英国工业革命的顺利完成。

2. 瓷器

从唐至宋元明清，中国陶瓷通过“丝绸之路”和“陶瓷之路”不断运销到亚非欧和美洲，遍及世界各地。苏振兴在《略论中外经济文化交流中的陶瓷》(载《喀什师范学院学报》2003年第4期)一文中指出，中国陶瓷大规模的对外输出，刺激了中国商业经济的繁荣与发展，对世界各国产生了深远的影响，也从国外获得了物质和技术上的借鉴。

苏振兴指出，早在一万年前的母系氏族公社时期，中国就有了原始陶器的生产。瓷器的生产最早出现于三千多年前的商代，是在制陶技术的基础上发展而来的。到了东汉，中国已经能烧制成熟的瓷器。中国瓷器出现后，经过魏晋南北朝和隋唐五代的持续发展，到宋元时期，进入了兴盛繁荣阶段。各地的官窑和民窑，创烧出众多造型优美、品种繁多，装饰图案精美多样的瓷器。明清时期，中国制瓷工艺水平达到了历史巅峰。各式瓷器的生产，在中国陶器文化史上形成了绚丽璀璨的画卷，深深地吸引着西方国家，中国因而享有“瓷国”之誉。中国瓷器的装饰艺术也曾风靡欧洲社会。西方国家的一些装饰纹样，也通过专门订制的途径，印绘在中国陶瓷上。西方装饰艺术在中国瓷器上的出现，形成了中国瓷文化艺苑中独具异国情调的一枝奇葩。

苏振兴进一步指出，中国与西方进行商贸、科技、文化交流的举世闻名的丝绸之路，早在西汉张骞出使西域之前就已形成。自唐代以后，中国瓷器兴起，迅速风靡国际市场，其影响很快超越丝绸而成为世界性商品，大量的中国瓷器也就沿着这条著名之路与丝绸一起运往西方。唐人的航海技术大有进步，而陶瓷海运较陆运更安全，较少损坏，载运量也大，陶瓷逐渐成为丝绸以外大宗向外运销的物品。宋代政权建立以后，中国陶瓷对外销售有所增加。宋王朝比较重视海外贸易，设“市舶司”，将大量陶瓷从这些港口运往亚非各地。元代经海路输出的中国瓷器较宋朝规模更大。明初社会经济繁荣，官窑、民窑瓷器都急剧增加。清朝初年，由于福建、广东以及江、浙沿海抗清政权的存在，清政府厉行海禁，陶瓷贸易被迫以走私的形式非法进行。康熙十二年，沿海地区抗清势力被消灭之后，朝廷立即开放海禁。从此，大规模瓷器输出主要通过正常民间贸易。清朝的外销瓷器，除国内原生产的传统瓷器外，尚有一部分是按合同根据国外市场需求而特地生产的。中国瓷器在 17 世纪通过陶瓷之路的运销达到了历史上的最高峰。

苏文菁在《海上看中国》(244—256 页，北京：社会科学文献出版社，2016)一书中指出，中国的瓷器在全世界有着巨大的影响力。在东南亚，福建海商输入的瓷器，改变了当地以蕉叶为碗的饮食习惯。瓷器的优越性能，对东南亚人民的饮食卫生与健康长寿做出了不小的贡献。菲律宾的土著居民甚至认为瓷器漂亮的外观可以媚神，清脆的声音可以通神，因此每逢战争时，他们都会用瓷器来祭祀。在东南亚的一些地区，把中国的瓷器用于随葬更是普遍。在中东地区，游牧民族信奉伊斯兰教，赋予瓷器神奇的力量，认为瓷器可以鉴别所盛的食物是否有毒。在日本，与茶配套的陶瓷器同样风行，也被视为社会身份的象征。日本茶道重茶具的欣赏，日本人往往通过茶道活动来增加对唐朝器物的了解。这种对中国器物的中心定位和引申运用是其后日本茶道审美意识的重要组成部分。

苏文菁进一步指出，新航路的开辟、中外物产交流在改变人类的物质生活的同时，也改变着人们的精神活动，甚至能引发意想不到的社会风潮。中国商人在海外贸易中主营的瓷器等商品引发了欧洲 17—18 世纪的“中国风”。“中国风”是流行于室内、家具、陶瓷、纺织品和园林设计领域的一种西方风格，是欧洲对中国风格的想象性诠释。对于工业革命之前的欧洲而言，中国是先进生产力的代表，中国的商品也融入了中国文化，陶瓷、茶叶、丝绸等共同营造了一个精致、世俗、甜美的想象中国，这对于刚刚从宗教禁欲主义束缚之下解脱出来的欧洲人来说非常重要。中国艺术品特别是瓷器，崇尚自然变化的装饰之美，很快在兴起“洛可可”艺术的法国引起共鸣。“中国风”就像一条粗壮的支流，源源不断地为欧洲艺术带去新的生命和活力。这股热潮还延伸到其他领域，向中国学习成为 18 世纪欧洲启蒙思想家和德国狂飙突进作家最重要的思想来源之一。

周剑、张玮、郑乃章在《青花瓷——中国与阿拉伯文化交流的结晶》(载《陶瓷学报》2012 年第 2 期)一文中指出，青花瓷业发展过程中不断引进、吸收外来的技术和文化艺术，它的发展与繁荣，正是中国与伊斯兰教地区文化与经济交流的结晶。具体表现在：

第一，颜色方面，青花瓷又称白地青花瓷器，目前发现最早的青花瓷标本是唐代的；成熟的青花瓷器出现在元代；明代青花成为瓷器的主流；清康熙时发展到了顶峰。青花瓷主要有蓝、白两种颜色。实际上，蓝、白两色并不是汉民族文化崇尚的颜色，而是阿拉伯、伊斯兰教地区所崇尚的颜色，是这些民族满足宗教、王权和风俗需要的色彩。青花瓷的色彩和釉下彩装饰技术与中国瓷器传统的单色调及刻画装饰差别很大，甚至可以说，青花瓷器的出现是与中国瓷器传统生产工艺的一次决裂。因为，此类具有浓郁异域风格的器物不符合生长于农耕文化氛围中士绅们的审美习惯。但是这种评价随着时间推移逐渐发生变化，到明代中期，人们已经会欣赏、喜爱青花瓷器，并对其给予较高评价了。这种态度转化与日益繁荣的对外交流有很大关系。

第二，颜料方面，青花瓷釉料中很重要的一个原料是青花钴料，通过进一步的科学测试证实，唐青花钴料并非取自中国本土，从其装饰特征、考古发现地、销售对象以及出现的时代背景诸因素综合分析，唐青花毫无疑问是在唐代与中近东等地的外来文明的密切碰撞中出现的。自元代始，中国与西域世界文化交流的主要对象是阿拉伯—伊斯兰地区，这时丝绸已不再是对外交往中的主打物品，交流主题往往通过青花瓷来完成。青花瓷器早期所用颜料大都是产于阿拉伯—伊斯兰地区。元青花瓷器最初使用何种颜料，未见考证，直到元朝中期才出现了进口的“苏麻离青”料，并被广泛使用在青花瓷器工艺中，特别是专供皇室使用的官窑瓷器以及对外贸易的外销瓷器上。特别值得一提的是明朝的杰出航海家郑和，从永乐三年至宣德八年间七次下西洋，从阿拉伯国家带回了大量的“苏麻离青”料，被广泛使用在青花瓷器生产中，开创了我国青花瓷器的辉煌时代。

第三，图案和造型方面，青花瓷器的图案文饰大量吸收了阿拉伯地区的风格。元、明时期，青花瓷器的图案除山水、人物、花鸟等中国传统图案外，也有回纹和卷草纹等典型的阿拉伯文饰和用伊斯兰文和阿拉伯文做装饰的青花瓷器。伊斯兰文化的图案装饰中采用的题材是植物花卉，它常采取繁缛的缠枝图案，以柔美的曲线为主，有规律地展开蔓延状的花、果、叶、藤等植物图案，从而充满了旺盛的生命力和梦幻之美。阿拉伯书法也是青花瓷上的装饰题材之一，它通过点线的搭配和变化无穷的组合，布局跌宕起伏，具有流畅的韵律美。穆斯林向来比较重视天文学和数学，随着农业和航海发展的需要，其天文学更发达。数学又与天文学有着密切联系，因此阿拉伯的数学也发展到了较高水平。他们创立的几何形装饰体系显示出对数学抽象思维的喜好与理解。从青花瓷的造型到装饰，几何形的排列几乎无所不在。

高岳在《青花瓷的二百年：中葡文化交流的历史流程》（载《长春师范学院学报》2003 年第 1 期）一文中指出，16—17 世纪中葡之间所进行的青花瓷贸易，在给两国带来丰厚利润的同时，也引起了两国之间文化艺术上的交流。

高岳指出，葡萄牙是第一个与中国建立持续而直接贸易关系的欧洲国家，后来成为中国瓷器的主要顾客。从 16 世纪初到整个 17 世纪，中葡间持续不断地扩大青花瓷器贸易，对于两国来说，这不仅是商业的往来，还负载着两国间的不间断的文化交流和碰撞。青花瓷不仅是一种器皿，它更多地被作为一种可供欣赏的艺术品，在它上面包涵着不尽的中国传统文化的象征和中国古代的绘画艺术。最初，青花瓷上只有一些简单明了的装饰图案，到了嘉靖时期，瓷器上的绘画风格改变，装饰元素的布局更富美感，工匠们更加留意设计本身，这时的图案风格更加生动活泼，以自然风景为体裁的绘图，体现了中国古代写意山水的理念。葡人在欣赏青花瓷的同时也领略到了中国山水画的风采。还有，每一种简单的装饰图案其实都有一种中国传统和文化的含义，为欧洲人了解神秘的东方开启了一扇形象的门。

高岳指出，葡萄牙人也在努力地了解着中国。早在 16 世纪初，葡人就编写了第一部葡汉词典，为中西的交流沟通迈出了重要的一步。葡萄牙在与东方的贸易和交往中具有占先的优势，同时，它也为其他欧洲国家和东方的交流开辟了道路。随着葡萄牙人把青花瓷带入了欧洲，“中国的东西”从 16 世纪开始在欧洲就一直备受青睐。从 17 到 18 世纪，在欧洲掀起了一阵对中国艺术品迷恋的狂潮。当时欧洲很多的家具、瓷器、纺织品和园林设计都融合了中国艺术的因子，很多工匠根据从中国进口的橱柜、瓷器和刺绣上的图案花纹，很娴熟地绘制到本土生产的手工艺品上。

高岳进一步指出，葡萄牙是第一个摹仿中国艺术的西方国家，也是第一个被中国的艺术品摹仿的欧洲国家。在 17 世纪中国生产的很多青花瓷的绘图源自欧洲的油画、版画等图样。这不仅反映了当时欧洲对瓷器的大量定货，同时也在中国传播了西方的文化信息。这在很大程度上也要归功于耶稣会，而最初来到中国的耶稣会士中很多是葡萄牙人。在 16 世纪的上半期，他们到达中国。耶稣会士们建立了很多学校，教授数学、神学和艺术。在这里受到了西方教育或由此皈依了基督教的瓷器工匠，很自然地便会绘制一些带有宗教装饰图案的瓷器。基督教的教堂所用的一些祭祀器皿，都出自这些中国工匠之手。

张婧文在《明清入藏瓷器与汉藏文化交流》(载《郑州大学学报(哲学社会科学版)》2018 年第 3 期)一文中指出，明清时期有大量瓷器以不同渠道从内地运往西藏，它们是汉藏文化交流的重要见证，具有多方面的意义。瓷器进入西藏地区主要是通过三种不同渠道：其一是明清两朝诸帝的赏赐品，其二是定烧(定制)品，其三是民间贸易品。通过不同渠道进入西藏地区的明清瓷器丰富了当地各阶层人士的器用文化，特别是其中的密宗法器和供器，以其精美绝伦而被当时的各大寺院等使用或收藏，视若拱璧。出于宗教仪轨的需要，这类瓷器的造型和装饰具有突出的藏传佛教特征。明清瓷器(特别是官窑)的造型和装饰也明显受到了西藏佛教文化的影响，这实际上是一种互动性很强的文化交流。民间贸易瓷不仅应用于民间，也有一些进入到上层社会生活中。这些普通造型的瓷器进入西藏僧俗的日常生活，不但丰富了当地的器用品种，也促进了饮食文化的发展变化。

张婧文进一步指出，这些带有明显西藏特色的瓷器不仅见于藏区寺院，同时也更多地见于明清宫廷，这反映了皇室对藏传佛教的认可和接受。总体看来，明代内地汉藏文化的交流基本局限于上层，藏传佛教影响仅限于皇室。清朝皇室和藏传佛教的关系更为密切，清代满汉蒙藏之间的文化交流和互相影响也更加突出。明朝中期以后至清代，梵文、金刚杵纹甚至一部分八吉祥纹样，在民窑瓷器装饰中也逐渐多了起来，这也从一个侧面反映出藏传佛教装饰艺术对内地影响的逐步加深及进一步扩大到民间的历史事实。

3. 丝绸

黄赞雄在《中国古代丝绸文化的历史地位》(载《浙江丝绸工学院学报》1993 年第 3 期)一文中指出，中国古代的丝绸文化，是中国传统文化的精华之一，对中国乃至对世界文明产生了重要影响。丝绸是一种精神的物化产品，透过丝绸物质这个形式，能反映出人们观念上的差异和变化，具有文化的意义。另外，丝绸还对人们的意识形态和生活方式产生影响，也体现了文化的意义。中国古代的音乐和舞蹈，很有特色，这种特色的形成，原因是多种多样的，而丝绸文化的影响是其中的原因之一。另外，丝绸文化还派生出以丝绸为内容的民歌和诗词，这就使以唱民歌或吟诗作词为乐的文化活动，增加了独特的内容和形式，这就是丝绸文化对娱乐文化产生影响的具体表现。在奴隶社会和封建社会，统治者都曾下令禁止奴隶或一般平民百姓穿用丝绸。这种禁令带有强烈的等级观念，是一种意识形态的表现。统治者还制订严格的衣冠服饰制度，用这种制度来区分尊卑贵贱，并以此来区分权力地位。

黄赞雄进一步指出，随着丝绸的外传，中国古代丝绸技术也直接或间接地传到亚、非、欧、美、澳五洲的几十个国家。中国丝绸及丝绸技术的外传，不仅使世界上一些国家创建了丝绸文化，而且促进了这些国家整个纺织技术的发展，并使这些国家的纺织文化增添了丰富的内容。

潘璠在《汉唐丝绸文化和服饰艺术与中西文化互动交流》（载《西北美术》2015年第1期）一文中指出，汉唐时期的丝绸文化，具有中华民族大融合、世界文化大交流的鲜明文化特征。通过丝绸之路，汉唐王朝丝绸文化和服饰艺术与中国少数民族和西方文化的交流融合，在文化上呈现出双向互动交流的新态势。在丝绸织造技术领域，我国是古代丝绸织造工艺技术的发源地，无论是丝绸产品的种类、数量还是生产工艺水平，在相当长的时间内均代表了世界的最高水准。通过丝绸之路的开拓，汉唐在向西方输出丝绸产品的同时，也将汉唐时期先进的丝绸织造技术输往西方各国，促进了中亚、西亚和地中海区域丝绸织造技术的发展。特别是西方在模拟中国“平纹经锦”基础上发展的“斜纹纬锦”的出现，对世界纺织技术的进步具有重要意义。斜纹纬锦不仅在西方流行，还通过丝绸之路由欧洲经波斯回流中国，在盛唐时期极为流行。纬锦技术的应用和对域外装饰风格图案的吸收消化，进一步发展了汉唐丝绸生产技术，在织造水平、色彩、纹样装饰等方面将汉唐丝绸文化提升到一个新阶段，仍保持着世界领先地位。

潘璠进一步指出，除中西方丝绸生产技术的交流以外，域外文化对汉唐丝绸文化的影响首先体现在丝绸纹样的主题上，来自西亚、中亚的各种植物、动物、神祇、人物等丝绸纹样，逐渐成为中华丝绸的全新题材，并在与传统纹样的融合中被赋予了新的文化内涵。波斯艺术中的常见题材狮、翼马等形象传入中国，经过再创作成为汉代丝绸纹样的瑞兽形象。汉代丝绸纹样中的葡萄纹、忍冬纹样，是一种来自西方的植物变体形象，进入中国后成为丝绸的一个重要装饰纹样。唐代在吸收域外文化的同时，融入中华文化元素，形成中西文化辉映的艺术风格，开创了丝绸纹样辉煌的一代唐风，其中最具影响力的是“宝相花”，纹样中蕴含了中国的莲花、牡丹、菊花，欧洲的卷草、忍冬和中亚的葡萄、石榴等形象，因此可以说“宝相花”是中西方文化交流的结晶。唐代中期以后，西方写实主义风格对唐代丝绸艺术产生了重要影响，丝绸装饰纹样中写生花鸟兴起，以宝相花图案为基础，演化为景象宝花，从而形成折枝花鸟图案和穿花式折枝图案，标志着中国丝绸文化艺术一个新时代的来临。

4. 香料

裔昭印、徐善伟、赵鸣歧在《世界文化史（增订版）》（259—260页，北京：北京大学出版社，2010）一书中指出，中世纪时期，东西方物质文化交流进入一个新的时期。在东西方贸易中，香料无疑占有最为重要的地位。香料包括胡椒、肉桂、丁香、肉豆蔻和生姜等。早在罗马时代，西方人就迷上了东方的香料，自十字军东征后，香料成为东西方贸易的首要商品。在12世纪，欧洲人完全养成了对香料的嗜好。这一习惯的形成，一方面要归功于十字军军人，他们极力模仿东方人用香料烹调美味食物；另一方面，得益于大量香料运抵西方市场。香料同时也是一种奢侈品，其价格昂贵。随着社会的发展，香料逐渐进入到普通人的餐桌上，东方的香料便成为西方饮食文化的一部分。

田汝英在《“贵如胡椒”：香料与 14—16 世纪的西欧社会生活》(61—71 页，首都师范大学 2013 年博士学位论文)一文中指出，作为一种经长途贸易而来的舶来品，香料在西欧社会生活中承载的精神意义尤其丰富，西欧人的香料观念很好地体现了他们对宗教、社会、人性乃至世界的看法。

田汝英指出，欧洲人的香料观念产生于古希腊时期，它与香料贸易和香料消费互为因果，彼此促进。远程贸易和特定的历史环境使香料成为西欧中世纪社会的奢侈品，它具有贵重、稀缺、珍奇、非必需性、神秘性等特征，是社会财富和地位的象征，也是贵族自我炫耀的手段，已升华为一种具有丰富象征意义的文化符号。香料的“显贵”符号功能充分体现在它在中世纪西欧社会生活中的用途上，包括饮食、医药、宗教生活等方面。上层社会的宴会是体现香料的贵族性质的最典型的场合。宴会在一定程度上是公开的社会行为，带有仪式性和社会意义，宴会上的佳肴和各种礼仪具有“别贵贱，序尊卑”的社会作用。而在医药领域，能够使用香料进行保健和医疗的也多为贵族或富人，贫民只能使用本地的药草。国王或皇帝的加冕礼是“君权神授”的标志，也是其政治权力的充分体现，这一仪式往往伴随着燃烧香脂、涂圣油等活动；即使在去世后，国王和贵族也要在葬礼上最后展示他们的社会地位，因而多伴以香料入葬。

田汝英进一步指出，香料不仅代表着尘世的财富和地位，还与基督教信仰有密切关系，具有非常神圣的意义。在基督徒看来，上帝、基督、圣灵、圣母及圣徒之体都飘溢着香料的芳香气息。从古代后期开始，基督和圣母就被赋予了很强的肉桂香气，到中世纪时期，这已成为约定俗成的看法。香脂是尘世的超自然现象自我展现的手段，殉道的圣徒之体多带有芳香气息。这说明香料不是一般意义上的食物和药物，它是贵重而神圣的象征。不仅如此，中世纪的基督徒还认为尘世的香料来自伊甸园。有些著述认为沉香木来自伊甸园附近的一块沙漠地带，但更为流行的说法是香料来自发源于伊甸园的河流。这一观念有悠久的历史，体现了古典传统和基督教文化的结合。香料在某种意义上成为西欧基督徒理解天堂的一条直观途径。

孔含鑫、吴丹妮在《香满丝绸之路与古代中国社会发展》(载《西北民族大学学报(哲学社会科学版)》2015 年第 4 期)一文中指出，香料、香药是丝绸之路等东西方交流古道上朝贡、商贸等活动中的重要物品，丝绸之路等古道的开通与发展都依赖东西方香料的贸易和香文化的交流。至唐宋时期，文化、经济的进一步繁荣使得香及香文化对中国社会文化的多元构成举足轻重。如唐宋时期阿拉伯的乳香等香料广泛进入社会各阶层。人们佩戴香囊、沐浴香汤、以香熏衣等，生活中处处焚香。唐玄宗甚至将香文化与朝廷仪轨密切结合，他发布诏令约束自己，规定自己只有在“焚香盥手”之后，才能阅读大臣进献的奏章。汉唐以来，中国对香料及香文化的发展，吸引着世界异域民族文化沿着丝绸之路等古道进入中国，一些阿拉伯、波斯商人从此举家迁入中国，世代以经营香料、香药及传播香文化为生，丰富了古代中国社会、文化的多元构成。香与古代中国西部宗教事业的发展也密切相关，到明代海上丝绸之路繁荣之际，焚香修炼已然成为一种独特的宗教文化现象，大量的香料都被用于宗教祭祀仪式和宗教事业之中。香药对传染病疫、瘴气等疫疾的特殊疗效解决了古代中国人民对清洁、健康生活的基本需求，并进而产生养生、美容及熏香等审美情趣和精神需求。香料、香药也逐渐大量用于亭台楼榭等建筑及熏香等方面。焚香、书画、煮茗、谈佛、论道已然成为文人士大夫的日常生活旨趣及精神追求。

杨瑾在《于阗与北宋王朝的乳香贸易及其影响》(载《新疆师范大学学报(哲学社会科学版)》2009 年第 1 期)一文中指出,香料对北宋文化方面产生了巨大影响。香料是具有挥发性并能用以医疗卫生及配制香料食品的含有多种芳香成份的天然物质,盛产于阿拉伯半岛、波斯湾、东非及南亚等地。古代进口香料主要有乳香、檀香、丁香、木香、安息香、沉香、麝香等原料、成品、半成品等,据不完全统计有二百余种。唐宋时中国的香料需求量很大,不仅宫廷、权贵人物如此,民间对香料也有很大的需求。两宋对佛道二教极力提倡,导致佛院道观遍布国中,迷信崇祀活动处处盛行。香料的使用还包括香汤沐浴、香水浴佛,用香料制作佛像、念珠、神像等等。宋代统治阶层还有熏香习俗。混合香料配方种类不断增加,制作工艺精良,在香品造型上也更加丰富多彩,出现了香印、香饼、香丸等样式。

杨瑾进一步指出,阿拉伯香料贸易不仅扩大了东西方的经济交流,同时也带动了东西方文化交流,从而印证了我国人民同阿拉伯半岛地区人民之间悠久的历史联系和传统友谊。文化习俗方面,香料在中国传统医药卫生方面产生了巨大影响:丰富了我国的药物宝库;进一步提高了我国中医治疗技术。随着中外物质文化交流的加强,香料的数量、品种更加丰富,香料利用方式开始向多元化方向发展,宋人在除虫灭菌、个人卫生与环境保护中,也较普遍地利用香料,同时,香料在饮食调味中的利用也大为增加。香料进口在促进中国经济发展、城市繁荣的同时,亦对统治阶级崇尚奢侈的生活方式起到推波助澜的作用,从而加剧传统思想、道德精神的沦丧,诱导社会风气的腐化,削弱了统治阶级安邦定国的能力。香料的输入把中国地主阶级素有的尚奢传统更进一层,助长了享乐主义奢风向社会蔓延。同时,大肆宣扬宗教迷信,任凭百姓在烟雾缭绕中思想麻痹禁锢,也带来了一定的负面影响。

5. 其他商品

汤开建、黄春艳在《明清之际西洋钟表在中国的传播》(载《暨南史学》2005 年第四辑)一文中指出,西洋钟表作为礼品和商品在明清之际开始进入中国,后逐渐被中国人普遍接受。在天主教传华的历史进程中,西洋钟表扮演了至关重要的角色,成为东西方相互了解的媒介。

汤开建、黄春艳指出,西洋钟表在 13 世纪后的欧洲即已出现,随着第一批葡萄牙使团进入中国后,西洋钟表即应带入中国,到万历十九年(1591)时,澳门教堂已经装上了西洋钟。此后,利玛窦和其他来华耶稣会士都纷纷向明朝官员和皇帝进献自鸣钟。明清鼎革,清宫廷对自鸣钟的兴趣有增无减,所以耶稣会士仍把进献奇器作为亲近皇帝的重要手段。西洋钟表从明末传入中国后,到清朝前期,中国的北京及东南沿海地区的许多城镇已经开始仿制,并形成了一定规模的制作钟表的手工业行业,上海、南京、苏州、杭州、漳州及广州等地均已出现相当数量的手工作坊,北京地区则出现专业的规模达百余人的宫廷钟表作坊。在清代,进口钟表主要是满足宫廷及中国社会少数上层人物的生活需要,而国产钟表对清前期中国广大的中下层社会使用钟表的普及起了十分重要的推动作用。高官中普遍将钟表作为珍稀物品来收藏,以致形成清代中期“西洋钟表消费热”的奇特现象。中国人使用西洋钟表绝大多数是一种地位的显示,甚至很多人就把它当成一种“玩具”,但清朝前期,西洋钟表的传入对于中国机械生产技术的发展、中国钟表工业的形成仍然起了重大的推动作用,由此而产生的“西洋钟表消费热”及中国社会各阶层对西洋钟表的认同，则对这一时期中国人对西方文化的学习与接受产生了极大的影响。

裔昭印、徐善伟、赵鸣歧在《世界文化史（增订版）》(259—260 页，北京：北京大学出版社，2010）一书中指出，阿拉伯帝国在东西方文化交流中起到了桥梁的作用，东方的物质文化也大多通过它而传入西方，其中最重要的是甘蔗种植。萨珊波斯将甘蔗种植从印度引进到了胡泽斯坦，阿拉伯人入侵这一地区后，继续种植甘蔗并改进了原来的制糖技术。10 世纪，甘蔗在叙利亚广泛种植，制糖业也扩展到了也门和伊拉克南部，巴格达成为重要的制糖中心。此外，阿拉伯人将甘蔗种植分别传入埃及、摩洛哥、塞浦路斯、穆斯林西班牙和西西里岛。十字军东征对于甘蔗种植和制糖业的传播起了巨大的促进作用。甘蔗种植和制糖业不仅给西方人带来巨大的经济收益，而且还对他们的饮食习惯产生了很大影响。可以说，蔗糖是传入西方的第一美食。各式各样的含糖饮料、糖食和糖果也随之出现，西方人迅速形成了喜爱甜食的习惯。

彭慕兰、史蒂文·托皮克在《贸易打造的世界：1400 年至今的社会、文化与世界经济》(147—152 页，上海：上海人民出版社，2017）一书中指出，致瘾性商品是世界经济的基础，创造了文化，即社会习惯。17 世纪时，全球各地的有钱人开始饮用、食用来自遥远异地的珍奇植物。咖啡、茶叶、可可豆、烟草、糖也在这一时期成为广受欢迎的东西。三百年间，他们是世界贸易领域最珍贵的农产品。大部分致瘾性食物属于特定地方的特产，咖啡豆是也门特产，可可豆是墨西哥特产，古柯是安第斯山区特产，茶叶是中国特产，烟草是美洲特产。欧洲人通过贸易和武力的手段将致瘾性食物普及于各地，也从中改变了它们的意义、用途、生产地点。茶叶和咖啡在中国、中东首先得到青睐，因为他们的咖啡因有助于人们得到宗教仪式所需的清醒，可可豆饮料原来只有阿兹特克帝国的神权政治家和贵族可以饮用。在欧洲，最初属贵族专享饮料，后来逐渐普及，成为大众的爱好和民生必需品，饮用的方式也发生改变。在北半球的消费国，致瘾性食物不止创造了消费国的民族认同，还在消费国人民中创造出族群区隔。在生产国，具有宗教、公共社会意涵的致瘾性食物，成为单纯的商品，不再是身份地位的象征。

吴佩军在《中日文化交流史中的棉花》(载《唐都学刊》2004 年第 4 期）一文中指出，在中日两国文化交流史上，与棉花栽种、纺织技术有关的文化传播曾是重要的一页。棉花栽种与纺织技术在中国本土发展的同时，不断流向日本，日本在对其适应、接受的过程中，逐渐整合为自己民族文化的一部分。

吴佩军指出，早在东汉时期，文献上就记载棉花已从印度、中亚传入中国，首先在少数民族地区生根。真正的棉花栽培与棉布生产是从唐代的岭南地区开始的，此后传入福建，宋元时期棉花生产扩展到了江南，元代棉花的种植已相当普遍。但真正的发展期是在 14 世纪末至 15 世纪初的明代，明太祖在统一全国之前的 1365 年就实施了奖励棉花栽种的政策。

吴佩军还指出，宋代商人到日本时已带去了棉布，但宋元时期输入较少。1402 年室町幕府开始与明朝之间进行朝贡形式的勘合贸易，这一官方贸易一直持续到 1547 年。日本的输出品为刀剑、扇、铜、金等，输入品为生丝、棉布、药材、铜钱等，棉布由此大量输入到日本。室町时代输入的棉花只是作为贵重物品为贵族僧侣所喜爱。室町幕府末期、战国时代，日本国内才开始进行棉花的栽种。棉花种子很早就已传入日本，但由于栽种方法与气候的原因，并未获得推广。此后,战争的需要大大刺激了棉花的栽培与棉布纺织技术的提高。棉花的栽培从16世纪开始后迅速推广,17世纪大规模发展。江户时代,各地藩主奖励棉花栽种。日本原有棉花纺织技术发展时间短,制棉工具也很落后。明万历年间,在长崎的中国人向当地居民传播了中国弹棉弓的制作及使用方法,这种棉弓的使用大大提高了纺棉效率。江户时代中期,棉纺织业在盛产棉花的大阪附近,形成了以河内、和泉、大和等为中心的棉纺集中地。棉花栽培纺织的工序容易分工,大大缩短加工时间。而且,作为商品进入流通领域促进了商品经济的发展。由中国传入的棉花种子以及棉花栽种经验和棉布纺织技术渐渐进入民众生活,棉布取代麻布成为普通百姓的衣料。这正是外来文化导致了日本人的生活进步。

吴佩军进一步指出,在中日交往史上,在明清时期与日本的室町时代后期、安土桃山时代与江户时代,中日之间通过人员往来以及贸易商船的往来进行着民俗交流。棉花种植和纺织技术的交流也通过这些途径进行。中日两国的交往中,政治、经济往来、宗教交流成为相互间文化交流的载体。通过这些载体,日本大量学习了中国的先进科学技术和风俗习惯,促进了本民族文化的发展。异文化的传入必然先要经过一个冲突融合的过程,然后逐渐适应输入国的实际情况,从而最终整合到本民族的文化之中。日本对吸收的中国文化进行咀嚼,使之成为适应本国风土和社会心理、行为方式的文化。文化分物质文化、精神文化、制度文化,而物质文化又是后两者的载体。棉花种植和纺织技术作为物质文化较之精神文化、制度文化更快地、更顺利地传入日本,并生根发芽。

教学设计

设计一:青花瓷与中外文化交流

设计意图

中国是瓷器的故乡,瓷器的出现,不仅作为生活用品大大方便了人们的生活,同时也作为艺术品满足了人们审美的需求。瓷器不仅见证了中国古代文明的辉煌,也见证了中国与世界其他地区贸易与文化的交流。

本教学设计以青花瓷的产生、演变和传播为主线。在唯物史观指导下,通过对青花瓷发展历程和传播路径的探讨,培养学生的时空观念;通过史料的呈现与分析,探讨商品贸易与文化交流之间的关系,培养学生史料实证意识和历史解释的能力;最后,通过学习中国古代灿烂的陶瓷文化,激发民族自豪感,涵养家国情怀,同时也认识到各文明之间相互交流的重要性。

设计方案

教师讲述并设问:宋代是中国瓷器发展的重要时期,出现了五大名窑,生产出了很多精美的作品。请同学们欣赏下面两张关于宋代瓷器的图片,说一说,宋代瓷器在审美上呈现出怎样的特点?(参考答案:颜色纯净;风格含蓄内敛;反映了宋朝的时代精神)

一、瓷器风格的华丽转身

材料一

中国国家博物馆藏汝窑青釉洗

——http//old. chnmuseum. cn/tabid/212/Default. aspx? AntiqueLanguageID=2790

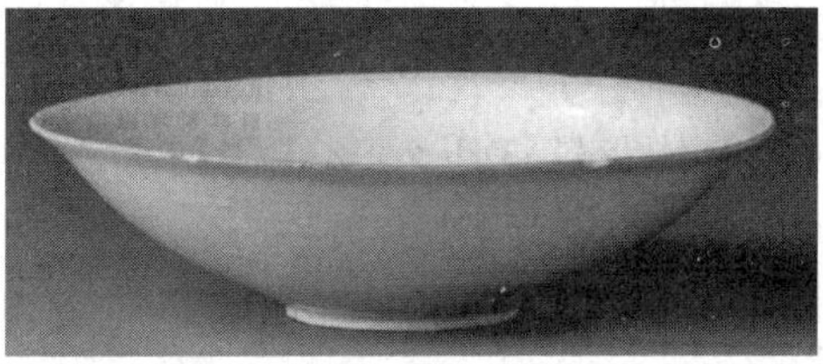

中国国家博物馆藏定窑划花萱草葵瓣口碗

——http://old. chnmuseum. cn/tabid/212/Default. aspx? AntiqueLanguageID=967

教师讲述：有人认为，宋瓷的最大特点是冷静思索，以宁静的心灵空间去映照活泼的生命。有人也从人性的修养或者文人的理想追求角度来解释北宋的瓷器。不管怎样，宋朝的瓷器都具有极大的艺术魅力。但是，宋朝的这种审美风格并没有延续下去，到了元朝，一种新的瓷器审美风格开始慢慢成长。

材料二

中国国家博物馆藏景德镇窑青花双凤纹玉壶春瓶

——http://old. chnmuseum. cn/tabid/212/Default. aspx? AntiqueLanguageID=3036

教师设问：材料二中的瓷器与宋代的瓷器相比，在形制和外观上有何不同？（参考答案：体形变大；图案增多；做工精美）

教师讲述并设问：青花瓷主要有蓝、白两种颜色。青花瓷的色彩和釉下彩装饰技术与中国瓷器传统的单色调及刻画装饰差别很大，甚至可以说，青花瓷器的出现是与中国瓷器传统生产工艺的一次决裂。那么为何会产生这种风格的瓷器呢？

二、文明交流的必然产物

材料三　元代的对外文化交流侧重于西方，主要是中国文化与阿拉伯—伊斯兰文化这两大先进文化之间的交流。这正是元代青花瓷大量出现的时代背景，因此人们看到了元青花瓷器上的异域风格，器型庞大，装饰繁缛，它在整个亚洲获得了人们的喜爱，并通过陆地和海洋两种途径从景德镇向西方传播。

——刘淼、吴春明：《明初青花瓷业的伊斯兰文化因素》，载《厦门大学学报（哲学社会科学版）》2008年第1期

教师设问：青花瓷出现的时代背景是什么？（参考答案：元朝疆域辽阔，与阿拉伯—伊斯兰文化交流扩大）

教师讲述：青花瓷又称白地青花瓷器，有学者认为目前发现最早的青花瓷标本是唐代的，成熟的青花瓷器出现在元代。实际上，蓝、白两色并不是汉民族文化崇尚的颜色，而是阿拉伯、伊斯兰教地区所崇尚的颜色，是这些民族满足宗教、王权和风俗需要的色彩。因此，青花瓷的产生是中国与阿拉伯—伊斯兰文明交流碰撞的结果。

材料四　元代青花瓷已经广泛注意到外销的特殊需要，故器物造型有许多是针对伊斯兰世界而设计的，因此在波斯地区受到上层社会的普遍欢迎。如元瓷中常见的器物罐、执壶、大盘等，本身就是为适应伊斯兰国家和来华的回回穆斯林的需要制作的。到了明初，永乐、宣德年间的瓷器作品中，又开始出现了很多新的具有浓郁伊斯兰地区风格的式样造型，如抱月瓶、长颈方口折壶、天球瓶、八角烛台、长颈水罐、花浇、筒形花座（即空心座）、双系带大扁壶、双耳扁瓶、折沿盆、带盖豆、无挡尊、灯笼尊、仰钟式碗等等。

——苏沛权：《青花瓷与中外文化交流》，暨南大学2005年博士学位论文，第114页

教师设问：材料说明青花瓷具有怎样的风格？为什么？（参考答案：风格：浓郁伊斯兰地区风格；原因：满足外销的需要）

教师讲述：这种新型的瓷器既具有中国传统文化的特质，又在造型、图案等方面吸收了鲜明的波斯风格。那么，当时中国人是否能接受这种新的瓷器种类呢？

材料五　明人曹昭在成书于洪武二十年的《格古要论》中记述“古饶瓷”时说：“御土窑者，体薄而润最好。有素折腰样、毛口者体虽薄，色白且润，尤佳，其价低，于定（器）。元朝烧小足印花者，内有‘枢府’字者高，新烧大者、足素者，欠润。有青色及五色花者，且俗甚矣。”

——周剑、张玮、郑乃章：《青花瓷——中国与阿拉伯文化交流的结晶》，载《陶瓷学报》2012年第2期

教师设问：对于青花瓷，当时的士人是一种什么样的态度？（参考答案：这种新品瓷器不受汉族士绅的欢迎）

教师讲述：曹昭的描述反映了当时士人对青花瓷的态度，人们在最初的时候并不欢迎

青花瓷。他们认为带有“青色”和“五色花”的瓷器显得非常粗俗，当时的士人更偏爱唐宋以来流行的单色瓷器。《格古要论》中的观点是元末明初士绅们对青花瓷的代表性评价。但是，这种评价到了后期有了很大的改变。

材料六 明人张应文在《清秘藏》中赞誉宣德青花：“我朝宣庙窑器，质料细厚，隐隐桔皮纹起，冰裂鳝血纹者，几与官、汝窑敌。即暗花者、红花者、青花者，皆发古未有，为一代绝品。”

——周剑、张玮、郑乃章：《青花瓷——中国与阿拉伯文化交流的结晶》，载《陶瓷学报》2012 年第 2 期

教师引导学生分析并设问：明朝中后期是青花瓷的“黄金时期”，人们逐渐接受了这种风格。那么，为什么直到明代青花瓷才成为瓷器的主流，其背后有着怎样的原因呢？

材料七 在郑和下西洋的宏大背景下，扩大的航海贸易——扩大的海外市场——扩大的瓷器生产，贸易、市场、异文化交流紧密联系在一起。强劲的海外市场支撑了景德镇青花瓷的生产，也刺激了瓷器新品种的生产和改进。有明一代以景德镇为中心烧制的青花瓷，其生产在永乐、宣德年间有了飞速的发展，被后人称为黄金时期，为此后青花瓷最终取代传统的青瓷与白瓷，成为中国瓷器的主流，奠定了坚实的基础。

——万明：《明代青花瓷崛起的轨迹——从文明交融走向社会时尚》，载《故宫博物院院刊》2008 年第 6 期

教师设问：材料反映青花瓷崛起的原因主要是什么？（参考答案：中外经济、文化交流的扩大）

教师引导学生分析：郑和下西洋是中外交流史上的盛举，在宣扬国威加强交流的同时也伴随着朝贡贸易，其中，瓷器贸易特别是青花瓷占了很大的比例。郑和的船队带了大量官窑、民窑瓷器，除少部分作为赠送当地上层的礼物外，大部分是与当地进行贸易的商品。海外贸易的扩大刺激了瓷器生产，以景德镇为代表的瓷窑逐渐以生产青花瓷为主流，推动了中国瓷器发展走向的改变。贸易交流的扩大，进一步促进中国文化向世界各地的传播。

三、文化传播的伟大使者

材料八 根据中国学者马文宽、孟凡人《中国古瓷在非洲的发现》一书统计，在非洲约有 17 个国家和地区，200 多个地点发现中国古瓷，散布的地域广阔，数量惊人，瓷器种类丰富，延续时间很长。因此，他们断言：“可以认为非洲是一座中国古瓷的巨大宝库。”而非洲出土中国古陶瓷各遗址中，几乎都发现有明代青花瓷。在东非，索马里、肯尼亚、坦桑尼亚等地，也都有青花瓷的发现。

——万明：《明代青花瓷崛起的轨迹——从文明交融走向社会时尚》，载《故宫博物院院刊》2008 年第 6 期

教师设问：材料反映了什么现象？（参考答案：各种瓷器大量传入非洲）

教师讲述：郑和下西洋前后七次，共经历亚、非大约 30 多个国家和地区，所到之处加强了和当地的贸易与文化交流，充当了中外友好的使者。不仅仅在非洲，在世界其他地区，瓷器的传播也都对当地人民的生活方式产生极大影响。在东南亚，中国瓷器改变了当地以蕉叶为碗的饮食习惯，对东南亚人民的饮食卫生与健康做出了很大的贡献。在东南亚其他一

些地区，把中国的瓷器用于随葬更是普遍。在中东地区，游牧民族信奉伊斯兰教，认为瓷器可以鉴别所盛的食物是否有毒。在日本，与茶配套的陶瓷器是茶道的重要组成部分。在欧洲，人们对青花瓷的痴迷几乎达到疯狂的程度。

材料九 1670年，路易十四动工修建凡尔赛的瓷宫——特里阿农宫，不惜重金大量购入中国青花瓷和五彩瓷，为了支付购买瓷器的费用，下令将王室所有的银盘回炉。

——曾玲玲：《瓷话中国——走向世界的中国外销瓷》，北京：商务印书馆，2014年，第100页

材料十 青花瓷成为英国主妇的最爱，因为它既实用又充满艺术美感，可以成为家庭聚会时炫耀和探讨艺术的话题。

——曾玲玲：《瓷话中国——走向世界的中国外销瓷》，北京：商务印书馆，2014年，第101页

教师设问： 材料说明什么问题？（参考答案：青花瓷在欧洲社会影响巨大）

教师讲述： 中国的青花瓷风靡欧洲，法国人甚至专门创造了一个词叫做“瓷疾病”，又称为“瓷器痴狂症”，可见法国人对于中国瓷器的喜爱。与此同时，在这一时期也出现了中国热，可以说是因为瓷器的外销而引发的中国文化对欧洲的一次强势输出。

材料十一 在欧洲文艺复兴思潮的背景下，中国瓷器上描绘日常世俗享乐和山水美景的图案、洒脱与写意的装饰手法，恰巧迎合了人们逃脱中世纪以来的神权禁锢和对现实生活重新关注的渴望，亦是18世纪“洛可可”风潮形成的直接动因。

——马敏：《从文艺复兴到启蒙运动——由“瓷之韵瓷器精品展”看中西技术和文化交流》，载《装饰》2013年第4期

教师设问： 材料说明什么问题？（参考答案：瓷器贸易影响欧洲文化发展）

教师讲述： 中国瓷器特别是青花瓷器的外销，迎合了文艺复兴时期人们关注世俗世界和享受精致生活的需要，也符合了欧洲反对神权禁锢的思想氛围。青花瓷再次成为沟通中国和西方的使者。

教师引导学生小结： 青花瓷的出现是中国瓷器发展历史上的一个转折，改变了唐宋以来中国瓷器的发展方向。青花瓷的出现源于中国与阿拉伯世界的贸易文化交流，盛于郑和下西洋之后特别是明朝中后期到清朝前期的海外贸易，后期的影响到达遥远的欧洲，掀起了一股崇拜中国文化的热潮。这精美的瓷器，不仅仅是一件商品，更是中国与世界其他地区文化交流的最好见证。

设计二：从胡人牵驼图像看汉唐以来丝绸之路的变迁

设计意图

被誉为“沙漠之舟”的骆驼，在北朝至唐代塑像、壁画中频频出现，通常由胡人牵引，它们的形态、组合、驮载的物品等暗示着丝绸之路在不同时期的变迁，其图像也成为“丝绸之路”的象征符号。本教学设计主要通过展示汉、唐、宋三个历史时期关于骆驼或胡人牵驼的画像石（砖）、绘画作品等的相关史学研究成果，引导学生结合相关史实，深入探究丝绸之路在不同历史时期的发展演变，增强学生对丝绸之路阶段性特征的把握；通过史料分析和适当设

问，让学生深刻理解导致丝绸之路在汉、唐、宋发生变化的多种因素，涵养时空观念、史料实证与历史解释等学科核心素养。

设计方案

教师讲述：关于丝绸之路，现代人们多会浪漫地认为，西汉时与西域各国的经济交流，主要依靠骆驼商队。往来西域的商人，成群结队骑着骆驼，根据沿路骆驼遗留的粪便认识路线，越过四面茫茫的流沙。骆驼作为丝绸之路的交通符号和运输标志，长久印在人们脑海里，驼铃声声成为古代丝路上富有诗情画意的一大景观。西汉时的丝路上真是这样的景象吗？其实，当时的史书记载多是汉代人追寻西域“天马”（汗血宝马），但从未追寻所谓的“沙漠之舟”骆驼，对骆驼所见还很少也很新鲜。那骆驼是什么时候为汉代人所熟知的呢？

材料一　汉代丝绸之路开通后，因为适合长距离运输并能担负起大规模贸易的重任，骆驼才开始不断被人们所使用。……欧亚大陆腹地是广阔的草原和肥沃的土地，对于中亚各国而言骆驼能随时随地安定下来，就近补给水和食物，有利于商队负重贸易或军队后勤补给，可以在丝绸之路沿线各国进行长期、持久而路途遥远的运输。

——葛承雍：《天马与骆驼——汉代丝绸之路标识符号的新释》，载《故宫博物院院刊》2018 年第 1 期

教师设问：结合材料，骆驼为什么能进入汉代人的视野？（参考答案：丝绸之路开通后，通往西域的长途贸易的需要）

材料二　其次，在汉代画像石创作中，河南南阳，山东长清、沂南，江苏徐州、泗洪，四川新都，陕北等地汉墓出土的画像石上，都发现有骆驼形象，刻画比较稚拙，有的骆驼四肢纤细，如马狂奔；有的鬃毛四散，俯首低看。骆驼往往都是单个孤零零出现，或混同在其他动物之中，没有数量上成群结队的优势，并经常与大象、胡人一起伴生出行。

——葛承雍：《天马与骆驼——汉代丝绸之路标识符号的新释》，载《故宫博物院院刊》2018 年第 1 期

教师设问：结合材料，汉代画像石中的骆驼形象说明了什么？（参考答案：当时的汉代人对骆驼接触较少）

材料三　骆驼的使用与环境适应，反映了游牧民族和定居者的不同需要，河西走廊至长安段的中原汉人不急需骆驼，汉代丝绸之路很长时间还不是长距离的直接贸易交换，可能更多的是转运贸易，所以河西走廊并不急需耐力长久的骆驼。因此，中原内地人对骆驼的认知，是从西汉张骞通西域时开始的，尽管骆驼还不是丝绸之路上运输的主角，可是一波接一波的外来“进奉”骆驼，使人们对其有了初步的印象。

——葛承雍：《天马与骆驼——汉代丝绸之路标识符号的新释》，载《故宫博物院院刊》2018 年第 1 期

教师设问：结合材料，为什么早期的中原汉代人对骆驼了解不多？（参考答案：汉代丝绸之路贸易多是转运贸易，骆驼还不是长途运输的主角）

材料四　与汉代同时期陶塑、画像上的成群骏马相比，汉代骆驼形象不仅比例偏低，而且显得非常稚拙或粗糙，蹄趾、尾巴等细节塑造较差，这表明创作工匠对骆驼观察似乎并不

深入，或许根本没有见过。唐代骆驼两侧挂有袋囊、丝束、长颈瓶、胡瓶、扁盘、织物、毡毯等，有的还挂有沿路猎取的野鸡、野兔，反映了商旅驼队路上放松的生活状态。

——葛承雍：《天马与骆驼——汉代丝绸之路标识符号的新释》，载《故宫博物院院刊》2018 年第 1 期

教师设问：结合材料，唐代骆驼的形象说明了什么？（参考答案：相比于汉代，唐代人对骆驼更加熟悉，一定程度上说明唐代陆上丝绸之路更加繁荣）

教师讲述：实际上，汉代及其以前骆驼主要为草原游牧民族所有，当时涉及西域、中亚的商业活动规模有限，所以在中原表现骆驼题材的艺术品很少，不像隋唐那么普及广泛。汉唐两代对骆驼形象刻画的差异，一定程度上反映出两个朝代五六百年间不同文明的发展演变，也说明“汉韵胡风”只有经过碰撞后才能相融合，才能孕育出以丝绸之路为特色的汉唐文化。

与唐代陆上丝绸之路的繁荣不同，宋代的丝绸之路发生了不小的变化。这也在胡人牵驼的历史图像中得到一定程度的反映。北宋张择端所作《清明上河图》因其具有高度写实性，是研究宋史的重要视觉史料，历来为研究者所重。其中就有关于骆驼与胡人形象的描绘。

材料五　《清明上河图》中的这个胡人，左手抬到肩的位置，大概是牵着缰绳；右手指向前方的道路，似乎在吆喝前面的人闪开，有驼队经过。他的身后是一匹高大的骆驼，大半个身子已经从城门中显现，背上驮着货物。在城门的另一侧，有一峰骆驼的头部已经被城墙挡住，但大半身露在外面。另外还有两峰骆驼跟在后面，身上也都驮着货物或者架子之类的东西，也可能是旅途中的用具。从骆驼的步伐上看，行驶缓慢，好像驮载的货物很沉。驼队行走的方向是走向城外，好像是要出远门的样子。

——荣新江：《〈清明上河图〉中的胡人形象解析》，载《新疆日报（汉文版）》2009 年 6 月 23 日

教师设问：结合材料，《清明上河图》中的这个胡人形象主要是以什么物品来衬托呈现的？（参考答案：骆驼）

教师讲述：骆驼和胡人原本都不是中原城市中的主要形象，但随着丝绸之路上商品贸易的发达，这种形象逐渐被中原汉人所熟悉。学者荣新江在仔细观察《清明上河图》以后，发现一个有趣的现象，即整幅画卷中有千余个人物，唯有这一个是胡人形象。

材料六　但是，进入宋朝以后，由于西边受到西夏、吐蕃的阻隔，来自中亚的胡人要比唐朝时期少得多了，而从海路来的高丽、东南亚、印度、大食（阿拉伯）人相对于陆路来讲要多得多。然而，来到东京城的外国人主要是使者，他们携带着珍贵的香料、药材等等，入贡于朝廷，宋朝以回赐的方式与之进行贸易。虽然这些使者往往都携带一些属于自己的商品，“‘私与’商贾牟利”；也有的商人冒充使者，入宋交易；但这种限制在贡赐形式下的贸易，使外来的商人很难在市场上自由地买卖。

——荣新江：《〈清明上河图〉中的胡人形象解析》，载《新疆日报（汉文版）》2009 年 6 月 23 日

教师设问：结合材料，概括《清明上河图》中胡人形象很少的原因。（参考答案：陆上丝绸之路的受阻；贡赐贸易的限制）

材料七　如众所知，陆上丝绸之路在唐代后期逐渐衰落，至北宋时期，一方面从中亚到西域，存在许多地方性政权，导致传统商路必须经过中间商(主要是回鹘人)倒卖才能到达中原，成本大增；另一方面，随着航海技术与造船技术的进步，阿拉伯商人纷纷转走海路，至广州、明州、泉州港停泊，与中国贸易。

——张文：《也谈〈清明上河图〉中的胡人及相关问题》，载《苏州大学学报(哲学社会科学版)》2016 年第 3 期

教师设问：结合材料，还有什么原因导致了《清明上河图》中胡人形象很少？(参考答案：航海条件的改进带来海上丝绸之路的发展)

材料八　综上所述，北宋对海商实行属地化管理，除非特许，一般不许转往外地销售货物，尤其严格控制进京售货。在此背景下，京师开封不见或绝少见到阿拉伯商人，就容易理解了。

——张文：《也谈〈清明上河图〉中的胡人及相关问题》，载《苏州大学学报(哲学社会科学版)》2016 年第 3 期

教师设问：结合材料思考，导致宋朝开封城中胡人变少的原因还有什么？(参考答案：市舶制度的严格管理)

教师讲述：值得注意的是，崇宁三年(1104)以后，这种严格的制度有了重大转变。这年五月二十八日，朝廷颁发诏书放开了对外来胡商前往东京或其他地方贩卖货物的限制。但宋代的对外贸易已经发生了从唐代的“头枕三河，面向西北草原”转向“头枕东南，面向海洋”的巨大变化。

教师引导学生小结：以时间为序来观察汉唐以来中国人对胡人与骆驼形象的认知变化，我们发现，骆驼作为一种外来物种，是随着汉唐以来陆上丝绸之路的发展而日渐进入到当时中国人的文化与历史记忆中来的，并逐渐成为“丝绸之路”的象征符号。而随着唐朝安史之乱以后的政治、经济等因素的变化，胡人牵驼、驼铃声声的历史图像也逐渐淡出了宋人的视野，取而代之的则是来自海上的舳舻千里景象了。

教学资源

资源 1：“丝绸之路”与“玉帛之路”的区别

如前所述，“丝绸之路”在中国是个外来概念，在西方古代社会，丝绸虽然象征高贵的地位，但在中国却没有如此“高贵”之意。传统中国更具高贵象征意的物质是玉。《管子·水地》篇曰：“夫玉之所贵者，九德出焉。”①玉石的文化内涵也极为丰富，能象征仁、知、义等“九德”，具有重要的身份区分意义，规范着社会秩序系统。从物质双向交流的角度来看，“玉帛之路”的说法更能体现中国视角，也更加“名副其实”。然而，作为贸易品、甚至一度作为货币替代品的“丝绸”，与主要作为进贡品存在的“玉石”二者的意义是不同的。进贡是社会权力等级压力下的进献，贸易则是买卖。“玉帛之路”与“丝绸之路”的关注点不相同，前者仅仅着眼于物质的流通，后者则是出于对东西方贸易的认识而做出的理解，二者的概念内涵并不

① 黎翔凤：《管子校注》，北京：中华书局，2004 年，第 815 页。

相同。

——王小英:《"丝绸之路"的语言学命名及其传播中的话语实践》,载《现代传播》2017年第11期

资源2:古罗马人对蚕丝来源的认识

华美轻柔的丝绸,使西方人产生了许多关于东方的猜想,罗马人花了6个多世纪才了解丝的来源。有学者陈述这样一段历史:公元前1世纪,古罗马诗人维吉尔提出丝是从树叶梳下的精细的羊毛。公元1世纪,罗马学者辛尼加多次提到中国人是从树上采摘丝线。同时代的普林尼更认为,中国人是在森林里生产羊毛的民族,他还具体描述怎样从树上取丝到纺线、织布的过程。到1世纪末,罗马人认识到丝线不同于棉线。随着罗马商人沿丝路东来,至公元2世纪,他们得知丝是来自一种叫"赛儿"的类似蜘蛛的小虫。这种认识比较接近实情。3世纪中叶以后,罗马政局混乱、经济低迷,商人东行大为减少,罗马人对丝的认识又退回到丝从树上梳下来的传说。直至6世纪中叶,印度僧侣将蚕卵带到拜占庭罗马,罗马人对蚕丝的来源方有正确认识,并掌握了养蚕、纺织丝绸的技术。

上述关于丝的传说和真实描述,发生在公元前1世纪至公元6世纪之间,正是丝路从开辟到初步繁盛的时段。罗马人那些涉及丝之来源的故事,并非全是向壁虚构,文人的描述显然依凭了各种道听途说,而这些道听途说(直至真实情节)是经由丝路这条东西通道得以传递的。可见,丝绸之路既是实体经济的交流通道,也是与之伴随的各种文化信息传播的路径。

——冯天瑜:《开辟"丝绸之路"的三大动力源》,载《湖北社会科学》2014年第9期

资源3:从飞天形象看中西乐舞文化融汇的轨迹

常书鸿与李承仙为长年生活在敦煌的敦煌艺术研究专家,经过他们系统、严密的统计,敦煌的飞天有四千五百余身。可见飞天数量极大,它与新疆地区石窟壁画上的飞天形成鲜明对比,在敦煌石窟壁画上,绘画大师们以他们具有的审美理想将飞天绘满佛国世界,满壁飞动的气象,蕴含着深厚的汉魏时代汉民族审美情思。北魏的飞天虽然还带有浓重的西域及外国歌舞的风姿,与新疆的飞天有着直接的扯不断的联系,但飞天的腾飞姿态已带有了明显中原汉民族褒衣博带、舞袖挥巾的舞蹈审美色彩。到了隋唐时代以后,西来的翼人、飞天已与中原乐舞很好的融合,成为具有中国特色的乐舞形象姿态。

——金千秋:《古丝绸之路乐舞文化交流史》,中国艺术研究院2001年博士学位论文,第80页

资源4:域外引种作物在中国文化中的衍生

众所周知,石榴源自中亚地区,秦汉时期随丝路开凿而进入中国,因其果实味道鲜美、色泽艳丽而备受国人喜爱,不仅渐入文人骚客歌咏之范畴,而且与中国红红火火、多子多福等理念连为一体,成为中国传统民俗文化中象征富贵的重要符号。再之如辣椒,传入中国之后很快流行,不仅仅被越来越多的人食用,而且也被赋予豪爽、刺激、热烈、干练等文化内涵,辣

椒的形象对于中国人来讲，也开始意味着红火、丰收、喜庆，形成了独特的一种辛辣文化。①

——朱宏斌：《浅论农业科技文化交流史研究的基本维度》，载《农业考古》2011 年第 1 期

资源 5：牛痘医术东渐中国

但在中国，传播种牛痘医术最主要的是嘉庆二十二年(1817)出版的邱熺所著《引痘略》一书。此书将皮尔逊在澳门和广州施种牛痘医术加以详细介绍，并把中国传统的中医理论及出痘后用药护理相结合起来；将上臂种痘部位定为手少阳三焦经的消烁、清冷渊二穴，以经络脏腑理论作了诠释。经过邱熺的诠释，大大扩展牛痘医术的可信程度。又由于皮尔逊在广州免费给居民种牛痘，加上邱熺设置"菓金"送给种牛痘的小儿，这样既吸引广大贫苦之家来种牛痘，又保证了疫苗得到源源不断的供应，从而大大促进了牛痘医术在中国的传播和推广。

——黄启臣：《人痘西传与牛痘东渐——丝绸之路的文化效应之一》，载《海交史研究》1999 年第 1 期

资源 6：外来建筑文化在岭南的传播

通过对南越王宫的考古发掘，御花园中有石砌蓄池、曲渠流水、铺石、八角柱等，在御花园水池的底部，还有倾倒的叠石柱，这些园林与建筑的符号与中国传统的园林与建筑符号体系大相径庭，反而与西亚、地中海沿岸的古埃及、古罗马的建筑有较多的相似之处。南越王御花园中水池的池壁采用砂岩石板呈冰裂纹铺砌，这种砌筑方法在古希腊建筑中较为常见，被称为"毛石乱砌"(或"蛮砌")。建于公元前 5 世纪的古希腊阿波罗神庙的挡土墙即使用了这种"毛石乱砌"法。

——王瑜：《外来建筑文化在岭南的传播及其影响研究》，华南理工大学 2012 年博士学位论文，第 35—36 页

资源 7："中国"一词的不同称谓体现出丝绸之路上语言文字交流

这种语言文字不仅在两个民族之间交流，同时也在两种以上不同的语言文字中被使用，如现在的"中国"，在绝大多数语言(如英、德、葡、西等)中都被写为"China"或类似的变体，如 Chine(法语)，在北欧五国中皆写作 Kina(如丹麦、瑞典、挪威、冰岛、芬兰)；另外一种称呼便是 cina(古印度语梵文)和 chinas(希腊语)、Sinai/Serica(古拉丁语)、Sinae(后期拉丁语)，目前有多数学者认为指周代的秦国。在不同的国家，"中国"被不同的语言构词习惯所不断书写，如在格鲁吉亚和亚美尼亚语中，"中国"分别被称之为 chineti 和 Chinastan。正是这种语言传播，在世界上与"赛里斯"(古罗马对中国的称呼)"桃花石"(中亚对中国的称呼)"契丹"(突厥语系国家对中国的不同称谓)等一起，在不同时空、不同语境下建构与传播着中国的国家形象。

——林少雄：《丝绸之路的文化意蕴》，载《兰州大学学报(社会科学版)》2018 年第 2 期

---

① 蓝勇：《中国辛辣文化与辣椒革命》，载《南方周末》2002 年 1 月 25 日。

资源8：奥斯曼土耳其帝国与旧商路的复兴

新航路的开辟并不标志着旧商路贸易的彻底终结。16世纪初，旧商路的确经历了一段时期的贸易低谷，然而，此后，由于奥斯曼帝国复兴旧商路贸易的政策和葡萄牙的衰弱，旧商路于该世纪中期再次复兴并繁荣起来。从空间上看，东西方贸易从旧商路向新航路的空间转换是以新航路的开辟为起点的，而非以其结束。欧洲贸易中心的转移和东西方贸易的空间变换是一个长期的、缓慢的和曲折的历史过程，期间充斥着以奥斯曼帝国为代表的旧商路国家与葡萄牙的复杂外交和军事斗争。

从旧商路国家的角度看，作为当今大多数中东国家前身的奥斯曼帝国，对连结亚洲和西方的旧商路的贸易和文化交往非常重视。它不仅从东西方贸易中获得来自世界各地的各种不可或缺的商品，还从转口贸易中获得巨大的经济利益。同时，奥斯曼帝国与西方文明围绕商路进行的长期战争给奥斯曼人留下了敌视和抗拒西方文明的心理。

——宋保军：《奥斯曼帝国与16世纪中期旧商路的贸易复兴》，载《西北大学学报(哲学社会科学版)》2016年第3期

资源9：茶马古道滇藏线的宗教和文化交流

沿途的一个个村落，可能是单一民族居住，也可能有多个民族共居、多种信仰并存，相邻的村子可能是同一民族，也可能是不同的民族，但人们彼此尊重各自的信仰和文化，相互通婚、相互学习和借鉴对方的衣食住行习俗。在这条古道上，你很容易就可以看到一个家庭里有来自多个民族的家庭成员、有多种信仰并存的现象；你也会看到一个民族可以说多种邻族的语言、甚至一个民族的服饰里都混合着多种民族服饰文化因素、一种宗教里也包含了多民族宗教因素的现象。一座神山，也融合了多民族的信仰因素和文化习俗。

——杨福泉：《茶马古道：一条写满历史的高原古文明之路》，载《新西部》2018年第13期

资源10：中国与东南亚国家友好交往

由于郑和船队的努力，东南亚不少国家出自对中华风物的仰慕之情，除派使臣来华朝贡之外，四个东南亚国家——渤泥、满剌加、苏禄、古麻剌朗国的11位国王亲自率领庞大使团访问明朝。明廷隆重接待上述四个国家的多位国王及其使团，赐给仪仗及宫廷所用贵重用品。……其中访明的三位国王——渤泥国王麻那惹加那、苏禄国东王巴都葛巴答剌、古麻剌朗国王斡剌义亦敦奔因病逝于中国，明成祖命以王礼厚葬，成为中国与东南亚国家友好交往的佳话。

——王介南：《郑和下西洋与中国东南亚文化交流》，载《东南亚纵横》1993年第4期

资源11：中心城市的兴起促进商路的畅通

北宋时，以汴京为中心建设了东西南北四条陆路干线，并在每隔30里设置一个驿舍，在此基础上开通汴河、黄河、惠民河及广济河四条河流，大吨位船只被投入到商业运输中，实现了水路和陆路双重运输方式叠加使用，以达到在耗费运输时间最短的情况下，花费最少的运输费用，所以商业中心的兴起反过来会促进其商路的顺畅，例如当时的商业中心洛阳、汴京

等,其周围商路都非常完善。

——李红:《古代中原商路与商业经济的相关性研究》,载《经贸实践》2015 年第 9 期

资源 12: 中日韩商路促进文化交流

其次,成为文化交流的稳定通道,有利于增进彼此的了解。"封贡制度"限制了东亚经济文化交流的方式,特别是在清中前期,使者几乎成为政治、经济、文化交流的唯一纽带,但限于身份的束缚,真正活跃地进行经济、文化交流活动的是那些没有语言障碍的译官和随团商人以及文人学者们。朝鲜半岛对中国书籍的购求一向十分重视。在唐宋时期,中国书籍就不断流入朝鲜半岛。尤其是明代,朝鲜王朝前期从明朝购求中国书籍的数量和种类,都超过以往任何时期。朝鲜王朝努力吸收儒家文化,将儒家思想作为治国之道、立国之本、修身处事的原则。儒学在朝鲜半岛得到前所未有的传播。① 明清鼎革之后,尤其康乾时期,朝鲜使臣加大了在中国市场对书籍的购买量。大约从 17 世纪到 18 世纪,清朝的考证学和文艺以及西洋的天文学、历法、地理学、医学、音乐、数学、火器等各方面的科学技术知识,通过来华的使者与商人介绍到朝鲜。交流总是相互的。中国历代文人也收录、刊行过不少朝鲜的著作,使它们得以在中国流传。清代中国文人大量搜求朝鲜各种著作并为之作序刊行。其中最受关注的是朝鲜的诗,在中国广为传播。汉字文化成为联结东亚区域的坚韧纽带,是这条商路所承载的另一个重要内容。

——费驰:《17 世纪末 18 世纪初的东亚商路及其影响》,载《中国边疆史地研究》2011 年第 4 期

资源 13: 山西商号三义堂商号代运

以总号设于包头的山西商号三义堂为例,该号主营百货及皮毛生意,在甘肃酒泉及敦煌设有分号,货物远销乌鲁木齐。三义堂从天津等地采购货物,用驼队运往酒泉和敦煌后批发给当地商贩;再将分号收购之山货、皮毛运回包头,继而转运天津等地。该号不仅往返西北及内地运送本号货物,还承办别家商号的代运业务。总号设在乌鲁木齐的山西字号永盛生,分号在兰州,主营中药材,此商号在酒泉并无分号,但通过三义堂酒泉分号将天津、兰州的药材转运至乌鲁木齐;再将新疆及酒泉收来的药材经三义堂转运至兰州。类似三义堂这样的山西字号,在彼时西北地区的商贸活动中并不鲜见。

——乔南:《商路、城市与产业——晋商对近代西北经济带形成的作用浅析》,载《经济问题》2015 年第 5 期

资源 14: 海上丝绸之路的文化交融

整体来看,文化交融的一个特征是,处于东方的文明几乎吸收了所有来自西方的文化要素。因其自身独特的包容性,使得东亚板块,尤其是处于跨板块节点的中国东南沿海的港口片区,吸收了来自其他板块的基督教、伊斯兰教、佛教,乃至摩尼教等元素,并与儒家文化进

① 刁书仁:《朝鲜王朝对中国书籍的购求及其对儒家文化的吸收》,载《古代文明》2009 年第 2 期。

行融合。比如，伊斯兰教原本并不重视墓葬，但伊斯兰先贤在中国的墓葬却与中国儒家文化中的丧葬习俗结合，成为一种独特的穆斯林墓葬形式。另外，在斯里兰卡科伦坡国家博物馆藏有据信是郑和第三次下西洋之前在南京刻造的“布施锡兰山碑”，记录了郑和及其船队分别向佛祖释迦牟尼、印度教主神毗湿奴和伊斯兰教真主阿拉祈愿、布施的情况，一块石碑、三种宗教，反映出郑和本人及其航海团队宗教信仰的多元性，体现出外来宗教在中国的融合。

——燕海鸣、朱伟、聂政、赵哲昊：《古代世界的海上交流——全球视野下的海上丝绸之路》，载《中国文物科学研究》2016 年第 2 期

资源 15：唐代茶文化传播的特点

唐代是中国茶文化的重要发展阶段，也是茶叶及茶文化向周边国家和地区传播的重要时期。这一时期茶文化对外传播主要呈现以下几个特点：

第一，该时期茶叶传播是一种文化意义上的沟通与交流，而非商品贸易活动。茶文化的对外传播不仅仅是茶叶这一消费品的外输，更是与茶有关的文化生活方式与审美情趣的输出。无论是寺院僧侣之间的交流，官方的赏赐赠与，还是民间的互动，处处都流淌着浓厚的友情。进入宋代以后，南方的一些港口开始茶叶的商贸活动。明清时期，中国茶叶通过海路或者陆路向世界各地大宗出口，这与唐代茶文化形态传播是截然不同的。

第二，在中心—边缘的地缘政治秩序格局中，茶从“文化高地”流向“文化洼地”。唐代，中国位于世界文化的中心，有着大量物质和精神的财富，占据着文化的制高点，周边的部族和国家都在主动而心悦诚服地汲取唐文化的营养，“在中国历史上，文化之花最为盛开、最为灿烂夺目的唐代文化，犹如高处向低处流淌的水流，流向周围的各个国家。”①茶文化是唐代文化制度输出的具体形态。

——刘礼堂、宋时磊：《唐代茶叶及茶文化域外传播考》，载《武汉大学学报（人文科学版）》2013 年第 3 期

资源 16：对外交流促进中国瓷器制造业繁荣

自元代始，中国与西域世界文化交流的主要对象是阿拉伯—伊斯兰地区，这时丝绸已不再是对外交往中的主打物品，交流主题往往通过青花瓷来完成。由郑和下西洋开创的明初海陆朝贡贸易体系，更是将这种趋势进一步发展到极致，作为朝贡外交，赏赉中国瓷器乃是顺理成章的事情。青花瓷大量输出伊斯兰地区，得到那里上至君王及达官贵族，下到一般平民百姓的喜爱，早期景德镇青花瓷器的主流装饰风格就是为适应这一市场而设计的。而青花瓷器的输出海外，又促进了中外青花原料与技术的交流。这一时期的青花瓷器生产无论产量还是质量都达到了一个新的水平，并且以其胎、釉的精细，青花的浓艳，造型的多样和纹饰的优美而负盛名，被称为是青花瓷器的“黄金时代”。中国青花瓷器，已牢固树立了在世界瓷器市场的霸主地位，并一次又一次地攀上了世界艺术殿堂的巅峰。

——周剑、张玮、郑乃章：《青花瓷——中国与阿拉伯文化交流的结晶》，载《陶瓷学报》2012 年第 2 期

① ［日］熊仓功夫：《论茶之东渡日本》，载《农业考古》1991 年第 2 期。

资源 17：下午茶的来历

1662 年，葡萄牙凯瑟琳公主嫁给英王查理斯二世，给英国带去了饮茶风尚，品饮中国茶一时成为宫廷时尚，达官贵妇千金小姐争相效仿。英国诗人 E. 沃勒（Edmund Waller）（1606—1687）曾作诗赞美这位饮茶皇后：

花神宠秋色，嫦娥矜月桂；
月桂与秋色，难与茶媲美；
一为后中英，一为群芳最；
物阜称东土，携来感勇士；
助我清明思，湛然去烦累；
欣逢后诞辰，祝寿介以此。

这首《饮茶皇后》被称为最早的英文茶诗。

此后，玛丽二世及安妮女王也都热衷于推广茶文化，曾在宫中多次举办茶会。到 18 世纪中期，在贝德福公爵夫人安娜的推广下，“下午茶”的风气很快就在整个社会传播开来，形成一种时尚。无论是达官贵人还是普通大众，当午后钟声敲响四下，大家都放下手中的活计，在家中或走进咖啡吧或茶室来喝一杯茶，这种风尚称之为“维多利亚下午茶”。

——盛敏、刘仲华、林海燕：《近代中国茶文化向西欧的传播与中西文化交流》，载《农业考古》2017 年第 5 期

资源 18：从丝绸之路看商业在文化传播中的意义

7 世纪以后，日本逐步形成了具有日本民族特色的“汉方医学”，其内容基本上是针灸、按摩之类，完全是融中国传统医学文化的结果。而在公元 3 世纪，日本开始正式、大量使用汉字。中国佛教传入日本也是在唐时。至于在文学、艺术、建筑等方面，唐朝对日本的影响更为广泛深远，如奈良是模仿唐都长安等等。如前所述，中国文化对日本的影响有着深刻的商业活动背景，比如日本的茶道，在许多方面深受中国茶文化的影响，与中国茶文化作为商业文化的重要内容和特色密切相关。再次，“古丝绸之路”对中外文化的传播，不仅表现在中国文化对西方及东方的重大影响，也表现在外国文化对中国文化的影响，在这方面，印度佛教传入中国，是最典型的例证。印度佛教在汉朝传入中国，对中国文化发展产生了深远影响，但在隋唐时期，印度佛教逐渐为中国文化所消化，成为有中国特色的佛教。这从“唐僧取经”中可以得到说明。总之，汉唐时期的中西文化的传播主要是中国文化向西方及亚洲的传播，得力于商业通道“古丝绸之路”，商业在文化传播中的意义是一目了然的。

——张建生：《文化传播的商贸媒介思考》，载《兰州商学院学报》2005 年第 6 期

资源 19：商品对民国女性观念的冲击

民国时代中国城乡妇女中绝大多数是无职业的家庭妇女，有 90%以上纯属文盲，她们中绝大多数人的精神世界和物质世界终生与世隔绝，基本被丈夫、子女、公婆所占据。清末到民初再到“黄金十年”的社会剧烈转型的大时代风潮中，她们对于外部世界的种种新变化的了解，很大程度是通过短暂而细微的亲眼观察和亲身体验获得的：或是翻看一本破旧不堪的《良友》杂志，或是亲睹县城大街上招摇过市、惊如天人般的洋学堂女教师（她们的标志性

打扮为齐耳短发"妹妹头"和一袭凸凹有致的新款旗袍),或是一块芬芳扑鼻的"裕茂牌"香皂(中国最早的国货肥皂),或是一方密织着环形棉线的"三角牌"毛巾(中国最早的国货毛巾),或是一盒贴着印有花园洋房精美小画片的"巧明牌"火柴(中国最早的国货火柴),或是一管可以使自己贝齿洁白、渍垢全无且口溢芬芳的"三星牌"牙膏(中国最早的国货牙膏),才隐约感知到这些惊鸿一瞥的"洋玩意儿"背后所代表的新事物已不可避免地渗入自己的日常生活,也因此唤醒自己内心深处女人天然爱美的自然属性,"润物细无声",继而使原本被封建礼教约束得木讷懵懂的她们克服种种束缚,顽强地加入到广大新式民生商品消费者的滚滚洪流之中,使之成为自己日常消费不可或缺的物质享受与精神寄托。

——王琥:《民国商品里的物质文化属性》,载《新美术》2013 年第 4 期

第五单元

战争与文化碰撞

学术引领

李庆山在《文明的毁灭与孕育：深刻影响人类社会的76次重大战争·前言》(5—7页，北京：中国青年出版社，1994)一书中指出，战争既毁灭文明，又能孕育文明；既受文明发展的影响，又深刻地影响着文明的发展。

李庆山指出，人类社会发展史是一部血与火、兴与灭的历史。上下五千年，战争从未长时间地停顿过。据瑞士、美国等许多国家统计，从公元前3200年到公元1964年，世界上共发生过14513次战争，其间只有329年是和平的。战争给人类造成了难以估量的灾难。大约有36.4亿人死于战火，损失财富折合成的黄金，可铺成一条宽150千米、足可绕地球八周的黄金带。

李庆山指出，亚历山大的胜利改变了世界历史的进程；十字军刺激了西方商业的复兴，而不是西方商业的复兴引起十字军的东征；技术先进的火器帮助西班牙的科尔特兹和庇札罗征服了墨西哥的阿兹蒂克族和印加族各国，并且发掘了对近代经济发展有决定作用的宝藏；法国拿破仑通过战争，把革命思想向全欧洲传播，使得西方社会发生了革命性的变化；20世纪初起，诸如电子、航空、红外等各种新军事技术在战争中的成功运用，极大地改变了现代人类社会生活的面貌。大量历史事实表明，战争与人类文明是紧密联系在一起的。当然，这种联系和作用是客观的，许多并不是战争发动者的主观意愿。非正义战争，在对人类文明带来惨烈破坏的同时，也可以产生一些具有一定意义的积极作用，但那几乎完全是一种客观效果。

李庆山在书中还进一步指出，战争对人类文明的影响，是与人类文明进化程度密切相关的。在农业社会里，战争的影响主要限于交战国。在工业社会里，随着电话、电报、汽车、飞机等电气化工具的出现，信息传递手段增多、速度加快，战争的影响大大超出了国界，可以迅速向世界范围内扩散。而在现代社会里，战争一旦发生，世界平湖便陡生波澜，其传播速度之迅速、波及面之广大、影响之深远，都是前所未有的。可见，社会文明程度越高，战争影响就越快、越大。

一、战争与文化的交流

（一）亚历山大东侵（公元前334—前324年）——希腊化时代的到来

亚历山大（公元前356—前323年），古代希腊马其顿国王，杰出的军事家、政治家。公元前336年其父腓力二世遇刺身亡，亚历山大继位，时年20岁。亚历山大继位之后稳定了国内局势，于公元前334年春季率领大军渡过赫勒斯湾海峡远征东方。经过十年的大规模征服，建立了一个地跨欧、亚、非三大洲的庞大帝国。亚历山大帝国的版图西起希腊、马其顿，东到印度河流域，南临尼罗河第一瀑布，北至药杀水（今中亚锡尔河），首都设在巴比伦。亚历山大的十年东征是一次希腊奴隶主阶级的侵略战争。战争把灾难带给了东方各国，希腊和马其顿统治阶级获得了大量的土地、财富和奴隶。但是东征在客观上为东西方经济和文化的交流创造了条件。

傅利华在《略评亚历山大东征》（载《内蒙古民族大学学报（哲社版）》1996年第4期）一文中认为，亚历山大的十年东征打通了由印度至尼罗河广大贸易区，使希腊同西亚、中亚、印度等国的贸易更加密切了。东征期间，从北非至南亚次大陆，亚历山大先后建立了几十座希腊文明城市。最为著名的是在尼罗河三角洲建立的一座城市（现在亚历山大城所在地），亚历山大用自己的名字命名为亚历山大里亚。这座城市后来成为整个地中海地区的最大城市，成为地中海地区与东方各国经济、文化交流的中心。此外，大量的希腊手工匠师、商人、冒险家在这一时期涌入东方。他们在亚非的许多城市中开设手工业作坊，从事商业经营，因而成为东西方经济交流的直接参与者，他们的活动是经济交流的具体内容。

傅利华指出，亚历山大东征在文化方面也取得了一定的成就。亚历山大为加强其在东方的统治，大力推行“融合”政策。在亚历山大帝国中沿袭了东方专制帝国的旧规，继承了波斯帝国的专制政体，保留了波斯帝国中央和地方行政组织，设立总督等地方官职；采用东方宫廷仪式，重用波斯和当地土著的上层分子，让他们充任政府和军队的官吏。为了促进东西方民族之间的直接融合，亚历山大把长期以来一直戴着作为胜利者标志的马其顿帽，换成被征服了的波斯人的头巾。不但在衣着方面，在安排日常生活的各个方面也都成套地抄袭东方，尤其应该指出的是，他鼓励马其顿人和东方女子结婚。亚历山大还在其占领和所建的城市中设法使东方希腊化，他给亚洲青年穿上马其顿服装，按马其顿军训制进行训练，装备得和马其顿部队一模一样。在骑兵特别部队里，还招收了波斯上层分子的子弟参加。

傅利华进一步指出，由于希腊时代的希腊诸城邦早已深陷危机，与城邦共同兴旺发达的文化、科学、艺术也失去了内部繁荣发展的土壤。亚历山大东征建立起的地跨欧、亚、非三大洲的大帝国使希腊的文化找到了根植于城邦外部的土壤和条件，希腊文化并未因城邦衰落而失去生命力。相反，希腊化时代的文化、艺术、科技有了长足的进步。

徐显朝在《亚历山大东征与中西文化交流》（载《边疆经济与文化》2015年第6期）一文中指出，亚历山大东征为东西方文化的交流提供了可能性，古希腊美术在这一时期深刻影响着东方美术，为东方美术注入新的活力。亚历山大的远征军中除了士兵之外，还有自然科学家、地理学家、历史学家、艺术家等。浩浩荡荡的军队在远征途中，或是因为命令，或是因为伤残，或其他原因，总有一部分希腊人留在走过的地方。这使得希腊城市在异域文化的大背景中，不仅仅拥有居住的功能性，也是文化辐射的中心。留在城市中的人作为一种文化的载体，不可避免地会发生文化的接触，而且希腊人又拥有政治上的统治权力，因此希腊文化和当地的土生文化必然不是平等的互相影响。在这种背景下，希腊美术开始全面影响东方美术，这种影响不仅仅体现在技术层面，也体现在美术题材上。在考古发现的众多中亚艺术品中，有大量的希腊题材的艺术作品。在佛教的壁画及雕塑中也有很多希腊的影子，例如太阳神阿波罗就跑到了佛教艺术中，在很多的佛教壁画中都出现了一种类似于“阿波罗驾着太阳车”的形象。在克孜尔的一幅壁画中，一个佛的形象坐在一辆二轮车上，背后则是一轮大大的太阳。虽然画得不是很生动，但是这个形象一看就能使人联想到古希腊的神话传说，虽然其中人物的形象已完全被中亚人的形象取代，但是题材无疑取自古希腊的神话传说。在稍后时期众多已发现的佛寺中，从建筑的布局形式到装饰风格，都带有浓郁的希腊风格。在楼兰遗址四周的围栏处，所采用的柱子明显具有古希腊爱奥尼亚式的特点。

徐显朝还指出，在古希腊文化的东传过程中，并不只是某一方单纯的接受，而是互相的影响融合。希腊文化没有取代东方的文化成为独一的文化，而是和当地文化融合，产生了新的“东方化”了的希腊文化，与希腊本土的文化已不是完全一样，只是高度相似。交流与融合是古希腊美术东渐的主旋律。

杨巨平在《“希腊化文化”是人类历史上第一次文化大交流大汇合》(载《山西大学学报(哲学社会科学版)》1992 年第 4 期)一文中认为，亚历山大东征开创的希腊化文化，是希腊文化与古埃及、巴比伦甚至古印度以及其他各地的文化相互交流汇合的结晶，是人类历史上第一次文化大交流。他指出，并不是说在亚历山大东征之前，希腊文化与外地文化毫无接触，而是说这次文化交汇的规模之大、范围之广、程度之深、成果之巨前所未有。

首先，从文化交流汇合的范围看，它不只限于希腊—马其顿人的直接统辖之地，还包括受其影响的周边地区。可以说，从印度到西地中海，从咸海、里海到印度洋，各种不同传统、不同层次的文化都参与了文化的交流与汇合。希腊化时期，希腊文化与包括中国文化在内的欧亚非大陆的各主要古老文化都发生了或多或少的接触，希腊化文化沟通了古代世界五大文化的源流。

其次，从文化汇合的内容看，希腊化时期的文化犹如千流归大海，丰富多彩。希腊的人可成神观念与埃及、巴比伦的王权神化一拍即合，形成了新的国王崇拜。巴比伦的占星术、天文观测资料与希腊文学、数学的结合，使这一时期的天文学成就达到了近代哥白尼才能达到的高度。东方的拱形建筑风格也被希腊化时期的建筑师们所吸收。代表时代思潮的斯多亚学派兴起于雅典，它的大师却多来自东方，巴比伦的“天人对应”观、希腊的犬儒学派、学园派的哲学观念就是芝诺思想的基础。希腊语成了希腊化世界的通用语言，不少当地人用希腊语写了本国本地区的历史，大大丰富了希腊化时期的史学宝库。

再次，从文化重心和成果看，这一时期的文化重心集中在东至两河流域的欧亚交接之地，希腊半岛只是其中的一部分。新兴的城市如埃及的亚历山大里亚、叙利亚的安条克、小亚细亚的拍加马、巴比伦尼亚的塞琉西亚，以及上百个散布在亚非大地上的希腊式小城市。这些城市既是东西方文化的交汇之地，也是文化交流的结果，特别是埃及的亚历山大里亚取代雅典，成了希腊化世界的文化都会，各种文化源流、各地的文人学士都汇集这里，希腊化时期的文化巨人，文化成就多从这里诞生。

最后，这次文化交汇的成果和程度，还体现在希腊化时期人们文化观念的变化上，雕刻家、剧作家、哲学家、科学家面向的不是一城一国，而是整个希腊化世界。从印度到罗马，同一个剧目可能在上演，同一种雕塑艺术在流行。狭隘的城邦意识逐渐消失，新的世界观念、人类意识正在萌生。

李丽玲在《浅析亚历山大统治政策与希腊化文明的形成》（载《绥化学院学报》2010 年第 6 期）一文中认为，亚历山大东征后采取的统治政策为希腊化文明奠定了政治基础。亚历山大在对外征服及治理帝国的过程中，通过总督管理、军队建设、政治联姻及宗教政策等政治手段进行统治与管理，开创了一个东西方文明交流的新时代——希腊化时代。

第一，在政治制度方面，亚历山大在被征服地区的统治方式融合了希腊特征与东方的特征。为扩大统治基础，加强个人权利，亚历山大把马其顿与东方的政治制度相结合，实行一种特殊的君主专制政体。亚历山大是以马其顿国王的身份进入亚洲的，但他每到一地就宣称自己是当地原统治者的继承人，用东方君主的统治方式统治东方的大片领土，他崇尚东方宫廷礼节，要求大臣行东方式的匍匐礼。亚历山大继承了波斯帝国的专制政体，保留了波斯帝国的行省制，设立总督等地方官职。为有效地统治被征服地区，亚历山大十分注意笼络东方各地的贵族，其征服地区行省的总督大部分都是伊朗人或当地贵族。在希腊马其顿地区，国王的专制统治代替了城邦政治。

第二，在军队的建设中体现了民族融合精神。亚历山大从东方人中补充兵源，使军队成分发生了变化。亚历山大把波斯及北方招募来的士兵，如帕提亚人、巴克特里亚人等，加以方阵和马队的特殊训练，实行波斯与马其顿混合编制。亚历山大在军队中大量吸收、启用东方人，一方面是为解决东征中兵源和给养的需要，另一方面也是为调和东西方之间的矛盾，使东方和希腊同化。

第三，实行政治联姻，维系帝国稳定。亚历山大认为，要巩固这个庞大的帝国，根本办法在于实行"融合政策"。因此，他采取联姻的手段打破民族之间的隔阂，清除东西方的裂痕，希望以血缘关系为纽带，使希腊人与东方人融为一体，成为其永久统治东方的支柱。在亚历山大的带动和鼓励下，有许多马其顿官兵和东方贵族联姻。政治联姻是维系帝国稳定的一条纽带，这项政策的实施，打破了民族界限，为东西方各民族之间的语言沟通、风俗习惯的相互适应提供了良好的条件，为东西方各民族的交融架起了一个桥梁。

第四，在宗教方面，亚历山大接受并利用了东方的宗教崇拜和王权神化思想。亚历山大尊重当地人的宗教信仰，采取宽容和利用的宗教政策，体现了民族融合的精神，为东西方民族友好相处奠定了情感基础。

美国学者杰里·本特利、赫伯特·齐格勒在《新全球史·文明的传承与交流》（第三版，上卷，260—267 页，魏凤莲、张颖、白玉广译，北京：北京大学出版社，2007）一书中指出，历史学家一般把亚历山大和他的后继者统治的时代称为希腊化时代———个希腊文化传统超越希腊本土向更广阔世界传播的时代。从亚历山大离世到罗马人征服地中海东部的几个世纪中，希腊化帝国内出现了世界性的社会，并且促进了从希腊到印度整个地区之间的交流。在希腊化时代，随着亚历山大帝国的建立及随后的帝国统治，殖民者和商人们不断扩大他们经营的范围，希腊人进入了更为广阔的贸易世界。商旅队的贸易还把波斯和巴克特里亚与希腊化帝国的西部地区联系在了一起。

杨巨平在《亚历山大东征与丝绸之路开通》(载《历史研究》2007 年第 4 期)一文中认为,丝绸之路的开通,既要归功于中国汉武帝的经略西域,张骞的万里凿空,也与希腊方面亚历山大东征密切相关。

杨巨平指出,公元前 4 世纪时,欧亚大陆还存在一些其他的古老文明或正在兴起的文明,但它们或由于地理阻隔的原因,或由于自身发展的原因,与其他文明真正接触和交流的历史机遇似乎还未来临。

杨巨平还指出,公元前 334 年,亚历山大以希腊—马其顿联军统帅的身份开始了对波斯帝国的征服。十年征战,亚历山大不仅将原来波斯帝国的版图据为己有,而且有所扩大。从地中海到印度河,从黑海、里海、咸海到阿拉伯海、波斯湾、红海,几乎都被囊括在亚历山大的帝国之下。虽然亚历山大于公元前 323 年突然病逝,他的帝国迅即崩溃,被其部将瓜分一空,但希腊—马其顿人对当地民族的统治格局并没有改变。希腊文化成为凌驾于当地文化之上的强势文化,希腊化的进程加快了,与东方文化的交流融合日益广泛深入。希腊化世界的形成,大大便利和促进了各希腊化王国之间以及它们与周边地区的交往。由于经济、文化的交流往往大大超出政治统治的区域,在希腊化世界及其周边地区实际上形成了以西亚为中心、以地中海和中亚印度为两端的新的交通体系。

由此可见,在张骞到达中亚之前的公元前 2 世纪中后期,后来丝绸之路的西段(自帕米尔以西)实际上已经开通,而且此时距亚历山大东征已经两个世纪之久,东部希腊化世界的政治格局和文化面貌也发生了巨大变化。从这个意义上看,张骞的西域凿空与亚历山大的东征,从不同的方向沟通了欧亚大陆古代诸文明之间的文化交流和经济联系。从此,中国的丝绸、漆器、铁器、皮制品,甚至杏树、桃树的种植术都开始向西传去,有的很快就传到了罗马。而西域的各种特产、奇物、乐舞、宗教也源源不断地传入中原,其中最具希腊化文化明显特征的就是融佛教精神和希腊造型艺术为一体的印度犍陀罗艺术,这是继张骞之后通过丝绸之路传入中原的唯一的、也是最可以明确辨认的希腊化文化信息。

综上所述,丝绸之路的开通,既要归功于中国方面的努力,也与希腊方面亚历山大东征以及希腊化世界的形成密切相关。正是这种中希方面的相向而进才"无心插柳柳成荫",最终贯通了这条连接中西、影响深远的千年之路。

(二) 罗马帝国的扩张(公元前 27—476 年)——条条大路通罗马

从公元前 264 年第一次布匿战争开始,已经统一了意大利的罗马就不可阻挡地走出了三面濒海、一面依山的亚平宁半岛,迅速崛起为地中海世界的超级帝国。经过 300 多年的强势扩张,罗马帝国的版图达到了极盛状态,东起美索不达米亚,西至大西洋,北界莱茵河和多瑙河,南迄埃及和北非。当时罗马帝国的统辖范围达 600 万平方公里,治下人口逾 5000 万,广阔的地中海成为罗马帝国的内湖,贯通全国的罗马大道(总长度达 53000 英里),把欧洲、西亚和北非紧密地联系在一起,可谓是"条条大路通罗马"!

杰里·本特利、赫伯特·齐格勒在《新全球史·文明的传承与交流》(第三版,上卷,297—302 页,魏凤莲、张颖、白玉广译,北京:北京大学出版社,2007)一书中指出,罗马帝国的征服使地中海地区大量的移民涌入罗马和其他大城市,他们经常会继续遵守自己所承继的传统，并把这种传统融入到罗马帝国的文化熔炉中，从而对罗马文化产生深刻影响。这主要表现在以下两个方面：

第一，古希腊哲学和救赎宗教被罗马人接受。随着罗马的扩张，他们遇到了其他民族的宗教和文化传统时，经常采取的方式就是拿其他民族的神为自己所用。例如，他们信仰了埃特鲁斯坎人的月亮女神朱诺和智慧女神米涅瓦，同时也使用了埃特鲁斯坎人的某些宗教仪式。

罗马人也从希腊人的理性思想和哲学思考中获得了灵感。当时在希腊化世界最有影响的哲学派别是斯多噶学派，这一学派认识到自己生活一个广大而独立的世界中，他们试图在自然和理性基础上建立起一套宇宙道德标准，以此来超越地方的道德准则。这种追求道德思想的方法强烈地吸引了罗马的知识分子和思想者，如西塞罗，他就非常推崇斯多噶学派的道德价值，他推动斯多噶学派成为罗马最重要的道德哲学流派。

第二，犹太教和早期基督教的发展。当罗马在地中海东部地区不断扩张时，犹太人和帝国权威之间的关系变得格外紧张。当这些犹太人与罗马军队战斗时，另外一些犹太人建立了新的宗教派别，寻找能够把他们从臣服的命运中解救出来的救世主。公元前1世纪，艾赛尼教派在巴勒斯坦建立了自己的组织，他们遵守严格的道德法则，参加旨在增强团体意识的仪式活动：他们接受的新成员要在水中经过洗礼，并且参加集体圣餐仪式。他们也在寻找能使他们摆脱罗马统治的救世主，引导他们建立新的组织以便使他们在实践信仰时不受打扰。

同犹太教徒一样，早期的基督教徒也拒绝尊崇罗马的国家崇拜，拒绝神化罗马皇帝。所以，罗马帝国统治者把基督教看成是帝国的威胁，经常进行一些迫害基督教徒的活动，旨在彻底消灭基督教。但在这种高压政策下，基督教徒的数量却快速增加。到公元300年，罗马城内的基督教徒也达到了相当的规模。基督教的快速发展反映出这种新的宗教对下层阶级、城市居民和妇女所具有的强烈的吸引力。到公元3世纪，基督教已经成为地中海地区最有活力和最具影响力的宗教信仰了。

陈剑在《高卢人的罗马化——罗马征服与统治时代凯尔特文明的嬗变历程》(载《古代文明》2011年第2期)一文中指出，从公元前58年罗马征服高卢开始，凯尔特高卢社会就步入了罗马化时代，拉丁文化逐渐成为高卢地区居民的主流文化。凯尔特人是欧洲早期重要的民族之一，其足迹遍及今日的法、德、西三国，而尤以其在高卢地区的显赫发展为人所关注。然而，一度强盛的凯尔特文明抵挡不了罗马铁军的兵锋，高卢地区最终成为了罗马的囊中之物。高卢4个行省是罗马化程度较高的行省，在罗马征服以前，其南部部分地区一直受以马西利亚为中心的希腊文化及意大利中北部的伊特拉斯坎文化的影响。恺撒征服高卢之后，给高卢社会带来了新的重大影响，尽管起初造成了相当程度的损害，但其后正面影响渐据上风。尤其是对凯尔特人语言、宗教及艺术的嬗变产生了巨大的影响。

陈剑指出，拉丁语作为一种当时已经十分成熟、先进的书写语言，自然比没有文字，只能以口语为载体的凯尔特语在许多方面占有优势。拉丁语既是官方语言，又通过各类教育方式得以广泛传播。在跨地区贸易、司法审判、军队中，都必须使用拉丁语。凯尔特语虽然在某些地区残存了很久，但最终还是败给了实力强劲的拉丁语。

陈剑指出，在宗教方面，凯尔特人逐渐抛弃了其原有的传统宗教德鲁伊德教，转而倾向接受罗马的万神教。凯尔特人最为重要的宗教祭司称为德鲁伊德。相传德鲁伊德往往在森林深处进行宗教祭祀活动，而橡树上的槲寄生则是他们的圣物，这令他们的形象更为神秘。德鲁伊德在凯尔特社会中也起着极为重要的精神领袖作用，是与军事首脑、骑士同等地位的上流阶层。罗马政府认为，德鲁伊德是高卢人反叛力量的精神支柱，一方面严令禁止德鲁伊德的活动，一方面大力发展罗马化的教育，与德鲁伊德争夺“市场”，最终将德鲁伊德的影响赶出了高卢。

陈剑还指出，高卢的艺术风格也经历了从前罗马风格向罗马风格的转变。凯尔特人的艺术风格主要是装饰性的，尽量避免直线，也极少采用对称形式。在同其他地中海民族的交往过程中，他们学会了新工艺，从而创造出新的带有自己风格的艺术作品，这种风格在公元前 4 到 3 世纪达到顶峰。公元前 1 世纪开始，南部高卢人开始转向雕刻艺术，特别是刻画人物形象，在高卢发现的这一时期的小型雕像、塑像特别多。在“罗马和平”时代，罗马艺术的影响更是如同狂潮一般势不可挡，雕刻艺术在建筑学中的应用，由于罗马兴建公共建筑风气的盛行而得到更大的发展。高卢北方的艺术以莱茵地区为中心，这里的墓饰艺术相当发达，这和该地区的战事较多有关，罗马人兴建陵墓也是一个原因，再者就是凯尔特人特有的风俗，即对死后生活的崇拜，其特色是将死者生前的生活景象刻画在石碑或陵寝中。这一独特的丧葬艺术风格无疑成了罗马文化与凯尔特文化相互融合的重要证据。

（三）十字军东征(1096—1270 年)——“圣战”阴影下的文化

1096—1291 年，西欧教俗封建主、意大利商人，在罗马教廷的组织和煽动下对地中海东岸各国发动了侵略性远征。他们打着消灭伊斯兰异教、夺回圣城耶路撒冷的旗号。出征战士佩有十字标志，十字军远征由此得名。1096 年，罗马教皇乌尔班二世组织了第一次十字军远征。1099 年 7 月十字军占领耶路撒冷。1202 年，教皇英诺森三世发动第四次远征，建立了拉丁帝国(1204—1261 年)。此后又接连发动四次远征，矛头指向埃及和突尼斯，均无结果。1291 年，埃及军队攻克十字军在东方最后一个据点阿克，十字军东征以彻底失败告终。

杜君立在《历史的细节》(最新修订纪念版，160—169 页，上海：上海三联书店，2016)一书中指出，十字军东征期间，宗教信仰的虔诚与狂热、骑士精神的勇猛与野蛮、贵族的封建、基督教文化与商业的扩张等，都达到一个前所未有的境界。

杜君立指出，十字军东征建立了一个文化意义上的欧洲，这是罗马帝国崩溃以后最有凝聚力的一次统一，马札尔人、日耳曼人、斯拉夫人、意大利人、爱尔兰人、西班牙人、挪威人、芬兰人都被纳入了一个基督化的欧罗巴文化中。长达两个世纪的十字军东征打通了东西方沟通的血色通道，阿拉伯数字、代数、帆船、航海罗盘、火药、造纸术和印刷术等，在这一时期陆续传入欧洲，使欧洲的银行、商业和经济发生了一场革命，并促进了城市的发展和资本主义的萌芽。

杜君立指出，与中国一样，欧洲更多的是一种文化概念。从地理上说，欧洲不过是亚洲大陆延伸出来的几个半岛，就像阿拉伯半岛和印度半岛一样。当狂热的欧洲骑士们义无反顾地从大陆的边缘进入亚洲大陆腹地时，几百年来，西欧人第一次接触到了比自己更为优越的文明——“世界”诞生了。他们在这里，竟然发现了在欧洲已经消失了 1000 多年的古希腊文化的残存，以及医学和自然科学知识。欧洲人如获至宝，将这些古老的火种带回欧洲，最终导致了文艺复兴的出现。

杜君立还认为，十字军东征推动欧洲从一个黑暗的孤立时代走向开放的现代世界。首先，贸易使货币和市场出现了，接着出现了城市和自由民。条顿骑士团将基督教传播到普鲁士和波罗的海诸国，德意志成为欧洲的新生力量。其次，从某种意义上讲，地理大发现仍是骑士时代的继续。1581 年，英国女王伊丽莎白就郑重地授予著名海盗德雷克骑士称号。再次，从人类文明的角度看，十字军东征最大的意外收获，是“宪政”和“人权”的诞生。1099 年，十字军占领耶路撒冷后，骑士们组织了自治性的耶路撒冷市政委员会。委员会明文要求，即使贵为国王，也必须服从耶路撒冷市政委员会的决议。后来，委员会中的英国骑士从这里找到了反对王权的法律依据。因此，十字军东征在世界人权史上占有重要地位。

徐台榜在《论十字军东征对欧洲文艺复兴运动的推动作用》(载《宁夏大学学报(人文社会科学版)》2004 年第 4 期)一文中指出，十字军东征促进了西欧商品经济的发展、市民阶层的壮大、教会权威的削弱和世俗文化的兴起，对文艺复兴运动的产生起到了直接的推动作用。

第一，十字军东征促进了西欧商品经济的发展，为文艺复兴运动提供了社会基础。十字军东征为西欧，尤其是意大利商人提供了新的市场，推动了西欧商业的复兴。十字军东征打通了地中海的航线，使意大利的商业活动扩大到地中海东岸和中东的广大地区，从而刺激了意大利商品经济的发展。商品经济的发展导致了西欧生产方式和生产关系的改变，以工商业劳动为基础，以雇佣关系为纽带的新的资本主义生产关系开始在西欧封建社会中孕育，西欧社会的政治和思想文化也因此而开始发生改变。

第二，十字军东征促使西欧阶级结构的裂变，壮大了市民阶层，为文艺复兴运动提供了阶级基础。十字军东征推动了西欧农奴制瓦解的过程。一方面，在教皇和天主教会的鼓动之下，数量众多的农奴参加了十字军。这批农奴涌向近东，无疑是脱离了封建主的控制，获得了人身自由。另一方面，封建主为了筹集东征所需的经费，被迫让农奴交纳赎金而获得自由。获得自由的农奴离开庄园，来到正在兴起的城市，成为市民阶层的一员。十字军东征还导致了贵族阶层的分化。十字军东征开始后，大量的骑士加入了十字军的行列。他们回到西欧后，开始了工商业活动，于是就融入了市民阶层。

第三，十字军东征削弱了教会的权威，为文艺复兴运动提供了突破口。十字军东征的失败和十字军理想的破灭使教皇的威信丧失。起初，教皇发动十字军东征，教徒参加十字军，很大程度上是为了宗教的目的。但从第二次东征开始，不但东征没有取得成功，而且宗教的目的逐渐被商业的目的所取代，教皇失去了对十字军的控制，意大利商人掌握了十字军东征的方向。十字军东征导致西欧思想文化的异化，使教会影响力下降。

第四，十字军东征促使世俗文化的兴起，为文艺复兴运动提供了文化基础。十字军东征以后，随着市民社会的形成，市民要求摆脱教会的束缚，发展自己的世俗文化；随着王权的加强，国王也要求发展世俗教育，培养能为自己服务的人才，世俗文化兴起的社会基础由此形成。与此同时，十字军东征促进了东西方文化的交流，为世俗文化的兴起提供了充分条件。

邹明军、张三夕在《十字军之殇》(载《光明日报》2012 年 4 月 9 日)一文中认为，十字军东征客观上推动了基督教文明与伊斯兰教文明的对话。十字军东征打开了两大宗教文明交流的大门。除了商业、贸易外，西方基督教世界还从穆斯林那里学习了数学、天文学、医学等方面的研究成果。阿拉伯文明不仅在科学知识领域影响西方，还在其他方面如艺术等领域给西方文明以启发。

邹明军、张三夕进一步指出，重建与古希腊文明源头的联系，是西方基督教文明从十字军东征中获得的最大好处。在十字军东征的过程中，西方人从穆斯林那里得到了根据希腊文献译成阿拉伯文的关于哲学和科学的文献，又得到了伊斯兰世界所有保存下来的古典著作的原文，从而补全了他们的希腊文献的藏书，使得古代希腊文化回归西欧，为后来的文艺复兴提供了思想基础。十字军东征在文明对话意义上的另一个客观后果，就是把中国文明带入西欧。中国造纸术和印刷术传入西欧，打破了教会对文化教育的垄断，降低了图书成本，加快了文化传播的速度和范围，推动了世俗文化教育的发展。这一切又成为推动文艺复兴运动的积极因素。

（四）蒙古西征（1219—1260 年）——草原铁骑蹄下的文化交流

杜君立在《历史的细节》（最新修订纪念版，139—146 页，上海：上海三联书店，2016）一书中指出，蒙古西征重新勾画了世界版图，把原来相互隔绝的大小帝国紧密地联系在一起，为新世界和新时代的到来划定了新的秩序。

杜君立指出，在西征过程中，蒙古骑兵强大的战斗力震惊了整个欧洲，与此相反的是，欧洲骑士从此一蹶不振，中世纪最辉煌的骑士文化也就此走向衰落。从历史的角度来看，成吉思汗的政府拉开了人类近代史的帷幕。蒙古人带着东方的先进文化和科技，踏碎了黑暗时代的欧洲中世纪美梦，唤起了全球性的人类觉醒。正是在这种军事征服的推动和刺激下，欧洲开始了空前的技术、贸易和思想革命。

杜君立在《历史的细节Ⅱ》（最新修订纪念版，27—30 页，上海：上海三联书店，2016）一书中认为，蒙古对欧洲的征服对世界文化的发展产生了巨大的影响。成吉思汗将中国的先进文化和先进生产力带给黑暗时代的中世纪欧洲，使欧洲找到了通向“现代”的发展方向，人类第一次进入全球化时代。甚至可以说，成吉思汗推动了欧洲后来的技术、贸易和思想解放运动。同时，蒙古人几乎将全亚洲全部联合起来，开辟了洲际通道，便利了中国和波斯的接触，以及基督教和远东的接触。从文化传播这一点上来说，蒙古人差不多和罗马人的贡献一样大。

马克垚在《世界文明史》（413—414 页，北京：北京大学出版社，2004）一书中指出，蒙古西征把原来因地理、政治、经济条件不同而互相阻隔的地区连成一片，丝绸之路一度畅通无阻，实现了人类文明的大交流。

马克垚指出，成吉思汗和其后代的西征，深入欧洲，大批欧俄部族，如钦察人、俄罗斯人被掳掠东来。蒙古军中有不少钦察人、俄罗斯人服役，有些人还成为名将，建立功勋。另外，蒙古的征服震动了欧洲，教皇决定派遣使节到蒙古，以便了解情况。虽然教皇使节的交涉并无结果，但他留下了《蒙古历史》一书，向西方介绍了蒙古帝国的一些真实情况。此后，又陆续有欧洲人来到蒙古，其中最著名的当属马可·波罗。马可·波罗受到忽必烈接见，西归后向教皇传递了蒙古的国书。他在中国留居 17 年，据他自己说很得忽必烈的赏识和信任，曾出使外国和到各地视察，到过云南、江南各地以及占城、印度等，还在扬州做官 3 年。返欧后，根据他的口述写成的《马可·波罗游记》一书，记载了他的旅途见闻，对东方的富庶繁华备加赞扬。中世纪晚期此书风靡欧洲，对促进西欧人了解东方，前来东方寻求财富起了很大的作用。今天，此书记载的真实性以及马可·波罗本人的存在还有争论，但马可·波罗已成为东西方文化交流的象征而为亿万人纪念。

（五）拿破仑征埃及——东西方文化的合璧

从亨利四世和黎塞留时代起，濒海的大陆国家——法国，就开始追求它的"天然疆界"：大西洋、莱茵河、地中海、比利牛斯山、阿尔卑斯山。它希冀击败所有劲敌，成为欧洲霸主，最终称霸世界。但法国梦寐以求的称霸欧洲和世界的企图屡屡被英吉利海峡彼岸的英国粉碎。英国成了法国实现其目标的主要障碍，击败英国也成了法国人的夙愿。1789年法国爆发革命后，欧洲各国封建统治者非常惊慌，也极端仇视。英国亲自出面组织了反法同盟，力图扼杀这个资本主义的伙伴。在雅各宾专政时期、热月党统治时期，直至督政府统治时期，法国依靠人民的力量在军事上取得了对反法联盟的一系列胜利。但它并不满足于战胜欧洲大陆强国奥地利等国，而迫切希望打败最主要的竞争对手——英国，夺回被其夺走的殖民地，动摇其海上霸权地位。英吉利海峡限定了法国的西面疆界，法国要扩展"天然疆界"只能走东方路线。为了打击英国并防止新的反法联盟再组，法国督政府决定将中东、印度一线选为打击英国的主攻方向，并把扼欧、亚、非三洲要冲的埃及作为主攻的突破点。拿破仑被任命为总司令远征埃及。1798年，拿破仑带着大批法国学者和军队一道踏上远征埃及的道路。虽然最终远征失败，拿破仑1799年离开埃及，但自此古老的埃及被注入了来自西方的新的文化血液。

郑春生在《拿破仑远征埃及原因论析》(载《求索》2003年第2期)一文中指出，拿破仑远征埃及及其后的一系列措施体现出他对古埃及文明的向往和力图实现东西方文明交融的愿望。

郑春生指出，当法军决定远征埃及后，拿破仑同时筹划对埃及的科学远征。于是，在远征埃及的队伍中就有了法国著名数学家蒙日、雕塑家德农、化学家贝尔特莱、博物学家饶弗罗瓦·圣-伊莱尔等100名著名科学家和工程师。当法国远征军航行在茫茫的地中海上时，他要求布里昂给他朗读各种版本的埃及旅行记。这既是鼓舞士兵奋勇作战的口号，也是拿破仑对古老文明向往的见证。攻占开罗之后，为更好地了解埃及，研究东方文明，拿破仑成立了埃及艺术与科学院。研究院分为数学、物理学、政治经济学和文学艺术四部。研究院的主要目标是：知识的进步及其在埃及的传播；探讨、研究和出版有关埃及的自然、工业和历史的真相；就政府可能咨询的各项问题提出意见。研究院每两年还提供关于埃及文化进步和工业发展两项奖金，研究院每旬要开两次会议，并规定法兰西部队所有将级军官得参加所有会议。拿破仑在第一次会议上还提出了不少有意义的问题，如：什么是净化和冷却尼罗河水惯用的方法？埃及有没有制造火药的材料，是什么材料？埃及的法律和教育状况怎样？他还在开罗兴办了图书馆、印刷所、机械学实验室和物理实验室，把研究院的仪器、标本陈列在宫廷花园里，把关于先知穆罕默德的书、自然史和医学方面的书、伊斯兰教方面书籍的法文译本等陈列在图书馆里，并在埃及创办报纸。当他即将从埃及回国时，还要求克莱贝尔用法国的习俗、语言、文化来同化埃及人，把埃及统治阶层马穆鲁克送到法国去学习。所有这些都证明了拿破仑对古埃及文明的向往和力图实现东西方文明的合璧。

潘光在《拿破仑远征中东和埃及的"文艺复兴"》(载《阿拉伯世界》1983 年第 1 期)一文中指出,拿破仑远征给埃及人民带来了一场浩劫,却又在客观上结束了埃及与世隔绝的状况,揭开了埃及社会大变革的序幕,导致了尼罗河畔的"文艺复兴"。

潘光指出,埃及当时名义上仍是奥斯曼帝国的属地,但实际上却由马穆鲁克军事封建集团统治。马穆鲁克统治时期是埃及历史上黑暗的一页。连年战乱、苛捐杂税、自然灾害使埃及人民生活在水深火热之中。作为埃及统治阶层的马穆鲁克封建主,大都是异族人,不懂阿拉伯文,不与埃及人通婚,实际上同埃及百姓互相隔绝。他们自幼习武,不学文化,十分愚昧无知。为了巩固统治,他们闭关锁国,实行愚民政策。结果,具有光辉历史的埃及文化与世隔绝,处于衰退败落的困境之中,大大落后于欧美和世界其他地区。到十八世纪下半叶,当欧洲在文艺复兴和启蒙运动后出现了无数优秀的文艺作品时,埃及的高等教育还只限于攻读伊斯兰教的神学和法学,而初等教育则只有一个内容——背诵《古兰经》。当时在埃及,图书是稀有的,只有少数宗教学者能读书或书写除自己姓名以外的字,全国大多数人都是文盲。马穆鲁克对保护珍贵的古代文物毫不关心。当时游历埃及的一些欧洲人曾在书中记载,许多雄伟的历史遗迹因无人维护和年久失修正在崩塌。

潘光进一步指出,正是拿破仑远征从多方面推动了埃及的进步,尤其是推动了埃及思想文化的发展历程。

首先,以资产阶级的思想意识和西方先进的科学文化来冲击封建上层建筑的桎梏,力图以法国资产阶级的面貌来改造埃及社会。1798 年 7 月 1 日,法军在亚历山大登陆。不久后,拿破仑就歼灭了马穆鲁克集团的主力部队,并控制了埃及全境。为了在埃及站稳脚跟,变埃及为打击英国的基地,法国当局立即在行政管理、税收、农业、水利、工商业等方面实行了一系列严厉的资产阶级改革措施。拿破仑深知:文化思想上的渗透是使改革措施得以推行的最有效工具,为此成立了埃及研究院,此后法国科学家们展开了各方面的研究工作并取得了丰硕成果,推动了埃及社会的进步和发展。

其次,拿破仑远征推动埃及考古学的发展。比如罗塞达刻石的发现。埃及被波斯征服后,古埃及的象形文字逐渐失传。到了近代,埃及各地古建筑上雕刻的图案文字都已成了无人能够解释的谜。许多西方学者为探讨这些文字的奥秘绞尽脑汁,但毫无进展。拿破仑将罗塞达刻石的复制品分送给欧洲各国学者。学者们对罗塞达刻石上的三种文字作了反复的比较研究,找到了一把辨认埃及古代象形文字的钥匙。这样,人们终于打开了古埃及历史宝库的大门,更准确、形象地了解了五千多年前的埃及文明。历史学家们认为:罗塞达刻石的发现创立了一门新的学科——埃及学。发现罗塞达刻石还只是法国人在埃及大规模考古活动的收获之一。拿破仑每到一处,都要抽空寻访名胜古迹。他亲自带领学者们测量和研究金字塔,察看古时连接尼罗河和红海的运河遗迹;他还游览了摩西泉,并在西奈山寺院的留言簿上将自己的名字与穆罕默德和萨拉丁的签名写在一起。法国学者们不但在下埃及进行考古研究,还随法军深入到埃及古都孟菲斯和欧洲人很少去过的上埃及地区,在那里进行了大量考察工作。大批埃及文物珍品被发现、辨析和解释。这些在《埃及志》中都有记载。虽然法国人的主要目的是掠夺埃及文物,但埃及的学者们指出:埃及考古学研究的历史正是开始于 1798 年的拿破仑远征。

再次，拿破仑远征深刻影响了阿里改革。许多历史学家认为：拿破仑对马穆鲁克统治下埃及封建社会结构的猛烈冲击为阿里改革开辟了道路，而阿里则完成了拿破仑没完成的一些计划。法国人的枪炮打开了埃及的门户，而拿破仑带来的西方文化使未来的任何埃及统治者都难以再闭关自守。阿里能顺应历史潮流，在改革中借鉴了拿破仑的许多做法，在税收、土地制度、工农业、水利、军事、行政管理、文教卫生诸方面取得了较大的成绩。阿里改革推动了埃及社会生产力的发展，促进了埃及文化的再繁荣，使埃及在19世纪上半叶崛起成为中东一强，推迟了西方列强侵略埃及的进程。

总之，几个世纪停滞不前的埃及社会，在1798年拿破仑远征后的几十年里向前迈进了一大步。从这个意义上说，拿破仑及其军队纵然犯下了罪行，也还是充当了历史的不自觉的工具。

王洪斌在《文明冲突的即时效应和文明融合的滞后效应——试论拿破仑在埃及的改革》(载《湘潭大学学报(哲学社会科学版)》2005年第S2期)一文中指出，拿破仑远征给埃及人民带来了一场浩劫，却又在客观上结束了埃及与世隔绝的状况。

王洪斌指出，拿破仑想在尊重埃及传统的基础上，用法国的精神和原则改造埃及，为此采取了一系列的措施。第一，非常尊重埃及的宗教。如何在埃及伊斯兰教居民中立住脚跟，拿破仑费尽心机。攻占亚历山大后拿破仑关心的主要是由不同民族组成的被压迫民众的支持。在这些民众头上的马穆鲁克是一个军事集团，相互倾轧、争斗，不断掠夺阿拉伯人和科普特人。因此拿破仑认为只要小心谨慎地尊重全体埃及人所信奉的伊斯兰教，唤起埃及人去反对统治者是可能的。他多次告诫士兵对待穆斯林要像对待犹太人和意大利人一样，对他们的宗教领袖穆夫蒂和伊玛目要像对犹太教的经师和基督教的主教一样地尊重。拿破仑向埃及人宣称，尽管要推翻马穆鲁克的暴政，但他决意尊重穆斯林的宗教信仰。同时，他在行动上释放了700多名穆斯林奴隶，支持宗教信仰自由，并使科普特人、犹太人等以前受歧视的少数民族的地位大大提高。拿破仑的所作所为是想以一个宗教宽容和民族平等的形象进入埃及，在不同程度上为资产阶级的自由平等思想的传播提供了例证。使得埃及人对许多以前不容怀疑的思想和惯例提出了疑问，从而客观上为资产阶级的思想和文化的传播奠定了良好的基础。第二，科学文化上，创建埃及科学院，设数学、物理、政治经济、文学艺术四个部，并附设图书馆、印刷厂、机械实验室和物理研究所。法国科学家、学者在埃及不仅宣传了资产阶级思想和法国革命原则以及西方先进的科学技术，而且还进行了诸多的研究工作，特别在考古、地质地理学、生物学等方面取得了巨大的成就，为以后埃及学的兴起提供了丰富的资料和奠定了坚实的基础。第三，政治上，按资产阶级的方式组建行政机构。拿破仑利用一个由埃及当地人组成的行政会议作为商讨和公布他的主张意图的机构。拿破仑进入开罗，指派了一个由9名伊斯兰教长老组成的行政会议，每日商讨公共秩序和粮食供应问题。1798年10月初拿破仑召开了一个全埃及的国务会议，开罗和全国十六个地区均派九人组成的代表团参加，每个代表团包括三名长老、三名商人、一名村长、一名农民和一名部落酋长。尤其可贵的是在埃及历史上实行了第一次无记名投票选举。有的历史学家认为这是法国的三级会议，中东历史上的首次代议民主制的尝试。第四，经济上，如同法国一样没收所有逃亡者的土地财产。拿破仑宣布没收所有逃亡和死亡马穆鲁克人的土地财产，从而包税制逐渐消亡。拿破仑禁止滥征捐税，根据1798年9月16日颁布的法令，所有私人财产都要登记，要求按财产重新分摊捐税份额。这一措施与法国革命初期改革不合理税制、取消特权的做法是很相似的。此外拿破仑还下令整修水渠，恢复灌溉系统。

王洪斌进一步指出，拿破仑以幻想家的天赋和政治家的果敢，在埃及这张几乎空白的纸上描绘了人类文明史上极为绚丽的一页。拿破仑向埃及人宣传平等和自由的人类新思想，虽然在当时遇到很大的阻力，对当时的很多埃及人来说甚至是无法接受的，但从长远意义上来说，启蒙思想的渗透必定会转化成巨大的力量，使埃及社会发生深刻的变革。法国人带去的资产阶级的思想文化使未来的任何埃及统治者都难以再实行闭关政策。更为重要的是，法国学者在埃及取得的科学上的成就是人类认识世界、改造世界的共同成果，是属于全人类的知识和智慧的结晶。因此，拿破仑实际上是埃及历史进步的推动者。

（六）鸦片战争——中西文化交流的“不自觉工具”

第一次鸦片战争是1840年至1842年英国对中国发动的一场战争，也是中国近代史的开端。1856年，英国与法国为了进一步打开中国市场，扩大在华侵略利益，趁中国太平天国运动之际，以亚罗号事件及马神甫事件为借口，联手进攻清朝政府。因为这场战争可以看作是第一次鸦片战争的延续，所以被称作“第二次鸦片战争”。鸦片战争虽然是因鸦片而起，但实质上反映了当时中国与世界的一种关系变化。当时中国已经并必然被卷入到一场世界范围的文化全球化之中，并经历着由各自文化的差异所引起的猛烈冲击。西方文化逐步传入中国，为中国知识分子、士大夫阶层所接受和关注，并使得中国传统文化开始转型。

两次鸦片战争爆发的根源是工业革命完成后的英国为了打开中国市场，但也有学者认为中英军事冲突其实是中西文化冲突的结果。周朗生在《近代中西文化冲突及其现代启示》（载《广西社会科学》2005年第11期）一文中指出了自鸦片战争以后中西文化正面冲突的缘由。

首先，现代性发展打破了传统的时空界限，使各文明之间的交往成为可能并得以持续，甚至以加速度发展。近代以来，国家、主权、民族等观念日益凸显。西方民族国家在西方文明内彼此竞争，进而相互影响的同时，也扩张、征服殖民地，从而影响当地文明。近代中国的屈辱和抗争就是一例。西方列强的坚船利炮几乎一路凯歌，泱泱大国在蕞尔岛国面前不堪一击，从而使天朝上国的神话被彻底颠覆。而以“铁与血”的粗暴方式输入的西方文化，理所当然地会激起中国人民的民族义愤。

其次，鸦片战争后，晚清帝国在内忧外患的夹击下已处于风雨飘摇之中，失去了吐故纳新的主动性、自觉性和涵容性。这主要表现在：在政治上，对外，中国在鸦片战争前未加入所谓国际社会团体，在政治上是孤立的国家，西方各国虽与中国有历史上相延的通商传教的事实，但除俄国以外，都不曾与中国订立任何通商修好条约，未曾发展出现代意义上的民族、国家、国际体系等概念。对内，为了维护自己的政治统治，中国封建统治阶级正像马克思所说，凭借封闭与保守维系着自己的尊严，视近代西方文化如洪水猛兽，惟恐避之不及。同时，封建统治阶级中的当权派为维护其狭隘的阶级私利，人为地设置了西方文化在中国传播和交流的障碍，为后来中西文化的激烈冲突埋下隐患与祸根。在文化上，中国有着几千年的文明历史，创造了灿烂的古代文化，从而形成了一套完整的、独特的文化模式。中国古代灿烂文明的早熟性及其所保持的延续性，加上相对封闭而又优越的自然地理和经济地理位置，逐渐形成了“华夏中心主义”观念。在历史的长河中基于文化的优越感而沉积下来的“华夏中心主义”的心理和思维定势，已积淀为中国人的集体无意识。鸦片战争后，异域文化（西方列强）遭遇华夏文化之时以血与火的方式进入中国。在中国传统文化模式的熏染和氤氲下的封建士大夫——传统文化的主要承载者顿时乱了方寸，他们往往以输出华夏文明为己任而很少考虑自己的不足，更没有想到向别人学习的问题。面对近代西方文化的侵入，他们重弹“夷夏之防”的老调，鼓噪“西学中源”的高论，其食古不化、惟古是法的中心观念致使西方文化的传播步履维艰，中国被迫向西方学习也仅限于器物层。在社会条件上，鸦片战争后，西方列强在经济上、政治上加紧了对中国的侵略，使得民族矛盾不断激化，民族危机不断加深，救亡运动如火如荼，“中国向何处去”叩击着当时中国人的心灵。但由于理性缺位的启蒙，人们往往因反帝救亡斗争而限制了自己的视阈，不能正确区分帝国主义和西方文化，在反帝的同时也抽象地否定了西方文化。如义和团不仅反对洋人、洋教，而且还反对洋人所带来的一切事物，包括兴修铁路等近代科学技术和新的生产方式。与此同时，国内阶级矛盾也日益激化，一些民主主义者在中国共产党登上历史舞台前，为了反对封建文化，与封建主义旧文化抗衡，竭力提倡西方文化，他们为了摧毁根深蒂固的封建文化，加强自己的斗争力量和锋芒，不得不抬高西方文化，甚至到了极端的地步。至此，外患与内忧相交织，启蒙与救亡相纠结，极端民族至上主义与民族虚无主义相对垒，更加剧了中西文化的冲突。

吴雅思在《中西方文化的角力与更新：以鸦片战争为切入点》（载《学习与实践》2016 年第 8 期）一文中认为，鸦片战争是中西文化交流的分水岭，此前长期以中国传统文化单向度的输出为主要交流模式，鸦片战争之后产生了颠覆性变化，随之而来的西方文化劲风急吹，使得中西文化产生了巨大的碰撞与冲击，由此形成了中西文化的角力，为中国传统文化的传承与更新提供了契机。

吴雅思认为，鸦片战争的爆发实质上是源于中西文化的差异和冲突。如费正清就曾经提到，鸦片战争的爆发缘由是中国没有以平等的状态参与到国际交往中，而英国却以武力打破了这一现状。中国传统文化中的某些成份使得朝廷缺乏在外交和贸易上与他国建立平等往来的精神。从战争后果来看，鸦片战争后中西文化的冲突直接显现出来。中国战败后，朝廷中一部分有识之士开始觉醒。他们重新认识世界，无论是从认识的主体、目的还是内容上看，这一现象都是当时中西文化冲突的具体表现。从认识世界的主体及目的来看，在鸦片战争之前，林则徐、龚自珍、谢清高、萧令裕等人都对英国有过关注。他们认为英国人具有急功近利、贪婪滋事的性格，并且提出应该对英国保有警惕之心。这一时期认识世界、关注世界的中国知识分子比较少，且清政府上层人士中关注西方世界的人更少。这些为数不多的人关注西方的目的非常简单，即维护闭关锁国的秩序和大清帝国的安全。可以说，“反入侵”是当时国人关注世界的目的，这种入侵不仅仅是军事的，也是经济的、精神的。然而，在鸦片战争之后，关注世界、关心西方文化的主体和目的都明显转变。鸦片战争的结果是签订不平等条约，这促使上至帝国皇帝、下至低等级官员都为之震动。从主体上看，关注西方文化的人无论从社会地位、官阶等级还是数量上都有极大改观；而从目的上看，关注中西文化的差异不再仅仅局限于被动的形式，而是主动向西方学习，达到“师夷长技以制夷”的目的。从认识的文化内容上看，西方文化在更广阔的科学领域影响了当时的中国传统文化。在鸦片战争爆发之前，中国汲取异域文化的情形较少。仅在明末清初因为政权更迭而形成过短暂的实学思潮。这一实学思潮亦是当时西学东渐的结果，却很快淹埋在其后的文字狱运动中。在鸦片战争后，中西方文化则有了不同的定位关系。这个时候，以西方文化为主导的中西文化冲突显现出来，有识之士更多地开始了解、接受西方文化。他们了解西方文化的内容也开始转变，更全面地关注到西方国家的政治制度、地理历史、科学技术、经济贸易、风土人情、风俗习惯，如姚莹的《康輶纪行》、魏源的《海国图志》、萧令裕的《记英吉利》，等等。

伴随着中国军事惨败，清政府被迫打开国门，中西方经济、政治、文化等全方位的交锋、交流也逐步展开。

马克垚在《世界文明史》(第二版)(915—919 页，北京：北京大学出版社，2004)一书对中西文化交流的具体领域和内容进行了比较详尽的梳理。他认为，两次鸦片战争失败的屈辱极大地激发了中国文明中蕴含着的深厚的爱国主义思想和忧患意识，滋生出了“师夷长技以制夷”思想，中华文明与现代文明的融会才从军事技术领域开始，并逐步扩展到了政治、经济、文化等其他领域。

马克垚指出，近代中国学习和吸收西方现代工业文明，首先从吸收西方军事文明开始是顺理成章的。兴办新式军事工业以图自强，是当时世界上后进国家如奥斯曼帝国、埃及、日本和俄国实行改革所采取的常见形式。中国的一些有识之士受到第二次鸦片战争中“庚申之变”圆明园被焚的极大刺激和震撼，感到学习西方先进军事技术势在必行，终于启动了一场持续了 30 多年(19 世纪 60—90 年代)的“自强运动”，即洋务运动。这场运动对西方文明的学习主要体现在以下几个方面：

第一，研制西式武器。中国人从火器研制方面首先仿效和吸收西方文明，既是当时形势的急需，从文化交流的层次上看，也是受中国文明排斥的阻力最小的一种方式。仿效西方火器的研究属于器物层面的非重要成分，价值密度小，文化阻抗力最弱，穿透力却较强。鸦片战争后中国士大夫的忧患意识首先在这项颇为特殊的文化交流层面上寻找到了结合点，从而萌发了融会西方文明的最初意识。这种从器物层面效法西方的思想符合中西文明碰撞的认识规律，甚至连十分保守的道光帝也是同意的。随着近代枪炮舰艇大批配备中国军队，整个军队的内部组织结构和相互关系也随之改变，这样全面学习西方军事制度也就顺理成章。陆军编制装备的更新、近代海军的创建、边防海防设施的改善、作战训练和军事教育内容的改革也陆续与西方接轨。这些军事改革顺应了世界军事文明发展的潮流。

第二，翻译西方书籍。洋务派设立编译局，聘请中外专家，翻译西学著作。到 1893 年共翻译 54 种、200 多卷科技书籍。为了培养翻译人才，先后设立北京同文馆和上海、广州同文馆，聘请西人教授西文，并翻译西文书籍。到 1895 年已译书近 500 种，内容涉及声、光、化、电的科学知识和西方史地国情。首批西方书籍的译述打开了中国向西方学习的窗口，使西学知识在中国进一步传播、发展成为可能。

第三，派遣留学生。1872—1875 年由容闳建议，曾国藩、李鸿章主持，派遣一百多名中国留学生赴美学习。首批留学生均为 10—15 岁的儿童少年，分四批出国，每批 30 人。120 名留学生在美国分别学习军事、船政、路矿、机工等。这批留学生回国后成为中国近代工业、技术和人文学术领域的第一批专家，其中著名的有詹天佑、唐绍仪、邝国光、吴仰曾、梁敦彦等人。1881 年，首批百名留美学生尚未结业，便被全部召回。此后 20 多年没有再向美国派遣留学生。大批选派留学生出国的计划虽然暂时受到挫折，但毕竟开启了近代中国留学运动的先河。从此，留学制度成为中国文明受益最大的一项制度。

第四，设立西式学校。在中国开办西式学校是中国融会西方文明的重要举措。美国是最早也是在中国开办西式学校最多的国家。自1844年《望厦条约》签订后，美国教会制定了一项深入中国内陆、从心灵上征服中国人的战略，但收效甚微，加上80年代的排华暴行引起中国人的仇美情绪，美国遂决定将重点从宗教上拯救单个人灵魂的传教政策转向大规模的教育政策，力图通过教育来灌输西方文明，从而逐步改变中华文明。约翰学院、广文学院、汇文大学等各类美国教会学校在中国先后兴办。英法等欧洲国家传教会也在中国开设西式学校。这些早期在中国创办的教会大学，除教授西语和宗教课程外，还开设西方的科学和医学方面的课程，虽然规模都很小，一所大学常常只招十来名学生，但这些学校已完全不同于中国传统文明的儒学私塾，它们逐步成为西方工业文明在华的传播中心和基地。

总之，在两次鸦片战争剧烈冲击下兴起的自强运动，初衷只是学习西方先进军事技术，但后来的实际作为已经远远超出了这一范围，最终发展为一种对现代工业文明的无法遏止的持续的学习运动。在洋务派的倡导和主持下，西方文明以西学为外衣，通过各种形式在中国大地传播，汇成一股颇具规模的潮流，开阔了中国上层社会的眼界，对广大士大夫知识阶层起了启蒙作用。对西方工业文明的态度从“耻言西学”阶段进入“渐知西学，而肯讲求”的阶段。

二、战争与文化的破坏

（一）罗马文化的命运

赵林在《罗马帝国的历史命运与现实影响》（载《社会科学战线》2016年第8期）一文中指出，在罗马帝国的发展过程中，地中海世界在政治上的“罗马化”与罗马自身在文化上的“异化”形成了一种辩证关系。

赵林指出，罗马帝国对地中海世界的军事征服虽然实现了政治上的统一，却始终未能完成文化上的统一。相反，罗马对异域世界的每一次政治征服都面临着被异质文化所渗透的危险。事实上，地中海世界在政治上的“罗马化”与罗马自身在文化上的“异化”是一个同步发生的辩证过程。当气势恢弘的罗马凯旋门、斗兽场、引水渠以及棋盘格式的罗马街区像雨后春笋一般在地中海周边地区建立起来时，这些地区根深蒂固的本土文化也正在悄无声息地渗透和改造着罗马人。随着罗马人对马其顿、塞琉西、托勒密这三个希腊王国的吞并，希腊文化深刻地影响了罗马文化。同样，罗马对犹太人的政治统治恰恰为基督教在罗马帝国的文化传播开辟了通道，杀死基督的罗马帝国最终被基督教信仰吮尽精血而亡。另一方面，罗马帝国与莱茵河、多瑙河彼岸的日耳曼人的关系也颇为吊诡：日耳曼蛮族摧毁了罗马帝国的庞大身躯，却在以后的漫长时期里匍匐在罗马帝国的附体阴魂——罗马教会的神圣感召之下。罗马与希腊之间的东西争锋不仅表现为罗马在政治上征服希腊和希腊在文化上渗透罗马，而且更重要的是，当罗马帝国在政治上分裂之后，希腊与罗马的文化矛盾进一步演化为“两个帝国”——从古代的东、西罗马帝国一直到现代的俄罗斯与西方之间错综复杂的政治对峙，其历史影响在当今的国际政治舞台上仍然明晰可见。罗马与犹太世界之间的凡圣博弈可以更加确切地表述为恺撒王国与基督王国之间的理想冲突，即“尘世之城”与“上帝之城”的冲突——罗马帝国的“恺撒”们杀死了基督，基督的宗教却从根本上改造了罗马；而且在漫长的中世纪和近代，恺撒王国与基督王国的理想冲突导致了“两个罗马”——各种形态的罗马帝国与罗马天主教会之间旷日持久的明争暗斗，形成了对西方历史影响深远的教俗之争。罗马与日耳曼之间的南北抗衡也不仅限于日耳曼蛮族对罗马帝国的武力摧毁及其对罗马天主教会的信仰皈依，而是更加复杂地表现为中世纪和近代的“两种神圣”——拉丁人控制的神圣罗马教会与日耳曼人建立的神圣罗马帝国以及路德等宗教改革家为了捍卫基督教的神圣性而建立的各种新教教会和民族国家之间的历史较量，其结果最终导致了罗马世界的彻底衰落和日耳曼世界的强劲崛起，从而使历史的巨轮从地中海时代运转到大西洋时代。

（二）蒙古征服对中华文化的破坏

杜君立在《历史的细节》（最新修订纪念版，139—146、27—30 页，上海：上海三联书店，2016）一书中分析指出，蒙古西征对世界战争文化的影响远远超出了人们的想象。欧洲战争的种族主义和专制主义始于东欧，在某种程度上可以将其归因于蒙古对俄罗斯人的个性和俄罗斯制度的影响，从而导致了农民的野蛮化，无视人的尊严，价值观扭曲，特别崇拜凶狠、霸道和狡诈。实际上，蒙古征服对中国的影响更加深远，元朝之后明清两代就完全继承了蒙古人的专制、野蛮与残暴，从而使中华古典文明从宋之后走向衰落和粗鄙化，尤以北方蒙古化的程度更高。

杜君立指出，宋帝国是当时文明程度最高也是最富庶的国家，宋朝灭亡后，遭到的屠杀和迫害也最为悲惨。据统计，有一半以上的汉人遭到屠杀。此后，南中国人被称为“南人”，是第四等贱民。虽然元帝国不到百年即土崩瓦解，但中国古典文化遭到严重破坏，只留下一个蒙古化的中国。可以说，中国的蒙古化与欧洲的希腊化是人类历史上两个惊人相似的文化历程，只不过后者是文化的过程，前者是去文化的过程。

吴钩在《宋：现代的拂晓时辰》（18—21 页，桂林：广西师范大学出版社，2015）一书自序中认为，宋朝的灭亡是文明的中断，元王朝从草原带入的制度及其影响，深刻地重塑了宋后中国的历史。

第一，“家产制”的回潮。本来宋人已有“天下为公”的政治自觉，而来自草原的统治者则将他们所征服的土地、人口与财富都当成家族的私产，推行中世纪式的“投下分封制”，“投下户”即是草原贵族的属民，有如魏晋—隋唐时代门阀世族的部曲农奴。

第二，“家臣制”的兴起。宋人相信君臣之间乃是一种公共关系，君臣之间，各守其业，互不相侵。入元之后，这种公共性的君臣关系被私人性的主奴关系代替，臣成了君之奴仆，许多大臣甚至需要入宫服役。

第三，“诸色户计”的诞生。宋代实行募兵制，人民已基本上不用服兵役，劳役亦不多见，差役也开始折钱结算。入元之后，征服者却按草原旧制，推行全民当差服役的“诸色户计”制度：将全体居民按职业划为民户、军户、站户、匠户、盐户、儒户、医户、乐户，等等，职业一经划定，即不许更易，世代相承，并承担相应的赋役。

第四，“驱口制”的出现。宋朝基本上已废除了奴隶制，但元朝征服者又从草原带入“驱口”制度，使奴隶制死灰复燃。所谓“驱口”，意为“供驱使的人口”，即在战争中被俘虏之后、被征服者强迫为奴、供人驱使的人口。

第五，“匠籍制”的推行。宋朝的官营手工业多实行“和雇制”与“差雇制”，“和雇”是指从劳动力市场上招聘工匠，作为雇主的政府与工匠是平等且自由结合的雇佣关系；“差雇”则带有强调征调性质，但政府还是需要按市场价向工匠支付工值。元朝却将全国工匠编入匠籍，强制他们以无偿服役的方式到官营手工工场劳动。

第六，“路引制”的恢复。汉唐时，人民如果要出远门，必须先向官方申请通行证，叫做“过所”。宋人则拥有迁徙之自由，不再需要什么“过所”，惟进出要塞关禁，需有“公凭”。但元朝又实行“路引制”来限制人口的流动性。商民出门远行、投宿，必须持有官方开具的“文引”，类似于介绍信，才准许放行、住店。

第七，“籍没制”的泛滥。籍没，即官府将罪犯的家属、奴婢、财产没收入官。秦汉时，籍没制颇盛，但至宋代时，籍没的刑罚已经很少使用，并严格控制使用。入元后，籍没制度又泛滥起来，这当然是财产权观念发生退化的体现。

第八，肉刑与酷刑的制度化。自汉文帝废除肉刑之后，黥（刺面）、劓（割鼻）、刖（斩足）、宫（割势）等肉刑已基本上不用，宋代承五代之旧，保留刺面之刑，但劓、刖、宫一直不敢恢复。元朝则将肉刑入律，如“盗牛马者劓”。凌迟等惨烈的酷刑，在宋代只是法外刑，极少应用，在元朝则正式编入法典，凌迟开始泛滥化，致使中国法制出现野蛮化的趋势。

第九，“人殉制”的死灰复燃。人殉作为一种远古的野蛮蒙昧风俗，在汉代以来的中原王朝已经基本消失，只有零星的自愿殉葬。北方的契丹、女真等草原部族还存在着人殉之俗，这应该是社会未完全开化的体现。元朝贵族是否保留人殉，史无记载，但元廷鼓励民间殉葬行为则是毫无疑义的。

第十，“海禁”的设立。中国的“海禁”之设，也是始于元朝。元廷统治中国不足百年，却先后实行过四次“海禁”。“海禁”期间，商民不准出海贸易，海外商贸只能由官府出资的“官本船”垄断。这一点，跟宋朝鼓励和保护民间商船出海贸易大不一样。

第十一，“宵禁”的重现。宋代之前的城市有“宵禁”之制，宋朝时“宵禁”制瓦解，出现了繁华的夜市。但元代又恢复了“宵禁”，入夜之后，禁钟响起，即不准居民出行、饮宴、点灯。

第十二，治理体系的粗鄙化。元廷君臣的文化层次跟宋人不可同日而语，这也导致元人无法继承宋朝发达而繁密的治理体系。粗鄙治理体系的特点是效率超低，政府只能维持最简陋的形态，以现代的眼光审视，那种简陋的政府根本无法在历史转型期组织社会与经济的革新。

元朝征服者从草原带入的制度具有明显的中世纪色彩，它们的推行，意味着“唐宋变革”开启的近代化方向发生了逆转。

（三）十字军对阿拉伯文化的破坏

赵阳在《十字军东征时期迫害犹太人的原因及其影响》（《重庆交通大学学报（社会科学版）》2008 年第 5 期）一文中认为，十字军东征期间对犹太人的迫害和屠杀彻底改变了中世纪西欧各国与犹太人的关系，是欧洲反犹史上的转折点，影响了中世纪欧洲犹太人的人口分布、政治和经济地位以及文化传统。

赵阳指出，从总体来说，十字军对犹太人的杀戮是欧洲反犹史上的一个转折点。十字军开始以前，欧洲的犹太人也不断遭到迫害，时有限制、驱逐和杀害的事情发生，但总体上还局限于小规模的冲突。十字军东征后对犹太人的迫害每次都达到相当大的规模，欧洲国家都开始以各种原因驱逐和杀害犹太人。此后大规模的逐出接踵而至，其产生的影响一直延续四五个世纪。到15世纪末16世纪初，西欧已基本看不到犹太人，直到文艺复兴时期才允许犹太人陆续返回，但此后的时间里仍然伴随着驱逐。

赵阳指出，犹太人在政治上的无权地位决定了他们在经济中的地位；犹太人经济地位的变化又是与其在十字军东征前后政治地位的变化紧密联系的。以德国为例。十字军东征前，犹太人可以担任公职，有自己的土地，可以选择自己感兴趣的工作，他们说同样的语言，许多日耳曼人甚至改变了其信仰转信犹太教。到神圣罗马帝国建立初期，这个国家喜欢犹太人作为经济角色的民族，而且犹太人仍然可以从事农业和手工业，并且商人这个角色为犹太人在这个国家获得尊敬。而十字军东征后，犹太人就被作为外来者看待了，并有传闻说犹太人要与穆斯林联合反对基督徒。于是犹太人和犹太社区的命运被不可挽回地改变了。犹太人作为独立的商人阶级被取消了，大量的欧洲人紧随着十字军的步伐来到东方，国际贸易也开始由非犹太商人掌握。作为代替，犹太人借基督教会的光仅能从事借贷业，犹太社区生活也发生了变化，犹太人不能再担任公职，或与他们的基督徒邻居亲密交往，每个城市的犹太人都被强制地生活在犹太聚居区中，每个犹太人都不能轻易走出聚居区，犹太人的生活开始被动地封闭起来，使原本就比较封闭的犹太人生活变得更加封闭了。德国犹太人在十字军东征前后政治和经济地位的变化，可以说是这期间大部分西欧国家社会现实的缩影。在犹太人传统的强项商业上，除了个别地区，他们被西欧商人基本逐出了这个领域。

赵阳进一步指出，犹太人在十字军东征期间遭受了大规模的屠杀，使西欧的犹太人向周围地区迁移，西欧的犹太人分散到世界各地，为其他地方的经济和文化做出了巨大的贡献。

乐峰在《再谈十字军东侵》(载《科学与无神论》2006年第4期)一文中认为，十字军东侵对东西方国家的经济和文明都产生了严重的破坏。十字军东侵给东方国家——巴勒斯坦、叙利亚、黎巴嫩、埃及和拜占庭各族人民带来了深重灾难，这种影响甚至波及当世。这些地区人民的死伤数以百万计，极大地阻碍了这里的社会经济发展。十字军东侵也使西欧各国人民蒙受了巨大的牺牲，成千上万的人死于非命，无数的财产消耗于战争。

乐峰指出，推动十字军东侵的西欧教俗封建统治阶级最终也没有达到他们的罪恶目的。十字军建立的耶路撒冷王国和拉丁帝国都只是昙花一现，所占领土最后丧失殆尽。东侵既不能削弱西欧各国农民对封建压迫的反抗，也不能巩固封建主的地位。罗马天主教会重建统一的基督教世界的企图完全落空。十字军东侵不仅使教会的威信下降，而且更加暴露了它的欺骗性和反动性。

乐峰进一步指出，十字军东侵至今影响着中东的局势。十字军的东侵和它的暴行，激起了穆斯林的愤怒。由于十字军所种下的基督教徒和伊斯兰教徒之间相互仇视的祸根，长期以来对中东地区有很大影响。在我们考察当今世界局势中，这是一个不可忽略的因素。

法国学者阿敏·马卢夫在《阿拉伯人眼中的十字军东征》(彭广恺译，32、230页，北京：民主与建设出版社，2017)一书中，从阿拉伯人的视角描述了十字军东征给阿拉伯世界带来的灾难。

阿敏·马卢夫指出，十字军在中东地区残暴的侵略行径以及给阿拉伯人造成的心理重创，埋下了阿拉伯世界敌视西方的根源。阿拉伯世界把“十字军东征”称作“法兰克人的侵略”或“法兰克人的战争”。当这些法兰克人浩浩荡荡地进入中东的时候，阿拉伯人对西方世界一无所知，从普通民众到伊斯兰教法官和哈里发都不了解他们的意图，但十字军的凶猛与残暴震惊了阿拉伯世界。“法兰克”一词在今天阿拉伯人的口语中依然使用，泛指西方人，有时也特指法国人。他们手握刀剑，见人就杀，男人、女人、小孩无一幸免，掠夺民宅，强占清真寺。作者在书中多次生动细致地描写了十字军在中东各地所犯下的罪行。比如1098年发生的叙利亚大屠杀，超过十万群众和俘虏被杀害；1099年在耶路撒冷，当杀戮停止时，城内的穆斯林几乎被屠杀殆尽！

阿敏·马卢夫指出，十字军东征还给阿拉伯世界的文化带来灾难性破坏。自从638年，穆斯林从拜占庭帝国手中夺取了耶路撒冷之后，他们在城中建立了许多清真寺，先知穆罕默德夜行登宵的传说，使穆斯林坚信耶路撒冷是他们永远的圣地。阿拉伯世界的版图上从西班牙到伊拉克的广大地区孕育了辉煌的文明，保守而骄傲的阿拉伯人曾领导着世界新潮流。十字军东征后，在许多阿拉伯人的眼里，法兰克人是“无知的野蛮人”“低劣的食人族者”“除体力之外再无别的美德”。让阿拉伯人更难以忍受的是他们对伊斯兰教圣迹、圣物、圣城的亵渎。从1109年到1110年，随着三座阿拉伯名城（特里波利、贝鲁特和赛依达）被攻陷，法兰克人对城内的伊斯兰教的首领、宗教法专家进行了屠杀和放逐，清真寺被亵渎和摧毁；1159年，塞浦路斯岛沦陷，侵略者把所有的宫殿、教堂及修道院劫掠一空，无法带走的进行焚毁，并大量屠杀宗教人士。这些都清楚地证明战争对阿拉伯文化的破坏。

阿敏·马卢夫还认为，十字军东征导致阿拉伯世界数世纪的衰败和文化上的封闭。总体来看，阿拉伯社会的主流是以抗拒、抵制的态度来对待西方文化，任何模仿法兰克人的举动都被视为投降与背叛。在遭受四面八方打击后，穆斯林世界开始闭关自守，变得过度敏感、处处防人——这种保守的态度随着现代世界的演变更趋严重。穆斯林自觉是被排除在现代世界之外的，而且愈来愈是。

与此同时，阿敏·马洛夫也冷静地认识到，十字军东征确实是阿拉伯文化与阿拉伯世界衰败的原因，但不是惟一的原因。阿拉伯世界其实从9世纪开始已经由盛转衰，十字军到来之前，阿拉伯人的文化已经是在原地踏步，陶醉在往日的美梦之中，虽然比新来的西方侵略者，仍旧是超乎其上，但业已开始走下坡。

邹明军、张三夕在《十字军之殇》（载《光明日报》2012年4月9日）一文中认为，充满血腥和杀戮的十字军东征给东西方文明史留下了灾难性的记忆。狂热的宗教意识是宗教战争的精神动力。十字军东征就是在一种宗教狂热精神煽动下进行的。1099年，十字军经过五个星期的围攻终于占领圣地耶路撒冷，随即进行了残酷的大屠杀，单在一所寺院里，就有约一万名避难者惨遭杀害。十字军头目写给教皇的信里说，他骑马走过尸体狼藉的地方，血染马腿到膝。寺院、宫殿和民间的金银财物被抢劫一空，许许多多的古代艺术珍品被毁于一旦。十字军的“朝圣之旅”实际上变成“屠杀之旅”和“抢掠之旅”。十字军东征一方面杀害大量的异教徒，同时也给自己带来巨大的牺牲。每一次东征都有大量十字军死于战斗、饥饿、瘟疫。仅以第一次东征为例，出发时的三四万大军，最后到达耶路撒冷时，只有一万多人，大部分人都死于征途。1212年的儿童十字军，更是历史上臭名昭著的宗教罪恶，成千上万的儿童在惨败的东征中不幸夭折。

苏聪、任军锋在《第四次十字军东征的四大影响》(载《贵州师范大学学报(社会科学版)》2017年第2期)一文中指出，第四次十字军东征产生了非常重要的影响。其中最重要的有以下四点：第一，导致了拜占庭帝国的瓦解，即使日后拜占庭人再收复君士坦丁堡，帝国也未能恢复昔日的荣光。第二，罗马教皇则是这次东征的最大失败者，东征非但没有实现两大教会的真正合并，反而增强了东、西方教会之间的隔阂。第三，威尼斯借这次东征，垄断了东地中海世界的商业贸易，经济实力大增。第四，奥斯曼土耳其人趁势崛起，除灭亡拜占庭帝国外，更中断巴尔干半岛的民族融合进程，导致了今天"巴尔干半岛火药桶"的形成。

美国学者朱迪斯·M. 本内特、C. 沃伦·霍利斯特在《欧洲中世纪史》(杨宁、杨韵译，245—251页，上海：上海社会科学院出版社，2007)一书中指出，十字军东征对伊斯兰和拜占庭文化造成了灾难性的破坏。第一次十字军东征，在占领耶路撒冷后，十字军战士在耶路撒冷城内大肆庆祝，烧杀抢掠，穆斯林和犹太人都未能幸免。第四次东征中，十字军于1204年攻占了君士坦丁堡，并在城内大肆烧杀抢掠，长达三天之久。鲍德温伯爵成为皇帝，他和他的继任者统治君士坦丁堡长达半个多世纪，十字军在他的领导下，陶醉于君士坦丁堡的财富。十字军将士抢走了数不清的珠宝黄金，还有钱。最有价值的当属无数圣人遗物，包括遗骨、头骨、手臂、耶稣的荆棘冠、疑为耶稣门徒圣托马斯的手指和许多这样的物品。而且，他们还在君士坦丁堡放了一场大火，烧毁了许多珍贵的财宝。十字军的行为彻底摧毁了君士坦丁堡，滥杀无辜，几乎毁灭了一个社会。十字军战士肆无忌惮地破坏着教堂、圣像、建筑、雕像，其中包括许多伟大的文化象征。直到今天，伊斯坦布尔(即过去的君士坦丁堡)的导游还会咕哝几句"天杀的十字军"。

三、战争与文化的新建

(一) 两次世界大战与西方国家文化的新建

第一次世界大战(1914年7月—1918年11月)和第二次世界大战(1939年9月1日—1945年9月2日)是20世纪发生的两场人类有史以来首次波及到全世界的大战。两次世界大战给人类带来空前的浩劫，给参战各国带来巨大的灾难。第一次世界大战历时4年，30多个国家共15亿人口卷入战争，伤亡人员3000万，经济损失3400多亿美元。第二次世界大战从欧洲到亚洲，从大西洋到太平洋，先后有61个国家和地区、20亿以上的人口被卷入战争，作战区域面积2200万平方千米。据不完全统计，战争中军民共伤亡9000余万人，4万多亿美元付诸流水。战争给人类带来了灾难，也在客观上改变了世界的政治、经济、思想文化和科学技术的发展面貌。

徐蓝在《对第一次世界大战史研究的一些思考》(载《世界近现代史研究》2012年年刊)一文中指出，第一次世界大战推动了世界和平主义思潮和反战与和平运动。第一，要求和平和进行革命之间的关系。随着战争的长期化和极端残酷性以及交战各国经济危机的加深，人民的反战情绪日益高涨。在后方，许多人拒绝服兵役，在前方，一些士兵拒绝执行作战命令。到战争后期，反对战争、要求和平成为一些国家发生革命的重要动力。"和平、面包、自由”是1917年的俄国革命、1918年的德国革命和奥匈帝国境内革命的普遍口号，并成为促进战后欧洲社会主义运动的发展和各国民主化进程的推动力量。第二，欧美各国战后和平运动的发展。大战的爆发使战前的和平运动遭受沉重打击，大战后欧美各国的反战与和平运动得到了大发展。例如，1919年，英国在伦敦修建了塞诺塔夫纪念碑。从此，每到第一次世界大战的停战日，纪念碑前都堆满了鲜花和由红色的小花做成的花环，缅怀那些在一战中牺牲的人们，并表达自己的反战与和平诉求。另外，由于据说是在第一次世界大战结束之后，在欧洲许多主要的战场上都出现了很多罂粟花，后来在英国佩戴罂粟花也就成了一个标志，以纪念战争当中的死难者，同时也希望人们能记住战争，为和平做出更多的努力。第三，国际联盟的建立。第一次世界大战的爆发以及战争的长期性和残酷性，不仅使各国人民渴望和平，也使一些政治家考虑建立一个具有特定盟约的、能够保障和平从而保护列强利益的国际组织。这个组织就是国际联盟。尽管国际联盟并没有能够真正维护和平，但是它的和平解决国际争端的理念、促进国际合作并实现国际和平与安全的基本职能，还是值得充分肯定的。第四，20世纪30年代英法等国家对法西斯国家的绥靖政策。正是由于第一次世界大战的极端残酷性和欧洲人口因大战而大量死亡，使欧洲的民众感到精疲力竭并产生了厌战情绪。在英国，更由于大战后长期的经济不景气，使英国民众和他们的领导人都不想再有新的战争，而不论这种战争是由谁挑起的以及英国是否应该为正义而战。这种民意，对英国30年代绥靖政策的形成奠定了重要的思想与社会基础。

美国学者杰里·本特利、赫伯特·齐格勒在《新全球史》(第五版，魏凤莲译，243—245页，北京：北京大学出版社，2014)一书中指出，第一次世界大战使人们对既有的社会和政治机构以及长久持有的欧洲社会优越的观念失去了信心，悲观主义思潮在许多领域兴起。

杰里·本特利等指出，在文史领域，格特鲁德·斯坦因给战后聚集在巴黎的知识分子和文人贴上“迷失的一代”的标签。“迷失的一代”在诗歌和小说中表达了萎靡和幻灭，概括了一战后欧洲人思想的特点。1914年，大部分欧洲知识分子积极参与战争，认为这是一次辉煌的探险。但工业化战争的残酷现实并没有使他们成为英雄，很多人对此不再抱有幻想。在20世纪20年代，他们在一大堆小说中喊出了自己的强烈反感，如海明威的《永别了，武器》(1929年)和埃利切·玛丽·雷马克的《西线无战事》(1929年)，这些著作充斥着无意义的死亡和痛苦的画面。同时，战后作家也在悲叹西方社会的衰落。一位名叫奥斯瓦尔德·斯宾格勒的德国退休教师以此为题出版了《西方的没落》(1918—1922年)一书，认为所有国家注定都要灭亡，并通过对西欧历史的分析，指出欧洲社会已进入了其存在的最后阶段，接下来将是不可逆转的衰落，其标志就是帝国主义和战争。这一令人沮丧的预言给那些为战后绝望寻找理由的人提供了某种安慰。战争的打击也使历史学家汤因比试图寻找社会发展的规律。在其庞大的12卷的比较研究经典著作《历史研究》中，他分析了26个社会的形成、发展和灭亡。

杰里·本特利等指出，在神学领域，神学家也加入了绝望的合唱。1919年，著名基督教神学家卡尔·巴恩出版了一本堪称宗教界炸弹的书《给罗马的信》，猛烈抨击了自由基督教理论，这一理论相信无限发展的趋势是上帝意志的实现。越来越多人相信奥古斯丁教、路德教、加尔文教关于原罪——人类本质的堕落的预言。

杰里·本特利等进一步指出，一战后悲观主义还体现在人们长期珍爱的某些信念的摧毁,如相信人类进步的普遍性。许多19世纪进步的偶像遭到了攻击,尤其在科技领域。科学家们领导人类对自然进行有益征服的梦想似乎已经走向失败,因为他们把大把的时间消耗在为战争制造毒气和炸弹上了。民主是另一个倒下的偶像,很多知识分子认为民主政体是支持多数人的暴政,许多人的理想是精英统治。普通民众也通常把民主制看作正在衰落的政治体系,把它同腐败和无效的政党政治联系起来。

美国学者布赖恩·莱瓦克、爱德华·缪尔、迈克尔·马斯、梅雷迪思·威尔德曼在《西方世界:碰撞与转型》(陈恒、韩翔、李月等译,469页,上海:格致出版社,2013)一书中指出,第一次世界大战作为一场总体战,引起了一系列妇女角色和性别文化的剧变。一战进行到1916年,重点军工厂里劳动力短缺和尽力提供男子参战的需要,意味着双方政府都需要积极征召妇女从事工业和农业。在东欧,农业劳动力几乎全由妇女组成。在西欧,妇女加入工会的数量史无前例。她们在军工厂里从事非常危险的工作;她们在前线的后方担当救护车驾驶员和护士;她们经常带头离开工作岗位要求更好的工作环境。虽然她们在薪酬方面不能如男人一样被平等对待,可是对大部分妇女而言,战争形成了一次深刻的解放经历。随着丈夫的离开,许多妻子第一次下决心自力更生。在英国,军工厂女人的平均工资是她们战前收入的三倍。中产阶级的妇女也证明战争给她们带来自由。1914年以前,主要观点是从生理上讲,妇女适合在家族和家庭的私人领域。然而,战争把妇女扔进公共空间。1914年前,中产阶级的女孩没有伴侣禁止旅行,现在她们可以驾驶救护车,在泥与血中飞奔,清洗士兵赤裸的身体。与此同时,战争击毁了许多限制妇女的条款,使中产阶级男兵的世界大幅缩小。当妇女正在奔波——开汽车、驾驶运输机救护伤员时,男人仍然在泥泞中挣扎,局限在狭窄的战壕里,等待命令。虽然战争结束时,妇女进入技术工厂的职位和诸如公共汽车司机、火车售票员等公共岗位的运动立即被推翻。但有许多更持久的变化。1919年的法国,女性法学学生是1914年的10倍,女性医学生是1914年的3倍。超过30岁的英国妇女获得了一定程度的选举权,而在美国、德国和大多数东欧新国家,妇女投票权更完整(妇女在法国、意大利、瑞士和希腊仍然没有公民权)。妇女在公开场合开始抽烟;裤子成为可以接受的妇女服装;裙角也骤然上升;紧身胸衣和裙撑也永远消失了。

布赖恩·莱瓦克等人同时指出,在20世纪30年代的失望中成长起来,并经过恐怖的第二次世界大战之锤炼而成型的存在主义,在第二次世界大战后的40年代晚期到50年代间对战争和冷战恐怖的挑战中,仍然维持着它们在文化上的主导地位。让-保罗·萨特坚信存在并没有什么内在的意义,但他坚信个人保持行动自由便可产生意义。这样的信念在既经历过大屠杀,也经历过反抗的世界上产生巨大影响。因此在20世纪50年代,所有视觉艺术中均回荡着存在主义的主题。例如,阿尔伯特·贾科梅蒂的雕刻便是脆弱、虚幻的苦闷存在主义的典范:在人类的重担之下,它们看起来很快就要崩裂。在这个时期,核时代恐怖也促进了文化意识的形成。因为写实主义绘画好像完全无法抓住原子时代的力量和恐怖,所以核弹越过先锋派进一步强化了对抽象艺术的掌控。不过抽象艺术自己却发生了变化。形式几何抽象主义以很多战前的艺术为其特征。在战后,新抽象表现主义展现出更多的本能风格。例如,抽象表现主义画家杰克逊·珀洛克就发明了一种全新的绘画方法。他将画布在地面上摆好,绕着画布走动并进入其中,以将染料滴到或泼到上面。在珀洛克的作品中,画布没有中心,没有焦点。相反它是破碎的,就像事情本身。让大部分人面对核恐惧的地方不是艺术长廊，而是电影院和通俗小说。在电影中，包括巨型蜘蛛、巨型蚂蚁和巨型海龟等在内的各种各样恐怖的核生物，每周一次报复性地大量蹂躏着西方世界。许多这样的电影产自日本。在整个20世纪50年代，通俗小说的每一页都充斥着核战争以及核战争之后为生存而进行的争斗。

关于第二次世界大战对文化的影响，布赖恩·莱瓦克等人进一步指出，在第二次世界大战期间，为动员人民参加总体战，政府必须用战时努力的重要性说服人民，以维持士气、激励平民和让士兵忍受掠夺和危险，因此必须构建新的文化形式去团结不同群体。所有国家都依靠神话、民族起源和认同的故事去团结迥然不同的个人、阶级或集团。在所有参战国中，政府为了制造神话，增强士气，赞助艺术家、演员和大众媒体技术。英国艺术家亨利·莫尔一幅在防空洞中的普通民众的画(在官方委托下完成)在无法形容的堕落中唤起了文明价值的存在。取材于战争的最著名的音乐作品当数德米特里·肖斯塔科维奇的《第七乐章》，是人类应变能力的象征。肖斯塔科维奇在列宁格勒撰写了这部作品的草稿，当时德国的子弹正在降落。它实际上于1942年8月在列宁格勒被演奏，当时这座城市仍然在包围之中。战争期间，电影作为一门艺术形式也形成，创造了民族团结的重要神话。劳伦斯·奥利佛自导自演的莎士比亚的《亨利五世》，用英国反对巨大冲突的军事胜利的经典故事，使英国观众感到欣慰。在意大利，一群被称为"新现实主义者"的电影制作人创作了一系列电影，表现了民族团结的反抗精神。诸如罗伯特·罗西里尼的电影《不设防的城市》一样描述了真实、令人尊重的下层阶级生活，呼吁从旧社会的瓦砾中创造更好的社会。

马克垚在《世界文明史》(第2版，1066—1072页，北京：北京大学出版社，2004)一书中指出，在两次世界大战的强烈冲击下，西方人文精神领域以理性主义为特征的传统思想文化面临严峻挑战。在两次世界大战后出现的深刻的反思与艰苦的探索氛围中，人们对在理性的旗帜下所建立起来的当今世界表现出不满。这种情绪促使西方思想文化界进行新的多方面的探索，从而导致20世纪西方思想文化出现明显的变化。

首先，在现代西方哲学领域。现代非理性主义是现代西方哲学中非常重要的流派。它发源于19世纪中叶的德国，20世纪得到长足发展，成为对西方思想文化各个领域发生重要影响的一种哲学思潮。其基本特点是以人的内在精神为研究对象，否认理性思维，否认理性的作用与地位，把主体结构中非理性的意志、本能、直觉和自我意识扩大化、绝对化，与理性、逻辑和科学相对抗。其表现形式主要有四种：意志主义、直觉主义、存在主义和精神分析理论。另外，20世纪爱因斯坦相对论的提出不仅使物理学发生了一场革命，改变了人们对世界的认识，而且推动了哲学相对主义的产生。第二次世界大战后，受科学技术革命的影响，在西方学术界又流行分析哲学、逻辑实证主义和批判理性主义。

其次，在现代西方文学艺术领域。突出的变化是反现实主义的现代主义取代了现实主义在文学艺术中的主导位置。如果说当代西方哲学思潮是对社会变化所作出的理性思考、理性反映的话，那么当代西方文学艺术就是对社会变化所作出的感性的反映，它是现代人被压抑的思想与情感的表现与爆发。现代主义文学艺术流派表现形式多种多样，其共同特点是继承19世纪以人为本、以人性为中心的创作传统，在表现形式上则是自觉地反传统反常规，从新的视野和新的视角出发，用各种新奇创新的形式，努力表现现代人在现代社会中的体验与感受。文学领域著名的流派有象征主义、表现主义、达达主义、意识流小说。20世纪

50年代西方剧坛上风靡荒诞派戏剧。各种新画派也不断涌现，象征主义、立体派、野兽派、表现派、达达主义、超现实主义、未来主义等互相交叠渗透，融会成光怪陆离的“现代艺术”。现代西方种种思潮也影响了音乐领域。现代音乐家或主张音乐应表现人的激情、爱欲和郁闷，或认为音乐不应表现任何东西，无论是人的情感还是自然现象。

（二）两次世界大战与殖民地半殖民地文化的新建

世界大战对已经卷入资本主义世界体系的殖民地半殖民地国家的思想文化界也产生了深远的影响。

郑大华在《第一次世界大战对战后（1918—1927）中国思想文化的影响》（载《中国社会科学院近代史研究所专题资料汇编》）一文中指出，第一次世界大战的爆发和战争给人类造成的巨大灾难，不仅使西方世界笼罩在一片“世纪末”的悲凉气氛之中，同时也使本来对学习西方文化充满热情和希望的一些中国人产生了怀疑和动摇，加上其他方面的原因，对中国思想文化产生了重大影响。

第一，一战后西方思想界活跃的社会主义思潮和“东方文化救世论”思潮，产生了重大而深远的影响。因为社会主义思潮，特别是俄国十月革命的影响，加上第一次世界大战引起的对西方文化和资本主义制度的重新认识，新文化派内部原来主张西化的李大钊、陈独秀、瞿秋白等人，于十月革命后不久便逐渐放弃了西化主张，而转为“以俄为师”，开始接受和宣传马克思主义。因为“东方文化救世论”思潮的影响，部分知识分子扫清了他们对中国文化的悲观看法，开始重新认识中国文化的价值及其在世界文化对话中的地位，并使一些中国人产生了一种民族虚荣心和自大感。

第二，西方人本主义和文化相对论的传入及影响。以探讨人生问题为中心内容的现代西方人本主义思想传入中国后，便很快盛行起来，并与科学实证主义和马克思主义哲学一道，成了对战后中国思想界影响最大的西方哲学或文化思潮。文化相对论认为，历史的发展是曲折的、迂回的，社会文化的发展存在着多元性，各种社会文化都只有相对的价值，而没有绝对的价值，每一民族文化都有自己的特征，在历史的发展中自成中心，并且有他们自我评价的价值体系，任何一种行为（例如信仰和风俗）只能用它本身所从属的价值系统来评价，没有一个对一切社会文化都适用的绝对价值标准，因此，应该对各民族文化采取尊重的态度。

第三，第一次世界大战和战后西方兴起的“东方文化救世论”，以及人本主义和文化相对论的传人对中国思想界的上述影响，促成了五四新文化运动后期中国文化保守主义思潮的兴盛。新文化运动后期文化保守主义思潮的兴盛，体现在以下几个方面：首先，中国思想文化界发生的几次大的思想文化论战，如东西文化论战、科学与人生观论战，新旧文学论战、工化与农化论战。其论战的一方是文化保守主义者，而另一方是反传统主义的西化派或反传统主义的西化派与马克思主义的俄化派结成的联合战线。东西文化论战，参战的保守主义者有杜亚泉、钱智修、陈嘉异、章士钊和梁漱溟等，与他们论战的主要是胡适、常燕生等反传统主义的西化派和陈独秀、李大钊、瞿秋白、杨明斋等中国早期马克思主义者。其次，一些文化保守主义代表人物的文章和著作发表或出版后产生过巨大的社会反响。如梁启超的《欧游心影录》发表后，引起轰动，人们竞相传阅。不过郑大华也指出，文化保守主义思潮在新文化运动后期的兴盛，既给当时方兴未艾的新文化运动造成了极大的阻力，同时也使新文化运动存在的一些过激言论和主张得到了某种程度的纠偏和消解。

第四，引发战后中国思想文化的变动。变动之一，是进化论受到批评，互助论受到欢迎，并成为当时有影响的一种社会思潮。变动之二，是批评科学万能论，要求重新审视科学的功用和价值的呼声高涨。变动之三，是文化取代论受到冷落，中西文化调和或互补论为人们所倡导。

世界大战也推动殖民地半殖民地民族主义思潮的兴起。黄民兴在《第二次世界大战与中东民族主义的发展》(载《西安教育学院学报》1996 年第 4 期)一文中指出，人们普遍认为第二次世界大战是三大政治势力即法西斯主义、西方民主制度和社会主义的决战，但实际上，民族主义应当作为第四种势力被列入其中。因为亚洲国家不但最早遭受侵略，而且对大战的胜利做出了巨大而卓越的贡献。与其他三种基本定型的势力相比，民族主义的发展具有可塑性，即它在独立后国家的发展方向上尚未作出明确选择，因此它不可避免地受到大战的深刻影响，比如中东地区。

第二次世界大战对中东民族主义有三个方面的影响：第一个影响表现在法西斯主义兴起对民族主义发展趋势的影响。在西方，第一次世界大战后即开始出现对西方文明的反省和批判，但影响不大。30 年代以后，随着欧洲法西斯主义的兴起，中东的一些民族主义者，尤其是其中的激进分子开始认为，西方的民主制度已经彻底衰微，不再具有生命力。如果说西方文明在它的故乡都已苟延残喘，那它在文化传统绝然不同的伊斯兰世界就更没有存在的可能和必要了。不仅如此，埃及和伊拉克等国的议会制政府无法实现真正的民族独立并解决国内的社会经济问题，加上政界上层的腐败，更加深了激进民族主义力量对议会民主的失望。因此，中东的民族主义者开始重新探讨国家的发展道路问题，由此推动了阿拉伯社会主义和伊斯兰民族主义的发展。伴随着新的民族主义思潮而来的是民族主义社会基础的变化，即小资产阶级开始取代其他阶级成为民族主义的代言人。

第二个影响是英法势力的最终衰落和美苏第一次大规模卷入中东。两个超级大国最终取代了战前英法的地位，由此形成了中东两大阵营的对立。战争结束不久，美国就将土耳其和伊朗拉入西方的军事集团，稳固地确立了自己在上述两国的优势地位，并为以色列争得了独立，在利比亚建立了军事基地，从而排挤了英法两国，牢固地确立了自己在中东的实力地位。杜鲁门主义的出笼，不仅标志着冷战的开始，而且标志着美国作为在中东影响最大的西方国家地位的确立。然而，由于美国的中东战略服从于其全球战略，为此，它大力拉拢敌视苏联的保守的北部非阿拉伯国家参加其军事集团，并与以色列建立了依存关系，这就激怒了阿拉伯国家，从而削弱了美国在中东的影响。中东对苏联具有更为重要的意义。中东位于苏联南翼，直接影响到其边界的安全。战后苏联在东欧和远东建立了自己的势力范围之后，中东作为苏联柔软的下腹部的重要地位尤其突出。在大战中，苏联利用自己日益显示出来的经济和军事实力，第一次企图确立其在中东的政治和军事存在，以保障南部领土的安全和扩大其在世界上的影响。

第三个影响是少数民族的民族主义在中东的兴起，其中最重要的是犹太复国主义势力的壮大。以色列在阿拉伯心脏地带的出现，极大地加速了中东民族主义激进化的过程，并深化了阿拉伯世界与以美国为首的西方国家的矛盾。同时，在一些尚未独立的国家，激进的民族主义者开始控制民族运动的领导权。

总而言之，战后新兴的阿拉伯社会主义和伊斯兰民族主义的政策和观点反映出中东小资产阶级企图摆脱对西方的盲目效法，而从传统文化和社会主义国家借鉴有助于振兴民族、复兴国家的有益内容和经验。显然，第二次世界大战开辟了中东民族主义的新天地。

教学设计

设计一：亚历山大东征与希腊化时代

设计意图

亚历山大东征是古代世界文明发展史上的一件具有深远影响的事件。东征过程中，希腊文化与东方文化相互渗透相互影响，东西方文化得到了一次交流和发展的机会。本设计运用相关史料，引导学生在了解亚历山大东征过程的基础上树立正确的时空观念；通过阅读史料，理解亚历山大东征对东西方文明交流所产生的影响，培养历史解释和史料实证意识；通过对希腊化时代文化内涵的了解，认识世界文明多元统一的特点；通过对亚历山大东征与希腊化时代之间关系的了解，利用唯物史观评价战争对文化交流的影响。

设计方案

一、一次十年的战争——亚历山大东侵(前334—前324年)

教师讲述： 亚历山大(公元前356—前323年)，古代希腊马其顿国王，杰出的军事家、政治家。公元前336年其父腓力二世遇刺身亡，亚历山大继位，时年20岁。继位之后稳定了国内局势，于公元前334年春季率领大军渡过赫勒斯湾海峡远征东方。亚历山大从13岁起就师从于古希腊最伟大的思想家、哲学家亚里士多德，吸取了希腊文化中的精华。他不但从亚里士多德那里学到了政权的形态和应用，而且还掌握了科学研究的方法以及诗歌、哲学等各个领域的知识，因此极为重视文化的传播。亚历山大的远征军中除了士兵之外，还有自然科学家、地理学家、历史学家、艺术家，等等。经过十年的大规模征服，建立了一个地跨欧、亚、非三大洲的庞大帝国。它的版图西起希腊、马其顿，东到印度河流域，南临尼罗河第一瀑布，北至药杀水(今中亚锡尔河)，首都设在巴比伦，这样整个亚欧大陆的交通就被打通了。亚历山大帝国几乎包括了当时人类的主要文明——波斯文明、埃及文明、犹太文明，甚至印度文明。因此，伴随着东征的过程，客观上是希腊文化传播到东方、东方文化渗入到希腊文化的过程，正是在这一过程中，东西方文化得到交流和发展。

材料一 亚历山大远征军主要由马其顿人和希腊雇佣兵组成，亚历山大在东方的远征中至少留下了36000名希腊雇佣兵，让他们在各处定居下来。他们都是希腊文明的载体。东征中还有许多随军学者，包括工程师、地理学家、测绘师、哲学家、历史学家、艺术家等，他们沿途搜集了大量东方各国的政治、经济以及民情风俗方面的资料，他们与当地人交流来往，使东西方文化互相补充。

——李丽玲：《浅析亚历山大统治政策与希腊化文明的形成》，载《绥化学院学报》2010年第6期

教师设问： 亚历山大远征军的人员构成有哪些特点？（参考答案：从来源看，主要来自马其顿和希腊；从职业看，涉及各个文化领域）

教师讲述： 亚历山大远征军特殊的人员构成，对东西方文化交流产生了重要的影响。在远征途中，或是因为命令，或是因为伤残等其他原因，总有一部分希腊人留在走过的地方。他们作为一种文化的载体，不可避免地与当地文化产生交流，而且希腊人又拥有政治上的统治权力，因此希腊文化和当地的土生文化必然不是平等的互相影响。这些人在吸收学习东方文化的同时，也将希腊文明传播到了东方，加深了东西方之间的彼此了解，为新的希腊化文化的产生提供了可能性。亚历山大东征表面上看是西方征服东方，实质上是东西方文化水乳交融，促使东西方文明发生了一次大规模的交融冲撞。

二、一批新兴的城市

在尼罗河河口以西一条东北—西南向伸展的狭长地带上，西北临地中海，东南靠迈尔尤特湖，坐落着埃及最大的海港、埃及第二大城市、历史名城——亚历山大港。它是地中海沿岸的避暑胜地，素有“地中海明珠”之称。其实，以“亚历山大”命名的城市不止这一座。这是为什么呢？

材料二 东征期间，从北非至南亚次大陆亚历山大先后建立了几十座希腊文明城市（亚历山大里亚）。最为著名的是在尼罗河三角洲建立的一座城市（现在亚历山大城所在地），亚历山大用自己的名字命名为亚历山大里亚。这座城市后来成为整个地中海地区的最大城市，成为地中海地区与东方各国经济、文化交流的中心。亚历山大征服中亚以后，又建立中亚阿里安那亚历山大（今赫拉特）、高加索亚历山大（兴都库什山南麓）和边区亚历山大（今列纳巴德），等等。征服印度时，在希达斯普河畔建立布采发尔和妮肯等城市。这些城市不但是帝国的军事要塞，同时也是东方各地的经济中心，又是东西方经济、商业交流的骨干与桥梁。

——傅利华：《略评亚历山大东征》，载《内蒙古民族大学学报（哲社版）》1996 年第 4 期

教师设问： 这些新建的城市有哪些作用？（参考答案：是帝国的军事要塞，也是东方各地的经济中心，还是东西方经济、商业交流的桥梁）

教师讲述： 亚历山大城具有明显的军事特征，它们肩负着控制和治理被征服地区，防御外部侵袭，维护帝国安全与稳定的重任。当然，建立亚历山大城，实际上是亚历山大把希腊城邦模式在帝国的推广。这些城市具有显著的希腊特征，有公共市场、体育馆和宫殿，有众多供奉着希腊神的神庙。它们要么处于交通要冲，要么居于航运中心，要么处在战略要地。城市中，一般有专人管理。居民有退役的马其顿和希腊老兵，有战俘，也有当地的“蛮族”人。希腊人带去的文化、习俗和传统，与当地的文化、习俗和传统，在那里传播、碰撞与融合。埃及的亚历山大城是这方面的突出代表。因为那里不但有优良的气候环境，非常适宜居住，而且地理位置十分重要，易守难攻。这里还建有世界上第一个最大的图书馆。馆内藏书 70 万卷，许多学者来到这里研究学问。古代著名数学家欧几里得、阿基米德都曾在这里取得巨大学术成就。这些亚历山大城成为东西方文化传播的桥梁。

三、一场空前的集体婚礼

随着东征的不断深入，亚历山大控制的区域日益扩大，一个新的问题摆在他的面前——如何统治这包含了不同地域、不同民族、不同文化的庞大帝国？

材料三　在苏萨一次盛大奢华的结婚典礼上，亚历山大亲自带头同波斯国王大流士的女儿斯塔提拉结了婚(在此之前曾娶巴克特里亚的王公之女罗克珊为妻)。许多马其顿的将领也都娶了波斯显贵的女儿(大约有80名将官)。同日参加婚礼的竟达一万对之多。后人称这一行动为“欧亚联姻”，而且整个婚礼是按照波斯人的传统习俗进行的。在结婚典礼上，亚历山大郑重宣布：马其顿人与亚洲女子结婚可以享受免税权利。他还亲自馈赠给他们许多礼物以示鼓励。

——傅利华：《略评亚历山大东征》，载《内蒙古民族大学学报(哲社版)》1996年第4期

教师设问：试分析亚历山大此举的目的及由此产生的影响。(参考答案：目的：与东方贵族联合，加强对被征服地区的控制和管理，维护帝国稳定；赢得当地人好感与支持，缓和与被征服者之间的关系；展示政权合法性与正统性的需要。影响：扩大了亚历山大帝国的统治基础，在一定程度上有利于加强对帝国的控制与管理，有利于维护帝国的稳定；客观上促进了民族融合，有利于东西方文化的交流)

教师讲述：亚历山大为了维护其在东方的统治，大力推行“融合”政策。这种“融合”政策主要涉及政治、经济、社会习俗等方面，与东方人联姻也是措施之一。他试图用联姻的手段打破民族之间的隔阂，清除东西方的裂痕，希望以血缘关系为纽带，使希腊人与东方人融为一体，成为其永久统治东方的支柱。为了推动联姻政策的实施，亚历山大制定了鼓励马其顿希腊人娶东方女子的政策。如马其顿人与亚洲女子结婚，可以享受免税权；赠予新婚夫妇较丰厚的礼物。公元前324年，他在苏撒举行的这场古代世界史上规模最大的集体婚礼，就是推动联姻政策的重要举措。政治联姻是维系帝国稳定的一条纽带，这项政策的实施，打破了民族界限，为东西方各民族之间的语言沟通、风俗习惯的相互适应提供了良好的条件，为东西方各民族的融合架起了一座桥梁。这种联姻关系也为东西方深入的文化交流创造了更为有利的条件。

四、一个崭新的时代

亚历山大在对外征服及治理帝国的过程中，通过总督管理、军队建设、政治联姻及宗教政策等政治手段进行统治与管理，使古代东西方文化有了充分交流融合的空间和契机，并由此开创了一个东西方文化交流的新时代——希腊化时代。虽然亚历山大创立的帝国在历史上只是昙花一现，可是他所开创的希腊化时代却对人类社会的历史产生了极其深刻的影响，使希腊文化、科学在城邦之外得以发扬光大。

材料四　在印度西北部，希腊的雕刻艺术与印度的佛教精神相结合，奠定了犍陀罗佛教艺术的基础。在阿姆河畔，屹立着希腊式的城市。城中的神庙既有宙斯的巨像，也有当地的神祇。在帕提亚的尼萨宫廷，酒杯上刻着酒神故事，宫中立有阿芙罗黛蒂、赫拉克力斯、赫拉的雕像，上演希腊的戏剧。小亚的卡帕多西亚、本都、俾提尼亚和亚美尼亚的当地小君主，也对希腊文化一见倾心。他们接受希腊的崇拜名称，宫廷中使用希腊语言，修建希腊式神庙，

用自己的名字命名新建的城市，都力图与希腊—马其顿人君主国的国王同列。南俄等地的艺术品涉及当时的宗教主题，在库班地区发现的金属饰物上就有盛行于希腊化时期的命运女神的形象。罗马文化这时受到希腊化文化的冲击，古典时期的、此时的哲学、戏剧、语言、建筑、雕刻艺术都被罗马人接受或改造利用。罗马城像东地中海的许多港口一样，欢迎来自叙利亚、小亚、埃及和希腊的神。这时的罗马文化实则是希腊化文化的一部分。努比亚是托勒密埃及南面的贸易伙伴，阿拉伯半岛是希腊化世界南路通商要道的必经之地，它们与希腊—马其顿人的文化交往是肯定的。南阿拉伯的统治者的铸币就曾模仿过塞琉古朝与托勒密朝的式样。

——杨巨平：《“希腊化文化”是人类历史上第一次文化大交流大汇合》，载《山西大学学报(哲学社会科学版)》1992 年第 4 期

教师设问：依据材料概括希腊化文化的特点。(参考答案：波及范围广；涉及领域多；交互影响明显)

教师讲述：亚历山大东征使希腊文化成为凌驾于当地文化之上的强势文化，被征服地区希腊化的进程加快了，与东方文化的交流融合日益广泛深入。希腊化世界的形成，大大便利和促进了各希腊化王国之间以及它们与周边地区的交往。由于经济、文化的交流往往大大超出政治统治的区域，在希腊化世界及其周边地区实际上形成了以西亚为中心、以地中海和中亚印度为两端的新的交通体系。希腊化时期，希腊文化与包括中国文化在内的欧亚非大陆的各主要古老文化都发生了或多或少的接触，希腊化文化沟通了古代世界五大文化的源流。

教师引导学生小结：希腊化时期的文化涉及众多领域。政治、宗教、艺术、科技以及哲学，等等，都透露出希腊化时代的明显特征。值得一提的是，从此以后，希腊语成了希腊化世界的通用语言，不少当地人用希腊语写了本国本地区的历史，大大丰富了希腊化时期的史学宝库。

总之，希腊化文化确是人类历史上第一次文化大交流、大汇合，它承前启后、继往开来，具有划时代的意义。从此，人类进入了欧亚非大陆间文化大交流的新时代。

设计二：从佛兰德斯战场看两次世界大战

设计意图

20 世纪发生了两次世界性大战，深刻影响了人类历史的发展进程。本设计试图带领学生了解两次世界大战的主要参与国和战争时间、状况，达到基础的时空认知；分析两次世界大战对人类文明的破坏和客观滋生新文化的两方面的史料，认识两次世界大战对人类文明的巨大影响，培养史料实证意识；通过史料阅读和文本解析，理解并认识两次世界大战对思想文化和政治文化的深远影响，培养历史解释素养；通过对战争破坏文明和客观滋生新文化的分析，引导学生运用唯物史观分析历史问题；通过对战争残酷性的剖析，引导学生理解并珍惜今天的和平生活，并认识到和平的世界是每一个人努力的成果、与每个人的生命生活息息相关，从而培养家国情怀。

设计方案

导入：

——《弗兰德斯》——[德]奥托·迪克斯德

教师讲述：在法国北部和比利时西南部交界处有个重要军事阵地——佛兰德斯，它是十分关键的防线，沿英吉利海峡一带，一直抵达瑞士边境。第一次世界大战期间，这里死伤惨重，有无数无名战士为保卫祖国而牺牲，长眠在佛兰德斯的黄土之下。在德国著名印象派画家奥托·迪克斯德画作《弗兰德斯》(1934—1935 年)中，弗兰德斯德风景逐渐被士兵的尸体覆盖。画作触目惊心，似乎要越过近百年的光阴向我们表达对战争的控诉。

一、战争的底色——悲剧

教师讲述：我们先来看一组数据：

材料一　第一次世界大战，协约国出兵 4000 万人，中欧列强出兵 2000 万人，总数高达 6000 万人！在这个庞大的数字里，几乎有 900 万人丧失生命，2000 万人受伤。

……欧洲协约国向美国所借的款额，大约为 100 亿美元。

各国债务剧增的同时，世界财富的生产却不断下降。在长达 4 年多的战争期间，欧洲主要国家从农场、工厂、商铺中带走上百万人力，有的派到战场当兵，有的安置在军工厂做工人。生活费用也在普遍上涨。有些国家的政府面临破产，民众尤其苦不堪言。

——[英]乔治·威尔斯、[美]卡尔顿·海斯：《全球通史——从史前文明到现代世界》，李云哲编译，北京：中国友谊出版公司，2017 年，第 406 页

教师设问：由材料可以看出一战在哪些方面产生了巨大的破坏。(参考答案：人员伤亡尤其是青壮年伤亡惨重；生育率下降；国家巨额债务；经济发展受挫；民众苦不堪言)

教师讲述：1914—1918 年发生的第一次世界大战在人口、财产上带来了前所未有的损失，给人民带来巨大的痛苦。不止于此，战后各种经济问题和因战争打击带来的精神创伤更

是长久难以消除。而到了20世纪20年代末，世界范围内的大萧条比史上任何一次经济衰退都要来得深远，人类在凄惶和绝望中被拖进了一个更大的战争漩涡，这场发生在1939—1945年的战争被称为第二次世界大战。

材料二 当战争发展到最激烈的时候，全世界有60%的国家参与其中；波及20亿人口，占当时世界总人口数的80%；欧洲、美洲、亚洲、非洲、大洋洲这五大洲以及大西洋、太平洋、印度洋、北冰洋这四大洋，全都无一幸免地被战火覆盖；战争区域总面积达到了2200万平方千米，各参战国投入总兵力达1亿人，消耗的军费总计大约3万亿美元，相当于参战国国民总收入的60%～70%，损失物资的总价值高达4万亿美元。

——[英]乔治·威尔斯、[美]卡尔顿·海斯：《全球通史——从史前文明到现代世界》，李云哲编译，北京：中国友谊出版公司，2017年，第477页

教师设问：依据材料并结合所学谈谈你如何看待这场战争。（参考答案：这场战争是从古至今人类历史上发生过的一切战争中规模最大、损失最惨重、伤亡人数最多、破坏性最严重的全球性战争）

教师讲述：第二次世界大战（1939年9月1日—1945年9月2日）是人类历史上第二次全球规模的战争。战争中军民共伤亡9000余万人，5万多亿美元付诸东流，是人类历史上规模最大的世界战争。在人类的历史上，6年是个不起眼的时间长度，但是1939年到1945年这6年，却带给全人类最漫长而煎熬的时光。而最不可思议的是在这场战争中发生的大量人类对人类的大屠杀。

材料三 英军在德国解放了伯根-贝尔森，集中营墙内看到的情景给他们留下了不可磨灭的印象：6万名衰弱生病的犯人，当纳粹党卫军绝望地从苏联前线撤回时，这里变成了从东欧集中营转来的成千上万名犯人的卸料厂。尽管这些犯人已经生病或正在挨饿，还是每天1200名被塞进只适合几百人居住的兵营。到1945年3月，饮用水和食物都不复存在。人们的粪便从床铺上掉下来直到它覆盖了兵营的地板，死人的尸体到处堆积。

——[美]布赖恩·莱瓦克、爱德华·缪尔、迈克尔·马斯、梅雷迪斯·威尔德曼：《西方世界：碰撞与转型》，陈恒等译，上海：格致出版社，2013年，第495页

教师设问：为什么二战期间会存在如此多不可思议的大屠杀现象？（参考答案：法西斯政府把大屠杀当作国家工具）

教师讲述：提到两次世界大战，人们脑海中浮现的多是血雨腥风、断壁残垣、流离失所乃至尽皆毁灭。两次世界大战向人类充分诠释了战争的底色——给人类带来灾难和恐惧的彻底的悲剧。但是，自人类诞生至今，战争却从未远离。从某种程度上，人类文明史就是一部战争史，而战争史涉及的战术、战争组织、武器、战后利益分配方式、对战争在政治体制和思想上的反思，等等，深深影响了文明进程，推动历史前进。一定程度上可以说，正是在对应对战争方法的借鉴和对战争本身的反思中，人类衍生出更高层次的文化和文明。

二、以战争为引子——新生

材料四 早在1942年12月，政府委员会为新英国提出了一份激进的计划。在一份正式文件不同寻常的用语中，委员会报告认同“在建设道路上的五巨头”：贫困、疾病、愚昧、肮脏和懒惰。为了杀死这些巨头，委员会建议国家承担起保障全民就业的责任，通过家庭津

贴、社会福利计划和国家医疗服务保障所有人提供最低生活标准。《贝弗里奇报告》在英国变成了一本畅销书，为许多战后欧洲社会福利计划奠定了基础。

——[美]布赖恩·莱瓦克、爱德华·缪尔、迈克尔·马斯、梅雷迪斯·威尔德曼：《西方世界：碰撞与转型》，陈恒等译，上海：格致出版社，2013 年，第 511 页

教师设问：依据材料指出《贝弗里奇报告》体现出的政治需要和对英国政治的影响。(参考答案：体现出对社会民主的需要；推动国家为了保障社会福利从而干涉经济生活)

教师讲述：两次世界大战都充分体现出政府的组织民众的力量，二战后西方政府行政权力进一步加强，福利国家也先后建立。

材料五 与此同时，战争击毁了许多限制妇女的条款，使中产阶级男兵的世界大幅缩小。当妇女正在奔波——开汽车、驾驶运输机、渡运伤员时，男人仍然在泥泞中挣扎，局限在狭窄的战壕里，等待命令。

……1919 年在法国，这里的女性法学学生是 1914 年的 10 倍，女性医学生是那时的三倍。超过 30 岁的英国妇女获得了一定程度的选举权，而在美国、德国和大多数东欧新国家，妇女投票权更完整(妇女在法国、意大利、瑞士和希腊仍然没有公民权)。文化变革也标志着一场性别革命。妇女在公共场合开始抽烟；裤子成为可以接受的妇女服装；裙角也骤然上升；紧身胸衣和裙撑也永远消失了。

——[美]布赖恩·莱瓦克、爱德华·缪尔、迈克尔·马斯、梅雷迪斯·威尔德曼：《西方世界：碰撞与转型》，陈恒等译，上海：格致出版社，2013 年，第 469 页

教师设问：依据材料思考战争还引发了什么变化？(参考答案：第一次世界大战推动女性在职业选择、政治地位、受高等教育机会、性别文化自由等方面发生了深刻的变革)

教师讲述：虽然两次世界大战后妇女并未在管理岗位、薪酬等方面立即获得和男性完全同等的地位，但不可否认的是，战争确实引起了一系列妇女地位、角色和性别文化的剧变)

除了政治文化和性别文化，两次战争对其他思想文化现象的影响也是深远而持久的。比如在文史哲领域。

材料六 1914 年，大部分欧洲知识分子积极热情地参加战争，认为这是一次辉煌的探险。然而，工业化战争的残酷现实没有使他们成为英雄，很多年轻的艺术家和知识分子很快不再抱有幻想。在 20 世纪 20 年代，他们在一大堆小说中喊出了自己的强烈反感，如海明威的《永别了，武器》(1929)和埃利切·玛丽·雷马克的《西线无战事》(1929)，这些著作充斥着无意义的死亡和痛苦的画面。

战后作家悲叹西方社会的衰落。一位名叫奥斯瓦尔德·斯宾格勒(1880—1936)的德国退休教师以此为题出版了《西方的没落》(1918—1922)一书。在这本可能被看作西方文明的讣告的书中……通过对西欧历史的分析，他得出这样的结论：欧洲社会已经进入了其存在的最后阶段，接下来将是不可逆转的衰落……

神学家也加入了绝望的合唱。1919 年，著名基督教神学家卡尔·巴恩(1986—1968)出版了一部堪称宗教界炸弹的书《给罗马的信》。巴恩在著作中猛烈抨击了自由基督教理论，这种理论拥护进步的观念，相信欧洲思想家所认为的无限发展的趋势是上帝意志的实现。……奥古斯丁教、路德教、加尔文教关于原罪——人类本质的堕落——的预言被越来越

多的人所接受。

——[美]杰里·本特利、赫伯特·齐格勒:《新全球史》,第5版,魏凤莲译,北京:北京大学出版社,2014年,第244页

教师设问: 由材料可以看出一战对思想文化领域产生了哪些影响。(参考答案:文史领域积极反战;思想上对长久持有的欧洲社会优越的观念失去了信心,悲观主义兴起;对人性罪恶的反思影响了神学和哲学,并影响社会信仰的变革)。

教师讲述: 更多触及灵魂的反思也使艺术领域呈现出截然不同过往的风格。

材料七

阿尔伯特·贾科梅蒂:《手指向某处的男子》(*Man Pointing*)

贾科梅蒂的雕塑包含着存在主义的苦闷。他对这件创意的解释似乎抄袭自让-保罗·萨特的一部小说:"我想通过过去所见留下的记忆去创造(此形象),令我恐惧的是雕刻变得越来越小,它们仅在很小的时候才有相貌,可是它们的尺寸使我感到厌恶,于是,我又不知疲倦地开始了,仅在几个月后在同一点上终止。"

——[美]布赖恩·莱瓦克、爱德华·缪尔、迈克尔·马斯、梅雷迪斯·威尔德曼:《西方世界:碰撞与转型》,陈恒等译,上海:格致出版社,2013年,第527页

教师设问: 依据材料谈谈对贾科梅蒂的雕塑体现出的内涵的看法。(参考答案:雕塑作品表面嶙峋,像是战场上被烧焦的尸体;但更多体现出人的凄惶的灵魂,感觉与人隔着不可逾越的距离)

教师讲述: 曾经远离俗世的现代主义艺术大师们的艺术创作中更多增加直面现实的深刻表达和触及灵魂的反思,也体现出在残酷战争冲击下艺术创作承担了更强的道德目的和社会责任。

教师引导学生小结：两次世界大战是人类彻头彻尾的悲剧。而人类的可敬之处在于，我们艰难但决绝地走出了战争，在反思、警惕战争的过程中迎来了文明的新发展。

1915 年春，一名叫做麦克雷的年轻士兵负责在佛兰德斯前线包扎和治疗伤员。履行外科医生职责的同时，他还充担过枪手，也负责殡葬服务。他的战友亚历克西斯·赫尔墨不幸战亡，安葬完好友的次日，麦克雷坐在一辆停在伊伊锡尔运河畔包扎站附近的救护车后，用笔在一张从发件本上撕下的纸上宣泄他的痛苦。看着盛开在沟渠里、在十字架间的野生罂粟花，麦克雷用弥足珍贵的二十分钟写下了十五行诗，这就是后来为世人所熟知的一战著名诗篇《在佛兰德斯战场》。

在佛兰德斯战场，罂粟花随风飘荡
一行又一行，绽放在殇者的十字架之间，
那是我们的疆域。而天空
云雀依然在勇敢地歌唱，展翅
歌声湮没在连天的烽火里
此刻，我们已然罹难。倏忽之前，
我们还一起生活着，感受晨曦，仰望落日
我们爱过，一如我们曾被爱过。而今，我们长眠
在佛兰德斯战场……
继续战斗吧
请你从我们低垂的手中接过火炬，
让它的光辉，照亮血色的疆场
若你背弃了与逝者的盟约
我们将永不瞑目。纵使罂粟花依旧绽放
在佛兰德斯战场……

因为这首诗，佛兰德斯战场盛开的红罂粟成为每年 11 月 11 日纪念两次世界大战和其他战争中牺牲军民的阵亡将士纪念日佩花。它被佩戴在和平年代人们的胸口，静静地诉说着生命和和平的珍贵。

教学资源

资源 1：亚历山大城的影响

如埃及的亚历山大里亚城不单是地中海地区与东方各国文化交流的中心，这里还建有世界上第一个最大的图书馆。馆内藏书 70 万卷，许多学者来到这里研究学问。著名古代数学家欧几里德、阿基米德都曾在这里取得巨大学术成就。城外法洛斯岛上矗立着一座灯塔，高达 122 米。40 公里以外可以看见灯光，为出入港口的船只指航导路，被称为古代世界七大奇迹之一。

——傅利华：《略评亚历山大东征》，载《内蒙古民族大学学报(哲社版)》1996 年第 4 期

资源 2：亚历山大东征与丝绸之路开通

张骞在介绍安息和大夏时，提到这两地“有市”“善贾市”，还提到大夏的都城蓝市城，“有市贩贾诸物”。此外还向汉武帝提到他在大夏见到了来自中国西南地区的邛竹杖和蜀布。这一事例证明了此时以中亚巴克特里亚为中心连接西亚、南亚、东亚地区的商贸网络的存在。属于这一时期的大量希腊钱币的出土说明货币交换在希腊化王国及其周边地区已经广泛流行。张骞的报告中也特别提到了这一点。因为他所见到的钱币与中原汉王朝的圆形方孔钱大不相同。他在关于安息的报告中特别提到了此地“以银为钱，钱如其王面，王死辄更钱，效王面焉”。这里传递了几个与希腊化王国钱币相似的信息：第一，钱币是银制的；第二，钱币上有国王的头像；第三，王死则换钱，正面的头像随之更换，继位者取而代之。王像打压于币是希腊化时期铸币的通行方式。亚历山大东征之初，就在埃及的孟菲斯发行过一种有自己肖像的铜币，征服印度后，他还发行过一种大徽章，上有自己骑马与乘象的印度国王作战的图案。亚历山大死后，托勒密一世在公元前 318 年也发行过有亚历山大头像的钱币，但真正创制亚历山大头像标准币的是他的另外一位部将莱辛马库斯（公元前 323—前 281 年在位，约公元前 297 年开始发行）。亚历山大的其他后继者纷纷效仿，他们自立为王后，也多将自己的头像铸到币上，成为王权的一种象征。这种钱币不只在希腊人统治的地区流行，那些相邻的由当地人统治的地区，如帕提亚，也都坚持铸造和使用这样的钱币。

——杨巨平：《亚历山大东征与丝绸之路开通》，载《历史研究》2007 年第 4 期

资源 3：古代东西方文明的交流传播

与此同时，东西方文化也加快了交流的进程。庞贝古城出土的印度女神拉克丝密雕像反映出罗马与东方国家之间贸易与文化交流的密切关系。从中国史书称罗马为“大秦”也可看到，罗马和包括印度、中国在内的东方大国的接触交往是世界史上划时代意义的事件。就实物而论，庞贝有印度女神雕像出土，北欧的丹麦也有印度佛像的发现，而在印度半岛东海岸本迪治利城则发现一个罗马商站遗址，出土了大量意大利陶器和罗马帝国钱币，越南等地也有不少罗马钱币出土。罗马与印度如此，那么罗马与中国的贸易与文化联系，则可以丝绸作表证。尽管在罗马土地上极难有经历数千年之久并从数万里之远而来的中国丝绸遗物，但现代考古学家已在罗马帝国的叙利亚行省发现了中国丝绸的踪迹。而且可以肯定的是，至少在公元前 6 世纪，中国丝绸已经传到了今德国的巴登—符登堡的霍米歇尔；至少在公元前 5 世纪中期，中国丝绸已传到了欧洲文明的中心雅典。许多研究者还认为庞贝壁画中的天神、英雄和王侯显贵所穿的迎风飘展的长袍大褂都是丝绸制成。而众多古典文献的记载更是中国丝绸大量输入罗马的明证。据欧洲学者考证，公元 2 世纪时，丝绸已经出现在地处罗马帝国最西的伦敦，其风行程度甚至不下于中国的洛阳。中国丝绸不仅大量渗透到西方人的风俗习惯中，成为罗马和地中海世界人民生活中不可缺少的东西，而且影响了他们对服饰穿戴的审美观念，在精神上大大拓宽了古代西方各族人民对美的追求视野。不仅如此，据《后汉书·和帝纪》和古罗马史家马塞林努斯的《地理学导论》记载，早在公元 100 年，马其顿商人梅斯就曾率领一支罗马商团来到中国的洛阳。公元 166 年，一个罗马商人使团更是假借罗马皇帝之名号由海路到达中国访问。罗马史籍中也记载奥古斯都统治时期，中国人曾遣使来到罗马，以求与罗马订友好之约。这些记载也许有虚夸之词，但这些事实却是肯定无

疑的。它表明，罗马已经将商业范围直接从地中海延伸至红海、印度洋，甚至远达南中国海，从而通过商业开始将希腊罗马文明区、埃及文明区、两河流域文明区和印度文明区以及中国文明区这些原先分散的文明区连接起来，这在人类历史上是未曾有过的。古代罗马与中国是分布于古代欧、亚大陆两端的两大强国。它们的多次交往不但加深了两国人民之间的友谊，而且也促进了两大文明的发展。而东西方文明的发展也表明，文明要有所发展，就必须吸取其他文明的优秀成果。这或许是世界多元文明所以发展到今天的重要原因之一。

——杨俊明：《古代帝国与东西方文明的交流传播》，载《南通大学学报(社会科学版)》2016 年第 1 期

资源 4：十字军东征的目的

说到底，罗马天主教教皇是发动十字军东侵的罪魁祸首，他把侵略东方看成是扩大教会势力和增加财富收入的大好机会。他企图通过十字军东侵，控制拜占庭东正教，重建统一的基督教世界，还梦想进一步把势力扩张到伊斯兰教世界中去，迫使东方穆斯林改信天主教，接受罗马教皇的管辖。

——乐峰：《再谈十字军东侵》，载《科学与无神论》2006 年第 4 期

资源 5：十字军东征对意大利城市的影响

同时，意大利城市还得以仗恃自己对十字军封建主处于完全独立的地位，利用伊斯兰国家与十字军骑士直接而尖锐的对抗，以及伊斯兰地区不能割断与西欧的贸易联系的矛盾处境，巧妙周旋，日益扩大在地中海东岸地区的商业权益。例如，第三次十字军东征前后，威尼斯通过既运援兵和粮食给东征十字军骑士，又出售武器给阿尤布王朝，从而扩大了与埃及的贸易；后来，热那亚和彼萨仿效威尼斯手法，也在埃及亚历山大与达米伊塔等港口建立了商站。它们甚至使用类似手法渗入叙利亚内地市场，在阿勒颇和大马士革等伊斯兰政权控制下的城市也设立了支店。

由于意大利城市不是通过十字军东征简单地排挤阿拉伯商人和拜占庭商人，而是以之为契机相对独立地确立了自己在利凡特贸易中效益较高的贸易体制，所以在十字军封建主东征退潮以后，它们仍能保持在其中的主导地位。

——尹元超：《十字军东征、蒙古军西征与东西方贸易》，载《武汉大学学报(社会科学版)》1992 年第 5 期

资源 6：法兰克人的屠杀政策

法兰克人果然遵守承诺，任凭他们由阿什凯隆港离去。伊本·艾西尔公正地写道。不过接下来他又写道：圣城的所有居民都被屠戮，法兰克人花了一个星期屠杀穆斯林，仅仅在艾克萨清真寺就宰了七千人。伊本·卡兰尼西不愿将未经证实的数字笔之于文，不过他还是写道：许多人被杀害，法兰克人把犹太人赶到犹太教堂内，将他们活活烧死。他们也毁掉了许多圣迹及亚伯拉罕的墓地，愿和平降临他。

——[法]阿敏·马卢夫著：《阿拉伯人眼中的十字军东征》，彭广恺译，北京：民主与建设出版社，2017 年，第 44 页

资源 7：第四次十字军东征的影响

1204 年的十字军东征打断了拜占庭帝国原有正常的交替发展进程。尼西亚帝国时期，拜占庭人虽然经历了一个短暂复兴的阶段，但是，1261 年之后的帝国仅仅是 1204 年之前帝国的一个阴影，帝国也只能更多在文化上寻找昔日的荣耀。1204 年的十字军东征，彻底改变了东、西方教会之间的关系，东、西方教会从此完全决裂。同时，东征也改变了东地中海世界的政治格局，威尼斯是这一格局演变的最大受益者，他们通过此次十字军东征达到了"一箭双雕"的目的：一方面沉重打击了拜占庭帝国，使帝国长期陷入四分五裂的局面，无法再次实现统一；另一方面又间接打击了自己的商业竞争对手热那亚，将热那亚的势力逐出了君士坦丁堡。米哈伊尔八世去世后，威尼斯又伙同热那亚控制了黑海地区，彻底扼住了帝国的经济命脉，加速了帝国的衰亡。帝国的衰亡使其逐渐丧失了对巴尔干半岛进行文化整合的主导权，半岛进入了一个群雄逐鹿的局面，使得基督教的潜在对手奥斯曼土耳其人能够趁势崛起，向巴尔干渗透，最终为帝国灭亡埋下了隐患。奥斯曼人对巴尔干半岛的介入，不但未能消除这一地区的民族矛盾，反而加深了这一地区民族矛盾的复杂性，导致了今日"巴尔干火药桶"的形成。

——苏聪、任军锋：《第四次十字军东征的四大影响》，载《贵州师范大学学报（社会科学版）》2017 年第 2 期

资源 8：罗马文明对凯尔特文明的影响

从恺撒到弗拉维王朝，前后大致经历 200 年左右，尽管其中各时期的罗马化从速度和深度来说不尽相同，然而其总趋势是，罗马高卢从一个落后的部落社会，逐渐向一个融合希腊罗马文化与凯尔特文化的新型社会转化。而此后直到君士坦丁及其之前的诸帝，勉力维持着高卢 200 多年的和平，使得罗马高卢文明在蛮族大侵袭之前，一直保持着较稳定的发展势头，灿烂的拉丁文化因而得以深深印刻在凯尔特民族的精神之中，至今留存。高卢社会的各个方面都产生了巨大的变化：城市的兴起，罗马式建筑的兴建，是这一进程中最为突出的现象。政治体制的改变，为凯尔特高卢的帝国子民构建了新的政治生活，凯尔特贵族也由此获得了晋升罗马帝国高层的机遇。而两者在语言和宗教上的融合，则又构成了后来法国拉丁传统的重要组成部分。两者的文化始终处于冲突与交流之中，而凯尔特文明极为巧妙且顺利地吸纳了罗马文明的精髓，最终谱成了法兰西文化中意蕴深长的一曲。

——陈剑：《高卢人的罗马化——罗马征服与统治时代凯尔特文明的嬗变历程》，载《古代文明》2011 年第 2 期

资源 9：古代帝国的现实影响

西方人发明的扑克牌中有四个老 K，分别是指大卫王（黑桃 K）、查理大帝（红桃 K）、亚历山大大帝（梅花 K）和恺撒大帝（方片 K）。这四个老 K 非常恰当地表现了罗马与希腊、犹太以及日耳曼的关系——恺撒与亚历山大的关系表现了东西"两个帝国"之间的历史张力，恺撒与大卫（以及弥赛亚或基督）的关系表现了凡圣"两个罗马"之间的理想冲突，恺撒与查理的关系表现了南北"两种神圣"之间的盛衰转化。在六合视阈中呈现出来的这三对矛盾，决定了罗马帝国的历史命运，其影响绵亘至今，班班可考。

——赵林：《罗马帝国的历史命运与现实影响》，载《社会科学战线》2016 年第 8 期

资源 10：十字军的屠杀

教会号称，所有参加东征的人，他们的罪过将被上帝宽恕。教皇乌尔班二世在法国克莱蒙号召十字军东征时曾说："过去的强盗，现在都应该成为骑士。"这些龙蛇混杂的乌合之众使"神圣"的东征最终变成了一场失控的抢劫与屠杀。

《耶路撒冷史》记载，十字军占领该城后，对穆斯林不分男女老幼实行了惨绝人寰的大屠杀。许多人在战乱中将黄金吞下，为了掠取黄金，疯狂的骑士们剖开死人的肚皮到肠胃里去寻找。后来，因死人太多，他们干脆把死人堆架起来烧成灰烬，再从骨灰里扒寻黄金。在第四次东征中，举着十字架的骑士们攻占了东罗马首都君士坦丁堡。经过一个星期的烧杀抢掠，这座繁荣富庶的文明古城几乎沦为一片狼藉不堪的废墟。这种情况下罗马教廷建立世界教会的愿望化为泡影，在某种程度上也使其威信扫地。在后来的日子里，精英的觉醒催生了文艺复兴与宗教改革运动。

——杜君立：《历史的细节》(最新修订纪念版)，上海：上海三联书店，2016 年，第 161—162 页

资源 11：十字军东征对拜占庭帝国的影响

尽管第四次十字军东征可以算得上一次成功，但对拜占庭来说实际上就是一场不折不扣的灾难。拜占庭帝国的核心成员逃往小亚细亚，渐渐抚平伤口，重整旗鼓，直到 1261 年鲍德温王朝倒台，时隔 57 年，希腊皇帝再次回到都城君士坦丁堡统治拜占庭。罗马教皇的重压已经从肩头撤去，君士坦丁堡大主教又登上了东正教领导人的位置。对他的继任者来说，没有什么比想到天主教暴力夺权、强行将两教合一更恶心的事了："宁要苏丹的头巾，也不要主教的礼帽"成了他们的口号。

——[美]朱迪斯·M. 本内特、C. 沃伦·霍利斯特著：《欧洲中世纪史》，杨宁、杨韵译，上海：上海社会科学院出版社，2007 年，第 250 页

资源 12：元朝建立对中国历史的影响

元制的殖入，不仅仅影响于元朝一代，而且改变了后面历史的走势。朱元璋建立明王朝，由于严重缺乏立国者的创制智慧，几乎全盘继承了元朝的家产制(分封制)、家臣制、廷杖制、诸色户计、匠籍制、路引制、籍没制、肉刑与酷刑制度、人殉制、海禁制、宵禁制、粗糙的治理技术等制度遗产。

更要命的是，元制中保留下来的具有近代性的表现，却被朱元璋坚决扔掉，比如重商主义的政策、对外开放的格局与宽纵的统治。

——吴钩：《宋：现代的拂晓时辰》，桂林：广西师范大学出版社，2015 年，第 21 页

资源 13：阿拉伯帝国在东西方交往中的作用

公元 2 世纪以后，随着罗马帝国和中国社会动乱迭起，这一繁盛的陆上贸易渐渐衰弱。7 世纪时，穆斯林阿拉伯人征服了整个中东，随后，又扩张到中亚，给了陆上贸易以巨大打击。在阿拉伯人于 751 年的怛逻斯战役击败了唐朝军队之后，整个中亚都皈依了伊斯兰教。巨大的穆斯林帝国此时成了中国和西方之间，以及中国和印度之间的障碍，而不是桥梁。最

后，随着陆上道路的关闭，贸易转移到大陆周围正开始由阿拉伯水手和商人控制的海上。直到13世纪蒙古人征服了从太平洋到波罗的海和黑海的整个欧亚大陆时，才有了重新打开陆路，从而为中世纪的马可·波罗及其同行商人扫清道路的可能。

——[美]斯塔夫里阿诺斯著，吴象婴等译：《全球通史：从史前史到21世纪(第7版修订版)》，北京：北京大学出版社，2006年，第90页

资源14：希腊文化对地中海地区的影响

古典时代，希腊人之间频繁的交往活动使整个地中海区域成为一个整体。尽管他们没有建立起中央集权的帝国，他们的殖民地却在地中海和黑海沿岸星罗棋布，他们的商船刺激了各地之间的商业和文化交流。希腊商人、士兵和政府管理者也在庞大的希腊化帝国中发挥了杰出的作用。除了他们的政治和经济影响外，希腊人还留下了丰富的文化遗产。希腊的哲学、文学和科学极大地影响了从西南亚到西欧这一广阔领域中思想和文化的发展。希腊城邦和希腊化世界的城市为理性思想和知识的追求提供了营养环境，希腊人的频繁旅行也使他们的宗教信仰在地中海及其更远的区域广为流传。同古典的波斯、中国和印度一样，地中海盆地也因此成为一个整体。

——[美]杰里·本特利、赫伯特·齐格勒著：《新全球史·文明的传承与交流》(第三版，上卷)，魏凤莲、张颖、白玉广译，北京：北京大学出版社，2007年，第273页

资源15：罗马帝国的文化影响

在罗马的影响下，地中海地区成为紧密结合的一体化社会。罗马帝国的疆域远至美索不达米亚和不列颠，而这样辽阔的土地都控制在罗马政治机构之下。高度组织化的商业网络可以使农业生产和手工业生产趋于专业化，因为粮食和自己不能生产的商品完全可以通过进口得到满足。大众宗教广泛传播，吸引了虔诚的信徒。同古典中国的儒学和印度的佛教一样，理性哲学和基督教成为古代地中海地区知识权威和宗教权威的最重要的源泉，并长期地影响了地中海、欧洲和亚洲西南部地区的文化发展。

——[美]杰里·本特利、赫伯特·齐格勒著：《新全球史·文明的传承与交流》(第三版，上卷)，魏凤莲、张颖、白玉广译，北京：北京大学出版社，2007年，第303页

资源16：马其顿王国崛起原因

希腊从来不是只有城邦这一种政治组织形式。与雅典、科林斯、叙拉古和斯巴达等城邦并存的，还有由传统的世袭酋长和君主统治着的更为组织涣散的部族。地处希腊内部东北部的马其顿就是这样一个部族。马其顿国王由军队从王族中择善选出，他由贵族及宗教首领协助而统治着王国。马其顿人操一种希腊方言，其国王和精英阶层则以希腊文化和希腊传统为宗。长期以来，马其顿被视为北方蛮族世界与希腊内陆之间的缓冲地带，它那粗犷的农夫和牧人随时准备投身于没完没了的争战中。由于雅典、斯巴达和底比斯皆在内斗中精疲力竭，马其顿遂在腓力二世(PhilpⅡ，公元前359年—前336年)的率领下挥师南下，成功的占据了这一政治真空。

——[美]马克·凯什岚斯基、帕特里克·吉尔里、帕特里夏·奥布赖恩：《西方文明史》(第五版)，孟广林等译，北京：中国人民大学出版社，2014年，第58页

资源 17：拿破仑远征

1798 年 5 月 10 日，“科学院院士、东方军总司令”拿破仑率领拥有 13 艘战舰、14 艘巡洋舰、小型舰 72 艘、运输船 300 余艘的海军和 35000 名陆军，另加随军学者、技术工人、随军商人等 2000 余人，从土伦出发，开始了对地中海彼岸的埃及的征服之旅。

——郑春生：《拿破仑远征埃及原因论析》，载《求索》2003 年第 2 期

资源 18：拿破仑远征埃及的客观影响

当法军不复存在，土耳其人和马木留克人重新采取专横残暴统治时，埃及才意识到现代政府和专制政府的差别，才使得他们痛感无法律可循，使他们想起法国学者的发明和发现，埃及人才感到法国人的言论是在号召他们冲出一个由天启统治的世界，进入一个可怀疑、自由的社会，在新社会里，人们受理性的指导，是法国人将理性光明带到了埃及，不管拿破仑远征埃及的目的和意图如何，至少他充当了历史的不自觉工具，正是他把法国大革命的精神原则带到了埃及，使得埃及的历史揭开了新的一页，开启了埃及近代化大门。

——王洪斌：《文明冲突的即时效应和文明融合的滞后效应——试论拿破仑在埃及的改革》，载《湘潭大学学报(哲学社会科学版)》2005 年第 S2 期

资源 19：鸦片战争后的文化现象

该时期的仁人志士围绕着中西文化关系的问题，进行深入探讨并产生种种的主张，其中不乏有像倭仁等排斥西方文化的主张，此外大部分主要是提出“西学源于中国”说、“中学为体西学为用”说、“中西会通”说、“全盘西化”说、“本位文化”说等等。

——高学丽：《“西学东渐”下的中国文化——关于近代中国文化的若干思索》，载《黑河学刊》2017 年第 5 期

资源 20：鸦片战争前中英冲突的本质

另一方面，英国屡次派遣使团来华的过程中，都在觐见皇帝之时发生冲突。而每次冲突都源于觐见时的三跪九叩之礼。如在英王使团代表马戛尔尼来华时，两国对于觐见礼仪经历过激烈争辩，马戛尔尼最终行使的是单膝跪地之礼。这一礼节使得乾隆皇帝极为不悦。访华使团受到了驱逐，更没有达到通商的任何目的。其后嘉庆皇帝也因为外交上的觐见叩拜之礼而驱逐英国使者。

——吴雅思：《中西方文化的角力与更新：以鸦片战争为切入点》，载《学习与实践》2016 年第 8 期

资源 21：应如何发展当今中国文化

反观近代中国，孙中山以“博取兼收、融合中西”导出三民主义，鲁迅以“拿来主义”导出先进的左翼文化，毛泽东以“剔除糟粕、吸取精华”导出新民主主义文化。再看看其他文明，希腊曾学习埃及，罗马借鉴过希腊，阿拉伯参照罗马帝国，中世纪的欧洲又模仿阿拉伯，而文艺复兴时期的欧洲则效仿拜占庭帝国。可见，文化发展需要站在前人的肩上。

——周朗生：《近代中西文化冲突及其现代启示》，载《广西社会科学》2005 年第 11 期

资源 22:“中学为体,西学为用”思想在中西方文明交流过程中的作用

在中西两大文明的激烈碰撞中,出现了“中学为体、西学为用”的思想。无独有偶,同一时期日本和朝鲜也分别出现了“和魂洋才”和“东道西器”的思想,这些都是文明融会的早期过程中出现的二元现象:西方工业文明在东方国家中已被证明其价值,并为先进人士所认可,然而这种异质文明与中华文明相比,是一种“二千年所未见”的差异性极大的文明,这种文明不经过一定的调和和折中是很难被根深蒂固的东方文明所大量吸收的;另一方面,必须看到,对西方工业文明的融会在相当大程度上还得依赖于传统文明中的某些因素。

——马克垚:《世界文明史》(第二版),北京:北京大学出版社,2016 年,第 920 页

资源 23:第一次世界大战后和平主义思潮

实际上,当张伯伦在 1938 年 9 月 30 日《慕尼黑协定》签字后飞回英国时,他受到了隆重而热情的欢迎,他还骄傲地展示了一个由希特勒和他本人签署的文件,该文件宣布了这两个国家希望避免所有可能的争执之源并为欧洲的和平作出贡献的强烈愿望。尽管达拉第没有这样一个相似的文件,但是他在法国也受到了同样的欢迎。特别是在《慕尼黑协定》签订之后的一段时间里,祝贺这一协定的签订避免了一场战争的信件从英国以及世界各地飞到首相尼维尔·张伯伦的办公室,这些信件装满了几个大盒子,足以说明当时人们的和平主义情绪和对《慕尼黑协定》的支持。

——徐蓝:《对第一次世界大战史研究的一些思考》,载《世界近现代史研究》2012 年第 00 期

资源 24:存在主义产生的社会根源

在第一次世界大战以后的德国,由于战争创伤、经济危机、企业倒闭、失业、饥饿、抢劫、凶杀等接踵而来,人们感到前途渺茫,人的生存面临严重威胁。……海德格尔、雅斯贝尔斯等人在这种精神危机内的存在主义观点,就是这一哲学的思潮流派表现的肇始。同样,尽管存在主义哲学的一些基本思想,在俄国的舍斯托夫、别尔佳也夫,意大利的卡斯梯尔、阿巴格耐诺、巴契,西班牙的乌纳姆诺、奥特加-伊-戈塞特等人那里,也得到了研究和推敲,但只是在第二次世界大战期间和战后的法国,才得到了巨大的发展。这是因为德国的入侵,以及接踵而来的法西斯专政、屠杀和集中营;在德国法西斯占领下,法国人生活无着、精神受屈辱以及悲观失望情绪的广泛蔓延,这一切使资本主义文明在法国经历着和第一次世界大战以后的德国基本相同的危机。

——吴来山:《两次世界大战与存在主义思潮的形成》,载《长春师范学院学报》2004 年第 3 期

资源 25:一战后西方的民主发展状况

人们有权选择政府领导人的观点曾在欧洲社会获得了广泛的支持,到 20 世纪初,基于财产和教育的选举权限制被废除,使得欧洲许多国家的男性获得了普选权。在第一次世界大战后的数年间,大多数欧洲政府也赋予妇女这种公民权。这些发展促使人们的政治参与达到了史无前例的程度,成百万的人在选举和全民公决中投票,但是很多知识分子却对这种

他们认为是支持多数人的暴政的虚弱的政治体系深恶痛绝。许多人的理想是精英统治，因为他们认为民主制是腐朽的产物，缺少实际的价值。在德国，保守派就为"下等人的统治"痛惜不已。普通民众也通常把民主制看作正在衰落的政治体系，把它同腐败和无效的政党政治联系起来。然而，反民主的言论并不仅仅局限于德国。被广泛传诵的西班牙哲学家乔斯·加西特(1883—1955)的散文《大众的反抗》(1930)警告读者：大众注定要毁掉西方社会的最高成就。

——[美]杰里·本特利、赫伯特·齐格勒：《新全球史》，第五版，魏凤莲译，北京：北京大学出版社，2014 年，第 245 页

资源 26：第一次世界大战后现代主义艺术的新特征

战争期间，许多现代主义艺术家放弃了"艺术至上主义"，这种观点认为，艺术没有道德目的和社会责任。而他们现在使用自己的艺术传达他们对战争的道德义愤。保罗·纳什(1889—1940)是一位英国风景画家和志愿军……在战争前，纳什画田园风光，然而，他的战争经历促使他使用现代派技巧。纳什的《我们正创造一个新世界》——极具讽刺性的标题——是最优秀的战时画之一。纳什改变画风，从徜徉于自然美景转到痛苦的哭泣。

——[美]布赖恩·莱瓦克、爱德华·缪尔、迈克尔·马斯、梅雷迪斯·威尔德曼：《西方世界：碰撞与转型》，陈恒等译，上海：格致出版社，2013 年，第 465 页

资源 27：如何看待第二次世界战后中东国家与轴心国发展关系

大战开始后，埃及的法鲁克国王、政府和土耳其政府均表现出一定的亲德倾向，而伊拉克亲德的民族主义势力和军官集团干脆发动了反对亲英政客努里·赛义德的政变。

与轴心国发展关系的不仅有中东的独立国家，而且有尚未执政的民族主义党派。轴心国的胜利普遍受到了当地人民的欢迎，他们把这看作最后消除英法殖民统治的绝好时机。因领导阿拉伯起义而流亡国外的巴勒斯坦穆夫提阿明·侯赛尼在大战中继续从事反英活

动，参与了伊拉克的叛乱。1941年，他到达德国，试图争取纳粹给巴勒斯坦人的斗争以实际支持，但最后未能如愿。

——黄民兴：《第二次世界大战与中东民族主义的发展》，载《西安教育学院学报》1996年第4期

资源28：军事冲突的原因

强权政治和单边主义对某些争端进行未得到国际社会认同的强力干预。在这种情况下，如干预一方与被干预一方属不同的宗教和文化圈，就特别容易引起不同文明之间的误解和对抗。比如第二次世界大战前德、日、意法西斯对捷克、中国、埃塞俄比亚等国家的侵略和占领，就导致了民族矛盾的激化及反侵略斗争或抵抗运动的兴起，并逐步蔓延、升级，最终引发了世界大战。又如历史上西方殖民主义列强对亚非伊斯兰国家的侵略和干涉，今天美国发动的伊拉克战争，都使西方与伊斯兰之间的误解和对抗大大加剧。

——潘光：《浅论世界历史上的“文明冲突”与文明对话》，载《史学月刊(高校版)》2007年第5期

第六单元

文化的传承与保护

学术引领

一、教育、出版与文化的传承与传播

(一) 学校教育

1. 中国学校教育

(1) 古代学校

中国早在奴隶社会时期,就出现了“学校”这种专门教育场所。毛礼锐、瞿菊农、邵鹤亭在《中国古代教育史》(23—28 页,北京:人民教育出版社,1979)一书中指出,商朝时期有了较成熟的文字和学习工具,设立学校的条件较为成熟。古籍所提到的“右学”和“瞽宗”,有可能就是商朝时期的大学。古籍中还有关于商朝地方学校“序”“庠”的记载。商周时期的学校,目的在于培养统治人才。商代的学校主要学习关于祭祀、军事、乐舞和文字的知识技能,周代学校的学习内容就是所谓的六艺——礼、乐、射、御、书、数。商周奴隶制国家的大事是祀与戎,因此奴隶主阶级的学校就必须把关于祭祀和作战的知识技能传授给后一代。周代奴隶主阶级认为礼乐的教育作用很大,因此以礼乐作为修养和应世的工具。

夏、商、西周时期“学在官府”的局面在春秋战国时期被打破,私学兴起。王建军在《中国教育史新编》(18—19 页,广州:广东高等教育出版社,2003)一书中指出,私学的兴起,是中国古代教育史上划时代的革命,它对我国古代教育的发展具有十分重要的意义。第一,它使学校从官府中解放出来,从政治活动中分离出来,完成了学校教育独立化的过程。教师不再是官吏而成为独立的社会职业,可以随处讲学。学生也可以不受地域、出身、地位的限制,可以自由择师。第二,它打破了“学在官府”“礼不下庶人”的局面,有力地推动了“文化下移”的运动,扩大了教育对象,促进了我国古代文化的传播和发展。第三,它促进了传统教育理论的产生和发展。学校教育的独立,才能使教育理论成为必要和可能。第四,它导致了百家争鸣局面的形成。私学的兴起直接推动了各种学派的发展,形成诸子蜂起、百家争鸣的局面。第五,私学的产生和兴起不仅促进了当时教育事业的发展,而且这种私人办学的形式在我国一直流传了两千多年,尤其是在教育和教学方面积累的宝贵经验,已成为中华民族的一份优秀教育遗产。

稷下学宫是春秋战国时期学校教育的典范，亦是中国学校发展史上的一个重要典范。王志民在《稷下学宫：文明史上的奇观》（载《光明日报》2015年9月17日）一文中指出，稷下学宫是我国历史上最早的集教育、政治、学术功能于一体的“高等教育”大学堂，是战国时代的思想文化中心；是诸子百家争鸣，促进各派融合、发展，培育、创生新学派的文化沃土；是博士制度的先声，学术大师的摇篮；它兼容并包、独立自由的学术精神是中国也是世界的珍贵精神文化遗产。

秦汉是我国统一的封建国家确立与初步发展时期，统治集团在制定适合中央集权的文教政策过程中，经历了由秦朝的法治教育向汉武帝“独尊儒术”的德治教育的转变。董仲舒提出的独尊儒术、兴太学、重选举的建议被采纳之后，尊儒、教育、选士三者之间紧密地结合起来。从此，汉朝太学、地方官学、私学等各类学校相继发展起来，逐步形成了一个以儒家经籍为基本教学内容的学校教育系统。王建军在《中国教育史新编》（91—92页，广州：广东高等教育出版社，2003）一书中指出，汉代中央官学主要有太学、官邸学、鸿都门学。太学是汉代中央官学的主体，这是一所学习儒家经典的高等学府。官邸学则是一所供太子、诸侯及功臣子弟学习儒家经典的贵胄学校。鸿都门学则是一所学习文化艺术的专科学校，创建于东汉灵帝时期，因校址设在洛阳鸿都门而得名。它是中国乃至世界上最早的一所文艺专科学校。后两所学校对社会的影响不大，所以汉代中央官学是以太学为主的单一制。地方学校是指设在郡国的官办学校。郡国曰学，县邑设校，乡曰庠，聚曰序。地方学校的主要任务在于奖进礼乐，推广教化，宣传孝悌等封建道德。

作为官学的补充，汉代私学比官学更好地承担了文化教育的传承任务，对汉代社会的发展产生了深远的影响。蒋华在《汉代私学的社会功能》（载《宜春学院学报》2011年第11期）一文中指出，汉代私学的社会功能主要体现在以下几个方面：

第一，提高了全社会的文化水平。汉代私学不仅是教育发展的有力推动者，而且有利于文化典籍的保存和传播。私学的教学内容不局限于儒家经典，这使经学之外的其他知识得到传播和发展，促进了学术文化的发展和繁荣。汉代私学的规模大，学生人数多，这使得受教育者的范围扩大，知识的传播面亦得以扩大。这不仅增加了私学的社会影响，而且也有益于整体社会文化水平的提高。

第二，推动了经学的发展。汉代的今、古文经学之争也是以私学为主战场展开的，这种争论的实质虽然是学派门户之见和利禄之争，却在一定程度上促进了经学的发展。可见，私学不仅使汉代今、古文经学同时得到学术上的提高，而且促成了经学研习的突破和发展。

第三，影响了士风。私学师生以儒家伦理道德教化乡里，对敦厉风俗起到了积极作用。儒家崇尚道义、名节的价值观念通过他们，广泛地传播于民间，渗透于民众的心灵。对净化社会风气起到了潜移默化的作用。

汉代私学上承先秦私学之遗风，下启唐宋书院之创设，不仅深刻影响了汉代社会，在中国古代教育发展史上也占有极其重要的地位。

书院虽然源于唐末五代十国期间，但是作为一种正式教育制度的形成，则是在宋代。李劲松在《北宋书院研究》（173页，华东师范大学2009年博士学位论文）一文中指出，从北宋开始，学术的发展开始全面系统地依托书院及其讲学活动。书院与学术在北宋的全面结合，形成了独具特色的学术派别，对社会、学术文化、政治等方面产生了巨大影响。如北宋睢阳、盱江、濂溪、嵩阳四大书院，以及在此基础上形成的睢阳之学、盱江之学、濂学与洛学四大学派。南宋时期，理学家则在书院讲学与学术交流的基础上，形成了考亭学派、象山学派、丽泽学派、湖湘学派等理学四大学派，其依托的著名书院分别是白鹿洞书院、象山书院、丽泽书院、岳麓书院，即所谓的"南宋四大书院"。

游彪在《宋史：文治昌盛武功弱势》(399页，北京：中信出版社，2017)一书中指出，两宋时期出现了许多有名的书院，书院实行开放式的教学和研究。除了学者之间的辩论，学生也可以质疑问难。通过辩论，既提高了书院的学术地位和社会影响力，又促进了不同思想的活跃和交流，推动了学术的繁荣，对两宋时期文化的发展和传播起到了积极的作用。宋代书院扩大了中国古代学校教育的范围，开辟了新的学风，成为推动教育和学术发展的重要动力。书院在办学和管理领域也创造了许多行之有效的经验，成为明清时期一种重要的教育组织形式。

李兵在《书院与科举关系研究》(317页，厦门大学2004年博士学位论文)一文中指出，明初，朱元璋通过实行科举必由学校的文教政策，将不属于国家教育体系的书院排斥在科举教育之外，书院沉寂了将近100年的时间。明代中后期，随着官学教学功能的日渐丧失，书院承担了培养科举人才的重任。心学的出现，极大地促进了书院的发展。尽管心学的理论体系与作为官方哲学的程朱之学有相当大的差异，但王阳明、湛若水等心学大师依然坚持讲学与科举的统一，并鼓励生徒应举，使明代中后期书院为科举服务的倾向十分明显。在实践过程中，清代统治者逐渐改变限制书院发展的态度，通过加强对书院的控制使书院为科举服务。在这种政策导向下，官办、民办书院的教学都直接教授科举之学，讲授理学的书院也转而为科举服务，将培养科举人才作为主要职能，并形成了比较完善的教授科举之学的制度。

栗洪武、陈磊在《中国古代学校教育传承与创新中华文化的历史规律》(载《教育研究》2015年第10期)一文中指出，中国古代的学校既是中华文化的汇聚和凝炼之地，又是其传承与创新的主要场域，并在储才和育才的过程中始终肩负着传承与创新中华文化的重任，凸显出许多规律性的特征。第一，学校储备人才与创新文化，形成传承中华文化的长效机制。每个朝代的太学或国子监等所选拔的博士官大都是当时最有学问和影响的学者。这些博士官一边讲学，一边研究学术而创作，对传承与创新文化发挥着重要作用。第二，学校培育人才与整理文献，使中华文化得以保存与传播。春秋时期，孔子兴办私学，在讲学的同时，还与弟子们一起收集和编纂上古时代的文献典籍，如《诗经》《易经》《尚书》《礼记》等经典。第三，中国古代学校开展经学教育，促进社会主流文化逐步形成与确立。由于两千多年来学校教育，尤其是中央官学教育对儒家经学的重视，最终使其进化为理论化和系统化的学科体系，成为中华文化的主流文化。第四，学校教育具有传承与创新文化的独特功能，任何其他教育方式无法替代。在中国五千多年的文明史延续发展过程中，学校教育不仅从来没有中断过，而且一直是中华文化汇聚、保存、传承与创新的主要场域，反映了学校教育传承与创新文化这一内在规律在起作用。

(2) 洋务学堂

1840年鸦片战争的爆发，打破了中国闭关锁国的封建统治格局，中国教育发展也开始了由传统教育向近代教育的过渡。

王建军在《中国教育史新编》(245—248页，广州：广东高等教育出版社，2003)一书中指出，洋务派在创办洋务的过程中，深切感受到了旧人才的明显缺陷，因而迫切期望有一种既能恪守封建之道又能懂得西文西艺的洋务人才。于是，他们在不改变传统教育体制的前提下，兴办了一些新式学堂。这些学堂大致可以分为三类：一类是外国语学堂，如京师同文馆、上海广方言馆、广州同文馆等；一类是技术学堂，如福州船政学堂、上海电报学堂等；一类是军事学堂，如天津水师学堂、天津武备学堂、广东水陆师学堂等。从这些学堂的类型，大致可以看出洋务派对洋务人才的基本要求，也可以看出洋务教育对西方文化的基本选择。

应该说，洋务教育对西方文化的选择仅限于西文西艺，是相当肤浅的。然而这就是近代教育变革必须要走的第一步。任何文化的变革，总是从物质文化的层面开始的。近代中国认识西方文化，是由武力接触开始的，最直观的印象便是西方的船坚炮利。这种认识反映到教育上，首先表现为教育内容的改革。这一变化打破了传统教育儒家经典一统天下的局面，在一定程度上更新了人才培养的目标，为新教育发展打开了一个缺口。孙培青在《中国教育史》(324 页，上海：华东师范大学出版社，2000)一书中指出，洋务运动时期的新式学堂教育使中国教育由以民族文化为中心的封闭型向世界文化交流的开放型转变。洋务教育冲击了传统封建教育体制，传播了近代资本主义文化和教育观念，哺育了维新志士，促进了中国近代社会的新陈代谢。

洋务运动时期不仅是中国教育近代化的最早尝试，而且还是教会学校由自发状态向制度化转变的关键时期。教会学校在中国存在达一个多世纪，在当时特定的历史和社会条件下，教会学校的性质和影响得到了比较充分的表现。

(3) 教会学校

孙培青在《中国教育史》(324 页，上海：华东师范大学出版社，2000)一书中指出，教会学校的存在是近代中国半殖民地的国家地位在教育上的反映。19 世纪后期，西方传教士在华开设的一大批教会学校，没有一所在中国政府立案，它们是以武力开道，以不平等条约为保护伞的。清政府在自己办理的洋务学堂里明确禁止洋教习有传教行为，表明对教育领域内洋教危害的顾忌，但对教会学校如何教育中国儿童和青年，则只能任凭传教士的愿望，基本无力制止。这是教育主权不能独立的表现。教育主权是国家主权的一部分，一个主权完整的国家不会允许其教育主权受到如此公然的侵犯。

教会学校同时也是中国传统教育向近代教育过渡的促进因素。教会学校与洋务学堂被称为新式学堂，但教会办学的整体规模大于洋务教育的规模。除宗教课程外，教会学校的课程设置和洋务学堂并无显著差别，特别是其中的“西文”“西艺”部分，都是当时中国人急需了解的西学部分。教会学校的广泛设立无疑加速了西学在中国的传播进程。教会学校毕竟来自相对先进的资本主义国家，带有近代教育的特征。这样，教会学校就成了中国人学习西方教育的“样本”。通过教会教育这个渠道，中国人也逐渐开阔了教育的视野，如开放女子教育、设立学前教育机构，都是从教会教育开始的。中国教育由传统教育向近代教育转变的起步阶段，需要大批懂“西学”的新式教师，但当时非常缺乏。教会学校的毕业生至少在知识结构上符合新式教育的需要，成为洋务时期乃至维新时期、清末新政时期新式学堂教师的重要来源。

董宝良、但昭彬、陈晴在《中国近现代高等教育史》(106—108 页，武汉：华中科技大学出版社，2007)一书中指出，教会大学为近代中国培养了一批适应社会需要的人才，这既为教会大学赢得了声誉，也为其进一步影响中国高等教育乃至社会各个层面创造了条件。

董宝良等指出，教会大学对中国高等教育变迁的作用是非常明显的，产生的社会影响也是深远的。之所以出现这种情况，原因是多方面的，其中最重要的是教会大学能够根据中国的实际情况，不断地对自身进行适时调整，通过中国化的进程，逐步融入中国社会，并成为中国高等教育体系中具有典型示范意义的大学群体，为国立大学、省立大学和其他私立大学的变革与发展提供了有益的借鉴。

董宝良等指出，教会大学是中国女子教育的先驱，为中国的妇女解放事业做出了具有开拓性的贡献。妇女解放的程度是社会进步的天然尺度。在传教士来华以前，中国一直强迫妇女接受“三从四德”的礼教，缠足的中国妇女被迫严守“男女之大防”，无法走出闺阁接受新式教育。要打破这种数千年的锁链，向强大的封建势力挑战，艰难之至。

董宝良等进一步指出，从中国文化现代化转型时期的历史地位和作用来看，教会大学是中国新教育的先驱，是培养中国新型知识分子的摇篮，是现代文化在中国的重要集散地，同时也是研究中国传统文化和沟通中西文化的桥梁，对于促进中国文化的现代化转型、推动民族振兴，发挥了必不可少的重要作用。

(4) 民国高校

民国时期的学校教育则呈现出本土化趋势。陈康在《民国时期高等教育的本土化表现及主要动因探析》(载《河南师范大学学报(哲学社会科学版)》2011 年第 6 期)一文中指出，民国时期的高等教育本土化，主要表现为以下几个方面。

第一，教会大学相应的“中国化”的内部调整。教会大学初期照搬欧美模式，成为中国高等教育体系之外的独立系统。进入民国时期，1922 年发生了全国范围的非基督教化的社会运动——收回教育权运动。教会大学据此相应提出了“中国化”的调整方针。

第二，各大学于 20 世纪 20 年代和 30 年代出现了研究和讲授国学的热潮。北洋政府时期，自 1922 年北京大学成立国学院之后，清华、燕京大学等校相继成立、组建国学研究所或国学院，辅仁、齐鲁等大专院校成立了国学系或国学专修科。南京国民政府时期，在 1932 年全国教育会议上，甘肃省教育厅等又提出了《融合并发扬中华民族文化案》，要求切实加强对中国古代优秀传统文化的弘扬光大。此后，各大学讲授与研究传统文化更起高潮。

第三，部聘教授的主观努力对于本土化功不可没。1940 年 5 月，教育部在重庆成立了“学术审议委员会”，在其推动下实施了部聘教授制。而部聘教授们也确实不负众望，在继承中国传统文化、弘扬国学方面做了大量工作。他们深感培养学生民族自尊心的重要性，因此借助部聘教授这一有力地位，蓄志阐述中国文化政教的源流，以增强国人的民族自尊心。

第四，本土化也体现在大学教科书编写和讲授方式的中国化上。商务印书馆 1935 年编辑出版的一套“大学丛书”，涵盖了不同学科的内容，该套丛书出版后，初步奠定了民国时期中国学者自编中国化大学教材与参考书的基础。而各大学的学术讲座则体现出浓郁的中国传统文化特征。弘扬民族传统文化、激发民族自豪感成为始终不弃的主题。

第五，一些教授对于讲授内容本身具有的西方文化内涵也进行了卓有成效的本土化尝试。例如，柳无忌在主持南开大学英文系期间，对于英文系这样西化色彩很重的专业系科，进行了一系列本土化改造。该系的一个措施是建立了中国古代书院式的师生关系，教师经常邀请学生到家里来“坐拥书城”，热心地把家里珍藏的中国文化典籍让学生阅读，此种家庭读书模式对学生开眼界和拥有风雅阅读的生活非常有帮助，成为当时民国时期大学的一种特有情况。在艰苦的流亡办学岁月里，师生们仍然利用本校一些硕学鸿儒的家庭藏书室的读书活动进行着传统文化的薪火传承。

第六，本土化还体现在“传统士人文化”的续存方面，体现在彼时被指称为具有“公共智识分子”特质的传统士人特立独行、狷介狂放，内心忧国忧民的精神风骨在大学校园中的得以续存方面。

陈康进一步指出，正是在这些具有古代士人风骨亦旧亦新特质的民国大学学人的热心推动下，高等教育逐渐形成了本土化特征。其律己不苟而对人则绝不放任的率真性情，教育独立的天真理想，则无疑也折射出那个时代中国传统型知识分子以天下为己任，以霖雨苍生、泽被天下为抱负的优秀传统，以及以弘扬优秀传统文化为治学授课毕生追求的群体的普遍心态与人格感染力。

2. 西方学校教育

西方高等教育的源头可以追溯到古希腊时期，古希腊学园即是西方高等教育机构的最初形式。檀慧玲在《大学：源于人文的追求——古希腊罗马高等教育人文主义传统探究》（载《河南师范大学学报（教育科学版）》2010 年第 1 期）一文中指出，阿卡德米学园的课程设置几乎涵盖了当时所有高等知识的学科范畴，是一个真正意义上的百科全书式的自由教育内容体系，其目的是培养身心全面训练和发展的“哲学王”。柏拉图继承了希腊人追求真理的热情，他鼓励学生追求对事物本质的认识，启发学生去认识事物的普遍性，去认识事物的本性。阿卡德米学园是一个自由思想的园地，学术讨论和争辩自由而热烈，体现了人文主义精神。

刘颖洁在《不同文化背景中的高等教育》（46 页，湖南师范大学 2012 年博士学位论文）一文中指出，吕克昂学园作为一所正规的典型雅典式私立学校，是亚里士多德效仿其老师柏拉图的学园所创办的。亚里士多德的教育目标同样是为社会培养良好的公民，但却与尊师柏拉图的方法有所不同。柏拉图是通过教学的方法来进行的，而亚里士多德则强调科学研究，在对基本哲学问题进行理性思考的同时还要加以直接的实验。正是因为这一理念，吕克昂学园成为了一个真正的研究机构，不仅设有各种学科所需的材料和各种器材，还设有图书馆和博物馆。亚里士多德亲自从事研究，并且创建了动物学。吕克昂学园将教学与研究结合，其不断追寻本质的研究精神，为现代高等学校开展科学研究活动的滥觞。

檀慧玲在《大学：源于人文的追求——古希腊罗马高等教育人文主义传统探究》（载《河南师范大学学报（教育科学版）》2010 年第 1 期）一文中指出，学园是西方文明最早的有完整组织的高等学府之一，后世的高等学术机构也因此而得名，并成为中世纪时在西方发展起来的大学的前身。学园把哲学置于首要地位，强调对真理或科学知识超功利的追求，及其所彰显的学术自由理念等，对 18 世纪下半叶至 19 世纪初德国新人文主义者构思和创建现代大学亦有重要启迪和借鉴作用。

中世纪，一直被视为一个黑暗时期，但就是在这个黑暗时期很多优秀的文化得以孕育、发扬，大学便是那个时代留给现代社会的重要遗产之一。贺国庆、王保星、朱文富等在《外国高等教育史》（64—68 页，北京：人民教育出版社，2003）一书中指出，中世纪大学是世界文化史的宝贵遗产，其特征异常鲜明，主要表现在：宗教性和国际性、民主性和平等性、学术自由和大学自治、职业性和实用性。

刘颖洁在《不同文化背景中的高等教育》(53—54页,湖南师范大学2012年博士学位论文)一文中指出,欧洲中世纪大学的创生与兴起是世界高等教育史上具有里程碑意义的事件,是世界高等教育史的绚丽开端。它的发展极大地推动了社会的前进,促使西欧社会开始走向文化和科技的繁荣。中世纪大学不但为文艺复兴运动注入了活力,而且还大大地鼓舞与促进了中等教育、国民教育与幼儿教育的发展,促成了欧洲教育体系的完整。可以说,欧洲教育体系的真正形成是由于欧洲中世纪大学的创立与发展为其奠定的坚实基础。这种以高等教育推动中等、初级教育的发展方式大大拓宽了民众的受教育面。在人才培养方面,欧洲中世纪大学为很多默默无闻、怀才不遇的学者提供了自由宽松的活动空间,培养与成就了大批哲学家、科学家、社会学家与理论家等,他们在继承与传承文化的同时,也在不断丰富与创新文化,他们的思想与研究对社会的发展与进步起到了积极的推动作用。

刘颖洁进一步指出,中世纪大学虽然有其时代局限性,但是,我们更应看到的是,中世纪大学不仅奠定了近现代科学的基础,大大推动了人们的思想及社会的进步,而且还对世界近现代大学和高等教育机构的创生与发展产生了深远的影响。在被称作为黑暗世界的中世纪,大学就是一座指引航道的灯塔,到了当代,中世纪大学所照射出来的灯光依然指引着我们的现代教育坚毅前行。

(二) 留学教育

近代中国留学运动是伴随着中国国门的被迫打开、西学东渐进一步扩大后逐渐开始发展的。它以1872年容闳倡导的留美幼童运动为肇始,在20世纪初的清末新政时期形成留学潮。周棉在《留学生与近代中外文化交流》(载《山西师大学报(社会科学版)》2002年第4期)一文中指出,容闳的创举、努力和留美幼童此后的实践,在中西文化交流史上显示了不同寻常的意义。第一,容闳和留美幼童带回的西方文化,对于开拓中西文化的交流渠道,传播西学,改变中国人对西学的偏见,削弱封建思想的影响,促进中国社会和文化的转型,意义十分重大而深远。第二,容闳及留美幼童在美国的言行,给美国人民留下了深刻的印象,体现和传播了中华文明,为以后中美之间的文化交流和中美人民之间的友谊打下了良好的基础。第三,从中国走向现代化的进程来看,容闳倡议并促成幼童留学,冲破了几千年来中国封建教育的格局,掀开了中国留学教育之第一页,促进了国内新式教育的发展,大大地推动了中外文化交流。

留美幼童虽然因顽固派的阻挠未能完成学业,但是容闳开启的留学教育并未停止,其后即有福建船政学堂学生赴欧学习;甲午战争以后,又有数以万计的学生涌向日本,其后更是不可阻遏。

一种最保守的估计是,从清末到民国,走出国门留学欧美日的中国留学生,起码在10万人以上。十多万名中国学子背井离乡,潜泳于工业文明的大海,攀登于科技知识的高山,在不断吸纳西方先进文化和批判继承传统文化的新陈代谢过程中,理所当然地充当了近代中国社会转型的排头兵。张应强在《中国近代文化转型与留学教育》(载《厦门大学学报(哲学社会科学版)》1996年第1期)一文中指出,留学教育特别是留学生群体,对促进中国传统文化向近代文化转型,促进中国文化新时代的到来起到了不可估量的作用。

张应强指出，留学生对西方物质文化的引入，更为深远的文化意义在于：它改变了传统中国以小农经济为基础的生产方式一统天下的局面，使资本主义机器生产成为中国社会生产方式的组成部分。尽管它很微弱，但它却为接受西方近代制度文化和精神文化奠定了一定的物质基础。

张应强指出，留学生对西方制度文化、精神文化的引入，直接导致了中国传统文化的解体。传统文化的解体，首先表现为传统文化受到怀疑和冲击。先由“器物之不足”，进而“体用均不足”，新的文化观念冲击了“中国中心论”和中国传统文化优越论。曾留学欧洲而学贯中西的严复，在把中西文化作了多方面对比之后，主张对中国文化进行一场彻底的改造。这里特别要指出的是进化论对中国传统文化中不变观念的冲击。

张应强进一步指出，辛亥革命导致了传统的统治秩序的瓦解。共和得而复失，尊孔复古沉渣泛起，说明在国人思想深处还有一个更为顽固的传统，那就是孔子和儒教的地位。因而，“五四”新文化运动直接取法西方之科学与民主精神，矛头直接指向封建礼法礼教。在这场伟大的思想解放运动中，扮演着最重要角色的是回国留学生。

近代留学教育提供了有益的启示，这就是文化开放要从被动开放走向主动开放。留学教育是文化开放的产物，从某种意义上讲，一部留学史便是一部文化开放史，是一部学习西方物质文化、制度文化，并逐步深入到精神文化的历史。由于传统文化的负面影响太重太深，中国近代文化开放表现出明显的被动特征，留学教育走过了曲折的文化历程。

李喜所在《百年留学潮与中国现代化》(载《河北学刊》2006 年第 2 期)一文中指出，留学生是随着近代中国社会变迁的逐步深化而迅速发展并走向高潮的，从这个意义上说，留学生是社会变革的产物；反过来讲，留学生又是推进中国革命和改良的一支重要力量，近代中国社会的政治、经济、思想文化等方方面面的变革，留学生都是“弄潮儿”。

李喜所指出，19 世纪 70 年代，派往美国和欧洲的留学生本身就是标志着中国早期现代化启动的洋务运动的一个组成部分，同时又是对传统封建教育的直接挑战。洋务时期留学生的出洋，等于告诉国人在旧式教育之外还有一种新式的更具吸引力的西方教育；除了孔孟儒家经典，还有可以强国富民的新学问。

李喜所指出，较之洋务运动和维新变法时期，清末民初的留学生对现代化的影响从广度和深度上来说都要大得多。甚至可以讲，留学生作为一个新型的特殊群体作用于中国社会，是从这期间开始的。辛亥革命的发生、发展和中华民国的创建，留学生功不可没。孙中山曾多次讲，他发动辛亥革命、组织同盟会，靠的就是当时留学日本的两万多名中国学生。与此同时，法律、军事、财政、教育以及学术文化等许多领域的改革都与留学生有十分密切的关系。通过中西文化的融合，“史学革命”“文学改良”“教育民主”“科学万能”“工读主义”等文化思想流派风行一时，而现代史学、文学、语言学、哲学、经济学、社会学、法学、新闻学、心理学、逻辑学、伦理学和现代数理化、生物学、天文学、地质学、工程学等也通过大学新学科的创立，逐渐涌现出来。而这些学科的奠基人物，基本都是留学归来的青年。

李喜所指出，1949 年新中国成立后的留学生走向，虽然是在政治环境的左右下发挥了一定的作用，但其影响最突出的倒不是在政治方面，而是在科技、教育等学术文化领域。从 1949 年到 1956 年，海外学子怀着对新中国的无限热爱和美好憧憬，克服难以想象的政治、经济、生活等方面的种种困难，返回祖国。他们归国后，为百废待兴的中国科技与教育等奠定了基础。个别人则由于劳累过度，英年早逝。这种为中国现代化献身的奋斗精神，永远为国人所铭记。历史地看，新中国现代科技教育事业的起步，这批归国留学生是开路先锋。

李喜所进一步指出，20 世纪 80 年代后，改革开放时期的留学生对中国社会文化的影响具有多元的开放色彩。他们不仅仅限于单一的归国服务的传统模式，还创立了中外结合或来去自由的国际合作新方式。不少人与国内科研机构搞合作研究，或利用国外的信息和资源优势，为中国的现代化建设献计效力。还有的往来于国内和国外，在国内工作一段后再往国外做几年研究，在一定程度上促进了中国的科学文化与世界的同步和融合。改革开放之后，留学生与中国社会文化的联系比以往任何一个时期都更为紧密，留学生在中国社会进步中的作用也比以往任何一个时期都更为突出。

（三）书刊出版

五代国子监刻印群经是我国儒家经典的第一次雕版印刷。王志国在《五代国子监刻书及对后世的深远影响》（载《新世纪图书馆》2008 年第 3 期）一文中指出，五代国子监刻书历史意义重大且影响深远。

第一，开创政府雕版刻印经书之历史先河。五代刻印经书，不仅传播了圣贤儒道，而且可以大批生产官定的、统一的标本，供社会需要，对于古代学术的繁荣与发展、文化教育的普及和图书文献的保存与流传，起了积极的推动作用，为我国历史上官府刻书之首创。

第二，为活字印刷术的发明奠定了良好的基础。在政府刊刻儒家经典这种大规模的应用过程中，写、刻、校、印等工序技术的不断提高，推动着印刷技术不断改革创新，在雕版技术发展成熟的同时，为活字印刷术的发明打下了良好的基础。

第三，为后世的发展创造了先例。雕版印刷术由民间堂堂正正地进入官府，从此产生了政府刻书业。以后的宋、元、明、清都沿用了这一制度，并完善了官府刻书、坊肆刻书和私家刻书三大印刷出版体系。

第四，为历代教材的统编树立了榜样。国子监是封建时代的最高学府。由学校担任教材的编注、校勘、印刷、出版发行，使教材标准化、规范化、统一化，为后世创立了样板。

第五，促进了我国印刷事业的快速发展。自五代开始，由于政府提倡并支持印刷事业，雕版印刷业在社会上确立了公开、合法的地位，使社会各类的雕版印刷迅速发展。图书事业由手写方式开始全面向印刷方式转变，标志着我国古代书籍生产的主流形式开始由写本时期进入印本时期。

王志国进一步指出，五代国子监刻印群经不仅开创了我国官府刻印儒家经典的先河，也是雕版印刷术由民间进入官方的一个重要步骤，更为重要的是，它大大提高了雕版印刷术的社会地位，是我国印刷史上一件具有划时代意义的事件，标志着我国的书籍流通和文字传播开始进入了一个崭新的时代，对后世文化的发展和人类文明进步的影响是不可估量的。

北宋时期社会稳定、经济繁荣以及"以文治国""儒学复兴"策略的推行，加速了南北方以书籍印刷为主导的文化交流与融合。初兴于唐、五代的雕版印刷，终于在两宋之世大放异彩，伴随着两宋经济、思想、文化科学技术大发展，迎来了中国雕版印刷的黄金时期。田建平在《宋代书籍出版史研究》（25—41 页，河北大学 2012 年博士学位论文）一文中指出，宋代雕版印刷术的广泛应用及书籍的大量生产，促进了中国以往一切知识的聚积、提炼、区分和推广，促进了宋代全部的精神生产及精神生活，开启了对传统经典多重诠释的自由之风和主观之风，从而形成了宋代精神、思想、文化与学术的多元化、多样性与新意义的生成。

田建平指出，宋代雕版技术之于书籍生产的广泛应用，乃是中国封建社会中继秦朝“书同文”之后的又一次重大“媒介革命”，使宋代的媒介生态发生了质的变化，媒介生产力实现了革命性的飞跃。知识信息的生产与消费进入了标准化时期，从而深刻改变并塑造了宋朝的精神世界，确立了一种基本的精神生活方式。

田建平进一步指出，雕版书籍作为一种新媒介，不仅使得宋代朝廷获得了传播皇权文化的强大工具，而且也使得宋代文人获得了理解文化、创造文化与传播文化——形成文人精神文化世界无比活跃性、丰富性与深刻性的“魔方”，而这一切均得自雕版印刷术神奇的传播功能。民间力量也借此传播民间文化。这些不同层次的文化形成“合唱”，和谐之中有对抗，管制之下有抗争。宋代书籍出版本身即是“宋近世”的一大显著标志。既是科技进步的标志，也是媒介进步的标志，更是文化乃至文明演进的标志。宋代兴盛的书籍出版，促成了宋代社会广义文化意义上的整一。

相较于前代，明代在书籍出版方面的最大特色为小说、戏曲等通俗文学作品大量出版。戴健在《明下叶吴越城市娱乐文化与市民文学》（103—122 页，扬州大学 2004 年博士学位论文）一文中指出，明代刊刻极大地丰富了民众的闲娱阅读，活跃了城市的娱乐文化，市民文学的影响亦因之而扩大。市民娱乐性阅读的需求是刊刻出版兴盛的原因。大量通俗读物的出版，则使市民阶层有书可读，读之不尽。

郭孟良在《晚明商业出版》（202—205 页，北京：中国书籍出版社，2010）一书中指出，晚明出版的蓬勃发展，制造了规模巨大的文化产品。明代出版书籍总量约三万五千种，其中晚明占百分之九十。如此规模的书籍生产，通过日益完善的流通网络，发挥着极大的文化传播功能。

第一，晚明商业出版推动了文化的区域性流动和阶层间的流动，促进了社会文化的再普及和再深入，形成了民间文化或大众文化的空前繁荣。

第二，晚明商业出版与文化传播，为明末清初的经世实学和启蒙思潮提供了基础和渊源。晚明思想多元，有以东林、复社为代表的社会革新和经世思潮，也有新的重商观念、义利观念以及科学思想等。这些新的思潮广泛传播，加上明亡清兴、沧桑巨变的反思，与以顾、黄、王三大家为代表的清初回归原典的学术关怀、经世致用的救世精神和工商皆本思想以及平等观、理欲观等一脉相承，从而对近三百年的学术文化产生了巨大的影响。

第三，晚明商业出版与文化传播，开创或完善了一系列新兴的文学艺术范式，为后世所继承和接受，在中国文学史上占有重要地位。例如世情小说范式，《金瓶梅》的“家庭—社会”创作模式，为《红楼梦》等世情小说的创作高峰奠定了基础。传统文学艺术之所以营造出如此五彩斑斓的图景，晚明商业出版可以说居功至伟。

第四，晚明商业出版与文化传播，加速了信息的流通与传播网络的建构，为具有近代意义的公众社会场域的形成创造了有利的条件。

有清一代，在清廷和两湖地区地方政府、官宦学者大量刻书的影响下，刻书家蜂起云涌，灿若星河。江凌在《清代两湖地区的出版业》（178—183 页，华中师范大学 2008 年博士学位论文）一文中指出，仕宦学者以刻书为荣，有的搜访前代名著，刊行于世；有的自著或辑注、校勘、整理前人著述，并刊刻传行后世；有的嗜学好古，热心刊刻乡邦文献；有的倾心刊刻家乘谱牒，缅怀先人，光宗耀门；有的以刻书为业，希冀扬名当时，流芳后代。

范继忠在《文化比较视角下的中国出版文明》（载《北京印刷学院学报》2013 年第 5 期）一文中指出，中国出版文明，是中华民族奉献给人类社会的原创性文明成果，亦是中国古代文明中具有高度集成性和辐射效应的子文明系统。它对汉语的形成和发展、思想传承的质量及传播组织方式，以至大众教育模式、人才选拔与文官制度的形成，都有清晰和直接的影响，为古代中国文化打上了独特的印记。

在近代中国历史上，商务印书馆是最悠久的现代出版机构。潘曈在《论编辑出版的文化意义——以商务印书馆为例》（载《新闻传播》2016 年第 15 期）一文中指出，商务印书馆的出现，普及了大众知识，开启了人民的智慧，更好地传播了中国的文化，极大地促进了我国的学术和教育事业。

第一，对文化予以有效的积累和储藏。商务印书馆影印过多卷本古籍，其中包括《续古逸丛书》《百衲本二十四史》《四库全书珍本初集》等。同时，商务印书馆为了更好地影印善本古籍，除采用自身的馆藏之外，还对国内著名图书馆，以及各地的藏书家进行积极的寻访，商谈租借善本。此外，还从一些著名的图书收集处对善本进行借用、摄影。商务印书馆为国家抢救了大量珍贵的古籍。

第二，对文化进行合理的筛选和净化。1905 年前后，新学思想在整个社会中广泛流传，社会上急需普及法律知识。但是，当时清代的法律不适用社会的现实情况，所以急需翻译介绍各种外国法律的新书。此时，商务印书馆便积极地组织精通日文的留学生对日本的法律新书进行筛选，排除掉其中不符合我国国情，或者较为落后极端的内容，并认真进行校对和加工。

第三，对文化予以广泛的传播和发扬。早在 20 世纪 80 年代初期，商务印书馆便开始着手编辑《紫禁城宫殿》大型画册，一经面世，便在海外华人世界引起轰动，将中国更多宝贵文化传播到世界各地。后来，商务印书馆又接连出版了《国宝》《中国园林》《故宫精品全集》《敦煌专题全集》等，全面而简约地介绍中国文明的发展历程。

第四，对文化的积极加工和创新。进入 21 世纪，商务印书馆积极创新，以适应信息时代对于文化出版业的要求和发展。努力拓展出版范围和图书选题，对国内学者的原创性学术研究进行支持出版。在出版的内容上，重点关注普及读物，更好地传播大众文化。同时，注重开发素质教育读物，提高人民的素质水平。对国外的一些畅销经管类图书进行翻译出版。为了更好地推广汉语言，还编辑出版了对外汉语教学类图书，将汉语言推向国际。

图书出版有效地实现了文化的传承，并能够通过积累、筛选、传播以及创新等形式发挥出积极而重要的作用，具有深刻的文化意义。

张俏在《民国时期图书出版文化的推广与传播》（载《出版广角》2018 年第 10 期）一文中指出，民国时期中国出版的中文图书达 124000 种之多，主要以社会科学与文艺类书籍为主，尤以文学、政治、经济这三类的书籍为多，占社科文艺类书籍总数的 45%。除了图书，民国时期出版的期刊有 2 万多种，报纸有 1.3 万多种，此外，存在时间较短的短刊或断刊也达 1800 多种。由此可见民国时期出版行业的繁荣和出版文化的兴盛。民国时期的图书出版，使中国文化在最困难的历史时期没有出现断层，使经史子集等中华古典名著能够代代相传，使古人的智慧能够生生不息，使文学繁荣于后世，使诗歌唱响于未来。

陈伟民在《改革开放以来的图书出版与文化思潮》(载《中国出版》2008 年第 10 期)一文中指出，改革开放以来，中国的出版事业追随时代变革的主旋律，参与推动乃至引领文化思潮，使先进的思想文化广泛传播。在日益趋向多元化的文化思潮中，出版业处于积极适应、主动参与和引导的位置上，对新思潮的介绍与传播，对价值观的变化与更新，起到了重要作用。

随着"一带一路"构想的提出与实践，图书出版成为加强"一带一路"沿途文化交流、文明传承的重要载体，有利于传播和弘扬中华优秀传统文化，促进"一带一路"沿途文明互鉴，在"一带一路"建设中具有重要的历史责任和传播使命。王丽在《创新"一带一路"图书出版对外传播模式》(载《出版广角》2018 年第 7 期)一文中指出，创新"一带一路"图书出版传播模式，深入挖掘中华传统文化的精髓，积极传播融合互动、博大包容、与时俱进的和合理念，对推进"一带一路"建设的深入发展具有重要的意义。第一，有利于提高"一带一路"倡议知名度，推动"一带一路"沿途国家和地区积极参与，为"一带一路"建设的长远发展营造良好的氛围。第二，有利于促进文化交流和民心相通，充分调动"一带一路"沿线传播受众的积极性，打造"一带一路"图书出版传播责任共同体。第三，有利于弘扬和合理念和丝路精神，协调"一带一路"建设中涉及的多方面利益和关系，为构建人类命运共同体提供智力保障和精神动力。

(四) 翻译事业

1. 佛经翻译

5000 年来，中华文化虽然经历了不少波折，但从未中断过，始终保持了蓬勃的发展势头。究其原因，季羡林先生认为："倘若拿河流来作比，中华文化这一条长河，有水满的时候，也有水少的时候，但却从未枯竭。原因就是有新水注入。注入的次数大大小小是颇多的。最大的有两次，一次是从印度来的水，一次是从西方来的水。而这两次的大注入依靠的都是翻译。中华文化之所以能常葆青春，万能灵药就是翻译。翻译之为用大矣哉！"①

何慧敏在《试论佛经翻译对中国文化的影响》(载《东岳论丛》2008 年第 2 期)一文中认为，佛经翻译作为中国翻译史上的第一次翻译高潮，不仅孕育了以鸠摩罗什、真谛、玄奘和不空"四大译师"为代表的译经名家以及中国早期的基本翻译理论和思想，而且对我国的哲学、艺术、文学、语言乃至整个中华文化的方方面面，都产生过广泛而深刻的影响。

第一，佛经翻译对中国哲学思想的影响。从历史上看，古代中国人的哲学思想对道德的说教色彩较重，而对形而上的思考较少，逻辑性较差。佛教传入中国之后，尤其是佛教的唯识、般若等思想，对中国传统哲学的逻辑理性、宋明理学的心性概念以及中国哲学中的思辨精神的提升都有深远的影响。

第二，佛经翻译对中国艺术界的影响。佛经的翻译与流传，对中国艺术界的影响更为广泛。历代艺术家将佛法的意境融入中国的建筑、雕塑、绘画、音乐、书法之中，在中国文化史上写下了光辉篇章。

---

① 季羡林：《季羡林谈翻译》，北京：当代中国出版社，2016 年，第 12—13 页。

第三，佛经翻译对现代汉语的影响。佛教经典的翻译对中国音韵学的影响至深。如过去中国字典上通行的反切，就是受梵文拼音的影响而发展起来的，"四声"的确立也与佛经的翻译有关。佛经翻译还大大丰富了中国语言中的词汇。汉语史上外来成语 90%以上源于佛教。除词汇的输入之外，佛经对于古汉语的语法影响也不小。翻译佛经中，当时流行的骈文家的绮词丽句，被大量的倒装句、提问句以及解释句取而代之。

第四，佛经翻译对中国文学的影响。佛教为中国的文学带来了许多从来未有的、全新的东西——新的意境、新的文体、新的命意遣词方法。佛经的翻译是我国翻译文学产生的标志，汉译佛经的流传产生了变文、俗讲、语录体等文学形式。中国的评话、评书、戏曲文学也深受其影响。佛教对中国文学和思想文化影响巨大，许多文人墨客往往在文学作品中流露出这种佛教思想。

历经草创、发展、鼎盛和衰落四个阶段的千年佛经翻译，不仅引发中国翻译史上的第一次翻译高潮，而且极大地丰富和发展了中国的传统文化。

王英鹏在《跨文化传播视域下的翻译功能研究》(94—100 页，上海外国语大学 2012 年博士学位论文)一文中指出，佛经翻译以及佛教在中国传播的过程，一方面给中国原生态文化注入了新质，一方面同中国文化的固有观念和思想融会，相生相长，成为传统文化的基本内容之一。前者是可见之影响，主要是物质文化和行为文化层面的，后者是可察之影响，主要是精神文化层面的。例如，佛经翻译改变了中国民间习俗文化。佛教宣扬因果报应、轮回转世、佛国净土、饿鬼地狱，由此派生出许多观念和活动，极大地拓展了我国的民间习俗。如佛教观念对人们造成了巨大的心理冲击，逐渐形成了信仰民俗：笃信灵魂不灭、崇信佛和菩萨，相信鬼神的存在等，由此形成了对佛、菩萨的崇奉膜拜，对鬼神的敬仰畏惧，对死者的超度解救。佛教的一整套制度和佛事活动，随着僧众的传播流入民间，成为民间的节日和习俗，如腊八节、盂兰盆节、泼水节的形成，百姓对火葬、放生、素食、饮茶等习俗的遵循等等。

王英鹏进一步指出，中华文化是多元一体的文化，既包括中国境内各民族的文化，又吸取了多种外来文化。中华文化正是在不断博采外来文化的过程中走向雄浑博大的。如果说秦以前是我国本土文化的起源与发展期，那么从汉代开始便进入了本土文化与外来文化的交汇期。这第一个阶段，便是译介吸收了印度佛教文化的阶段。外来的佛教文化源源不断流入中国，这个过程也是中国社会不断发展、中国文化不断丰富的过程，其结果就是中国社会和文化的演进和变迁，并在某种程度上成就了中国历史上处于世界文化同时期领先地位的唐宋文化。

2. 西学翻译

中国历史上的西学翻译，曾出现过三次大的高潮，这三次高潮依次是：明末清初，西方传教士来华与中国上层士绅合作进行的科学翻译活动；洋务运动时期，由洋务派倡导的科学翻译运动；戊戌变法至五四前后，中国知识界出现了科学的社会运动。

赵冬、邢润川在《我国历史上三次科学翻译活动对中国科学近代化的影响》(载《科学技术与辩证法》2004 年第 2 期)一文中指出，明末清初，一部分有识之士，对引进和吸纳西学尤其是对西方科技表现出巨大的兴趣。他们不仅能够明辨西学中的宗教与科学，对传教士的科学活动和传教活动加以区别，而且还能利用和把握传教士主动结交士人的心理，尽量说服传教士提供西方新知识新学说，并选择一些较为先进的科学著作进行翻译。特别是对金尼阁率22名教士从欧洲募购入华的7000册西书中2754册科学书籍表现出相当的兴趣。以至于徐光启、李之藻等与利玛窦、汤若望、南怀仁等合作翻译著述出许多科技书籍，包括被称为中国传统科学向近代科学转换的标志性著作：《几何原本》《崇祯历书》。可惜，这次科学翻译活动，在历史上是短命的。自1720年康熙皇帝拒绝罗马教廷使节的请求、重申禁教令、禁止传教士在华进行传教活动起，到1723年雍正皇帝下令把西方传教士赶出中国，1759年乾隆下令闭关、禁绝天主教在中国传播，1773年耶稣会组织被解散止，西方科学技术知识的传入活动便陷入停顿，明清之际的研究生机几近根绝。

赵冬、邢润川进一步指出，近代科学翻译作为中西科学文化传播交流的媒介和桥梁，在中国传统科学向近代科学的转换过程中发挥着重要作用。

第一，科学翻译引进了变革中国思想意识的科学思想、科学方法、科学知识，为近代西方科学的中国化扫清了障碍，铺平了道路。科学翻译的内容，从研究西方枪炮、轮船，指向近代自然科学体系；从研究世界地理、历史，指向资产阶级政治、思想学说。一些具有革命意义的自然科学理论，不仅深化了中国科学家对自然科学的理解，而且还被当作变革社会的理论依据，广泛应用于社会领域。

第二，科学翻译机构的出现为科学家提供了潜心翻译和切磋研究的空间，为科学家的成长提供了条件。在翻译馆，学有专长的科学家们从事近代科学技术的研究、创造或教育方面的工作。华蘅芳、李善兰在数学和某些理论科学方面，徐寿、徐建寅在实验科学方面，詹天佑在工程技术方面，都有重大的贡献和成就。

第三，科学书籍翻译的专门化和普及化从两个方向扩大了西方科学在中国的影响。一是引导科学研究在专门化、理论化、系统化方向上的延伸。二是普及科学文化知识于一般民众。

吴泉成在《传教士与近代中国西学科技翻译》(载《史志学刊》2018年第4期)一文中指出，19世纪后半期，来华传教士翻译的西方科学书籍达162种，涉及数学、物理、化学、动物学、植物学、天文、地理等学科。洋务运动兴起后，一部分来华传教士在晚清政府设立的官办学校或是教会自办的学校任教，从事翻译教育和西方科学书籍翻译活动。来华传教士在翻译西学科技书籍的活动中，或是以中国人为助手，或是与中国人合作翻译，抑或是通过翻译教育培养了一批中国近代早期的翻译人才，促进了中国近代本土翻译事业的发展，翻译队伍也不断壮大。更重要的是，李善兰等人通过翻译学习，或是与传教士的合作，掌握了西学科技翻译的技巧与精髓，又立足于中国优秀传统文化，不仅继续从事西学科技翻译，实现了“中西汇通”，而且又积极投入到中国近代科学技术发展的进程中，对中国近代化的发展起到重要作用。

吴泉成进一步指出，近代科学在中国的翻译传播，对中国科学近代化的影响是巨大而深远的。它不仅对西方科学文化中国化，对中国传统科学的近现代转换有一定的促进作用，而且在一定程度上也推进了中国社会近现代化的历史进程。

王英鹏在《跨文化传播视域下的翻译功能研究》(120—122页，上海外国语大学2012年博士学位论文)一文中指出，晚清以来，中国人了解和学习马克思主义，主要是通过译介过来的文本。从跨文化传播视角来看，正是靠着一批留学生、一批精通外文又心甘情愿献身革命的知识分子翻译马克思主义的经典著作以及共产国际的指导性文献，十月革命的经验才被传入并融化进中国革命实践，中国大众的思想觉悟和政治意识才得以迅速提高。大量马克思主义译著的出现和有关苏俄问题的译介，尤其是早期共产党人的翻译和传播活动，给中国人带来了新思想的火种，为中国共产党的建立和成长提供了理论上和人才上的准备。

王英鹏进一步指出，从20世纪初马克思主义被译介进入中国，其理论学说就始终和中国人民争取解放、中华民族争取独立富强的社会实践活动紧密联系在一起，在引导社会思想、服务社会实践、推动社会发展、改变国人精神面貌方面发挥了巨大作用，并以其特有的系统性和权威性后来居上，被确立为中国共产党的指导思想和中国的立国之本，最终成为中国社会的主流意识形态。

20世纪以来，随着中西文化交流的进一步发展，以传播西学为职志的翻译出版业成为近代思想文化启蒙运动的极为重要的组成部分。西书的大量译介与出版使近代国人站在更宏阔的角度上来认识世界，认识中国。史春风在《商务印书馆与中国近代文化》(89—130页，北京：北京大学出版社，2006)一书中认为，商务印书馆开创了近代中国西学传播史的新纪元。商务印书馆最早翻译引进了一批饮誉中外文化史的佳作。严译名著，振聋发聩，影响遍及全国；林译丛书，让一代文人学士尽享林纾小说之无穷魅力；“世界文学名著丛书”与“汉译世界名著丛书”，第一次提出了“名著”的概念，用一流的翻译水平引进一流的西学著作，从此开辟了近代西学中译史上的名著时代。自此以后，西方学术文化的优秀成果被源源不断输入中国。他山之石，可以攻玉，中华文化在与西方文明的交流与对话中日渐丰富和壮大。

20世纪是人类历史上一个大变革的时代。在这样一个充满变化的世纪里，中国文化典籍英译出现了繁荣景象。赵长江在《19世纪中国文化典籍英译研究》(205—212页，南开大学2014年博士学位论文)一文中指出，译者身份变得多样化，不再局限在传教士和外交官两类人身上，中国人、海外华人、汉学家、职业翻译家等都加入到了中国文化典籍英译的行列之中，所译典籍也更加多样化。翻译的切入角度也跳出了宗教的圈子，进入到了世俗层面，但很快便出现了转向，向学术化翻译倾斜，直到当下仍在持续。思想类典籍复译迭出，长篇小说几乎都有了全译本，诗歌英译蓬勃发展。翻译实践欣欣向荣，翻译理论迅速发展，翻译研究上的跨学科研究倾向十分明显，对翻译的认识越来越深入。经过19世纪的积淀，20世纪的中国文化典籍英译进入到一个全面发展时期。

赵长江指出，辜鸿铭开启了中国人译中国文化典籍的大幕。他学贯中西，视野开阔，是一个学者型的翻译家。辜鸿铭认为，中国的文明能使人类行为更道德，社会秩序更稳定，这与他所处的世纪初有很大关系，因为这期间爆发了第一次世界大战，西方的文明秩序受到了极大破坏。辜鸿铭的译文是有意识地传递中国文明，目的是想说明中国文明不亚于欧洲文明。继承辜鸿铭翻译思想的人是林语堂。林语堂不仅仅是学者，还是一个文学家和文化传播者。林语堂的编译突出了中国文化或中国文明的精华之处，语言流畅，读者较多。林语堂与辜鸿铭走的翻译路径不同，但同样在国外产生了巨大影响。

赵长江进一步指出，1978年以后，中国进入改革开放和经济迅速发展时期，与国外的交往越来越多，思想也越来越解放，从外国引进的书很多。至90年代以后中国文化典籍英译才开始起步，但发展迅猛。思想类典籍，如《老子》《庄子》《论语》等复译本不断出现，诗歌英译更为繁荣，但译古典小说的不多。

二、文博事业与文化的传承与传播

(一) 图书馆

中国古代藏书事业在数千年的历史变迁中，既有一脉相承之处，又各具时代特色。其基本是由官府藏书、私人藏书、寺观藏书、书院藏书四大藏书系统组成的。

余述淳在《试论中国古代私家藏书对文化典籍传播的贡献》(载《河南图书馆学刊》2004年第1期)一文中指出，我国古代内容丰富、品种浩繁的文化典籍，能从古流传至今，长久地得到传播，私家藏书发挥了巨大作用。

第一，私家藏书系统的生存机制极强，其分散零藏、彼此聚散、频繁兼并的特色，使其具有“野火烧不尽，春风吹又生”的坚强韧性及“西方不亮东方亮”的广泛可适性。因此，它较藏书集中的官府藏书和书院藏书，遭受的毁灭性灾难要小。

第二，私家藏书为其他藏书系统提供了稳定而可靠的藏书来源。在历朝政权更替之后，百废待兴，官府藏书也元气大伤，因此，其藏书多赖民间众多藏书家的支持而得以重振声势。自从中国历史上第一次大规模皇家征书——汉武帝刘彻“开献书之路”开始后，历代官府都曾向民间屡次征书。

第三，私家藏书也是书院藏书的一个重要来源。我国有古代的十余万典籍流传至今，私家藏书做出了不可估量的贡献。特别是，如果没有私家藏书的借阅、抄书、刻书的传播活动，许多古代的珍本秘籍我们今天根本不会看到。

进入近代社会以来，尤其是20世纪前半期图书馆在古籍收藏、版片保护与古籍出版方面的功绩，为中国文化的延续与发展提供了极为宝贵的文化资源，使其成为中国文化传承的现代性中心。刘洪权在《二十世纪前半期图书馆与中国文化传承研究》(载《图书情报知识》2015年第2期)一文中指出，20世纪前半期图书馆秉持中西并重的文化理念，致力保护与传播中国文化，主要体现在三个方面。

第一，收藏古籍，保存文献。19世纪末20世纪初，以藏书楼为中心的古代藏书演化为以公共图书馆为中心的近代藏书。新式图书馆继承了古代藏书的文化资源，古籍收藏也成为20世纪前半期乃至当代图书馆藏书的重要特色。20世纪前半期图书馆古籍收藏的文化贡献，第一个方面体现为对公私藏书的搜集与保护，第二个方面体现为促进了当代图书馆建设，第三个方面体现为入选《国家珍贵古籍名录》，构成国家宝贵的文化遗产。图书所在，文化系之。20世纪前半期图书馆对公私古籍的收藏保护，延续了中国文化的命脉，具有超越历史、功在千秋的价值与意义。

第二，版片保护的文化贡献。雕版印刷术对中国文化的发展与传播起到了不可替代的作用。清末民国时期雕版印刷逐渐从实用转向收藏和保护，20世纪前半期图书馆版片保护在传承中国版刻艺术、申报世界非物质文化遗产等方面作出了杰出的贡献。

第三，古籍出版的文化贡献。近代中国社会内忧外患，典籍存亡与民族、国家的命运休戚相关，而保存典籍最佳的方式无过于刊印行世，化身千亿，故出版界、图书馆界和私人藏书家皆积极从事古籍出版。图书馆界肩负保存、流布古籍重任，为中国文化的传承作出了杰出的贡献。

刘洪权进一步指出，晚清以来中国固有文化遭遇前所未有的危机，而20世纪前半期图书馆界致力收藏古籍，承继了中国古代藏书中的官府藏书与私家藏书，保存了中国版刻传统中的官刻与私刻精品，同时刊印珍稀善本，推广中国文化，助力中国学术，使图书馆成为中国文化传承的现代性中心，为中国文化的传承与发展作出了无可替代的贡献，体现了图书馆作为社会机构的重要文化意义，值得当代图书馆界借鉴与发扬。

当代，由于社会化浪潮的冲击，一些民俗文化渐渐被淡忘。公共图书馆应承担起民俗文化保护与传承的重任。史乐乐、张辉、翟艳萍在《公共图书馆参与民俗文化传承保护研究——基于文化传承视角》（载《晋图学刊》2016年第6期）一文中指出，公共图书馆作为地方文化机构，藏有大量记录民间风俗的民俗文献，如地方志、文学典籍、民俗期刊等，这就决定了公共图书馆在保护民俗文化、延续民俗文化的传承方面有着义不容辞的责任。

图书馆在中外文化交流方面发挥着重要作用。霍瑞娟在《我国国家图书馆社会职能定位研究》（169—171页，武汉大学2013年博士学位论文）一文中指出，随着我国文化事业国际化步伐的加快，图书馆界的对外交往日益频繁。国家图书馆积极响应党和政府“文化走出去”战略，主动参与到包括图书馆事业在内的文化海外传播的行列。2006年，国务院新闻办公室决定联合国家图书馆向国外100家图书馆免费赠送图书，并在有条件的图书馆设立中国政府赠书专室或专架，定名为“中国之窗”项目。截至2012年底，共与118个国家和地区的552家机构建立了书刊交换关系，与海外25家机构签署合作协议。国家图书馆的举措，对于弘扬中华文化，提升中华文化在全球的影响力起了极大的推动作用。

图书馆是人类知识的宝库和文献信息的资源中心，既收集着丰富的原始文献和书籍，更蕴藏着当今世界的先进文化。高校图书馆丰富的馆藏，使它有条件成为收集和传播先进文化的前沿阵地。裴劲松在《充分发挥高校图书馆在文化传承创新中的作用》（载《中国高等教育》2012年第10期）一文中指出，高校作为文化传承的基本载体和文化创新的重要基地，承担着光荣而艰巨的历史使命。而被誉为“大学的心脏”的高校图书馆，作为保存、传承、传播和创造先进文化的重要场所，在文化传承创新中具有重要的地位和作用。

（二）博物馆

1. 中国博物馆

宋新潮《公共文化服务体系与博物馆免费开放》（载《东南文化》2012年第4期）一文中指出，博物馆是人类收藏历史记忆和熔铸新文化的殿堂，是传播文化、传承文明、启发民智的重要载体，是建设公共文化服务体系、实现文化大发展大繁荣的重要组成部分。国际博物馆协会修订的《国际博物馆协会章程》将博物馆界定为“是为社会及其发展服务的、向公众开放的非营利性常设机构，为教育、研究、欣赏的目的征集、保护、研究、传播并展出人类及人类环境的物质及非物质遗产”。也就是说，博物馆的一切活动都是为教育、研究服务的，这从根本上阐明了博物馆的性质和使命。

博物馆是城市文化的重要组成部分。单霁翔在《博物馆的社会责任与城市文化》（载《中原文物》2011年第1期）一文中指出，博物馆不仅具有文物收藏、保护管理、科学研究、陈列展示等方面功能，而且具有引领城市文化、弘扬城市精神、搭建城市多元文化交流平台等方面的特殊作用。

第一，博物馆应成为“精神的家园”。一座现代化城市的特色，除了要有时代气息外，还要有深厚的文化底蕴。作为城市文化的重要内容，博物馆见证并凝聚着城市发展的历程，在城市记忆的保持、特色形象的展示、乡土情结的维系、文化身份的认同、生态环境的建设、和谐社区的构成等多方面具有综合的价值。

第二，博物馆应成为“文化的绿洲”。博物馆作为城市“文化的绿洲”，通过对城市民众生活的持续影响，树立起城市特有的文化形象。一个城市的文化渊源、文化传统和文化积累，通过博物馆得到展示的同时，城市文化在博物馆的文化塑造功能之下得以传承、发展和进化。博物馆不仅培育了城市文化，更促进了城市的软实力建设，随着城市软实力在经济社会的方方面面产生带动和辐射效应，博物馆在现代城市中的不可替代价值将真正得到体现。

第三，博物馆应成为“知识的殿堂”。保存在我国各地博物馆中的系列文物藏品，可以为中华文明描绘出清晰的文化图谱，使人们能够清晰了解“我们是谁”“从哪里来”“到哪里去”，并找到与世界其他文化对话的正确立场和恰当位置。

第四，博物馆应成为“城市的客厅”。在当代社会生活中，博物馆是新的城市文化中心，是公众交往的重要场所，更是对外交流的舞台，其公共空间的开放性、共享性是衡量博物馆水平的重要标准。博物馆也只有更深入地渗透并融入城市文化，才能真正发挥出“城市的客厅”的作用。

第五，博物馆应成为“文明的窗口”。在一座城市中，博物馆是集中体现城市文化灵魂的场所，是促进科学文明的课堂。博物馆是建设文化城市的重要资源，博物馆作用的发挥，就是城市文化的弘扬。将博物馆作为“文明的窗口”，其目的在于增强文化在国家生活中的地位与作用，使博物馆更加融入社会，更加贴近民众、贴近生活、贴近实际，提高博物馆的社会贡献率。

单霁翔进一步指出，博物馆是城市文明的产物，是一座城市历史的文脉，是一座城市文明的窗口，是一座城市发展的灵魂。一个城市的文明发育，不仅体现于现代化的程度，更重要的是历史发展的延续性和独特性，保护历史文脉就是保留城市的“根”与“魂”。

冯正国在《从中外博物馆交流看文化软实力的提升》(载《学理论》2018 年第 5 期)一文中指出，博物馆作为人类智慧和记忆的储藏载体，在文化的展示和传播上独具优势和特色，因而在文化辐射、提升文化软实力方面大有可为。

冯正国指出，从全球范围来看，博物馆发展至今，无论是国家级的综合性博物馆，还是地方性的专题博物馆，抑或是高校博物馆和社区博物馆等，无不在民众当中产生了重要影响。随着人们参观博物馆热情的高涨，博物馆甚至已经变成了人们生活中的一部分。随着经济及社会的不断发展，人们对博物馆的认识也越来越深刻，从传统的收藏、展示及教育等功能，逐渐衍生出休闲、娱乐及社交的功能等，这也使得博物馆在无形之中便具有了传播与媒体的作用，随着涌入博物馆参观的人数越来越多，其发挥媒介化作用的趋势越来越强，从而进一步把博物馆文化传播得更加深远，进而很好地发挥了博物馆的文化辐射功能。

冯正国进一步指出，“各美其美，美人之美，美美与共，天下大同”这四句话、十六个字，是费孝通对于文化自觉理念所做的高度概括，这不仅是对中华民族的文化自觉、文化自信所做的概括，从当今中外博物馆的文化交流来看，也同样适用于对世界文化认识和理解，在弘扬各自文化的同时，也学习他人的文化，做到不同文明间的交流互鉴，美美与共，在提升文化软实力的同时共同书写人类命运共同体的崭新篇章。

民办博物馆的发展是国有博物馆的重要补充。黎帅在《民办博物馆：中华优秀传统文化传承重要场域》（载《中南民族大学学报（人文社会科学版）》2018 年第 4 期）一文中指出，民办博物馆传承内容大致分为民俗文化、艺术审美和历史记忆三类。

第一，民俗文化是民办博物馆文化传承的重要内容。民办博物馆对大众生活日常的直观呈现，不仅是地域文化传承的有机组成部分，更能激发民众情感的共鸣。这类民办博物馆数量众多，类型多样。民俗博物馆所收藏的物品多为民众传统生活用具，是民众"小传统"文化的呈现，体现出藏品展示的日常化和参观氛围的生活化。这种民俗生活的日常化既是民办博物馆的传承主体，亦是民众生活与博物馆展品的有机融合，提升了博物馆展品文化传承的实践效果。

第二，艺术审美是民办博物馆文化传承的重要组成部分。现代社会充斥着实践理性和工具理性，亟需艺术文化弥补民众精神生活的匮乏。

第三，众多民办博物馆以民众历史记忆为主题，举办各类展出，实现精神世界的历史延续性。这类民办博物馆以红色文化主题馆为代表。此外，随着民营企业的发展，众多企业纷纷建立企业博物馆，促进博物馆功能与企业文化营造的融合。

黎帅进一步指出，中华优秀传统文化博大精深，门类众多，国有博物馆往往难以全面覆盖。民办博物馆具有文物藏品多样、参与主体多元、管理体制灵活、贴近民众生活等特点，成为国有博物馆的重要补充，传承效果显著。

2. 西方博物馆

伦敦的大英博物馆、纽约的大都会博物馆、巴黎的卢浮宫，被誉为世界三大博物馆。在当今世界，论收藏文物展品数量之多、质量之高、涵盖地域之广、涉及品种之众，这三家博物馆毫无疑问属于世界级首屈一指的超级博物馆。

徐志啸在《大英博物馆》（载《中华读书报》2016 年 9 月 28 日）一文中指出，大英博物馆馆藏范围，涵盖了古埃及与苏丹、古近东、非洲、大洋洲、美洲、亚洲、欧洲等地区，这当中，非洲另有埃及馆，亚洲专门有中国、日本、韩国馆，欧洲有古希腊、罗马帝国、中世纪、文艺复兴馆，以及现代欧洲与美国馆等。从上古到近古，直至现代，几乎全世界各大洲范围及代表性国家与地区的历史文物，都是它的收藏对象，大英博物馆是当之无愧的当今世界文化与文明的最佳指南之一。大英博物馆不光修复、保存、陈列、展示馆藏文物，同时还特别注重对馆内所有文物藏品作科学与文化的诠释，以便让更多的民众懂得并了解博物馆内存放展品的学术意义与文物价值。由此，他们对馆内收藏的所有文物展品，展开了系统的、有目的的历史与文化价值的研究，充分利用这些历史文物展品，为今天的现实服务——使其为历史学、人类学、民俗学、文化遗产、艺术创作、文物考古等作参考研究。大英博物馆建馆至今已有二百六十多年历史，在这二百多年中，他们始终立足于将博物馆建成国际学术中心的建馆宗旨，努力做到最广泛意义上的传播知识与教育公众。大英博物馆为世界范围的文化机构起了表率作用，赢得了良好的声誉。

法国历来重视发展文化事业。第二次世界大战前，法国已经拥有大约 500 座博物馆，20 世纪 90 年代则超过 2000 座。不仅如此，法国博物馆学者还发起了试图突破博物馆现有模式的生态博物馆运动，并由此引发了新博物馆学在全世界的兴起。目前，法国博物馆事业相对比较发达，不仅博物馆数量众多、类型多样、收藏丰富，而且业务和管理观念先进，是推动当代博物馆事业创新发展的重要力量。王成在《卢浮宫博物馆与故宫博物院的比较及相关的思考》（载《中国博物馆》1999 年第 3 期）一文中指出，法国卢浮宫博物馆藏品数量巨大，包括有古埃及艺术，古代东方艺术、古希腊罗马艺术、绘画、雕刻及工艺品等六大门类的收藏。可以说是藏有古代各时期、世界各地区的大量艺术精品，尤其是以"蒙娜丽莎""维纳斯""胜利女神"等镇馆之宝为代表的一大批在世界艺术史上占有重要地位的顶级艺术精品。

在美国，有大约 1.75 万个各类博物馆，每年能够吸引超过 8.5 亿的参观者。刘丽丽在《美国的博物馆文化》（载《学习时报》2016 年 1 月 28 日）一文中指出，无论从建筑物的历史还是开馆时间的长短方面，美国的博物馆都无法与欧洲的博物馆相比，毕竟美国显得还很年轻，建国仅两百多年。但是在发挥博物馆的功能方面，美国既吸取了欧洲博物馆的成功经验，又赋予了博物馆以现代科技和文化的魅力，似乎比欧洲做得更加出色。随着社会经济的蓬勃发展，美国至今已经形成了十分完善的博物馆体系。尹凯在《博物馆教育性格的养成——从〈美国博物馆：创新者和先驱〉一书谈起》（载《东南文化》2016 年第 6 期）一文中指出，美国博物馆自初创之日起，"教育至上"一直贯穿其发展的始终。为此，美国大都会博物馆开展了一系列针对公众的出版服务、讲座项目、工业展览和教育项目等。陆建松在《增强博物馆的公共服务能力：理念、路径与措施》（载《东南文化》2017 年第 3 期）一文中指出，美国纽约大都会博物馆的教育使命是以服务广大公众为目的，遵照最高专业标准，收藏、保护、研究和展示代表了人类最高成就的各类优秀艺术作品，并促进对于这些作品的理解、重视和欣赏。纽约大都会博物馆经过不断的努力，如今已成为国际博物学界的典范。

三、文化遗产保护、传承与人类文化的发展

（一）长城

长城，世界奇迹之一，举世闻名的伟大工程，是中国古代劳动人民勤劳和智慧的结晶，既是中华文明的标志，也是人类文明的瑰宝。关于长城，中国长城学会常务副会长、著名长城专家董耀会在《长城——人类文明的标志》（载《中国文物报》2016 年 1 月 26 日）一文中指出，长城因其独特的历史、艺术和科学价值，于 1987 年被联合国教育科学文化组织认定为世界文化遗产，整体列入《世界遗产名录》。世界遗产委员会评价长城"在文化艺术上的价值，足以与其在历史和战略上的重要性相媲美。"

1. 长城的内涵

董耀会在《长城——人类文明的标志》（载《中国文物报》2016 年 1 月 26 日）一文中指出，长城从春秋战国时期开始修建，到清初才停止大规模修筑，历时二千多年。对长城的定义，许多研究者提出过自己的理解和认识。这些定义虽然有差异，但大家较为一致地认为，长城是中国古代军事防御工程，与其他军事防御工程有两个本质区别：一是建筑体量长；二是防御体系与其他军事防御工程相比具有非常大的纵深。

景爱在《长城的内涵及其相关问题》（载《东北史地》2010 年第 6 期）一文中指出，作为世

界新七大遗迹之一，长城是人工修筑的以土、石、砖为墙体的连接性高墙，系古代边境御敌的军事建筑工程。第一，长城是防御用的绵亘不绝的城墙，这是长城最本质的特征。第二，长城不包括附近军事设施。古代边防军事体系相当复杂，除了长城以外，还有与之并行的城堡、烽燧以及其他独立的军事系统，它们各有自己的军事功能和作用，是否属于长城的组成部分应具体分析，不能一概而论。在长城墙体上修建的关堡、马道、排水孔以及暗门等，则是长城的组成部分。第三，长城属于人工建筑。因此不是人工建筑的东西，包括山险、水险在内，都不能算在长城内涵之中。第四，壕堑不是长城。长城属于地上建筑，御敌主要是靠高大的墙体，壕堑是用深阔的沟壑御敌，是另外一种防御设施，不是长城。

李大伟在《从符号到本相——长城文化遗产的概念演变及认定》（载《西北民族大学学报（哲学社会科学版）》2015 年第 2 期）一文中，通过对长城的修建主体、构成形态、功能、分布区域等四个主要基本特征的解读，提出长城的概念。第一，修建长城是古代政权统一组织实施的行为。长城是古代政权为维护自身利益，从整体战略出发实施的国家工程，长城从顶层设计上就被赋予了国家战略发展防卫的作用。第二，长城具有独特的构成形态。长城的主要形态特征是非封闭性的绵延的墙体，并与烽火台、关堡等相关设施相互配合，既具有监视、预警作用，又可以起到防御作用。第三，长城兼具御外控内的双向功能。御外是古代政权针对其他政权或势力，以长城作为军事上的战略威慑和战争防御工具，服务于界限内外，保障政权安全。控内是利用长城控制其内部势力或人民在长城沿线开展的各种活动，达到稳定和维护政权安全的目的。第四，长城分布区域广泛，但从地理区位而言，都位于我国北方地区。总之，透过现象看本质，长城，特指古代国家政权在我国北部区域修建的，以非封闭性的绵延的墙体（壕堑）为主要形态特征，敌台、马面、烽火台、关、堡等相关军事设施与墙体（壕堑）相互配套而形成的，具有御外控内功能的军事工程。

2. 长城的修建

罗庆庚在《战国及秦汉长城修建原因浅析》（载《内蒙古社会科学》1988 年第 6 期）一文中指出，长城修筑的主要原因有三：第一，长城是我国各民族统治集团矛盾的产物。从战国时期开始，我国中原汉族与边境各族的矛盾主要表现在与东北及北方胡人的关系上，尤其与匈奴族的关系较为紧张。战国时期，秦、赵、燕三国无不是基于此修建长城的，此后的秦汉王朝亦是为了防御匈奴的侵扰修筑长城的。第二，长城是我国国内各封建集团矛盾的产物。战国时期由于大国之间连年的相互战争，为了防御，七雄之间也先后修建了长城。第三，长城是防御技术发展的产物。我国北方的游牧民族在战国时期经常发动对中原王国的战争，中原王国因此产生防御的思想，长城便是这种防御思想的产物。

李治亭在《长城新解》（载《东北史地》2014 年第 2 期）一文中指出，长城兴于战国，总成于秦，最后废弃于清初。长城的修建最早开始于战国时期，这是长城修建的第一个阶段，目的除了“相互防御”以外，还有抵御北方匈奴的侵扰等。秦始皇修长城，可以看作是集战国长城之大成，即万里长城最后成于秦，是为修长城之第二阶段。长城修建的第三阶段，是秦亡后直至清初废长城前。历代王朝继续修长城，是在秦长城的基础上不断修补或增建或改建或重建。

何德亮在《中国历史上最古老的长城——齐长城》（载《中原文物》2009 年第 2 期）指出，位于山东境内的齐长城是中国历史上修筑时间最早的一条长城，比秦始皇修筑的长城要早

400多年，被史学界誉为“中国长城之父”“世界壁垒之最”。

3. 长城的作用及影响

(1) 积极方面

中国长城学会研究专家指出：“近代以来，长城的军事防御作用已经消失。但是，长城凝聚着中华民族自强不息的精神和坚强不屈的品格，寄托着中华民族团结奋斗的意志，它作为中华民族巍然屹立于世界东方的象征，与世长存。”长城是中华民族伟大创造力的象征，是中华民族勤劳和智慧的体现，是中华民族精神力量的源泉。作为中华民族文明的历史丰碑，长城拥有悠久的历史、灿烂的文化。长城在中国历史上的军事防御、政治、经济、科学技术发展、民族交融、文化交流、中西交通等方面都产生过巨大的影响。

屈琳在《长城的历史文化价值与视觉艺术表现特征》(载《西北大学学报(哲学社会科学版)》2013年第2期)一文中指出，在研究中国古代军事、建筑与文化艺术等方面，长城具有很高的史学价值。第一，长城是我国古代陆疆最坚固的军事防御工程体系。历史上，长城的防御作用卓有成效，从先秦至明朝，依据长城战胜北方游牧民族军事势力的战例不胜枚举。第二，长城的筑建有效地保护了边关经济发展。构筑长城、要塞与屯田实边、开辟交通、设立互市贸易相辅相成，有效地开发了边疆，传播了中原先进的农业文明，使昔日的蛮荒之地逐渐变为生活和生产之区。第三，长城的筑建有力地促进了民族文化交流。历史上长城沿线的许多关隘曾开放为通商口岸，方便了民族之间的经贸往来。农耕民族与游牧民族在长期的交往中增进了彼此的了解，生活习俗上的互相熏染，促进了不同文化的进一步交融。此外，长城的精巧设计和丰富的造型、走势，不仅体现了实际防御功能，也体现了建造者的审美情趣。

李治亭在《长城新解》(载《东北史地》2014年第2期)一文中指出，长城除了军事防御作用之外，还有两个重要功能：第一，筑长城，界“中国”。秦始皇废分封、行郡县、筑长城，不仅改变了商周以来的政治地理格局、民族格局，还改变了人们的观念，使人们重新为“中国”定位，把商周时“中国”扩大到长城脚下，改写了“中国”的政治与疆域版图。长城之设，把“华夷之辨”具体化、定型化，同时，也把“中国”具体化、定型化。“中国”的形成，实源于长城“界中国”。第二，别内外，异殊俗。长城之设，将“夷狄”与“中国”分开，华夏的生产方式与文化不受“夷狄”侵犯，而“夷狄”的生活与习俗也自行维持，各守疆界，长城成为这两种文化习俗的分界线。

陶玉坤在《长城与中国文化地理》(载《阴山学刊》2005年第10期)一文中指出，中国古代历史上随着长城的南移和北移，中国的文化地理也相应地出现了变化。春秋战国时期，秦、赵、燕三国统治者为防止北方游牧民族的劫掠，较早开始修筑长城。在客观上起到了划分农耕与游牧政权界线的作用，具有了文化地理界线的意义。此后，秦汉长城的防御对象都是匈奴，起到了长期分隔匈奴与汉的作用。此时的长城已具有了典型意义上的农耕与游牧文化地理分界的意义。南北朝时期，入主中原后的北方民族修筑长城，是中国传统长城的自然伸缩，也寓示着新的文化地理界线的产生。从根本上讲，农耕文化对游牧文化的抵御仍然占据主导地位，这一点并未因统治民族是北方游牧民族而改变其文化地理界线的意义。明朝修筑了中国古代历史上最坚固的长城以防御来自蒙古残余势力的侵扰。随着满族人的入关和统一中国，中国历史上再未出现修筑长城之事，人为分割两种文化界线的历史最终结束。此后的文化地理界线则更多地表现为自然环境作用的结果。这也正表现了中国民族多元汇聚的过程，而长城的演变也最为直接地表现了这种变化。

王亚力、吴云超在《民族文化地理视角下的长城文化研究》(载《西南民族大学学报(人文社会科学版)》2012年第10期)一文中指出，长城是民族交界地区特有的文化现象，是民族文化的分界，是历史上民族文化矛盾冲突的产物，也是民族文化交融发展的见证。长城是一种能动的功能性界线，它对长城两边的文化产生复杂而深刻的影响。从经济和地理的角度来分析，由于各民族区资源环境相对单一，民族区之间的经济贸易交往是一种客观的需要，经济贸易的交往必然促进文化的交往、交流、交融。而这种异质文化之间的交流能提高相互吸收、相互借鉴的几率和效率，从而极大地促进文化的发展。长城是中华民族多元一体文化形成和发展的触媒与纽带。长城的修筑，见证了民族交融和发展的过程，对中华民族多元一体格局的形成和中华文化多元性、开放性和兼容性特征的形成和发展起着至关重要的作用。从文化发展的纵向进程来看，中华大地上伴随着长城多次的修筑，异质文化不断的交融发展，从而使不同的民族文化形成了一种分离独立发展——交流融合发展的螺旋式上升的发展模式。

曾祥铎在《万里长城的历史作用与价值》(《长城国际学术研讨会论文集》，26—30页，长春：吉林人民出版社，1995)一文中指出，长城作为人类文明的重大成就之一，具有实用价值及精神价值。在古代，长城发挥了重要的军事作用，它一方面遏阻了边塞游牧民族的侵扰，中华民族借助长城守住了北温带，保护了中原王朝的安全，推动了农业文化在和平环境中向前发展，创造了光辉灿烂的传统文明；另一方面，万里长城是和平的象征，它起着交融各民族的巨大作用，汉族的先进文化使入主中原的少数民族自动汉化。清朝后，随着民族交融，长城的军事防御作用逐渐消失，而其精神作用则大大增强，成为中国人抵御外族入侵时心理上的长城，成为凝聚全民族意志的新的中心，成为中国人的精神支柱。

曹大为在《长城：碰撞与融合的界碑》(载《中州学刊》1993年第6期)一文中指出，长城是凝聚中华民族的历史丰碑，是中华民族精神的象征。长城是中国古代特定时空的产物，是中原王朝为填补天然障碍不足而建立起的防御体系。在冷兵器时代，长城防御体系的军事效应卓有成效。长城是促进北疆经济开发的生命线。秦汉时期，为巩固长城边防所实施的屯垦实边方略，所修筑的交通网道，所开设的马市贸易，直接促进了北疆经济的开发和繁荣。长城发挥了播撒封建文明、促进北疆经济开发、孕育“塞上明珠”的生命线作用。长城是联结统一多民族国家的纽带。长城不仅保护了中原地区先进的生产方式，促进了中原社会经济、文化的发展，而且促进了边疆的繁荣，促进了北方游牧民族与中原农业定居民族在封建文明高层次上交融发展。

李凤山在《论长城带在中国民族关系发展中的地位》(载《中国史研究》1998年第2期)一文中指出，长城所在的地域广阔，应该用“长城带”作为整体概念来研究其在古代中国民族关系发展中的地位和作用。

第一，长城带经济交流的中心地位。长城的兴建，使中原经济和文化强烈地影响着我国北方、西北乃至全国各民族的经济与文化的发展，把长城带后进民族地区的经济、文化纳入同中原地区先进的经济、文化日益密切联系的轨道。中原汉族也学习其他民族，使各民族经济、文化向中原汇聚，促进中原社会、经济、文化更快地向前发展。

第二，长城带文化交流的中心地位。长城带源远流长、丰富多彩、形式多样的各民族的文化交流，形成区域性各民族的共同文化，成为中华民族文化的一个重要组成部分，体现着中华民族文化的多元一体格局。在长城带各民族共同性的区域文化形成过程中，以汉文化为主导的民族文化交流始终处于中心地位，在各民族多元区域文化不平衡发展中，汉文化向四周辐射。

第三，长城带是古代中国稳定和统一势力的中心。长城带民族的政治动向直接牵动着全国的稳定、统一与分裂，是全国形势发展的晴雨表和风向标；历史上各民族统治阶级之间解决和协调各民族冲突的努力，体现着长城带在古代中国稳定和统一势力的中心地位。

第四，长城带是中华民族实体形成的中心。长城带在中华民族形成和发展的历史过程中，处于中心地位，对中华民族实体的形成、稳定，对中华民族精神的完善与升华都起着决定性的作用。

任凤珍、钱越在《长城历史文化传承创新的当代价值——基于长城经济文化带的思考》（载《长城研究》2017 年第 2 期）一文中指出，中国古代长城发挥了传播中原王朝封建文明、促进长城沿线区域经济发展的作用，体现了长城历史文化传承创新的当代价值，以中国古代的长城为纽带，军事防御、经济交流、文化交融真正实现了三位一体。第一，长城集中体现了顽强拼搏、自强不息的民族精神。第二，长城承载着博大精深、辉煌灿烂的中华文化。长城内外的农耕文明和游牧文明持续地碰撞、交融，在长城沿线地带形成了独具特色的“长城经济文化带”。第三，长城凸显了中华儿女共御外辱、保家卫国的爱国情怀。抗战时期，山海关、大青山等地的长城沿线，全民族共御外辱，爱国主义情怀得到最大彰显，长城文化丰富并发扬了中华民族的历史和文化，成为长城沿线区域经济发展的内生动力。

（2）消极方面

高凯军在《论中华民族：从地域特点和长城的兴废看中华民族的起源、形成与发展》（148—150 页，北京：文物出版社，2010）一书中指出，从中华民族内向发展，交流与融合，乃至当今国际政治的角度看，长城这道人工屏障的消极作用，主要表现在以下三个方面：第一，历史上的长城大都是中原王朝，主要是华夏汉族王朝所修建，它违背了在历史时期全球性气温呈下降趋势的背景下，北方少数民族寻求内向交流和发展的规律，是中华各族交融的人为障碍。第二，从中华民族发展的长远观点看，长城的修筑和驻防，给历代被迫修筑长城的各族人民造成了沉重的负担和痛苦，而且助长了大汉族主义的倾向，阻碍了北方少数民族与汉族交融的历史趋势。第三，长城作为中国历史上民族矛盾和冲突的产物，它的存在突出了汉族与北方少数民族对立的一面，掩盖了彼此内向交融，以及在政治上最终实现国家的统一和民族上逐渐走向多元一体的一面。客观评价长城的历史作用，有助于人们正确地认识长城的历史地位，维护国家的统一和民族的团结，从而促进中华民族多元一体化的进程。

王绍东在《战国秦汉时期的北方长城对游牧民族的影响》（载《南开学报（哲学社会科学版）》2015 年第 6 期）一文中指出，长城的修筑减弱了北方游牧民族的抗灾能力。长城的修筑，一定程度上阻断了游牧民族与农耕民族的天然联系，增加了游牧民族获取补充资源的难度与成本。

李治亭在《长城新解》（载《东北史地》2014 年第 2 期）一文中提出“废长城，大一统”的观点。长城的出现，赋予人们以新的民族观、国家观、文化观。“华夷之辨”成为此后历代华夏王朝普遍的民族意识。随着时间的推移，因长城的存在而产生的阻碍“大一统”的消极作用已经显露无遗。直到清初，康熙皇帝废长城，打破了“华夷之辨”这道藩篱，为国家与民族的“大一统”创造了必备的条件，这是中国历史进程中一次质的大飞跃。

（二）故宫

1. 故宫与传统文化

我国的首都北京，有一座保存完整、辉煌壮丽的古建筑群，它是我国历史上的最后两个封建王朝——明代和清代遗留下来的宫殿，过去我们称为紫禁城，现在叫故宫。故宫占地面积72万平方米，用高达10米的城墙围绕，南北长961米，东西长753米，成一个长方形。这座宏伟的明清古建筑，充分体现了我国古代的建筑艺术和独特风格，在世界建筑史上也具有十分重要的地位。1987年，故宫正式被联合国教科文组织作为文化遗产列入《世界遗产名录》。世界遗产组织这样评价故宫：“紫禁城是中国五个多世纪以来的最高权力中心，它以园林景观和容纳了家具及工艺品的9000个房间的庞大建筑群，成为明清时代中国文明无价的历史见证”。

郑欣淼在《紫禁城与故宫学》（载《故宫博物院院刊》2004年第5期）一文中指出，故宫作为我国古代宫殿建筑发展的集大成者，在建筑艺术和建筑技术上，代表了中国古代官式建筑的最高水平。紫禁城与中国传统文化关系密切，其建筑设计反映了中国传统哲学思想（如天人合一）、伦理思想（如皇权至上）、美学思想（如壮丽重威、平衡对称）。传统的阴阳五行学说也在其中得到反映。

郑欣淼在《谈谈故宫文化》（载《党建》2011年第1期）一文中指出，故宫文化就是宫廷文化，故宫文化是丰富多样的。从政治上讲，故宫是至高无上的皇帝权威的反映，也是中国古代中央集权和国家统一的重要象征，是一个政治符号。从文化上讲，中国的传统思想文化，包括阴阳五行学说及审美观念等，通过故宫建筑语言得到充分体现。故宫文化有四个特点：第一，故宫文化属于文化人类学上的上层的、主流的文化。故宫及其皇家收藏，凝固了传统的特别是辉煌时期的中国文化，是几千年来中国的器用典章、国家制度、意识形态、科学技术等积累的结晶。第二，故宫文化具有整体性。故宫文化虽然相当丰富，涉及许多方面，但这些方面之间不是杂乱的毫无关系的，而是有着紧密的内在联系，是一个文化整体。第三，故宫文化虽属于上层文化，但又与民间文化、地区文化相互影响。第四，故宫文化也包括中外文化交流以及国内各民族文化交融的成果。

2. 故宫的建筑特点

（1）总体布局

张加勉在《解读故宫：一座宫殿的历史和建筑》（1—24页，北京：当代中国出版社，2009）一书中指出，北京故宫是世界上现存皇宫中历史最悠久，建筑面积最大，保存最完整的一座封建皇宫。自明永乐十八年（1420）建成，到1912年溥仪颁布退位诏书，作为明清两代皇宫，历时491年，期间有24位皇帝在紫禁城居住。皇宫的布局设计，强调天命至尊、皇权至上，把皇权、族权、神权、夫权集于皇帝一身，成为人间的最高代表，以封建时代特有的儒家学说、风水学说作为指导思想。永乐四年（1405）开始营建宫殿的准备工作，1417年开始动工，永乐十八年（1420）十一月，紫禁城主体工程竣工。紫禁城建成后成为体现古代礼制的最佳样本。紫禁城的中轴线与北京城的中轴线重合，中轴线南起大明门，北至镇山。三大殿和后三宫建筑都在这条中轴线上，构成了一条严谨、庄重、抑扬顿挫、纵横交织的空间序列，把帝王宫殿的威严和磅礴气势渲染到极致。北京故宫今日所存宫殿，大体上是清代重建或经过清代修缮的，清代从顺治、康熙、乾隆到清末都在对紫禁城进行改造，虽然清代做了大量的重建和修缮，但大格局未变。

张加勉在《解读故宫：一座宫殿的历史和建筑》(25—49 页，北京：当代中国出版社，2009)一书中指出，北京紫禁城是体现中国古代儒家礼制的最佳样本，其设计思想遵循周礼古制的王城规划思想。在总体布局上最接近《周礼·考工记》"左祖右社，前朝后市"的王城规划思想。象天法地，以显帝王之尊。天子居中而立，象征四方一统，天下归心。阴阳五行观念体现在紫禁城建筑方位的选定、环境的处理以及建筑装饰方式上，运用含蓄、隐秘的方法，内涵丰富，寓意深刻。历代帝王"以孝治天下"，尊祖孝亲的观念也体现在紫禁城的建筑上，修建太庙、奉先殿等祭奉先人之堂庙。紫禁城宫殿的布局礼序，是通过建筑群的组合，形成有中心、有拱卫、有主有从、左辅右弼的空间系列，以体现天子至尊。

张加勉进一步指出，紫禁城中的单体建筑，因为用途和使用者的身份不同，也有等级差别。建筑台基形式、高台、面阔间数、丹陛桥、宫门前建桥、木材的材质、柱色、房顶形式、蹲基兽的数、琉璃瓦颜色、门色门钉、建筑彩画与建筑等级之间都有着不可逾越的规制。紫禁城建筑类型多样，其中大部分建筑是以院落为基本构成方式，通过严谨的布局、严格的建筑等级，组成规模庞大的建筑群，体现了皇权的至尊。

阎崇年在《大故宫》(1—38 页，武汉：长江文艺出版社，2012)一书中指出，故宫是世界上现存规模最大、保存最完整的古代宫殿建筑群，也是世界上最大的历史文化艺术博物馆。故宫的特点有：第一，规模大。故宫平面呈长方形，南北长 961 米，东西宽 753 米，占地面积 72 万多平方米，建筑面积达 15 万平方米，故宫内有各类殿宇房屋 9000 余间，金碧辉煌，宏伟壮丽。第二，历史久。北京故宫于明永乐四年(1406)开始兴建，永乐十八年(1420)基本建成，以后不断重建、修建、改建、增建。在世界现存皇宫建筑史上，连续五百年不间断地使用的皇宫只有北京故宫。第三，珍宝多。故宫现藏文物包括建筑、陶瓷、书画、碑帖、青铜、玉器、家具、雕塑、珍宝、典籍、档案等，经全面清点有 180 万件，是中华五千年文明的精华，也是各族人民智慧的结晶。第四，子午线。故宫的建筑严格遵循对称规则，沿一条南北走向的子午线即中轴线，依次排列，对称展开，显示出庄严、雄伟、壮丽、中和的气度。这条中轴线的南北延伸，就是北京城的中轴线，它体现中华传统文化"中正安和"理念的精髓。

(2) 故宫城门

张加勉在《解读故宫：一座宫殿的历史和建筑》(54—65 页，北京：当代中国出版社，2009)一书中指出，紫禁城墙的四隅都有一座造型独特、玲珑精巧的角楼。紫禁城角楼是按"四隅之制"布置的装饰性建筑。护城河是紫禁城外的一道防御设施，也是紫禁城用来蓄水、排水的设施。紫禁城有四门：东华门、午门、西华门和神武门。午门是紫禁城的正门，是紫禁城等级最高、体积最大、最为宏伟壮观的一座城门，位于北京城南北中轴线上，因城楼居南侧向阳得名。午门正面开有三门，左右两方各开一个掖门，门洞结构为"明三暗五"。午门门楼与门上的另外四座楼阁，合称五凤楼。东华门是紫禁城的东侧门，位置在紫禁城的东面偏南，平时是朝臣及内阁官员进出紫禁城的宫门，在民间有"鬼门""阴门"之称。西华门是紫禁城的西宫门，位于紫禁城西面偏南处。清代，文人学士、内务府官员入宫均走西华门。此外，参加宫中庆典的人们也由西华门出入。神武门位于紫禁城的北面正中，史称玄武门。设门洞三座，作为皇宫的后门，侍卫、太监及工匠等由此出入。

(3) 故宫三大殿

张加勉在《解读故宫：一座宫殿的历史和建筑》(70—92 页，北京：当代中国出版社，2009)一书中指出，外朝宫殿是指乾清门广场以南的宫殿建筑群，其中有三座宫殿——太和殿、中和殿、保和殿——位于北京城的中轴线上，不仅是紫禁城建筑群和京城的中心，也是明清封建王朝的政治中心。外朝为大内正衙，是皇帝和大臣们举行各种典礼仪式和政治性活动的场所。太和殿是外朝三大殿的主殿，俗称"金銮宝殿"，是朝廷举行重大仪式的场所，比如皇帝登基大典、重要节日的朝贺等。中和殿位于太和殿之后，是太和殿的后殿，初名"华盖殿"。清顺治年间重修后改名为"中和殿"，是供皇帝前往太和殿举行大典时休息之所。中和殿是三大殿中体量最小的一座建筑，平面呈正方形，台基边长 24.15 米，前后石阶三出，左右各一出。面阔与进深各三间，像一座方形大亭。保和殿是外朝三大殿的最后一座大殿，明代保和殿是皇帝进出太和殿更换服装的场所，同时也是明清两代皇帝宴赐群臣之地。其造型小于太和殿，面阔九间，进深五间，重檐歇山顶，黄琉璃瓦。

张加勉指出，紫禁城外朝三大殿的辅助建筑有两类，一类是与外朝三大殿同为一个院落中的辅助建筑，有四周的庑房、楼阁、门楼和角楼；另一类是在布局上与外朝三大殿形成左辅右弼的关系，系以文华殿为中心的建筑群和以武英殿为中心的建筑群，它们在布局上同为外朝三大殿的偏殿。

张加勉进一步指出，明朝时，文华殿是太子殿，故屋顶采用绿琉璃瓦。清朝雍正皇帝以后，文华殿主要用于皇帝经筵讲学。明初武英殿是皇帝宅居和召见大臣的便殿。清代武英殿修书处，拥有众多学识渊博的儒臣和技艺精湛的工匠，整理、校注、汇编了大量古籍，编撰了众多种类的新书，对促进民族文化的发展起到了积极的作用。

阎崇年在《大故宫》(39—79 页，武汉：长江文艺出版社，2012)一书中指出，太和殿具体特点有四个"最"字：第一，建筑最高。太和殿是我国现存最高的宫殿建筑，从地面到殿脊龙吻最高处达 35.05 米，其整体及部件都最高，以显示皇权至高无上。其特点：台基最高，用三层共 8.13 米高的须弥底座衬托皇权的伟大与神圣；明柱最高，整座大殿，共有 72 根巨柱支撑庞大的屋顶。其中殿内宝座附近的 6 根金柱最高、最粗——高为 12.70 米，直径为 1.06 米；龙吻①最高，高 3.40 米，重约 4.3 吨，是现存中国古代建筑中体量最高大的龙吻。第二，体量最大。太和殿是我国现存最大的宫殿建筑，其整体及各个部件都大：开间最大，东西开间为九，进深为五，取意"九五之尊"；面积最大，建筑面积约 2377 平方米；气魄最大，殿前广场约 30000 平方米。第三，装饰最美。藻井最美，凝重典雅、金碧辉煌；彩画最美，金龙和玺彩画是明清建筑中等级最高的油漆彩画；金砖最美，殿内铺设二尺见方的大金砖 4718 块。第四，等级最尊。位置最尊，坐落在中轴线的核心位置，是皇权的象征；殿顶最尊，采用古代建筑屋顶最高的等级——重檐庑殿顶②；宝座最尊，高大威严的金銮宝座，烘托皇帝和皇权的

① 龙吻：中国宫殿建筑屋顶所用装饰物。

② 重檐：即两重屋檐；庑殿顶：形制特点是"五脊四坡"。

至尊。

阎崇年在《大故宫》(139—262 页，武汉：长江文艺出版社，2012)一书中指出，武英殿和文华殿按照“左文右武”的格局，两殿规制基本相同。武英殿是宫廷修书、印书之所，也就是皇家出版社和印刷厂。武英殿在清朝以修书、刻书著名，尤以康、雍、乾三朝为盛。武英殿刻书，内容遍及经、史、子、集，版本精美，流芳百世。文华殿以北建有文渊阁，是明清皇家藏书之地，现存为清乾隆皇帝为存放《四库全书》所建。武英殿和文源阁在明清两代，既是中华传统文化收集、整理、校勘、编辑、出版、珍藏的历史见证，也是专制君主扼杀大批知识精英学术批判精神和思想创新精神的历史见证。

(4) 装饰

张加勉在《解读故宫：一座宫殿的历史和建筑》(165—184 页，北京：当代中国出版社，2009)一书中指出，中国古代建筑一向重视装饰，建筑上的各种构件都要进行美化，且各种美化装饰大多具有实用功能，对结构部件进行艺术加工，将美的形式与实用的结构部件紧密结合。如屋顶上安装的琉璃吻兽、脊兽，既有祛灾避邪的用意，同时也是使屋顶不漏雨的重要构件。宫中的建筑是皇家建筑，建筑所作装饰除满足帝王后妃的生活需要外，还具有展示皇家气派、区分建筑等级的用处，因而分工更细，做工更好，艺术手法更高明，特别是宫殿内部的陈设和那些展示皇家威仪的露天铜陈设，更为紫禁城所特有的装饰。

3. 故宫的文物收藏

单霁翔在《博物馆藏品架起沟通的桥梁——来自故宫博物院文物普查的报告》(载《中国文物科学研究》2014 年第 9 期)一文中指出了故宫博物院文物藏品的特点。

第一，藏品数量大、价值高、类别丰富。截至 2010 年 12 月，故宫博物院共有藏品 1807558 件(套)，其中珍贵文物 1684490 件(套)，一般文物 11491 件(套)、标本 7 件(套)。故宫博物院的文物藏品不仅数量大，品类丰富，而且具有很高的历史、艺术及科学价值。除藏有大量中国早期著名书画作品外，故宫博物院藏明清绘画数量最大、精品也最多，不仅有各大画派的大批代表作，还有不少地方画派的作品入藏，对于系统研究明清画史十分有价值。数量庞大的清代陶瓷、玉器、家具、漆器、雕塑、玻璃等器物类、工艺类文物，是研究清代社会经济、生产力和工艺技术发展水平的重要实证。由车马轿舆、中和韶乐、品级山①等组成的典制礼乐类文物是研究清代政治礼仪制度不可或缺的重要实证。30000 件武备类文物，则是研究清代武备状况、军事技术发展水平的重要实证。大量的各民族文物，则全面记载着我们统一多民族国家形成的真实历史，成为中华民族共有的最宝贵的文化遗产。故宫博物院还保留着大量明代以来世界许多国家流传到中国的工艺品、科学仪器、艺术作品，丰富多彩，是中国与世界各国友好交往最直接的证物。此外，故宫博物院还收藏有其他多种文献资料。

第二，故宫博物院文物藏品与文物建筑不可分割。故宫的古建筑群不是孤立的一个壳，它与丰富的清宫遗存连在一起，成为中华传统文化的载体和中华文明成就的标志。

(三) 京剧

京剧艺术是我国的国粹，是我国传统文化的代表，也是世界文化瑰宝。京剧承担着传播

① 品级山：清朝大朝会时官员排班行礼之位标。

和继承中国优秀传统文化的使命，诞生已有百余年的京剧作为文化的传播者，记录着历史，折射着时代的变迁。2010 年 11 月，京剧被联合国教科文组织列入“人类非物质文化遗产代表作名录”后，京剧更是成为了中国文化的代名词之一。

1. 京剧的形成和发展

王钟陵在《中国京剧史略论》(载《清华大学学报(哲学社会科学版)》2008 年第 3 期)一文中指出，中国京剧史划分为五个时期。

第一，三庆徽班 1790 年为祝寿进京，约经过 50 年，京剧方告形成，这是京剧发展的第一个时期。京剧是由在北京的多种声腔系统相互竞争、融汇而成的。大约在嘉庆初年，汉调演员进京，京剧是在徽、汉合流的基础上，以汉调为主，又对昆、梆等剧种加以吸收而形成的。

第二，从 1840 年至 1917 年，是京剧发展的第二个时期。在演出体制上，从徽班的集体制向名角挑班制转换。这一时期，京剧票友、票房的广泛存在，表明京剧已形成了雅与俗、生产与消费、研究与实践相结合的良性运作机制。名角挑班制与票友、票房的普遍化，成为进入 20 世纪京剧运作体制最突出的两项特征。

第三，1917 年谭鑫培于去世后，京剧进入发展的第三个时期，并在 30 年代达到鼎盛时期。面对新文化运动中的批判，伴奏的更新是一种雅化，另一种雅化便是吸取新兴的话剧的长处来改造京剧，这一阶段属于京剧的改良阶段。

第四，1937 年以后，是京剧发展的第四个时期。属于京剧的改革与革命两条思路先后产生的时期，它一直延续到“文革”结束。

第五，1976 年以后，“样板戏”独霸天下的局面结束，被压制的地方戏及京剧传统戏得到了解放，京剧进入到第五个时期。新时期，京剧在话剧、影视艺术的冲击下艰难发展。

《中国京剧史(上卷)》(373—381 页，北京：中国戏剧出版社，1990)一书指出，京剧在北京形成后，随着日臻成熟，从北京向全国各地传播开来，其大致走向系由北向南；由大城市到中小城市再到集镇乡村。京剧流布全国的原因有四点：第一，江南经济的恢复，洋务运动的开展，水陆交通的畅通，为京剧向各地传播提供了物质条件。第二，随着经济的发展，人民群众对于文化生活的需要更为强烈，而戏曲又是当时中国的主要文学形式。京剧是在融化、综合了各地方剧种的基础上形成的，使得各地的观众感到亲切。第三，京剧以各地方剧种为基础，同时又在原来基础上艺术水平大为提高，比地方戏更为精致、优美、生动、感染力强，再加上京剧语言基本上是以北京音为基础的普通话，更易为广大群众所理解和接受。

2. 京剧形成发展的原因

《中国京剧史(上卷)》(111—183 页，北京：中国戏剧出版社，1990)一书指出了京剧形成的历史原因。首先，经济繁荣，交通发达，加强了戏曲艺术的交流发展，这是京剧繁盛最深刻的物质基础。其次，政治上尖锐、深刻的社会矛盾，提供了戏曲冲突的题材。封建统治者的喜爱，对京剧在客观上起了保障作用。再次，文化方面，北京深厚的文化积累，哺育着戏曲艺术的发展。全国各地方剧种汇聚于北京，为京剧提供了无比深厚、无比宽广的戏曲艺术的积累。

京剧成熟于 1880 年至约 1917 年。清末民初，推翻帝制，创建民国的斗争，为京剧改良运动提供了思想内容上的推动力量。声、光、化、电技术的引进，为京剧舞台的革新提供了新的手段。新的文化的影响，审美意识领域中的新旧交错，则孕育着京剧艺术的巨大变革。

戏班中各项管理制度化、规范化，并以法规形式固定下来，这也是京剧艺术成熟的一种表现。集体制向名角挑班制过渡。名角挑班制，指以主要演员为中心，其他演员位列周围，也称明星制，建立者是谭鑫培；演员演出收入出现变化，由固定的即所谓包银到戏份制，即演员按所规定好的百分比提取酬金。名角挑班制和戏份制出现，促进了京剧艺术走向成熟。

表演艺术的成熟。这一时期主要反映在角色行当的完备和表演艺术向着更加精致、细腻发展。从京剧形成之初到辛亥革命前后，京剧逐渐形成一种稳定的，完备的行当体制，总括起来可分为生、旦、净、丑。生、旦又有更细致的划分，这些划分是表演艺术发展的结果，也是京剧表演艺术成熟的一个重要表现。表演曲调更为丰富，更讲究韵味，个人的风格特点更为明显，在艺术上所反映出的创新精神，也更为强烈，同时，也出现了大量所谓的绝技（绝活），表明了这一时期京剧艺术的成熟。

舞台美术的新趋向。这一时期舞台美术出现了求新、求美的取向。舞台布景、服装、打扮均有变化。京剧脸谱也进一步趋向细致。大批艺人专职以砌末[①]制作、梳头等为业，说明了这一时期京剧艺术的成熟。

丁汝芹在《徽文化·徽商·京剧形成》（载《中国戏曲学院学报》2006年第2期）一文中指出，二三百年前，起源于安徽的石牌腔（乱弹戏）最终发展成为京剧，归根结底是徽州文化孕育的成果。通过徽商亦文亦商的经营理念和手法熏陶，抓住进京为皇帝祝寿的机遇，经过成功的商业运作，将传统道德观念与传统表演形式的精髓相结合，凝结成为一个雅俗共赏的新兴艺术品种——京剧。徽商为乱弹戏发展提供了从经济到文化上的支持。徽商经营戏班在迎奉了地方官员甚至皇帝的同时，也将徽文化中传统道德和价值观念一并传递出去，这也是乱弹腔戏得到官方认可，能够继续发展的重要原因之一。徽班取胜，主要得益于其包容性。包容性来源于商业性，成为京剧艺术能够繁衍并发展的决定性因素。所谓"包容"，即是善于吸收他人之所长，能按照观众的审美情趣，吸纳其他艺术形式的精华，不断调整自身的表演形式和内容。京剧形成的必然性在于，起源于石牌古镇的乱弹腔，将其新颖的表演形式与凝聚着深厚文化沉淀的徽文化紧密结合，经过了成功的商业运作，扩展到全国，最终一统天下。

徐剑雄在《京剧与晚晴上海社会》（载《史学月刊》2008年第6期）一文中指出，京剧在上海与昆曲、徽戏、梆子同台合演，不断吸收、改造、融化其他剧种，受上海的人文、经济等社会环境影响，形成了具有地域色彩的流派——南派京剧。

第一，京剧与城市大众娱乐。作为商业化的城市，上海最早推动戏剧走向市场。听戏观剧从宫廷贵族和富贵官绅的专有享受，逐步走向世俗的商品市场，演变为市民大众的公共消费形式，戏园渐成市民大众娱乐的公共空间，京剧逐步成为晚清上海城市流行文化。

第二，京剧与城市女性解放。京剧表演中本无女性演员，京剧女伶是京剧在上海嬗变过程中出现的。上海女伶登上戏剧舞台打破了清朝禁例，凸现了上海社会变迁之深刻，也表明上海走在妇女解放的前列。女伶在为社会大众提供娱乐享受的同时，也肩负启迪、教育民众的任务。

第三，京剧与上海社会变革。晚清上海的京剧舞台是伶人谋生的天地，是伶人争取生存和人格尊严的舞台。在戏园这个公共空间中，伶人首先为自身生存而向传统伦理秩序发出

---

① 砌末：戏曲舞台上大小用具和简单布景的统称。

挑战。进一步的奋争则是要求平等、人格尊严和基本权利。上海京剧改良也与晚清社会变革密切相连。

赵维国、陈佳在《〈申报〉与晚清海派京剧的传播》(载《上海戏剧学院学报》2009年第4期)一文中指出,《申报》作为一种新的文化传媒,对于晚清京剧的传播以及晚清戏曲理论近代化的构建具有重要的文化意义。《申报》刊登了大量有关京剧方面的文章,这些报道在很大程度上扩大了京剧的影响,促进了京剧的传播。第一,《申报》的京剧演出广告。我国报业史上最早的戏园演出广告出现在《申报》,《申报》京剧演出广告的出现,有着多方面的意义。从观众而言,首先它促进了读者的观剧愿望,使他们更广泛地获知戏园演出信息,拓宽了观众的选择范围。其次,大量的京剧广告也引导了上海观众的审美心理,培养了上海观众对京剧的感情和偏爱。在报纸上刊登演出广告,不仅为戏园提高了声誉,扩大了社会影响,而且增加了经济收入。第二,《申报》的京剧评论文章。大量京剧评论文章的发表,不仅提高了京剧剧种的社会地位,传播了京剧演员的知名度,也推动了京剧的迅速发展。第三,《申报》的京剧改良理论。19世纪末20世纪初,文艺界掀起了京剧改良运动。《申报》作为一份综合性的大报,虽然所登戏剧理论文章为数不多,但却影响巨大。在京剧改良的实践中,《申报》对积极参与改良的京剧演员和京剧团体进行报道,对于他们创作排演的改良京剧以及相应的舞台演出实践,都有一定程度的反映。《申报》的报道有力地扩大了这些剧目在社会上的影响,对京剧改良运动也起到了一定的推动作用。

3. 京剧的特点

孟翔、吴戈在《谈国剧——京剧的艺术魅力》(载《长春大学学报》2009年第3期)一文中指出,京剧作为已有二百多年历史的国剧、国粹,其艺术的特点可以用综合性、虚拟性和夸张性来概括。

第一,京剧艺术的综合性。京剧吸收了众多姐妹艺术的特长,形成了其唱、念、做、打、舞全面发展的艺术特色,在舞台美术、服装与化装等方面也独具特色。京剧的舞台布景追求简单、实用,一目了然,很有抽象意识。服装与化装则要求夸张而绚丽,给人以美不胜收的感官震撼,京剧的脸谱甚至作为一项单独的艺术,深受爱好者的喜爱。

第二,京剧艺术的夸张性与虚拟性。所谓夸张,即从演员的道白、唱腔、形体表演到布景、服装、化装都非实际生活中原形,而是故意夸大其听觉、视觉效果。所谓虚拟,则是指剧情所需要的道具,布景或由演员的形体表演来体现,或以简单的小东西代替剧中所需要的复杂而庞大的东西。夸张与虚拟的运用,使观众的注意力完全集中在演员的表演上,而戏剧情节反而退居次席。这也是京剧艺术与其他舞台艺术的不同之处。

颜全毅在《清代京剧文学史》(184—214页,南京师范大学2004年博士学位论文)一文中指出,京剧文学性特色突出,有着独特的魅力和研究价值。第一,清宫演剧对于京剧文学的影响。首先是对剧本所起到的规范作用。其次,促进戏班和演员编演新的剧目,使京剧新戏的创作成为风气。再次,清宫剧目丰富了京剧剧目的选题和形式,也使京剧文学一定程度上拓宽了表现的领域和范畴。而清宫对京剧的影响,也同样给清代京剧创作带来诸多消极的因素。在内涵底蕴上,封建意识和臣奴心态的强化,使不少的京剧剧作思想陈腐、意识落后。创作、演出者相当程度地失去了独立的创作意识和自觉心态。从剧目形态、剧本文学上缺乏苍凉激越的情感、无所顾忌的反叛精神。清宫演剧也使京剧创作走向了过于形式化的流弊之中。第二，清末的戏曲改良运动使京剧改良文学有着自身鲜明的特色。从主题内容来看，京剧文学有着强烈的时代精神和现实意义，在京剧改良文学中主要呈现为三个方面的题材，一是抒发亡国之痛，希望政府和民众以投降为耻，能够奋发振作，富强中华。二是揭露社会腐朽弊端和民众不良习气，劝喻人们从小事做起，改变国家民族落后局面。三是反封建和排满的革命意识宣扬，希望通过戏剧向民众灌输民主、共和的思想，为革命做好思想舆论准备。从美学风格来看，京剧文学第一次大力推崇悲剧精神，悲愤怨苦、辛酸难抑的乱世情仇、渺茫命运，通过舞台和剧本酣畅淋漓地予以表达。悲剧精神的大力提倡，从理论和实践上如此自觉集中，在中国戏曲文学历史上尚属首次。从创作手法来看，改良京剧的文学创作带有狂飙突进的时代气息，由于缺乏一个渐进式的探索寻求过程，改良京剧还没有寻找到一种全新的艺术形式来与内容相协调，其艺术手法往往借鉴传统，形成“旧瓶装新酒”的面目。

颜全毅在《京剧学初探》(18—36 页，北京：文化艺术出版社，2011)一书中指出，从美学层面来看，京剧是雅士审美、宫廷品位和草根民众欣赏口味融合妥协的产物，“雅俗共赏”构成了京剧美学特性的基本架构。京剧文学因此显示了与传统戏曲文学不等同的特色，其美学趣味正介于传统的以士阶层为审美主体建构的传奇文学、草根阶层为审美主体建构的近代花部[①]剧目文学折冲协调间。

颜全毅指出，京剧从徽班的皮黄演化为“国剧”，这个过程是不同阶层审美融合、妥协的产物，以京剧文学而言，从曲词的变化上就可以看出这一融合趋势。京剧所谓的“雅俗共赏”，背后主要是宫廷、士大夫阶层以及草根百姓，这三者力量支撑和较力，影响着京剧文学的成形、发展，同时也带来京剧艺术总体形态的变化。京剧作为清朝戏曲舞台“花雅之争”的最后胜利者，其胜出背景在于随着清代“士阶层”逐渐瓦解、生活方式的变革及家班形式的没落，市民文化鼓噪兴起，社会各界呼唤着新文化和新戏剧样式，京剧应时而出，但前提是昆曲作为雅文化逐渐衰落，京剧必然是代表俗文化登上剧坛的，京剧文学本质也是俗文学。

颜全毅进一步指出，京剧文学相比以往戏剧文学，有了时代性的变异。不同于民间传奇，京剧文学把更多注意力集中在了戏剧性的简洁表达上，呈现出虽通俗但蕴含动作与意味的特色。文人雅士对京剧曲词的重视，丰富了戏剧文学的审美愉悦，经过了雅俗之争的角力、妥协，京剧文学最终走向了成熟。

4. 京剧的振兴

孙冬虎在《历史地看待京剧的现状与未来》(载《北京社会科学》2003 年第 3 期)一文中指出，作为民族艺术的瑰宝，京剧具有独特的艺术价值和广泛的群众基础，面对现代娱乐业的冲击要继续进步，关键在于寻求符合艺术规律和经济规律的措施。第一，不断创新是发展京剧艺术的必由之路。京剧形成和发展的历史，实际上也是京剧艺术不断创新、与时俱进的历史。京剧的产生，各流派的形成、丰富和发展，都贯穿着创新精神。第二，客观估价京剧现代戏的艺术借鉴价值。新中国成立后，京剧现代戏的编演造就了一批名剧，宣传了一批名演员，他们成为 20 世纪后期承上启下的中坚力量。第三，开创政府扶持与经济规律、艺术规律相互协调的局面。在政府遵循艺术规律基础上的提倡与支持下，京剧应致力于普及与提高的相互结合。其一，政府资助下的国家京剧院，应有相对充足的经费保障、强大的演员阵容，

① 花部：昆山腔以外的各种传统戏曲剧种，取其花杂之义，故也称乱弹。

致力于建设一个继承传统、发掘创新的基地,以创作、演出的一流水准,展示京剧艺术的魅力,引导京剧艺术高、精、尖的发展方向。其二,其他剧团按照经济规律和艺术规律,放权给具有较高知名度且愿意出头的演员,以明星制的原则,优化组合成精干的演出团体,在文化市场上创出一条适应群众需要、保障自身发展的道路。提高与普及两个方面殊途同归,共同维护京剧艺术发展的根基。

李宝庆在《传承京剧艺术　振兴传统文化——浅谈京剧艺术的现代传承》(载《戏剧之家》2014 年第 10 期)一文中指出,京剧艺术是我国的国粹,也是世界文化瑰宝。随着全球文化一体化和中国社会转型的加快,京剧的衰落恰恰是本土文化传统日渐失落的一个典型实例。引起全社会对京剧这一国粹艺术的重视和热爱,营造京剧文化传承的良好氛围,对振兴中华民族传统文化,增强民族凝聚力和民族文化自信,具有不可估量的文化意义。

第一,京剧面临的困境。受娱乐方式多元化冲击,京剧传承观众基础日渐薄弱;受功利思想影响,京剧传承热情不高;台上一分钟,台下十年功,学习京剧需要耐吃苦,戒浮躁。京剧博大精深、是一门很难的综合艺术,需要几十年的不断追求,不断刻苦钻研才能达到一定水平。需要学员投入毕生精力和心血,才能将京剧艺术较好地发展和传承下去。

第二,传承京剧艺术,振兴传统文化。首先,要发挥票友协会的辐射力和影响力,扩大京剧传承的群众基础。其次,学校是教书育人、培育学生精神文化的重要场所,应该成为京剧传承的重要阵地。再次,成立戏曲培训中心,举办各类票友大赛,给予传承者荣誉和鼓励。

李宝庆指出,京剧是我国传统文化的典型代表,必须坚持正确的理念,在保护京剧这一国粹文化的本真性的同时,不断地培养观众群体,培养传承群体,运用好学校、协会、政府和市场的作用,促进传统京剧艺术不断发扬光大是每个炎黄子孙的责任。

刘新阳在《"文化全球化"时代下京剧艺术核心价值的坚守》(载《戏剧文学》2014 年第 1 期)一文中指出,在"文化全球化"的时代背景下,京剧艺术作为中国民间音乐的集大成者和古典戏曲的"活化石",在创新的同时,更应坚守京剧在艺术、历史、民族和文化等方面的核心价值。

第一,剧本文学的通俗性。京剧的文学剧本创作既不能脱离观众,也不能脱离于舞台上的实践,通俗易懂和雅俗共赏是京剧剧本创作中不能丢弃的传统,同时也是京剧创作需要坚守的命脉。

第二,戏剧结构的"减头绪"。从目前的京剧新剧目看,"头绪繁多"的表现最为突出。京剧是程式化、虚拟性、写意型的综合舞台艺术,京剧的艺术价值在舞台表演艺术中,京剧在创作和欣赏习惯上具有"形式大于内容"的特性。

第三,审美中追求娱乐性。当下的京剧的娱乐性职能与审美情趣正在呈退化趋势。一些新编剧目缺乏为观众提供休闲娱乐的轻松和开心,取而代之的是剧作厚重的主题和深沉的思考,这些变化却严重背离了戏曲的草根性和民间性,观众并不买账。

第四,表演艺术的重拾。京剧的创新最根本的是舞台上演员的追求和台下观众的认可,京剧要想长期受到观众的欢迎,还应依靠京剧的表演艺术。而京剧的剧本文学、导演乃至舞美设计,则需围绕表演艺术来进行创作,并把演员表演的地位放到京剧创新的首位,激发京剧演员表演才能中的最大潜能。

刘新阳进一步指出,要想确保京剧艺术承载的民族与文化传统,京剧艺术的创作还需以表演艺术为核心，并坚守文本通俗性、结构"减头绪"、演出娱乐性等特性、特征，使京剧艺术在"全球化"时代的挑战中，保证个性特征的艺术样式与民族文化传承，从而延续京剧乃至中国戏曲的"千年香火"。

教学设计

设计一：教会女校——中国女性"开眼看世界"的第一扇窗

设计意图

在古代中国，人们一直奉行着"女子无才便是德"的信条，女子被排除在正规教育的行列之外，而这一局面直到近代教会女校出现之后才被改变。尽管教会女校的本意是宣传基督教，但其在发展过程中也把西方文明带入了中国，极大地冲击了中国的传统教育，尤其是促进了中国女学的发展和女性思想的解放。本教学设计以教会女校为切入点，试图通过史料分析，引导学生探究历史现象背后的原因，在培养学生发现、分析、解决问题能力的同时，帮助学生认识到中华传统文化是动态的，不是静态的。正是通过不断吸收借鉴外来优秀文化，中华传统文化才历久弥新、经久不衰，形成了海纳百川、整合发展的优势。

设计方案

材料一 女子只可于家庭教之或受母教，或受保姆之教，令其能识应用之文字，通解家庭应用之书算物理，及妇职应尽之道，女工应为之事，足以持家教之而已。其无益文辞，概不必教。

——陈学恂：《中国近代教育史教学参考资料》(下册)，北京：人民教育出版社，1987 年，第 75 页

材料二 女子学校的初级课程为中国经书、基督教义、家政、数学、音乐等，规定学生衣服自理，不准缠足，以后逐渐开设地理、历史、生物、生理学等中学课程。

——顾莹惠：《教会学校与中国近代教育》，载《苏州大学学报(哲学社会科学版)》1994 年第 2 期

材料三 教会女子学校在课程设置方面既有西方近代科学的课程，如植物学、动物学、生理卫生等，又有反映中国传统文化的课程，如《三字经》《百家姓》《千字文》等……

——王美英：《晚清的女子教育与女性意识的觉醒》，载《武汉大学学报(哲学社会科学版)》2014 年第 1 期

教师设问：教会女校与中国传统女学有何不同？(参考答案：中国传统女子教育局限于家庭事务，教会女校既有近代科学知识又有中国传统文化课程，体现了东西方文化的结合)

教师讲述：在中国几千年的文明发展史中，人们一直奉行着"女子无才便是德"的信条，中国女子被排除在受教育的行列之外。虽然在漫长的历史长河中，不乏有主张女子应受教育的仁人，也不乏才华横溢的女子。但是就整体而言，中国的女子仍是缺少正规教育的群体，这一切却在近代被改变。鸦片战争之后，大量的传教士跟随着本国的侵略者来到中国，

建立了教会学校。教会女校的教学内容与中国传统的女子教育内容有着巨大的差异。

材料四 基督教会之学校，初非专门之教育家所设立，其志亦并不在教育人才以促进教育之进步，乃欲以学校为一种补助之物，以助其宣传福音之业。

——杨剑龙：《教会学校文化教育与中国现代作家》，载《江海学刊》2007年第4期

材料五 女性传教者从其特有的性别视角和经验出发，对近代知识教育的重要性体认更为深刻。在传教工作中，她们更加重视女子教育工作。

——杨兰英：《教会女子大学在中国社会的历史演变——以金陵女子大学为个案》，湖南师范大学2009年博士学位论文，第21页

教师设问：根据材料并结合所学，分析近代教会女校出现的原因。（参考答案：鸦片战争之后，中国的国门被打开；一些传教士为了便于传教；部分女传教士的积极推动）

教师讲述：传教士来华之初，需要与当地居民接触、沟通，才可能传教，使得更多的人皈依基督教。在这个过程中，在教会学校内传授学生，成为他们取得当地居民的理解与信任、宣扬教义的一种有效途径和方法。传教士们逐渐认识到与其零散地教授个别学生，不如将学生集中起来，让更多人加入进来，这就是近代中国教会学校的最初雏形。

材料六 传教士虽然采用免费入学办法，但进校学生不多，中途退学的也不少，尤其是女校更不易招收学生。如传教士于一八五〇年在广州开办一所洋学堂，开学时只有三名学生，不久，其中二名因不堪周围舆论的压力而退学。同年在广州由传教士开设的一所女子寄宿学堂，开学那天，本来报名上学的女生一个也不敢前来，后来总算动员来了几个，不久又全部退学。

——顾长声：《传教士与近代中国》，上海：上海人民出版社，1981年，第227页

教师设问：教会女校最初遇到了什么问题？请分析其原因。（参考答案：问题：招生困难。原因：首先是“女子无才便是德”“三从四德”传统女性观的影响；其次是对外来宗教文明的疑忌心理；再次是西方的武力侵略让中国人留下不堪回首的记忆等）

教师讲述：教会女校创办之初，由于国人对于女子教育的传统偏见，以及对于外来宗教文明的疑忌心理，使传教士们常常为找不到生源而苦恼。但是在传教士们的努力下，教会女校终于缓慢地发展起来，并且渐成规模。教会女校的出现为中国女子打开了求学之门，教会女校为一些贫苦家庭子女提供了学习的机会，这不能不说是一个进步，完全免费的教育也极大地冲击了中国人的思想。随着国门的渐次打开，教会女校的陆续创办，慢慢出现了“教会所至，女塾接轨”①的局面。

材料七 ……耶稣教监礼会秋间新购数地建讲堂、女义塾等，功已告竣，壮丽可观，四方观者不计其数，莫不称颂天道救人，可知古吴之风气渐振矣！忆苏地设教以来，仅十有余载，已觉民风丕变，夙昔谤讟②纷纭，而今啧啧称颂。

——徐宁：《女校与近代江南社会的变迁（1850—1931）》，上海师范大学2013年博士学位论文，第30—31页

教师设问：根据材料分析教会女校有何影响。（参考答案：改变了民间风气）

---

① 梁启超：《倡设女学堂启》，《饮冰室合集·文集》，北京：中华书局，1989年，第20页。

② 讟：dú，怨恨、诽谤、憎恶。

教师讲述：早期的教会女校成为近代西方文明走近寻常百姓家的重要平台之一，逐渐影响着民风的改变。物质文明方面，女校的西式建筑、科学仪器、生活用品等让女学生和她们的家长大开眼界，如圣玛利亚女校的古希腊风格校园在女学生心中传播了西洋文化的美。逛公园、看电影、参加体育运动等西式休闲生活方式也得到部分男女学生和新派知识分子的竞相效仿。礼仪风俗方面，早期来华传教士在废缠足、兴女学方面卓有贡献。女校则更是放足运动的宣传者和践行者。而西式婚礼也逐渐成为新潮男女青年学生在婚嫁时的选择。科学文化方面，女校成为科学、文化、艺术、卫生、体育等事业发展的重要推进器和实验场。思想观念方面，"民权思想""女权主义"等西方思想观念逐渐得到中国进步人士的认同，并慢慢通过女校渗透到新女性的思想中。总之，西方社会开始以学校这个窗口生动立体地展现在国人眼前。女校的建筑、洋教员的风范、女校的制度文化，凡此种种，均体现了西方文化要素，使西方文化以一种可以直观体验的方式深入民间。

教会女校创办的最初意图是为了加强对中国的文化侵略，其宗旨是通过女校培养中国的基督教宣传者。但为了减少传教的阻力，吸引更多学生进入学校，教会女校也开设了一些中国传统文化课程和近代科学课程。这种东西方文化结合、近代与传统结合的课程设置模式，一方面冲击了中国旧的道德习俗，冲击了中国旧的教育制度，另一方面也给中国传统文化注入了新的活力，培养了一批既受传统文化熏陶又受西式文化教育的女学生，促进了男女权利的平等。在一个对女性抱有很深偏见的国度里，在女性地位十分低下的中国，传教士们的做法，无疑在客观上促进了中国女子教育的发展，成为中国近代女子学校教育兴起和发展不容否认的推动力之一。

材料八　康爱德，江西九江人，幼年丧父，孤苦无依，为美国女传教士吴格矩收养，并入教会女学读书。1880 年，吴格矩回国，将 9 岁的康爱德携往美国……

——田正平、周谷平、徐小洲：《教育交流与教育现代化》，杭州：浙江大学出版社，2005 年，第 202 页

材料九　幼年的康爱德在美国完成了自己的小学和中学的学业，在美式教育的影响下，她对多门学科产生兴趣，在海外学习中丰富了自己的学识，知识面较同时代国内女性要广得多。

——刘峰：《清末民初女性西游与文学》，苏州大学 2012 年博士学位论文，第 14 页

教师设问：根据材料并结合所学知识，谈谈康爱德的成长经历对中国女子教育有何影响。（参考答案：略）

教师引导学生小结：康爱德是中国女性最早留学者之一。近代中国，女性出国晚于男子，但是它比男子出国有着更丰富的意义和内涵。今天的人们很难想像出当年走出国门的女子需要何等的勇气，更难以想象她们"小脚蹒跚闯世界的艰难和冒着世俗的偏见乘风破浪寻求救国救民真理的悲壮"①。最早一批留学女子回国后，都矢志不渝地终身从事医学事业。1898 年、1899 年康爱德等人先后受清政府官方委派，作为中国代表参加了世界性妇女会议，她们也被称为"沟通中外文化的先驱者"。女子留学是我国近代史、近代教育史、近代妇女运动史上的一件大事，是中国社会从传统向现代化递嬗过程中新兴力量兴起的标志，更是中国

---

① 孙石月：《中国近代女子留学史》，北京：中国和平出版社，1995 年，前言，第 1 页。

妇女从深闺走向世界的里程碑①。教会女校为中国女子留学提供了平台，为中国女性“开眼看世界”打开了第一扇窗。

设计二：从“时装新戏”到“古装新戏”——何处追寻京剧艺术的魅力

设计意图

京剧是我国传统文化的典型代表，被誉为“国剧”，2010年入选联合国教科文组织“人类非物质文化遗产名录”。京剧是一门包含了文学、唱腔、脸谱、表演、音乐等多种艺术形式的综合艺术。本设计通过呈现京剧改良的相关史料，使学生了解京剧在发展过程中如何处理与传统的关系，又是如何在创新中走向世界的。引导学生进一步认识京剧的艺术价值，感受传统文化的博大精深，培养学生对传统文化的热爱之情。

设计方案

材料一 戊戌变法失败以后，逃亡海外（日本）的维新派首领梁启超等人，从单纯的政治变法失败的教训中认识到：欲使维新救国大业获得成功，必须首先“新民”，即刷新国民精神，提高国民觉悟，振作国民志气。而“新民”的最有效方式，按照当时的理解，莫若用文学向国民灌输文明思想和救亡意识了。而当时陈旧的文学内容和形式是鲜能承担此项任务的，于是他们在倡导“诗界革命”“文界革命”“小说界革命”的同时，也提出了“戏曲改良”的主张。

——张俊才：《近代戏剧改良运动始末及意义》，载《河北师范大学学报（哲学社会科学版）》1994年第3期

教师设问：根据材料指出梁启超为什么倡导“戏曲改良”。（参考答案：刷新国民精神，提高国民觉悟，振作国民志气）

教师讲述：戊戌变法的失败，民族危机的日益加深，使身在异国他乡的梁启超越来越意识到改造国民思想的必要性和紧迫性。如何进行改造？在逃亡期间，经过深思熟虑，梁启超选择的其中一种重要的手段就是被广大民众熟悉和容易接受的戏曲，他希望通过改良戏曲来尽快改造国民的思想。

改良戏曲成为了历史的必然，然而如何将思想启蒙和传统戏曲进行有效的结合呢？在梁启超等人“戏曲改良”主张的影响下，我们看看京剧戏曲人做了什么。

材料二 新戏与启蒙运动结合的重要成果是“时装新戏”。改编外国题材、社会时事题材，运用当代形式（舞美、服装、语言等）等讲述救亡、国家的主题，是晚清戏曲改良创制新剧的重要方式。所以，戏的“时装”特色只是表面，其核心还是在于“时事”。所以“时事新戏”是“时装新戏”的主要部分。所谓时事新戏，顾名思义，即采用时事题材，反映较近时间内发生的重大的富有政治性、社会性的事件，具有信息传播和艺术欣赏的双重价值的戏剧。

——钟鸣：《清末民初京剧编演新戏运动及启示》，载《北京社会科学》2015年第8期

材料三 1904年8月7日，春仙茶园首演汪笑侬编《瓜种兰因》（又名《波兰亡国惨》《亡

---

① 孙石月：《中国近代女子留学史》，第2页。

国惨史》)。该剧主要根据《波兰衰亡史》改编而成,是京剧舞台上第一个“洋装新戏”。剧写波兰与土耳其开战,由于内奸的破坏和统治者的妥协,兵败乞和,丧权辱国,从而揭示“不爱国之恶果”。汪笑侬的《党人碑》《哭祖庙》《受禅台》《瓜种兰因》都产生了广泛的社会影响,“成为近代京剧改良运动的代表性剧目”。

——邵璐璐:《辛亥革命前后京剧界的新变化》,载《历史教学》2011 年第 22 期

教师设问:“时装新戏”有什么特点?(参考答案:题材创新,注重政治宣传)

教师讲述:在戏曲改良的道路上,经过不断地摸索,首先展现在观众面前的是后来我们称之为“时装新戏”的这种创新的舞台表演形式。与旧戏相比,“时装新戏”在剧本的创作和舞台的表演方面都有其鲜明的特点,它主要取材于时事,以时事为载体,以舞台表演为手段对民众进行救国思想的启蒙。

在京剧改良运动的发展过程中,上海成为当之无愧的京剧改良运动的中心。1908 年,上海的沈缦云、夏氏兄弟等 16 人,借鉴西方戏剧舞台的设计建立了“新舞台”。“新舞台”建立后,编演了大量“时装新戏”,宣传进步思想,使京剧改良运动进入高潮。“新舞台”的成员们不仅积极参与戏曲改良,还踊跃参加辛亥革命。1911 年 11 月,上海起义后,新舞台的潘月樵、夏月珊等组织上海伶界商团英勇参战,在上海光复中发挥了重要作用,在中国民主革命史上也书写了光辉的一笔。

教师讲述:辛亥革命前后,北京地区京剧改良的首推者是梅兰芳。从 1913 年到五四运动之前,从上海返回北京的梅兰芳,受到了上海戏曲改良运动的影响,在北京编演了一批“时装新戏”,这些戏曲以时事为创作题材,以对民众进行教育为目的,如《孽海波澜》《宦海潮》《一缕麻》等,产生了一定的影响。

然而,“时装新戏”最大的问题是脱离京剧传统,传统京剧“唱念做打”的基本功展现了京剧艺术的巨大魅力,但“念多唱少”的“时装新戏”却无法体现京剧的这些特点,使京剧艺术失去了其固有的魅力。让观众如痴如醉的唱腔被大段的念白取代,不再熟悉的服装和多彩的脸谱拉开了观众和演员的距离……内容上的局限,以及理论上的重大缺陷和舞台表演形式上的不完善,最终让“时装新戏”走进了历史。虽然遭遇了一些挫折,但是在京剧改良的道路上,梅兰芳并没有灰心。

材料四 传统戏里的旦角服装如女帔、女褶,一向铺金列绣,宽大厚重,色彩绚丽,穿法是将裙子系于上衣的里面,形成了袄长裙短的着装格局。这种穿戴方式在一定程度上掩盖了女性的形体美。梅兰芳的新式古装,在设计上突破传统,以上衣短、裙子长、裙子系于上衣外面的穿戴方式,突出女性袅娜的形体。“新古装”剪裁合体,料质轻柔,颜色淡雅。

——梁燕:《从“古装新戏”的程式创造看梅兰芳的创新意识》,载《中央戏剧学院学报》2014 年第 3 期

材料五 这堂诗情画意的布景,光怪陆离的灯光,羽衣翩跹的舞姿,绕梁三日之歌声,真可谓兼中西之美,极声色之娱。不知经过了多少文人雅士的切磋,多少次演出之改善,费了梅老板多少心血的研究,才能够完成这一场文艺杰作。

——齐崧:《谈梅兰芳》,合肥:黄山书社,2008 年,第 69 页

教师设问:“古装新戏”有什么特点?(参考答案:结合舞台表演,改良古装设计;借助西方技术进行舞台布景)

教师讲述：受到西方话剧表演形式的影响，在京剧改良的道路上，以梅兰芳为代表的京剧表演艺术家们又有所思考和行动。既然“时装新戏”有它的局限性，如何更好地展现京剧艺术的魅力呢？“古装新戏”就是通过改革展现京剧的表演艺术魅力。然而，服装和舞台只是京剧表演借助的外在手段，它的真正魅力在哪里呢？

材料六 1925 年夏（梅兰芳）编演了《太真外传》头本（秋又编演了第二本，1926 年 12 月又续编演了第三、四本）。……此剧音乐由徐兰沅、王少卿精心设计，其中创造了不少新的板式和极为精彩的唱腔，如头本中的【反四平】及三本中的【二黄碰板三眼】等板式，还有三本中高拉低唱的【反四平】、【西皮二六】及四本的【反二黄】等唱腔，均在京剧原有的板式及曲调的基础上作了发展。不仅如此，该戏还编配了许多京昆曲牌，如【春日景】、【雁儿落】等，安排设计了许多优美的舞蹈身段，如华清赐浴及霓裳羽衣舞等。

——邹元江：《对梅兰芳民国初年排演“时装新戏”的历史反思》，载《中央戏剧学院学报》2012 年第 2 期

教师设问：“古装新戏”表演艺术有什么特点？（参考答案：创新表演板式和唱腔）

教师讲述：从 1925 年夏天开始，梅兰芳先后三次编演“古装新戏”《太真外传》，这是梅兰芳从“时装新戏”回归到戏剧传统的重要代表作品，在当时受到了观众的热烈欢迎，产生了很大的反响，他也因此被观众投票推举为“五大名伶”之一。

梅兰芳的“古装新戏”受到欢迎的最重要原因是其表演的创新，从身段到唱腔，给人耳目一新之感，充分展现了京剧艺术的巨大魅力。他的创新，极大地丰富了京剧表演程式体系，增强了京剧旦角的艺术表现力，为后辈的艺术创新树立了光辉的典范。从“时装新戏”到“古装新戏”，反映了梅兰芳在京剧艺术的发展过程中，不断地探索和创新，最终以他对传统戏曲艺术审美的回归，开辟了 20 世纪京剧的一代新风。可以说，传统艺术的真正魅力就在于此。

材料七 梅兰芳非凡的表演艺术成就，引起国际艺术届的重视，自 1919 年始，先后应邀到日、美、苏等国访问演出，传播中国戏曲文化，促进了中外戏剧文化的交流，与卓别林、斯坦尼斯拉夫斯基等戏剧大师结下了深厚友谊，美国两所大学分别授予他名誉博士学位，为中国传统戏曲艺术赢得了国际赞誉和友人尊重。

——郭克俭：《近代戏曲变革与“四大名旦”崛起》，载《浙江师范大学学报（社会科学版）》2016 年第 6 期

教师讲述：20 世纪以来，京剧逐步走向世界，而京剧走向世界的过程，是与以梅兰芳为代表的京剧表演艺术家的努力是分不开的。梅兰芳京剧表演的巨大成就，也使他成为传播中国戏曲的文化使者，甚至成为了中国文化的代表符号之一。

材料八 1930 年 2 月 16 日，纽约百老汇第四十九街剧院梅兰芳赴美演出鸣锣，这是京剧艺术首次在美国剧院出现的记载。……梅兰芳的演出在美国刮起一股旋风，《纽约时报》评论说：“梅兰芳身穿华丽的戏装在舞剧中的表演，犹如中国古瓷或挂毯那样优美雅致，使观众觉得自己是在跟一个历史悠久而成熟的奇妙成果相接触。”纽约记者俱乐部举办的欢迎宴会，出席人数到达五千，可谓盛况空前。

——刘祯：《梅兰芳与文化传播》，载《云南艺术学院学报》2017 年第 2 期

教师设问：梅兰芳在美国的成功表演有什么重要意义？（参考答案：传播戏曲文化和东

方文明）

教师讲述：梅兰芳的表演使西方观众领略了东方戏曲艺术的巨大魅力，为中美文化交流做出了重大的贡献，它也再次告诉我们一个不变的艺术规律：艺术的民族性和世界性是相通的。从这方面说，只有民族的才是世界的。

教师引导学生小结：历史进入了21世纪，今天的京剧同样面临着创新的问题，因为只有创新，适应时代的发展，才能让我们的"国粹"继续保持旺盛的生命力。梅兰芳先生20世纪的京剧创新的尝试，一定对21世纪的京剧重新走向辉煌提供某些借鉴，我们也希望，在不久的将来，更多的年轻人，嘴里哼着的不仅仅是流行歌曲，京剧大舞台上演出的一幕幕悲欢离合也能让我们更多的年轻人如醉如痴。

教学资源

资源1：汉代私学的优势

汉代的官学主要是太学，而太学的教育目的在于"养天下之士"，然后"量材而授官，录德而定位"（《汉书·董仲舒传》），为培养封建官吏服务。教育目的的单一性局限了官学的教育内容，使官学不仅不能活跃学术思想，形成新的学术流派，促进科技进步，甚至连自身的师资也不得不求诸官学之外。立于官学的各家今文经学虽曾显赫一时，也终于被时代所淘汰。私学的教育内容除了儒家今古文经学之外，还广泛涉及医学、数学、天文、法律等，一定程度上促进了学术争鸣和科技进步，较官学为优。

——李军：《论秦汉时期的私学——兼论私学与中国传统官学制度》，载《上海社会科学院学术季刊》1993年第3期

资源2：北朝学校教育的作用

北朝的学校教育发展情况虽然与南朝一样，处于时兴时废状态，但学校的兴盛时间略长于南朝，而且在地方官学制度的完备方面也强于南朝。但北朝在非儒学教育的兴办方面却不及南朝发达，对经学的发展方面也不如南朝。从总体上讲，北朝统治者在利用儒学维护统治、培养人才方面是有成效的。实行崇儒兴学的政策，学习汉族先进文化，加速封建化的进程，对促进民族大融合，推动历史前进是起了积极作用的。

——孙培青：《中国教育史》（修订版），上海：华东师范大学出版社，2000年，第139页

资源3：宋代书院

特别值得一提的是宋代的书院，作为教育机构中重要的一环，培养了许多人才。由于书院实行自由讲学，讲求相互辩论，一些名儒往往在书院就各种学术问题展开讨论，这对宋代学术的发展有着难以估量的积极作用。书院对学生入学不做限制，一些贫困学生甚至可以寄读，这有利于教育的普及。从中央到地方对教育的重视，使得宋朝各类学校众多，管理规范，既培养了大批人才，也促进了宋代文化的繁荣。

——游彪：《宋史：文治昌盛武功弱势》，北京：中信出版社，2017年，第418页

资源4：教会学校

外国传教士在中国开办文化教育事业，其目的主要是为了传播西方宗教，扩大西方教会的影响。正如在福州传教多年的麦克雷所说："我们希望，我们的学校成为基督教的宣传工具，从这里将培养出具有信徒般的热情和信心的青年，在这个辽阔的帝国传播耶稣福音。"

但我们也要看到，外国传教士在中国开办文化教育事业，它在客观上为晚清教育改革注入了新鲜的文化因子。它将西方现代学校的办学模式带到中国，从课程、方法乃至规章制度，都对中国社会及其教育界产生了深刻的影响。特别是在晚清教育改革的前夜，"教会学校首先把欧美先进的教育方式输入中国，其新的课程设置，高效率的管理体制，冲荡了日趋衰败的学塾书院制度，成为旧教育最早的历史否定物。"①

——王建军：《中国教育史新编》，广州：广东高等教育出版社，2003年，第238页

资源5：希腊学园与人文主义精神的产生

学园诞生与发展、兴盛以及衰亡的历史，是希腊人基于人性内在需求对社会秩序建构的需要，在这个过程中，学园借助宗教仪式，在当时的社会发展的基础上，逐步生成了自己的理念和实践原则。在国家和宗教力量的协同作用之下，学园中的理性力量逐步成长，并最终成为一支独立于国家和宗教的一种力量。学园、国家和宗教是共生共荣的关系。因为在本质上，它们追求的目的是一致的，都是良好的社会秩序。由于学术精神所承载的对人性卓越和真理知识的追求，由学者实践生成的理性认识与任何其他的秩序都是相融的，因此，国家和宗教在社会秩序的建构和维护中，都会向代表人类理性的学术力量寻求帮助。在国家的倡导下，学术精神步入社会，与社会民众的需求耦合在一起，在民众中生成对卓越和真理的向往，人文精神由此生成。

——魏明勤：《古希腊学园研究》，西南大学2017年博士学位论文，第239—240页

资源6：日本、新罗留学生

唐代留学生久居唐土，深受汉文化的滋养和熏染，他们系统的学习和吸收了唐代的先进文化，对唐代的典章制度、文化教育、文学艺术等有深切的了解。这些留学生归国后也大多活跃于本国政治、教育、文学艺术等领域，充当了传播和弘扬唐代文明的使者。尤其是日本和新罗两国，对唐代文化的吸纳成效最为显著，留学生往来也最为频繁。这些留学生归国后对唐代文化的传播和本国文化建设所起的作用也至为关键。王辑五在《中国日本交通史》中说："我国文化之东渡，以唐代为最盛。除派遣使臣外，更益以留学生与学问僧，以为文化上之直接移植者。……留学生在唐既久，因受唐人同化，其衣食住等皆与唐人相同，并信仰其宗教，学习其文化制度，一旦离唐归国，遂于不知不识之间，将唐之文物制度传日本矣。"②赵润济《韩国文学史》中也说："这些留学生和宾贡诸子都是具有新知识的少壮青年，归国以后一般都能得到要职……因此，唐代繁荣发达的文化被大批地带入韩国，韩国文化也由此获得

① 何晓夏、史静寰：《教会学校与中国教育近代化》，广州：广东教育出版社，1996年，第10页。

② 王辑五：《中国日本交通史》，上海：上海书店，1984年，第73页。

巨大繁荣。”①

——郭丽:《唐代教育与文学》,南开大学2012年博士学位论文,第499页

资源7:近代女子留学的原因

近代以来,西方资产阶级的独立自由、天赋人权、男女平等的思想通过戊戌维新思想解放的浪潮也波及了女性世界。在新思想的影响下,许多妇女认识到“男女平等,各有独立之权”,她们向往西方国家妇女在教育、法律、工作、婚姻甚至参政等方面的权利。妇女自身所受到的沉重压迫使她们深切感到:要改变在家庭、社会中的从属地位,就必须接受教育、掌握知识技术。这种发自内心的迫切要求激励着广大有志女子勇敢地跨出国门,奔向先进的西方求学。

——刘杰:《浅谈中国近现代的女子留学教育》,载《西南师范大学学报(哲学社会科学版)》1997年第3期

资源8:马建忠在中西文化交流上的贡献

在19世纪70年代,像马建忠这样熟知欧洲文化的人是不多的。郭嵩焘虽在英国多年,对欧洲社会、思想文化知之甚多,但他不大懂外语,显然比不上马建忠条件优越。马建忠还擅长中国音乐和古典词章,又较活跃,“美秀能文”,所交朋友甚多,对中法文化交流的贡献是不可估量的。他在巴黎参观各种展览,考察工厂、郊区、采购图书,看印刷厂、电报局、纺织厂、轮船、军营、法国人家庭等等,书本上的理性概念和社会的客观状况能较合理地统一起来,这是当时大多数有才华的知识分子无法做到的。李鸿章赞美他:“华学既有根底,西学又有心得,历试以事,均能折衷剖析,凡过津各国公使领事无不同声引重。”曾纪泽也认为马建忠“精通法文,而华文函启亦颇通畅,洵英才也。”实事求是地讲,马建忠青少年时期潜心研究西学,后又留学欧洲学习和考察,实堪称当时学贯中西的知名之士。

——李喜所:《马建忠与中西文化交流》,载《中州学刊》1987年第4期

资源9:出版文明的使命

中国文明作为四大文明古国中唯一一个硕果仅存的文明,其强韧的生命力和自我调适的内在活力,在世界上首屈一指。出版文明是中华文明的有机组成部分,承载着中国文明传续、知识增殖和文化创造的重大使命。撑起中国传统文化主干的“十三经”“二十四史”的完整连绵的流传,以及近代以来西学东渐大潮对传统社会的解构,几乎完全依赖于印刷术的版本复制能力和物理留存特性;传统思想和历史智慧通过不断更新传递的书籍版本,在新历史条件下促发观念的创新和新知识的生产,使得中国文明相对于世界其他各大文明具有得天独厚的历史优势。出版文明在凝聚汉民族精神、推动传统文化周期性复兴、传播新知识新理念和书写国家历史上具有不容低估的活力。汤因比在其生前最后一部“大历史”著作《人类与大地母亲——一部叙事体世界历史》的尾章结束部分写道:中国古代的文官创造了长期有序管理庞大中国的奇迹,可谓“文明世界中的佼佼者”,但是也一次次因为滥用权力而将国

① 赵济润:《韩国文学史》,北京:社会科学文献出版社,1998年,第48页。

家带向灾难。"如果中国人真正从中国的历史错误中汲取教训，如果他们真正成功地从这种错误的循环中解脱出来，那他们就完成了一项伟业，这不仅对于他们的国家，而且对处于深浅莫测的人类历史长河关键阶段的全人类来说，都是一项伟业。"基于科举制度和教育体系的特点，学者、读者、官员在中国古代社会的三位一体呈现常态，古代史上数量庞大的文官及后备知识群体，通过典籍的阅读、撰写和再生产，与出版的互动成为社会政治生活的主要内容之一；在中国当代文化语境下，出版传播活动在构建良性政治生态和社会价值观方面，同样具有极其重要的作用。中国文明的持久和韧性得益于出版文明，在这个大传播时代，其政治文明的自我调节也将维系于正向的文化传播力，中国出版文明任重而道远。

——范继忠：《文化比较视角下的中国出版文明》，载《北京印刷学院学报》2013 年第 5 期

资源 10：吴越——全国通俗小说刊刻的中心

建阳(包括福建)有 32 家书坊曾刊刻过小说，吴越有 60 家书坊曾刊刻过小说，尤值得注意的是：建阳小说刊刻以"四大奇书"中的《三国》《水浒》《西游记》为主，较单一；吴越书坊及私刻涉及小说的各种类型，包括"四大奇书"、公案、志怪、笔记、拟话本等。特别是拟话本，基本为吴越书坊所出。如果注意到时间的话，则可看出，宋元时期即为刊刻重镇的福建建阳，在明前期和中期仍保持着相对优势，于嘉靖和万历年间刊刻小说尚丰，从天启到崇祯，只有一二书坊刊刻小说；而吴越地区的小说刊刻则贯穿正德至明末，万历、天启、崇祯三朝尤为活跃，在晚明时形成了小说出版的高峰。故吴越地区乃是明下叶全国小说、尤其是通俗小说刊刻的中心。

——戴健：《明下叶吴越城市娱乐文化与市民文学》，扬州大学 2004 年博士学位论文，第 111 页

资源 11：佛经翻译丰富了汉语语汇

佛典被大批译成汉语后，随着佛教在中国的长期盛行，很多梵语语汇被吸收到汉语之中，丰富了汉语语汇。梁启超在《翻译文学与佛典》中说：……或缀华语而别赋新义，如"真如""无明""法界""众生""因缘""果报"等；或存梵音而变为熟语，如"涅槃""般若""瑜伽""禅那""刹那""由旬"等。……有些是古代印度梵文佛典中某些语汇的译音，如：佛、佛陀、菩萨、阿罗汉、罗汉、僧、尼、魔、夜叉、刹那、塔、禅；有些是意译，如：世界、戒律、法宝、意识、解脱、轮回、施主、供养、报应；有些是从古代印度哲学著作中吸收过来，并且与汉语原有的词汇水乳交融，派生出了许多新的成语、谚语和歇后语。经过千百年的漫长岁月，这些来自梵语的译词和借词，一部分被淘汰了，但是仍有相当的一部分被保留了下来……

——王英鹏：《跨文化传播视域下的翻译功能研究》，上海外国语大学 2012 年博士学位论文，第 97—98 页

资源 12：近代科技翻译与中国现代性

中国近代科技翻译自 16 世纪一直延续到 20 世纪，涵盖现代西方各自然科学技术领域，包括天文历法、数学、物理学、机械工程学、采矿冶金、军事技术、生物学、地理、医学等领域。

其中耶稣会士和传教士为在中国立足传教，在翻译西方基督教义同时，与徐光启、李之藻、李天经、王澄等中国士大夫合作，翻译西方自然科学著作，客观上对中国了解西方科技、引入西方现代化工具理性起到了开拓作用。利玛窦与徐光启等合作翻译的《几何原本》使西方几何学在中国系统传播，拉开了近代科技翻译高潮的序幕。清末林则徐、魏源和徐继畬禀承“师夷长技以制夷”的理想，组织和实施科技翻译活动，被誉为“近代最早睁眼看世界的人”。鸦片战争后，洋务派组织翻译机构，以“中体西用”思想指导翻译西洋科技，输入外国工业，开办教育，培养翻译人员，译刊自然科学知识。这是近代科技翻译的主线，这一主线一直延续到五四新文化运动“科学”概念的盛行，达到从技术运用到科学启蒙的现代性高度。译介西方自然科学技术带来了直接的器具性影响。但更为深刻的是，近代科技翻译给中国带来了现代性观念的深刻变化。

——肖开容：《近代翻译对中国现代观念的塑造》，载《西南大学学报（社会科学版）》2010 年第 2 期

资源 13：20 世纪前半期图书馆古籍出版的文化贡献

20 世纪前半期图书馆古籍出版的文化贡献第一个方面是刊刻善本、孤本，弘扬中国文化。民国时期众多图书馆文献资源极为丰厚，主持者多学养深厚，刊印古籍慎择底本，因此形成了善本、孤本的出版特点。前文所述国立中央图书馆影印的《四库全书珍本初集》《玄览堂丛书》等收录的均为罕见善本。再如 1937 年国立北平图书馆“司馆事者，以吾国古籍日就沦亡，拟择罕见孤本、佳椠名钞，汇辑影印，编为丛书”，与商务印书馆合作影印《国立北平图书馆善本丛书第一集》12 种 97 卷，“其为清廷毁禁、《明史》所遗，舆地稗乘、秘家载籍，可以审核地理之沿革，资边陲之考镜，淬厉民智，撅功尤伟。”所收《皇明九边考》《边政考》《三云筹俎考》《西域行程记》《西域番国志》《筹辽硕画》《皇明象胥录》《行边纪闻》《朝鲜史略》《安南图志》《日本考》《使琉球录》等书，均为稀见善本，由谢国桢主持刊印。[①] 国立中央图书馆、国立故宫博物院图书馆、广东省立图书馆、私立合众图书馆等均以善本秘籍为刊刻古籍的标准，出版的古籍受到民国以至当代学术界的推崇。

——刘洪权：《二十世纪前半期图书馆与中国文化传承研究》，载《图书情报知识》2015 年第 2 期

资源 14：中国古代私家藏书发展的原因

中国古代私家藏书是我国古代藏书事业中的一个重要组成部分，它和官府藏书、寺观藏书、书院藏书一起构成藏书事业的整体。根据现有的研究结果：我国古代的私家藏书始于学术下移、百家争鸣、诸子竞说自由、社会开放的春秋战国时期。此时，私人藏书规模较小，还处于较为原始的简陋状态。到了汉代，安定统一的环境和允许民间藏书的宽松政策，给私家藏书带来了契机，私人藏书有所发展，个别藏书大家的藏书富比朝廷。唐代政治、经济、文化事业的发展与繁荣，使得私家藏书的规模及藏书家人数大幅增长。宋代雕版印刷术的应用与普及，又使图书品种和数量大量增加，给私家藏书创造了极为有利的条件。因此，私家

① 谢国桢：《明清笔记谈丛》，上海：上海书店出版社，2004 年，第 137 页。

藏书空前发展，藏书家人数之多、藏书量之大是宋以前历朝各代从未有过的。同时，私家藏书的地域分布也由北向南发展，并遍布全国。私家藏书在明、清进入了鼎盛时期，藏书大户群雄并起，较大规模的私人藏书楼就有500多座。私人藏书分布更广，除较集中的江浙外，西北、西南等边远地区也出现了规模相当可观的藏书。

统观中国古代的藏书，私家藏书是所有藏书系统中发展最快、藏书规模最大、分布地域最广的系统。特别是，时代越后，藏书家人数越多，藏书规模越大，藏书总量与官府藏书相比越来越占压倒优势，成为我国古代藏书的基础。

——余述淳：《试论中国古代私家藏书对文化典籍传播的贡献》，载《河南图书馆学刊》2004年第1期

资源15：博物馆的重要作用

目前，文化、城市与博物馆的关系正在开始变得紧密，三者之间的关系也得到了各级政府的关注。随着时代的发展，人口的文化素质、文明程度愈来愈成为城市发展的一个关键因素。市民是城市的主体，是城市文明的创造者和体现者，也是城市文明的载体，城市市民的素质如何，直接决定着一个城市的形象，同时也关系着一个城市的可持续发展。博物馆丰富精深的民族文化再现了本地的历史沿革和经济、政治、文化、社会发展的脉络，把最辉煌、最闪亮的史实呈现在观众面前，让人们了解更多的历史知识、人文精神和民俗风情。使人们或感怀于先民顽强不屈艰苦卓绝的创业历程，或赞叹于古代工程巧夺天工的创造能力。博物馆根据独特的性质、任务，利用直观、形象、感染力强的特点，向市民传播自然、历史、考古、艺术、科学和综合人文信息，是人们获取科学知识、提高文化修养的重要场所，在丰富市民文化生活的同时，发挥着教育、激励、凝聚、娱乐、审美等多种功能，在潜移默化中陶冶市民的情操，并为市民进行科学研究和艺术创作，提供丰富的数据及珍贵的借鉴。由此，博物馆成为培养社会道德最理想的人文环境，对于增强人们对自己家乡、祖国的认知和热爱、眷念之情，激发观众更多的社会责任感和使命感等具有重要作用。

——单霁翔：《博物馆的社会责任与城市文化》，载《中原文物》2011年第1期

资源16：长城的历史文化价值

在古代历史演进过程中，中国北方地区的游牧民族基于生产、生活与文化的需求，迫切需要互相联系交往，以求共同发展。这与中原先进的农业文明区域内的人民的愿望有着很多共同性。嗜战好掠者并非广大游牧民众，而是少数游牧贵族。长年的争斗与征战，只能给双方带来无尽的灾难与损失。长城的建立，使游牧贵族军事势力长驱直袭、掠夺财物的梦想多次破灭，迫使其与中原农业文明区域人民之间可能实现长期有序的交往。又由于他们在经济上迫切需要以畜品换取农耕产品以补充部落单一经济之不足，长城沿线的边贸物资交流因之日益兴盛。

历史上长城沿线的许多关隘曾开放为通商口岸，方便了民族之间的经贸往来。农耕民族与游牧民族在长期的交往中增进了彼此的了解，相互之间的隔阂有所消减。生活习俗上的互相熏染，则促进了不同文化的进一步融合。事实证明，中国古代北方地区的匈奴、乌桓、鲜卑、羯、氐、突厥、柔然、契丹、党项、女真等少数民族，在长期的社会发展过程中，以长城这

条军事防御、经济交流、民俗文化融会的主线为纽带，渐渐融入到了中华民族大家庭之中，为中华多民族的统一国家的形成奠定了基础。

——屈琳：《长城的历史文化价值与视觉艺术表现特征》，载《西北大学学报（哲学社会科学版）》2013年第2期

资源17：长城文化的当代价值

长城历史文化作为中华传统文化的核心内容之一，其走出去向海外和世界传播，可以显著提升中国的国家形象和国家软实力，即增强对中华文化的主体地位和作用以及对中华文化与世界文明的关系的清醒认知；通过开展多渠道多形式多层次对外文化交流，广泛参与世界文明对话，促进文化相互借鉴，增强长城历史文化在世界上的感召力和影响力，通过长城历史文化这个载体增强中华文化的国际话语权，增进国际社会对我国基本国情、价值观念、发展道路、内外政策的了解和认识，增进彼此的互信，推动双边多边的合作，形成双赢、多赢、久赢的局面，为中国的发展创造出更好的国际环境。

——任凤珍、钱越：《长城历史文化传承创新的当代价值——基于长城经济文化带的思考》，载《河北地质大学学报》2017年第2期

资源18：故宫文化

在中国的文化谱系中，在中国的大文化传统中，故宫文化属于大传统。这种文化的生成既有对更为久远的中国封建社会皇家文化的传承，又有其新的发展特点。它延续近500年，虽然其间有变异，并且反映了皇权衰落的历史，但相对来说有着稳定性，充分体现了中华传统的主流文化，同时更带有多民族文化融合的特征。……要真正了解故宫，要认识宫廷历史文物的价值，就需要了解故宫文化。一方面，故宫文化是以皇帝、皇宫、皇权为核心的帝王文化、皇家文化，或者说是宫廷文化。皇帝是历史的产物，在漫长的中国封建社会里，皇帝是国家的象征，是专制主义中央集权的核心。同样，以皇帝为核心的宫廷是国家的中心，国运兴衰、帝王品位以及典章制度的变化，都可从皇家文化的嬗递中探求出带有规律性的东西来。另一方面，我们也应看到，故宫文化是有生命的活的文化。它承袭着传统文化又接续着现代文明，经历了蜕变的故宫，以博物院的姿态屹立于世界文化之林。故宫是民族的，也是世界的；是传统的，也是现代的；是历史的，也是未来的。

——郑欣淼：《多维视域中的故宫学——范畴、理念与方法》，载《华中师范大学学报（人文社会科学版）》2014年第5期

资源19：文渊阁

在肯定《永乐大典》《古今图书集成》和《四库全书》汇集、整理、编纂中华文化遗产正面价值的同时，也要同西方略作对比。特别是乾隆帝组织编修国家巨大文化工程——《四库全书》，既看到其在中华文明史上的贡献，也要看到其影响中国历史的进程。这时，法国正在编修《百科全书》。狄德罗、伏尔泰、卢梭等一批进步思想家，人称“百科全书派”。他们传播启蒙思想，反对封建专制，批评经院哲学，形成社会进步动力，为法国大革命作了思想、舆情与理论的准备。而“四库全书派”集中当时知识精英，埋首故纸堆，抄写古文献，扼杀了他们的

聪明和智慧，磨灭了他们的批判与创新精神。结果，中国与西方各自走上不同道路，这很值得人们深思。文渊阁则成为这一历史的见证。

——阎崇年：《大故宫》，武汉：长江文艺出版社，2012年，第162页

资源20：《申报》与京剧传播

需要强调的是，由于《申报》是近代最具影响的传媒，其对于京剧的传播，尤其是早期京剧在上海地区的传播，起到了很大的推动和促进作用。它不仅为京剧戏园提供了一个借以宣传自身的平台，为京剧培养了一批忠实的观众，也以其广泛的影响力在京剧改良过程中作出了重大的贡献，体现出以报刊为主的近代大众传媒在京剧传播乃至整个文化艺术传播中所具有的重要历史意义。

——赵维国、陈佳：《〈申报〉与晚清海派京剧的传播》，载《上海戏剧学院学报》2009年第4期

资源21：京剧的作用

在某种意义上，京剧的兴盛不是以取代昆曲的方式实现的，相反，在包括京剧在内的各花部剧种与昆曲消长过程中，至少是由于京剧在其地位提升时明显受到昆曲许多方面的滋养，一般的戏曲欣赏者经由京剧，同时更部分地领略感受昆曲的魅力，因而，民间和大众在美学上的爱好与取向，显然也会因之得以提升。如此说来，京剧的发展在一定程度上起着消弭“大传统”与“小传统”之间的对立、缩小它们之间的美学距离的作用，并且经由这种特殊的途径，改变了中国文化传统的格局。

——傅谨：《京剧崛起与中国文化传统的近代转型——以昆曲的文化角色为背景》，载《文艺研究》2007年第9期

第七单元

信息革命与人类文化共享

学术引领

一、信息革命

（一）信息与信息革命

什么是信息？众说纷纭。黎鸣在《论信息》（载《中国社会科学》1984年第4期）一文中认为，信息有广义和狭义之分。广义的信息是物质的普遍属性，它表达它所属的物质系统，在同任何其他物质系统全面相互作用（或联系）的过程中，以质、能波动的形式所呈现的结构、状态和历史。而狭义上的信息应该是与人类认识问题相关。由此，作者将信息分为自然信息和文化信息两大类，其中文化信息是一切经过人类利用语言、文字、符号、图像等方式加工过的自然信息。知识、情报、指令、告示、法律、各种艺术形式、神话、传说等，这些全都属于文化信息。

郑巧英、杨宗英在《信息、信息革命和CNII[①]》（载《上海高校图书情报工作研究》1997年第2期）一文中认为，信息不仅是某人对具体问题的回答或一个明确的要求，而是把需要、问题与资源结合起来变成对某人或某事有用的东西。因此，可以将信息概括为存在于任何媒体中的片段、文章、文献、报告、图书、文集、知识、市场、情报、交际、观念、传闻或简单的想法，等等。根据信息媒体的多寡可以分为单媒体信息和多媒体信息。

人类在传播、利用信息的过程中出现了几次革命性的变化，不同的学者给出了不同的界定。

孙寿涛在《信息革命：称谓及其历史地位》（载《北京邮电大学学报（社会科学版）》2007年第2期）一文中认为，信息革命是近代历史上所发生的第三次科技革命，其起始时间大约为20世纪40—50年代，主要标志为计算机、空间技术、原子能等技术的诞生，考虑到其他技术群的变革与技术创新体系的形成，至今为止的信息革命约分为两个阶段，即40—50年代的启动阶段和70年代以来的扩散阶段。其中微处理器的发明、软件技术的发展、个人计算机及网络的出现和普及都可以说是信息技术史上的革命，但都属于信息技术本身的演进，并不能构成独立意义上的科技革命。

李世东在《论第六次信息革命》（载《中国新通信》2014年第14期）一文中认为，人类社会

---

① CNII：China National Information Infrastructure的简写，即中国信息基础设施。

发展至今共有 6 次信息革命，其中第五次信息革命以计算机的数据处理技术与新一代通信技术的有机结合为开端，人类迎来了数字计算和数字化新时代。电子计算机使劳动工具从体力的延伸发展到脑力的延伸。计算机网络在社会生产、生活中的广泛应用，引起了从生产工具到劳动对象再到生产的组织管理的一系列变革，这已不仅是一种科技现象，更是一种经济、政治、文化、社会现象，促进了生产力的飞跃。进入 21 世纪以来，随着以云计算、物联网、大数据、移动互联网等新一代信息技术的产生，使人类社会进入了以云、物、移、大、智为核心的第六次信息革命新阶段。

（二）信息革命的特征

约瑟夫・奈在《仍处于婴儿期的信息革命》（载《中国经济报告》2018 年第 7 期）一文中认为，现阶段的这场信息革命的关键特征不在于信息传播的速度，而在于传递和储存信息成本的大幅下降。当前的信息革命在全球范围内所能进行传递的信息量，实际上是无限量的。

李世东在《论第六次信息革命》（载《中国新通信》2014 年第 14 期）一文中认为信息革命具备三大特征：第一，智慧化。信息世界的大量数据，通过分析、整合、挖掘，可加工形成智慧化的数据产品，通过返回到实体世界，对实体世界的发展起到优化提升的巨大作用，这就是智慧的具体表现。云计算、物联网、大数据等新一代信息技术的集成应用可以实现对物品的智能化识别、定位、跟踪、监控与管理，充分体现智慧化的特征。第二，融合化。物联网技术产生后，通过在物体上植入各种微型感应芯片使其智能化，然后借助无线网络，实现人和物体“对话”，物体和物体之间“交流”，将人与人、人与物、物与物紧密地联系起来，数字世界找到了影响、融合自然世界的最佳途径，使得整个数字世界与自然世界成为一个有“生命”的“地球村”。第三，协同化。随着移动互联网等新一代信息技术的发展，互联网越来越宽、覆盖面也越来越广，在社会生活的任何一个地方，都有一个双向交流的网络存在，为人与人之间、人与物之间、物与物之间提供广泛的联系，彻底改变和提升了人们的学习方式、工作方式和生活方式。除此之外，信息技术还促进了管理资源的整合，实现各个管理部门之间的网络互联和信息共享，使社会建设、管理和服务等各功能单位之间，人与物各主体之间更加协同，网络化、虚拟化、个性化、均等化的社会服务将无所不在。

张坤晶在《信息革命与社会主义的新特征研究——兼论“信息社会主义”的可能性》（38—39 页，华南理工大学 2013 年博士学位论文）一文中指出，信息革命具有如下的特征：第一，科学化。科学理论和科学实验在信息技术的发明与创新中居于主导地位、发挥着重要作用，例如在微电子技术、互联网技术和传感控制技术等发明和发展过程中就可以看出科学知识渗透到技术发展的各个环节，现代信息革命越来越凸显科学化这一特征。第二，智能化。从现代信息革命所产生的最新信息技术中就可以明显感受到，例如 3D 打印技术的产生，它可以根据智能化的打印程序打印出许多从前人们无法想象的东西。第三，群体化。信息革命的主体由工业革命的个人转向为集体，因为伴随着人们认识自然和改造自然的实践不断深入，遇到的问题也表现出复杂化、综合化等特征，这些问题的解决需要集体的力量，需要依靠多技术、多学科所形成的技术群来解决。例如，云技术的研发与创新，就需要软件平台、传输设施管理平台、数据平台、应用服务平台的群体化应用才能实现。第四，高新化。信息革命的影响力渗透到各行各业，带动了各行各业的技术创新，因此它也具有相应的特征。

另外信息革命还具有高时效与高风险性，它一方面可以带来巨大的经济与社会效益，另一方面又具有巨大的风险性。例如，从最初的黑白手机，到彩屏手机，到诺基亚和摩托罗拉主导的智能手机，再到苹果所引领的新一代智能手机，我们可以看到创新与不创新、快速创新与一般创新之间的高风险性和高时效的特征。

二、信息革命对文化传播的影响

（一）文化传播概论

1. 文化传播的内涵与特征

周鸿铎在《文化传播学通论》（18—23 页，北京：中国纺织出版社，2005）一书中介绍了文化传播的内涵和基本特征。文化传播是“人们社会交往活动过程产生于社区、群体及所有人与人之间共存关系之内的一种文化互动现象”。如果作为人的社会活动过程的一个方面而言，文化传播就是社会传播，是人对文化的分配和共享，沟通人与人的共存关系。由于作为主体的人的生活条件、经验、心理、价值观及对文化信息理解的不同，既受社会集团共同意识的制约，又受个人心理、思想意识和价值观念的影响，有无数人根据不同文化要求相互交错、相互作用。文化传播具有社会性、目的性、创造性、互动性和永恒性的基本特征。除此以外，随着信息技术革命的展开，文化传播还具有了开放性、多元性与融合性的特征。

2. 信息时代文化传播的特点

傅华在《当代中国先进文化及其传播路径研究》（126—127 页，北京：中央文献出版社，2007）一书中指出，信息技术的出现，能够使信息瞬间传播到世界的每一个角落，使人类和文化跨时空交往，特别是国际传媒公司的出现，推进文化传播的全球化步伐，更带来文化价值观、文化模式的冲突、整合和融合，从而产生新的文化关系、文化模式，这即是当今时代文化传播全球化的客观状态。

徐稳在《全球化背景下当代中国文化传播的困境与出路》（载《山东大学学报（哲学社会科学版）》2013 年第 4 期）一文中指出，在全球化时代，文化传播呈现以下特点：第一，文化传播范围广。每一种类型文化的形成和发展都不会固守在特定区域，都不会静止、封闭发展，都不会离开世界范围内的开放和传播，这是文化发展变化过程中的自发现象和规律。在全球化时代，每一个国家、民族或地域的大门自动敞开，每一种类型的文化都积极、主动、自觉与异质文化沟通、交流、交融，使文化传播冲破原有的地域和国界限制，走出民族文化的狭隘和偏见，在全球范围内获得认同。第二，文化传播速度快。在全球化时代，科学技术迅猛发展、信息技术革新为文化的快速传播提供迅捷而新颖的物质载体。互联网的使用，极大地促进文化传播的速度；资本在全球的快速流动，夹裹着文化价值观在全球快速游走。经济与科技的全球化，引发文化交往的全球化，文化传播的速度加快，文化在全球范围内达到即时共享的程度。第三，文化传播强度大。在全球化时代，与其说是文化传播，倒不如说文化冲击更准确。不同类型的文化具有不同的个性形态，在全球化冲击下一齐摆放到同一个平台，形成世界性的交流和碰撞、冲击，不管对本土文化、异质文化采取什么态度，都难以避免异质文化的冲击甚至被淹没，特别是对弱势文化来说，面对强势文化的冲击，几乎无招架之力。第四，文化传播多样性。多样性是世界文明的一个重要特征，全球化时代文化发展的特征，首先也是多样性。文化多样性是全球化时代世界文化发展的标志和表现，文化的多样性，构成了世界多样性的主要存在方式。这是人类文化的多样性在全球化时代的主要存在方式，是世界各国的地域文化形式维持其存在的主要特征，也是文化传播在当今时代的一个重要特征。

（二）文化传播媒介的变迁

随着现代科技的迅猛发展，以计算机技术为核心、互联网为媒介的信息革命正以前所未有的方式对社会变革的方向起着决定作用，对人类文化传播产生了极大的影响。

1. 新媒体的定义

学者熊澄宇认为，“新媒体是一个相对的概念，‘新’相对‘旧’而言。从媒体发生和发展的过程当中，我们可以看到新媒体是伴随着媒体发生和发展在不断变化。广播相对报纸是新媒体，电视相对广播是新媒体，网络相对电视是新媒体。今天我们所说的新媒体通常是指在计算机信息处理技术基础之上出现和影响的媒体形态。”①

凌小萍、邓伯军在《新媒体与传统媒介的比较与融合》（载《理论月刊》2015 年第 4 期）一文中认为，传统媒介主要指报纸、杂志、书籍等印刷媒体和广播、电视、电影等电子媒体，它以大众传播为方式，通过某种机械装置定期向社会公众发布信息或提供教育娱乐的交流活动。新媒体是建立在数字技术和网络技术基础之上以多种媒介为信息呈现方式，具有全天候和全覆盖性特征，在技术、运营、产品、服务等商业模式上具有创新性且边界不断呈现出媒介融合趋势的技术手段。

2. 新媒体的特征

新旧的界定标准不一，但是有一点是公认的，就是新媒体是建立在以计算机技术和网络技术为核心的基础上的。这一点决定了新媒体具备了区别于传统媒体的鲜明特征。

吴廷俊在《中国新闻传播史：1978—2008》（386—389 页，上海：复旦大学出版社，2011）一书中认为，新媒体具备数字化、网络化、移动化与融合化四大特征。第一，数字化。数字化是新媒体最本质的特征，也是网络化、移动化和融合化的基础。在信息革命的冲击下，传统的媒体都经历过或正在经历数字化的进程。第二，网络化。1994 年，中国全面接入互联网。1998 年，联合国新闻委员会年会上，网络被正式作为“第四媒体”提出。随着对互联网传播特性认识的不断深入，媒体网站的内容日益丰富，传播手段变得多元，功能也日益强大。网络化使媒体实现了以下几个方面的突破：信息传播突破了地域限制；信息传播的时效性不断增强；信息的存储与检索方式发生本质变化；信息传播手段实现多媒体；受众参与的广度和深度大大提高；传播者与受众的界限日益模糊。总而言之，网络媒体不仅大大改进了信息传播方式，也使网络媒体在社会生活中的作用不断增强。第三，移动化。移动化是现代传媒的一个重要特质，它是实现信息的全时空覆盖的基础。数字技术以及无线网络技术促进了媒体移动性的增强。尤其是随着移动互联网技术和智能手机的普及，媒体的移动化趋势日益加强。第四，融合化。媒介融合是指各种媒介呈现出多功能一体化的发展趋势，它是各种媒体发展的共同趋向。媒体的数字化、网络化、移动化，带来的最终结果是各种媒体之间界

---

① 转引自凌小萍、邓伯军：《新媒体与传统媒介的比较与融合》，《理论月刊》2015 年第 4 期。

限的模糊、功能的交叉、产品的融合。

邵培仁在《传播学》(156—157页,北京:高等教育出版社,2000)一书中介绍了新兴的互动媒介。他指出电脑作为互动媒介,一问世即备受青睐,发展迅速,以致有人预言:以电脑为主体的电子报刊将取代普通报刊,新型互动媒介将取代大众媒介。互动媒介有三个显著特点:第一,高度的综合性。它将电脑、声像、通讯技术合为一体,是计算机、电视机、录像机、录放机、VCD机、电话机、游戏机、传真机、打印机、电子信箱等媒介的性能大综合,同时又是书籍、杂志、报纸、广播、电视等大众媒介的优点大综合。过去出现的新媒介虽然克服了旧媒介的一些弱点,但往往不能兼具旧媒介的优点。互动媒介既有印刷媒介的可保存性和可查阅性,又兼具电子媒介的新鲜性和及时性,还具有自身的图文阅读性和音像视听性。第二,充分的交互性。过去的人际传播是"点对点"的"对话式"双向传播,大众传播是"点对面"的"独白式"单向传播,互动媒介为人类传播活动提供了第三种传播形式——电子"交互式"的网络传播。这种传播既综合了人际传播与大众传播的特点与优势,又不是两者简单的整合和延伸,而是一种全新的创造。第三,方便性和快捷性。通过互动媒介传递和交流信息,不需要纸张,不需要印刷、投递,也不需要广播电视节目发射时的昂贵且复杂的设备,它是将讯息拨号进网,在通讯线路上进行自由传递,不分地区、不论国家,随传随至,既方便快捷,又省钱省力。

(三)传播方式的变迁

熊澄宇在《数字化时代媒体发展的格局与走向》(载《军事记者》2009年第3期)一文中认为,在数字化背景下,大众传播和分众传播两种方式还不足以解读或阐述、说明我们今天的传播现象,需要用新的词语来描述新的传播表现方式。一是交互,与传统传播方式最大的区别在于它改变了传播者和接收者的关系,并以反馈和调节为核心。通过用户生产内容实现共享与交互。二是"沉浸"与"遥在",这些传媒的新领域反映的不是动态,而是一种状态,就是说尽管不在现场,但是表现了一种存在,即虚拟社会现实化和现实社会虚拟化。

靖鸣、周燕、马丹晨在《微信传播方式、特征及其反思》(载《新闻与写作》2014年第7期)一文中以微信为例介绍了文化传播方式的变迁。微信实现了随时对已发送语音消息的保存。按住语音通话的按钮,录下几秒到几十秒的声音,松开按钮便直接发送出去,这种新奇的体验迅速俘获了大量用户。这种方式就像发送文字一样便捷,并且每条语音信息都可以长久保存,微信在一定意义上打破了语音信息与文字信息传播的边界,语音也被"文字化"了。同时,微信作为一种网络即时通讯产品,以近乎免费的方式支持语音、文字、图片和视频的发送,同时支持群聊功能。除私人聊天外,微信公众平台在进行消息推送时也采用多种方式。传统媒体的微信终端纷纷进行语音新闻的尝试。微信公共平台的信息推送,则是一种更有利于深层次阅读的传播形式。公共平台实际上也是一个自媒体平台,但是由于其有严格的审核把关,其质量往往要高于其他自媒体平台。在碎片化时代,微信的这种传播方式更容易吸引受众进行深层次的阅读,有利于提高受众的阅读质量。

高璐在《论传统阅读在网络时代的特殊意义》(29页,高红玲主编:《文化与传播新视野》,北京:新华出版社,2015)一文中介绍了传统阅读这一文化传播方式在网络时代面临的问题。网络环境下的阅读伴随着大量的超链接,这使得每一本书的"视界"都被无限延展,电子图书变成了一个微型的网站,甚至不亚于迷你门户网站,一个又一个的链接,有限的注意力在广阔的视界中被无限地摊薄。于是，网络阅读或电子书阅读完全失去了传统阅读的本意，我们在浩瀚的文本中腾挪跳跃，对任何文本的关注都如蜻蜓点水般转瞬即逝，几乎没有任何思想上的投入。

杨俊懿在《网络时代与文化反哺》(载《上海青年管理干部学院学报》2000年第4期)一文中以文化的代际传递为例探讨了网络对文化传播方式的影响。网络使文化传递方式进入了后喻文化时代，即长辈反过来向晚辈学习。在这种文化反哺中，年轻人不仅向长辈们传输技术，同时也在潜移默化地改变着长辈们的生活方式和价值观。这种文化传播方式之所以出现，主要是由于网络时代长辈们的经验早已跟不上时代迈进的脚步，面对急剧变迁的社会和快速变化的生活，他们显得手足无措，缺乏应付新的社会生活环境所必须的基本知识。这全新的挑战却激发了年轻一代前所未有的活力。年轻人受到传统影响较少，因此，在时代飞跃、社会变迁的过程中更能够较快地适应新的环境，接受新的事物，掌握新的生活技艺。长辈们经验知识结构中的空白点，恰恰是年轻人的优势所在。

(四) 文化内容的变化

1. 信息时代的网络文化

网络传播的发展不仅仅是网络技术自身的发展，而且是网络文化的发展。张应奎在《网络传播学导论》(223—227页，昆明：云南大学出版社，2017)一书中介绍了网络文化及其特征。

张应奎指出，网络文化有广义和狭义之分。广义的网络文化是指网络时代的人类文化，它是人类传统文化、传统道德的延伸和多样化的展现。狭义的网络文化是指建立在计算机技术和信息网络技术以及网络经济基础上的精神创造活动及其成果，是人们在互联网这个特殊世界中进行工作、学习、交往、沟通、休闲、娱乐等所形成的活动方式及其所反映的价值观念和社会心态等方面的总称，包含人的心理状态、思维方式、知识结构、道德修养、价值观念、审美情趣和行为方式等方面。

张应奎进一步指出，网络文化作为现代生活方式的一种，深刻地影响了人们生活的方方面面，网络文化带给人们新的生活理念，传播了新的价值观点，为文化的交流、思想的传播开辟了一条新兴快速的道路。它主要具有以下特征：网络文化建立在网络技术的发展之上、网络文化是综合文化、网络文化是全面参与的自由文化、网络文化是多功能的文化。

蔡骐在《社会化网络时代的媒介文化变迁》(载《新闻记者》2015年第3期)一文中介绍了社会化网络时代对媒介文化变迁的影响。互联网的崛起，正日益改变着传统的信息传播模式和社会关系结构，形塑了一个“以人为中心”的互联互通的社会化网络。在万物互联的社会化网络时代，人类的“整体生活方式”正悄然且快速地发生变化，由此形成的全新的媒介文化已成为重要的时代景观：小众文化的大众化、圈子文化的超部落化和亚文化的主流化。

黄华新、顾坚在《网络文化的范式转换——从精英文化到大众文化》(载《自然辩证法研究》2001年第12期)一文中介绍了网络文化由精英文化到大众文化的转变。网络文化属于文化的范畴，但到目前为止似乎还没有一个明确的定义，这在一定程度上与文化这一概念本身的复杂性有关。网络文化作为一种大众文化，具备了一些重要的使其能够称之为大众文化的特性。主要表现在：反西方精英主义和文化殖民主义的立场、先天具有的寄生性、超越自身寄生性的颠覆性、普遍的开放性和广泛的参与性。另外大众网络文化的传播和交流方式则是双向或是多向、平等而且民主的。这种大众文化的出现，真实地反映了一个网络社会的崛起。

魏丽在《新媒体视野下传播内容的特点》（载《新媒体研究》2016 年第 2 期）一文中介绍了新媒体时代下传播内容的内涵及其特点。随着新媒体技术的不断发展，基于数字技术构建下的传播媒体形态对于传播内容产生了影响。在“内容自生—弱把关”维度下的新媒体传播模式，传播内容的范围和外延空前扩大，传播内容呈现出广泛性、明显的“长尾效应”、互动性、多元化和不可控性等特征。

2. 文化生产方式的变迁

赵涛在《试论网络时代的知识生产》（载《学习与探索》2013 年第 10 期）一文中分析了互联网对知识生产的影响，拓宽了我们了解信息革命对文化传播影响的视界。互联网正以其巨大的整合性与包容性将所有传播媒介交融荟萃成一个生动的人机界面，知识的生产活动开辟了一个以时空压缩与时空延伸并存的多元的全新场域。正是由于互联网，人类有史以来第一次把千千万万智慧的大脑串联起来，并使他们能够实时共享海量的人类思想文化成果，从而在既有智慧和知识水准的基础上进行新的生产实践与文化创造。

王爽在《互联网与文化生产变革》（载《学术论坛》2013 年第 12 期）一文中介绍了网络时代知识生产的基础理论，包括“合众传播”理论、“自媒体”理论、“蝴蝶效应”、“长尾理论”、“注意力”经济以及“免费”经济理论等。网络文化生产是指网民利用文化资源在网络经济和网络环境下进行的文化内容生产活动。这个定义需要注意四点：一是网络文化生产的主体不再局限于特定的文化工作者或群体，所有网民都是网络文化生产的主体。二是网络经济为网络文化生产提供了动力，网络环境为网络文化生产提供了氛围、技术和平台。三是网络文化生产的文化内容包括网络文学、网络视频、微博等。四是网络文化和传统文化一起成为当代文化生产的资源力。

（五）文化传播的效果

1. 文化传播力

朴晟佑在《新媒体对文化传播力的影响》（载《新闻传播》2016 年第 9 期）一文中分析了新媒体对传统文化的影响，展示了信息革命对文化传播效果的巨大作用。新媒体的快速发展为传统文化带来了历史性的发展机遇，在传统媒体日渐衰落、新媒体不断普及的形势下，传统文化得以在新媒体下进行广泛的传播。同时，在新媒体领域，传统文化的传播和投放更具目标性，可以根据目标受众的需求进行文化传播的准确定位，并对目标受众的职业、需求和兴趣进行分类，实现传统文化内容传播的定制，使观众接受与其需求相契合的文化传播内容，从而产生与传统文化的共鸣。新媒体还可以在最大程度上实现传统文化信息资源的互动传播，从而使传播方式更为宽泛，提升文化传播效果。

孙宜君、王建磊在《论新媒体对文化传播力的影响与提升》（载《当代传播》2012 年第 1 期）一文中探讨了新媒体对文化传播力的影响与提升。新媒体对文化传播力的影响主要表现为：第一，从社会信息系统的层面上讲，新媒体技术进一步改造和优化了文化传播系统。最突出的表现就是新媒体大大拓展了文化传播平台与渠道组合方式。当人类传播媒体从口语传播发展到新媒体传播阶段时，互联网、手机等从时间和空间两个维度不断突破原有的传播界限——新媒体技术已经无处不在，无时不显。而新旧媒体的优势互补与良性互动，更是创造了一种新的传播路径和传播范式，多种不同渠道的组合，极大提高了信息传播效果，使得社会信息资源的流通、开放、利用更为高效，而信息本身所裹挟的文化形态也能够以全覆盖、全时段的方式有效达到目标人群。尤其在全球一体化的进程中，文化的整合过程被大大加快，而各种新媒体则为大众文化搭建了“狂欢”广场和审美日常化的平台。第二，新媒体进一步更新了文化传播模式。新媒体技术给文化传播带来了更多的可能，最突出的作用是拓展和延伸了社会互动。传统和现实中的社会互动总是以一定的身份识别程序作为起点，而基于新媒体技术的社会互动则因其匿名性抛却了身份标识，打破了以往的身份局限。匿名性提供了普遍的安全感，也可视为一种保护机制，“诱使”人们真实地、直接地表达自己的看法与情感而不必有所戒备和躲闪，从而提高互动的质量和效率，不断增强社会的凝聚力、向心力和文化认同感。第三，新媒体创造出丰富多元的文化形式。新媒体在传播文化的同时也创造着各种新的文化艺术形式，建立新的文化秩序，甚至有些我们熟知的文化经过媒介技术表现和重新包装后，也需要人们重新定义、审视、理解和接受。第四，新媒体为多元文化对接和交流带来机遇。新媒体的交互性、界面友好性、操作便利性等特征，保证了其能够按照市场规律高效率地批量生产各种满足人们的信息和娱乐需求的文化形态。在此语境下，互动、参与、去中心化等理念深入人心，多元文化的碰撞、交流的频率和深度前所未有，本土文化不断更新，更普世的世界观、价值观在更大范围内达成共识。在文化全球化的格局下，新媒体以其形象直观的方式解读与表现文化，成为连接各种文化的桥梁。

孙宜君、王建磊进一步指出，新媒体逐渐形成了以图像为主导的后现代文化景观，视觉表达成为当今文化的突出显性特征。极具感染力和冲击力的视频图像，在创造多样的文化景观的同时，也使文化传播呈现出“碎片化”“分众化”“速食化”的消费特征。

2. 新文化传播格局的形成

明安香在《略论新世纪的全球传播格局》(载《现代传播(中国传媒大学学报)》2006 年第 6 期)一文中分析了信息革命对国际传播格局的影响。随着卫星电视和互联网等新技术和新媒介的兴起，一些发展中国家以较低成本和较少限制的可能性参与到了跨国界、跨地域的传播格局中来，或多或少地改变了超级大国和少数发达国家垄断全球传播、全球舆论的局面，全球传播格局出现了一极、多强和新兴传播国家多元并存的局面。这一传播格局中，美国这个超级传媒大国挟其在经济、政治、军事、科学技术、流行文化、传播媒介等诸多方面的超强优势，作为其他国家暂时无法企及的唯一的超强一极，仍然具有向全球进行新闻、文化、媒介传播和影响全球舆论的超强能力。而英国、中国、印度、日本等大国，则凭借各自的语言、文化、历史传统等优势，有能力在全球进行跨地域的新闻、文化、媒介传播，部分影响国际舆论，是新世纪全球传播格局中的跨区域文化语言传播大国。这些国家既多元并存，又不同程度地相互作用、相互影响，与过去个别国家处于支配地位、多数国家处于依附地位，少数国家处于核心位置、绝大多数国家处于边缘或半边缘位置的全球传播结构有所不同。

(六) 当代中国的文化共享

1. 文化共享的内涵

文化共享，是基于现代信息技术和国家网络通信平台，利用现代信息技术，将中华优秀文化进行数字化加工整合，通过互联网、卫星网、有线(数字)电视、移动通讯网、电子政务专网等多种传输渠道，并积极探索使用“三网”融合的网络电视、IPTV①、4G 等新兴技术手段，依托各级图书馆、文化站、文化室等公共文化基础设施，结合全国农村党员干部现代远程教育工作、农村中小学现代远程教育工程、广播电视村村通工程等，完善城乡公共服务体系，以实现先进数字文化在全国范围内的全民共建共享。王永友、史君在《“文化共享”理念的理论演进与实践逻辑》(载《南京社会科学》2016 年第 1 期)一文中指出，“文化共享”即在精神生活上实现共同进步、精神境界上实现共同提升、精神追求上实现共同发展，实现物质文明与精神文明协调共进。“文化共享”理念，既具有深刻的马克思主义理论基础，又在中国社会主义实践中不断演进，还将在全面建成小康社会的决胜阶段得以实践发展。

付秀荣、刘蕊萱在《“文化共享”何以可能》(载《中原文化研究》2018 年第 2 期)一文中指出，目前国内关于文化共享的概念主要使用在实践与理论两种语境中。一是用在“文化共享工程”的实践中。二是用在文化发展理论中，指作为文化与人的发展意义上的文化共享。理论意义上的文化共享不仅指共享文化的理念，也包括共享文化创造，通过体制机制创新引导人民群众投身于文化创造之中，通过坚持以人民为中心的文化创新原则，及时总结提炼和积极推广源于群众、生动鲜活的文化样式，体现人民群众是文化的创造者与享用者。文化共享这两种用法的顺序既是文化共享发展的时间顺序，也是文化共享演进的逻辑顺序。文化共享最早体现在如何将文化信息传播给更多受众的“文化共享工程”，推进“文化共享工程”的目的就是让全体中国人民共享文化发展成果，而共享文化发展成果的最根本体现就是实现全体人民在精神生活上的共同进步与同步提升，使物质与精神、肉体与灵魂协调发展。文化共享的主体不仅指处于弱势地位的农民，还应包括全体人民。文化共享的直接途径是共建、共享文化发展成果，其内在旨趣是实现人的全面而自由的发展。可见，文化共享既是一个实践问题，也是一个理论问题。

2. 文化共享的主体和内容

文化共享即在文化生活中实现发展共享、资源共享、成果共享等，促进物质文明和精神文明共同进步。在“文化共享”理念下推进我国的文化建设对于增强我们国家的文化自信、促进与其他国家的文化交流具有重要的意义。

李雪松、张立平在《简析“文化共享”理念下我国文化建设问题》(载《法制与社会》2018 年第 1 期)一文中指出，文化共享的主体，就是现实中的人。文化来自于实践，而实践的主体就是人民群众。人民群众的社会生产实践为文化的发展创造了前提和条件，文化共享来源于人民的日常生活实践。正是因为有了人民日常丰富的生产、生活等社会实践活动，才能创造出丰富的文化产品。“文化共享”的最终目的是实现人的自由而全面的发展。关于“文化共享”的内容，从马克思、恩格斯等经典作家的思想到习近平新时代中国特色社会主义思想中，都包含着“文化共享”的内容。

李雪松、张立平指出，马克思认为，要想实现人的全面而自由的发展，应该依靠教育和生产劳动，而不是分工劳动带来的人的片面发展，以使人们在政治、经济、文化、社会等方面都能共享发展成果。

① IPTV：交互式网络电视，是一种利用宽带网，集互联网、多媒体、通讯等技术于一体，向家庭用户提供包括数字电视在内的多种交互式服务的崭新技术。

李雪松、张立平进一步指出，实现“文化共享”，既要准确把握其理论基础，又要深刻认识“文化共享”理念的意义和实践，以人民群众为文化建设的主体，在文化共享下增强人民创作的意愿，提升创作能力，完善体制机制，在全面建成小康社会的攻坚阶段进一步促进我国的文化建设，在“文化共享”理念的指导下使更多人共享文化发展的成果。

3. 新技术与文化共享

李质洁在《网络时代的知识传播机制与特点——以维基百科为例》(载《青年记者》2014年第14期)一文中以维基百科为例介绍了网络时代的知识传播机制与特点。维基百科以开放、共享的理念吸引了大量的维客，实现了网络知识生产的创新。这主要体现在：第一，新技术使得传播手段更加便捷。维基百科以简洁的页面罗列词条内容，来自全球的浏览者只需连接网络便可获取维基百科上的知识，且随着移动互联网的发展，维基百科推出了移动客户端，用户在掌上即可查询维基百科上的知识。第二，传播主体平民化。维基百科使得受众不仅可自主选择自己乐于传播的内容，甚至能传播自主生产的内容。知识传播的权限不再是以用户的年龄、学历或职务等社会属性为依据，而取决于用户的主观能动性。同时，用户还可以对词条进行修订，进而实现了知识传播中的自我纠错。第三，传播过程跨越了时空。维基百科的传播过程，并不局限于封闭的时间段和有限的个体，其传播过程呈现出跨越时空的特点。维基百科不仅摆脱了物理场域的限制，使得生产和传播知识更为高效便捷，也通过虚拟社区的协作重组了维客们的关系。

李惠、黄玲燕、杨晓丽在《浅谈微博与知识共享》(载《教育科学论坛》2014年第29期)一文中指出微博对知识共享起到了促进作用。其原因主要有：第一，微博大大增加了知识共享的个体数量。微博具有庞大的用户群体，为信息的传播提供了一个良好平台，吸引了更多的微博用户加入信息传播、知识共享的行列。第二，微博使知识共享具备了即时性和随意性。随着移动互联网的发展，个体随时随地在微博上发布信息，用户也能以最快的速度了解到这些信息。快速的传播，使得信息的流通更加迅速。微博用户看到微博上发布的信息的同时，实现了知识共享。

童慧在《微信的传播学观照及其影响》(载《重庆社会科学》2013年第9期)一文中指出在微信传播中，用户乐意由信息接收者转变为信息传播者。除原始信息源以外，每个用户既是信息的终点，又是信息的起点。微信传播充分体现了基于Web2.0信息聚合与共享的原则：每个人都形成了自媒体，每个人都是信息的生产者和消费者，同时也形成了传播的通路。

熊忠辉、程刚在《微信的传播模式及其对舆论生态的影响》(载《新闻战线》2015年第5期)一文中认为微信的传播渠道更具私密性，这也使得其传播内容对私密性和公共性的兼容能力增强。人们可以热衷于“晒”私人生活，但为大多数人关注的资讯，因为微信群、朋友圈链接和传播的便利性和私密性，反而比大众传播时代具有更加强烈的公共属性。

(七) 传统文化的机遇

程亮、颜复萍在《新媒体时代传统文化的传播特征与对策探究》(载《中华文化论坛》2010年第4期)一文中分析了新媒体时代传统文化的传播特征并提出了发展对策。以宽带互联网络、手机为代表的新媒体不仅改变了人们获取信息的广度和深度，更改变着人们的交往习惯和社会参与方式。在这一背景下，传统文化的传播呈现出以下特点：

第一,虚拟性与公共性。新媒体出现后,由于传播的虚拟性和隐匿性,促进了文化的大发展大繁荣,传播的虚拟性淡化了人们性格、身份、年龄、地域等现实情况,使任何人在网络等新媒介上与人交流时都是在虚拟空间进行,使得网络把关人的作用日益弱化。另一方面,网民既可以通过搜索引擎或超链接方式随心所欲地获取信息,而且网络本质是一种技术形态,基于现实因素的考量,网络为公共领域的建构提供了一个很好的途径,并与中国经济、政治、社会的发展进步和公民素质的提高始终紧密联系。

第二,交互性和综合性。新媒体既传播了精英文化、大众文化和主流文化,人们又可以通过新媒体在 BBS、博客等上面发表自己的看法,并与不同意见和观点的人进行交流、发表言论,这种交互的方式使传播者享受"我言故我在"的生存快感。同时,网络激发了网民的想象力和创造力,越来越成为哈贝马斯所设想的"公共领域"。

第三,开放性和自由性。新媒体有着传统媒体无法比拟的便捷性,它的开放性和跨时空性使整个世界成为一个地球村落,如网络新媒体的交流是"人—机—人"的对话。但毕竟不是人与人面对面地直接对话,这样会使人过分依赖网络,导致现实生活中的交往障碍,更有人利用网络实施恶搞、欺诈等行为。新兴的互联网媒体具有高度自由性,相对传统媒体而言,互联网提供了低廉的个性化媒体制作的可能性,人人都可以在新媒体语境下成为信息的生产者和传播者,从而使得人类信息传播达到了前所未有的主体多样化局面。

程亮、颜复萍进一步指出,较之于传统媒体,新媒体不仅有了更多数字化的味道,也正在颠覆传统的传播方式。从博客到电子杂志,从播客到视频分享网站,从手机报到手机电视,新媒体传播景观的快速变化受到广泛关注。网络技术和数字技术的发展为我们传播和创新传播文化打开了各种融合的渠道。为此,应该做到:加强对传统文化遗产的保护和挖掘,在新媒体语境中打造民族文化精品,推动优秀传统文化积极主动占领新媒体空间,通过新媒体推动优秀中国文化走向世界。

王真慧、龙运荣在《网络时代民族文化保护与开发互动研究》(载《广西民族研究》2011年第 2 期)一文中指出信息革命推动人类进入了全球化传播时代,民族文化的发展受其影响,机遇和挑战并存。全球网络传播时代,信息传播超越了时间和空间的限制,信息传播的时间间隔缩小到即时,传播的范围扩展到全球。伴随着信息的全球化传播,民族文化呈现出以下几个鲜明特性:

第一,文化全球化。自 20 世纪 90 年代以来,以信息技术革命为中心的高新技术迅猛发展,不仅冲破了国界,而且缩小了各国和各地的距离,使世界经济越来越融为整体。目前,经济全球化已显示出强大的生命力,并对世界各国经济、政治、军事、社会、文化等所有方面,甚至包括思维方式等,都造成了巨大的冲击,文化的全球化传播也是大势所趋。

第二,文化"同质化"。全球化语境中的文化"同质化",针对的是全球文化趋同的现象和趋势:普世的文化价值取代文化个性,削弱文化的自主能力,使主流文化失去其赖以发挥作用的社会心理认同,逐步形成对各种地方文化和民族文化进行整合化一的、依赖于西方现代性的"全球文化",影响全面、广泛而深刻,影响到后发展国家的社会稳定、社会制度的发展演变以及民族文化特征的传承与发展,进一步,就会导致"经济上的依赖、社会意义上的归顺和文化上的替代"。

第三,文化美国化。当今文化的"同质化"在实质上就是文化美国化。20 年代 80 年代末,以美国为首的西方国家对中国的文化传播力度加大,甚至出现文化帝国主义现象,美国有意或无意地通过消费文化的输入和渗透，逐步实现了物质文化的趋同，并且政治文化和心理文化的趋同在不同程度和不同范围内也在加紧进行。在强大的以美国为首的西方发达国家的传媒攻击下，许多民族国家的文化正遭受前所未有的冲击，发生巨大的变迁，西方文化正在一步一步侵蚀着各民族文化。

第四，文化动态化。进入工业社会特别是信息社会以后，整个社会发展态势发生了急剧的变化。人员和资金流动频繁，信息传播异常迅速，社会竞争急剧加强，生活节奏日益快速，整个社会处在一种动态的、不安的变化之中，人类文化也处在一种动态变化之中。许多传统的民族文化因为其生态环境遭受破坏而消亡，新的文化形式日新月异，新词汇、新现象、流行语层出不穷。

第五，文化大众化。大众文化的最基本特征便是商品性和传媒依赖性，即它通过文化产品的大量生产和销售而进行。20 世纪 90 年代以降，技术发展使大众文化获得新水平的标准化、模式化，凭借建立在技术和资本优势基础上的稳定产品类型和高度垄断性，美国文化工业建立了大众文化的一种重要的“标准”。也就是说，美国大众文化代表了当代大众文化的“最高水平”或是一种“示范性样本”。在此基础上，美国大众文化得以垄断了当代大众文化的解读，并客观上代表着大众文化的“标准”和发展的“主流方向”。

针对民族文化面临的机遇与挑战，王真慧、龙运荣认为，要利用网络化信息传播手段来发展本国的民族文化，在接受国际性文化的同时将其融合为新的民族文化、地域文化。

石玉昌在《“云时代”下新媒体应用于民族文化传承研究》（载《民族论坛》2014 年第 11 期）一文中探讨了民族文化的传承如何应对云时代背景下移动互联网挑战的问题。“云时代”为少数民族传统文化传承创新提供了契机。首先，大数据时代的到来，少数民族文化可以通过采集、整理、加工，将传统文化进行数据化的管理和保存，以便于今后的管理、传播、教育。其次，物联网技术的发展也为少数民族文化的传承提供了机遇。在内陆少数民族，特别是总人口低于 10 万的民族，其文化在与他民族的融合和交往中，其特点已不是非常明显，更有甚者直接被他民族文化濡化。但是通过三维建模，将文化的形式和应用，通过传感的形式，让下一代能在相对真实的环境里切身感受，通过声、光、电等将网、物、人有机地连接成一张“网”，将特定时间、空间的文化以超时空的方式与相关信息和人进行交互、传输以及共享。再次，云计算技术的发展也为少数民族文化的传承提供了机遇。最后，随着手机的普及，移动互联技术应用于少数民族传统文化教育中，通过移动终端软件的开发和信息的生产，将少数民族传统文化通过手机推送的方式，通过微信、微博等大家喜闻乐见的方式进行文化传播和互动。

石玉昌进一步指出，在云时代的大背景下，将新媒体技术应用于民族文化传承具有可行性，可以通过搭建少数民族传统文化的“云平台”、建设少数民族文化数字博物馆等方式应对挑战，保护和促进少数民族文化的传承。

三、挑战与对策

（一）挑战

1. 网络对社会主义意识形态的冲击

张志辉在《信息网络化条件下的社会主义意识形态建设》（载《社会科学家》2009 年第 9

期)一文中分析了信息网络的发展对社会主义意识形态带来的机遇与挑战。信息革命在拓展社会主义意识形态的传播空间、开辟民意表达和“参政议政”的新渠道、增强思想政治教育工作的实效性等方面产生积极作用的同时,也给我国的意识形态安全带来了巨大的挑战和冲击,主要表现在:一是西方国家在信息领域的霸权地位,对我国主流意识形态安全构成严重威胁。二是信息网络成为敌对势力对我国进行意识形态渗透的重要工具和武器。三是网络意识形态的多元对社会主义核心价值体系的主导地位构成严峻挑战。四是信息网络化使社会主义意识形态的传播理念受到挑战。

2. 网络文化安全

万希平等人在《“互联网+”时代网络文化安全研究》(196 页,天津:天津人民出版社,2016 年)一书中指出,相较于各发达国家,我国面临的网络文化安全形势十分严峻。一方面是在网络文化安全领域,别国给我们施加的压力越来越大,我国面临的来自国外的网络攻击不断增多,网络安全形势越来越严峻。另一方面,我国的信息化基础装备比较落后,安全保障能力还有待加强,国家网络文化安全战略和全局统筹的机制尚有待完善。

徐龙福、邓永发在《社会信息化发展的网络文化安全》(载《江汉论坛》2010 年第 11 期)一文中指出,在当今社会信息化、文化全球化的时代背景下,我国网络文化安全问题日益突出,要多管齐下综合治理以建立中国特色的网络文化。以网络信息技术为支撑的网络文化,由于具有高度无序化、难控制、“无政府”、“自由化”的特点,往往容易带来文化多样性危机、信息污染危机和文化结构危机,容易诱发重大的网络文化安全事件,严重阻碍了网络文化的健康发展,甚至成为现代社会的新公害。当前我国面临的网络文化安全问题主要表现为:渗透性安全威胁、变异性安全威胁、侵害性安全威胁、腐蚀性安全威胁和破坏性安全威胁等方面。

高玉昆在《文化安全视阈中汉字安全的潜在危机》(载《国际安全研究》2015 年第 3 期)一文中分析了当前汉字安全存在的危机,为我们维护文化安全提供了借鉴。汉字安全是保障中国文化安全的重要元素,汉字体系一旦变异或者消亡,也就谈不上中华文化的存在或延续。

高玉昆指出,汉字安全面临的危机首先是外源性的。随着全球化信息化进程的深入发展,英语字母缩略词(或简称“字母词”)在中国大众媒体里蜂拥而现,也同时渗透到社会文化生活的各个层面,不分专业、不管对象、不分场合、不作翻译、不加注释,被过度使用,并呈迅速扩张之势,使汉字系统趋于失去纯洁性和稳定性,并给广大民众带来了不便,成为汉字安全的外源性风险因素。另一方面,英文就是凭借其自身的语言文字强势,以使他人信服而自愿跟随的“软实力”,对中国汉字安全形成强大的冲击,大有文字上的“同质化”之势,逐渐在语言文字领域吞噬中华文化的重要元素——汉字体系,实现所谓的“文化上的替代”。

高玉昆进一步指出,除了外源性危机,汉字安全在中华民族内部的认同以及传承上也遇到了潜在的危机。一是汉字简繁字形不统一、国人提笔忘字以及滥用不雅汉字,构成了汉字安全的内源性风险。二是随着科技的发展和手机、互联网的普及,由于电脑键盘打字的流行,汉字书写由持笔变为大部分由电脑输入来完成,又因为“外语热”以及影像文化盛行等因素的冲击,造成了国人提笔忘字,汉字手写能力急剧下降,汉字书写“渐行渐远”,出现了数典忘祖的“新文盲”,给汉字安全带来巨大的冲击,电脑被称为“手写体的诅咒”。

3. 文化殖民主义与网络霸权

王霞在《从美剧在中国的传播看美国文化殖民主义》(载《电影评介》2010 年第 7 期)一文中介绍了网络时代美国利用美剧推行文化殖民主义的伎俩。网络的发展，使国家边界形同虚设。在全球化的背景下，网络日益成为美国文化扩张的“制高点”和推行殖民主义的强力工具。

王霞指出，美剧在内容上充满了个人英雄主义、肆意渲染物质享乐主义、不断地显示美国国力以博取观众对美国的向往。中国的观众特别是很多年轻人生活方式、思维方式、行为方式、价值观念不断受到侵蚀，本土文化、民族传统受到了极大影响。

张其学在《媒介帝国主义：文化霸权主义的当代形态》(载《南京社会科学》2004 年第 10 期)一文中分析了网络背景下文化霸权主义的新表现。媒介帝国主义作为文化霸权主义的当代形态，不断地随着文化传媒形式的发展而变换着样式。互联网的蓬勃发展，为以美国为代表的西方国家推行新的文化霸权政策提供了数字化平台。对于熟悉传媒力量和通过传媒推销其价值观和文化产品的西方国家来说，全球无障的网络连接更是其推行文化霸权主义的上佳利器。互联网的构造方式是由美国人设计并符合美国文化的特点，英语是互联网上的主流语言，网络上流动的信息主要来自美国。因此，它实际上也就要求任何一个入网者必须学会美国的语言，适应美国式的思维方式和熟悉美国的文化。由于网络文化背后，渗透着政治、军事、经济利益，在知识经济、网络化支撑的当今全球化时代，美国又兼备经济、军事和网络大国的“单极”“超霸”地位，在此情况下，全球网络化的过程更像是美国文化的全球化过程。这种文化的全球化带有浓厚的“西风压倒东风”式的、泯灭文化多样性的文化霸权主义、文化殖民主义色彩。

杜雁芸在《美国网络霸权实现的路径分析》(载《太平洋学报》2016 年第 2 期)一文中通过分析揭示了美国推行网络霸权主义的路径。在意识形态领域的网络扩张和霸权护持主要表现为：其一，推广价值观进行意识形态渗透。随着互联网的蓬勃发展，美国等西方国家以互联网为平台，通过社交网站 Facebook、Twitter、视频共享网站 YouTube 和图片共享网站 Flicker 等平台大力宣扬美化西方价值观，并推广西方政治模式，将互联网当作其海外推进民主的重要工具。其二，引导政治舆论干预他国内政。美国运用“网络自由”战略引导他国社会舆论、干涉他国内政。该战略延续了互相渗透、对抗、颠覆的冷战思维，这也表明美国政府对互联网应用的定位已经超越技术领先、技术垄断和技术控制的层面，使之进一步成为政治渗透、和平演变的意识形态工具。

(二) 对策

针对当前我国文化安全面临的复杂形势及其出现的问题，学者们各抒己见提出了针对性的建议，主要体现在以下诸方面：

1. 加强监管，建立文化安全审查机制

万希平等人在《“互联网+”时代网络文化安全研究》(197 页，天津：天津人民出版社，2016)一书中指出，当前中国的网络文化安全战略的核心是繁荣和发展网络文化，基础是推动信息网络技术及信息技术产业发展和创新、加强人才培养，防线是完善网络文化监管体系，另外还需要统筹战略顶层设计，调动全社会力量参与，同时加强国际交流与合作。

张仁汉在《视听新媒体协同监管体系建设研究——以国家文化安全为视角》(载《社会科学战线》2016 年第 6 期)一文中指出，随着新媒体技术的广泛运用，视听新媒体已经成为人们日常生活的重要部分，而对文化安全的监管中却存在虚监、漏监、滥监等诸多监管不到位的现象。针对新媒体时代给国家文化安全带来的隐患，应有针对性地进行制度创新，主要措施有：第一，调适视听新媒体监管体制。针对当前视听新媒体领域出现的碎片化监管模式，我国不仅还要继续强化“条块”监管模式，同时需要更加强化行业主管部门之间的跨部门协同监管，着力构建一种“条块监管”与“协同监管”相结合的监管体制，从而形成“齐抓共管”的监管格局。第二，完善视听新媒体监管法制。一方面要提升法制级别和健全法制类别；另一方面，要拓宽监管法制的内涵与外延。

刘志明在《维护国家文化安全亟需健全文化安全审查制度》(载《湖南社会科学》2018 年第 2 期)一文中指出，我国文化安全尤其是意识形态安全正面临严峻复杂的新形势，而我国的文化安全审查制度建设还很不到位，存在不少突出问题。在这种情况下，我们亟需健全文化安全审查制度，以维护国家文化安全和促进文化的大发展大繁荣。在开展文化安全审查时，应遵循以下基本原则：第一，坚持党的领导原则。党总揽全局、协调各方的领导核心作用是确保文化安全审查工作卓有成效的根本保证。第二，坚持依法依规原则。文化安全审查工作应当遵守宪法和法律，法无规定不可为。不仅审查主体实施审查行为要依法依规进行，而且被审对象的法律法规赋予的权利必须得到保障。第三，坚持综合协调原则。文化安全审查专门机构要贯彻文化总体安全观，以解决文化安全审查工作“缺位”“越位”和文化市场执法难的问题为着眼点，统筹协调各审查主体联合行动、区域协作、条块协作，形成审查合力，实现包括文化核心层、外围层和相关层产品和服务在内的文化安全的审查对象不留死角，审查过程全覆盖，无缝对接。第四，坚持事前、事中、事后审查有机结合原则。要转变审查理念，坚决摒弃那种认为只要通过前置审查的就是“好人”的观点，实现文化安全审查从“选好人”到“抓坏人”的转变。第五，坚持自律审查、自我审查与外部审查有机结合的原则。第六，坚持专门审查工作与群众路线相结合的原则。要充分发挥专门审查机关和其他有关机关维护国家文化安全的职能作用，同时也要广泛动员公民和社会组织参与文化安全审查工作。

2. 健全文化安全法制建设

胡惠林等人在《国家文化安全研究导论》(275 页，上海：上海人民出版社，2013)一书中对互联网自由引发的社会问题提出了自己的对策。互联网对原有社会秩序的冲击因技术而起，所以用技术对抗技术既是最直接的办法，又为其他手段的可行性与有效性筑起了最后一道篱笆。但监管技术与反监管技术的发展都是无止境的，技术手段无法从根本上解决问题。互联网自由所引发的问题从根本上讲是社会属性的，所以有效的社会控制就成为另外一种选择。社会控制主要有两条途径，即法律和行政途径。

胡惠林在《国家文化安全法制建设：国家政治安全实现的根本保障——关于国家文化安全法制建设若干问题的思考》(《载思想战线》2016 年第 5 期)一文中指出，在全球化快速变化的时代，国家文化安全不可能长期依赖于政策保护，必须立足于全面的国家文化安全法制体系建设，以国家文化安全法制体系构建国家文化安全的战略空间，为国家政治安全实现提供根本保障。

胡惠林进一步指出，要从以下几个方面加强文化安全法制建设：第一，要构建文化安全建设的指导思想，即以总体国家安全观为指导，以《国家安全法》为依据，把文化安全作为国策和战略贯穿到我国文化立法的全部议题当中，构建国家文化安全法制体系。第二，要制定新法，核心是制定《中华人民共和国文化法》（或曰《国家文化基本法》），为我国文化建设与发展、公民文化权利和义务、国家文化安全提供完整的法律依据。第三，提升旧规，将现行执行多年的文化行政规章，完善升格为国家文化法律。对我国现有的已经实施多年的《电影管理条例》《广播电视管理条例》《出版管理条例》《演出管理条例》《音像制品管理条例》和《印刷业管理条例》等国务院行政规章，根据发展了的实践、积累的经验和维护国家文化安全的需要，进行修订、充实、提高、完善，统一升格为国家文化法律。以此为基础，构建维护国家文化安全所必须的文化法律体系。第四，建立新秩，理顺不同层级间的文化法律关系，建立科学的国家文化安全法律制度和体系。注意中央立法和地方立法的互补性，避免重复立法，提高法律适用实效。对于效力层级不一的各类文化单行法，应依据宪法和《中华人民共和国立法法》的规定，处理好上位法与下位法之间、法律与法规、规章之间的统一协调问题。

胡惠林还进一步指出，应当特别重视制定处理国际文化安全事务的国家文化安全法，从而使我国在国际文化安全战略博弈中有法可依，切实维护国家文化安全利益。

3. *构建中国的话语权*

张学亮、王永友在《国家意识形态安全视阈下中国话语国际表达论析》（载《云南民族大学学报（哲学社会科学版）》2018 年第 3 期）一文中从话语表达的角度分析了当下我国维护文化安全的路径。张学亮、王永友指出，当下中国话语国际表达面临着“西强我弱”的话语格局，存在“话语贫困”的现实问题，呈现“表达滞后”的客观情况。从维护国家意识形态安全的高度，重视中国话语的国际表达，要善于打造融通中外的普适性新话语，构建中国话语国际表达的主体合力，创新中国话语国际表达的传播形式。具体表现在：第一，善于打造融通中外的普适性新话语，抢占话语制高点，增强维护国家意识形态安全的主动性。为此我们要在坚持文化自信的基础上汲取世界先进思想文化，要在国际交流交往中寻求并扩大利益共同点，还要在面向国际视野下开展哲学社会科学研究。第二，构建中国话语国际表达的主体合力，汇聚主体话语力量，增强维护国家意识形态安全的自觉性。为此，我们要增强全民的国际话语表达自觉，要增强媒体人的国际话语表达自觉，要增强全球华侨华人的国际话语表达自觉。第三，创新中国话语国际表达的传播方式，遵循话语传播规律，增强维护国家意识形态安全的实效性。中国话语国际表达不仅要解决“谁来表达”“表达什么”的问题，关键是要解决“如何表达”的问题。伴随着中国的日益强大，国际上各种敌视或诋毁中国的声音此起彼伏，西方国家针对中国的意识形态渗透方式也更加多样。为让世界认识真实的、立体的和全面的中国，必须在中国话语表达方式方法上下功夫。只有使国际话语表达既深入浅出，又生动有趣，才能让国际社会听得懂、听得进。

周耀宏在《新媒体场域下社会主义意识形态话语权的建构》（载《理论探讨》2017 年第 2 期）一文中指出，新媒体场域下我国的社会主义意识形态话语权面临着新的时代境遇，我们必须认真分析研判，制定对策，在同国内外各种社会思潮的舆论斗争中，增强说服力，争取主动权，确立话语权。具体体现在以下方面：第一，推动社会主义意识形态话语体系的创新发展。在新媒体场域下意识形态话语权争夺中，尽管技术因素的影响力和作用力越来越大，但主流意识形态的科学性和真理性才是决定性因素。在新媒体场域下，加强中国社会主义意识形态话语权建设是当前的首要任务，推动社会主义意识形态话语体系创新是掌握和控制意识形态话语权的根本，是加强中国意识形态话语权建设的第一要务。第二，推进社会主义意识形态话语表达的时代转型。新媒体场域下，加强和改进我国社会主义意识形态话语权建设，就必须实现社会主义意识形态话语表达的时代转型，顺应时代发展和应对社会主义意识形态面临的现实挑战，大力推进主流意识形态话语表达方式的时代转换，在尊重并遵循新媒体发展规律的前提下，逐步实现社会主义意识形态话语表达的生活化、时代化和现代化，以不断提升社会主义主流意识形态话语表达的引导力、吸引力和话语魅力，不断增强社会主义意识形态话语权。第三，提升社会主义意识形态话语的国际传播能力。新媒体时代条件下，社会主义意识形态话语对外传播状况关乎我国在国际社会的形象，关系到社会主义在全世界的传播和认同。扩大社会主义意识形态话语的国际影响力是我国意识形态话语体系建设的重要内容和发展目标，也是主动应对意识形态话语挑战的战略举措。

聂筱谕在《西方的控制操纵与中国的突围破局——基于全媒体时代意识形态话语权争夺的审视》(载《世界经济与政治论坛》2014 年第 3 期)一文中分析了全媒体时代中国主流意识形态话语权的挑战和应对之策。聂筱谕指出，在全媒体时代建设中国意识形态的话语权要做到：第一，通过“固本”，创新发展马克思主义意识形态，不断巩固马克思主义意识形态主导地位。第二，通过“转型”，实现主流意识形态话语表达的全媒体方式变换。第三，通过“突围”，拓展中国意识形态话语的国际影响力。

周银珍在《国际情怀与担当：“人类命运共同体”建构中国国际话语权》(载《宁夏社会科学》2018 年第 1 期)一文中指出，习近平总书记的“人类命运共同体”思想符合人类社会发展的规律和全球化潮流，合历史之法、合时代之情、合现实之需、合未来之理。“人类命运共同体”为人类社会共同发展提供了新的理念，引起国际社会共鸣。它超越西方“强国必霸”的传统逻辑，继承古“命运共同体”的文明精华，消解西方话语霸权，建构历史话语权。面临国际严峻的挑战，“人类命运共同体”科学地设置国际热点议题，树立负责任的大国形象，为全球治理注入“合作共赢”的新理念，构建融通中外价值观的话语体系，其核心思想和现实实践活动引起国际社会的认同，建构了中国国际话语权。

教学设计

设计一：从《汉字听写大会》看传统文化在互联网冲击下的突围

设计意图

在互联网时代，传统文化面临着极大的冲击。如何应对这一挑战，帮助学生认识到传统文化的优秀，自觉地抵制外国的文化侵略，树立民族的自尊心和自信心是本课难点。

本教学设计以《中国汉字听写大会》的传播为切入点，引导学生认识只有主动创新适应互联网时代的需要，才能使传统文化焕发出生机。设计教学活动，举办本班级的“汉字听写大会”来激发学生学习的兴趣，认识到汉字之美，在润物细无声中渗透进家国情怀。

设计方案

材料一

——沈梦尔：《学"真经"致力于"中国造"——比较美国拼字大赛和首届〈中国汉字听写大会〉》，载《视听界》2014 年第 1 期

教师设问： 同学们知道这是什么电视节目吗？大家喜欢看吗？你们是通过哪些途径观看这一节目的？

教师讲述： 这是《中国汉字听写大会》，有的同学是通过电视观看的节目，但是大部分同学是通过互联网观看的节目。作为一档电视节目，在互联网上也非常受欢迎。

材料二 该节目自 2013 年 8 月 2 日在央视科教频道(CCTV—10)播出后，社会关注度和收视率双双走高。首期节目播出后，"中国汉字听写大会"在百度的搜索结果就达到 42 万 5 千余条，迅速登顶微博话题"热门榜"，点击率超过 18 万余次，网友参与话题、留言、转发共计 2 万 7 千余条。

——文卫华：《电视节目的价值引领与形态创新——〈中国汉字听写大会〉热播的启示》，载《中国电视》2013 年第 10 期

材料三 电视媒体和新兴媒体之间并不存在简单的竞争关系，网络、手机等新兴媒体传播速度快，传播范围广，传播形式灵活，同时也显示出较强的互动性和参与性。汉听大会充分发挥新兴媒体的优势，制作官网主页，设置微博、微信，联合搜狗拼音网站发布"冰封词语"，延展了电视传播的维度，更新了文化传播的理念。

——石琳：《传承民族文化，引领价值传播——〈中国汉字听写大会〉的文化传播启示》，载《中华文化论坛》2015 年第 4 期

教师设问： 这档电视节目无论是在电视网络还是在互联网上都非常的火爆，其火爆的原因有哪些呢？(参考答案：汉字本身的魅力；通过创新、利用多种媒体的优势等)

教师讲述： 这档电视节目能够在娱乐当道的时下突围而出着实不易。其之所以能够取

得成功，成为一档“现象级”节目，其蕴含的内在价值值得我们思考。这档节目首先定位准确，作为一档文化节目，其兼顾广大的受众群体，以“去专业化”实现了专业知识和娱乐时尚的有机结合，激发了观众的观看兴趣。在传播领域，这档节目充分发挥新兴媒体的优势，拓延了电视传播的维度，维持了节目的热度。

材料四 随着科技的发展和手机、互联网的普及，由于电脑键盘打字的流行，汉字书写由持笔变为大部分由电脑输入来完成，又因为“外语热”以及影像文化盛行等因素的冲击，造成了国人提笔忘字，汉字手写能力急剧下降，汉字书写“渐行渐远”，出现了数典忘祖的“新文盲”，给汉字安全带来巨大的冲击，电脑被称为“手写体的诅咒”。

——高玉昆：《文化安全视阈中汉字安全的潜在危机》，载《国际安全研究》2015 年第 3 期

教师设问：这档电视节目诞生的原因有哪些？（参考答案：互联网等冲击了文字书写，汉字安全遇到了严重的挑战等）

教师讲述：当前汉字安全最主要的挑战是外部性的。随着全球化、信息化进程的深入发展，英语字母缩略词（或简称“字母词”）在中国大众媒体里蜂拥而现，也同时渗透到社会文化生活的各个层面，不分专业、不管对象、不分场合、不作翻译、不加注释，被过度使用，并呈迅速扩张之势，使汉字系统趋于失去纯洁性和稳定性，并给广大民众带来了不便，对汉字安全形成外源性风险。另一方面，英文就是凭借其自身的语言文字强势，以使他人信服而自愿跟随的“软实力”，对中国汉字安全形成强大的冲击，大有文字上的“同质化”之势，逐渐在语言文字领域吞噬中华文化的重要元素——汉字体系，实现所谓的“文化上的替代”。

材料五 青年学生对于《中国汉字听写大会》节目的看法

	人数	比例
能促进我国汉语言文化发展	60	60%
节目炒作，为了提高收视率	30	30%
不关心	10	10%

——周汝萍：《浅析〈中国汉字听写大会〉节目对传统文化的影响》，载《当代电视》2014 年第 1 期

材料六 一代人均有一代人的“新媒体”，每个群体也有每个群体的“新媒体文化”。……《中国汉字听写大会》是否可以在新媒体时代实现“全媒体传播”？如何让节目品牌的力量可以通过“跨界”的跨文化传播达到最大化，这需要研究已经形成的两季《中国汉字听写大会》在新媒体平台上的“大数据”，通过“数据挖掘”和深度解析，找到《中国汉字听写大会》的“全媒体延伸”之路。在这一过程中，我们需要有切实打破“以电视传播为主体”的惰性与惯性思维，实现全媒体与电视的真正融合。

——肖航、洪丽娟：《“软传播”思维下的〈中国汉字听写大会〉创新路径》，载《现代传播》2015 年 03 期

教师设问：从《中国汉字听写大会》的成功你能得到哪些启示？（参考答案：发挥多种媒体的优势，实现全媒体与电视的真正融合等）

教师引导学生小结：汉字作为当今世界上存在时间最长的文字，在互联网时代也不可避免地面临着严重的挑战。面对挑战我们不应该自怨自艾，抱残守缺，而是应该主动求变，研究利用新技术的优势，发挥民族文化中的优秀成分，才能在时代大潮中立于不败之地。

活动设计：班级汉字听写大会，学生听写并讲解汉字的内在意蕴，如"美"等字。

设计二：交流合作、互鉴共享——以《美丽中国》的传播为例

设计意图

互联网的发展为优秀文化的发展和传播带来了契机。抓住这一契机，促进中国文化在更广范围内传播，为人类文化共享贡献中国智慧和中国力量是时代赋予中国文化的责任和使命。如何引导学生认识到互联网代表的信息技术对文化传播和文化共享带来的深远影响是教学的重点和难点。

本教学设计以纪录片《美丽中国》的传播为例，探讨中国文化利用先进的技术手段，通过交流合作，展现中国的美，实现美的共享，增强学生的民族自尊心和自信心，涵养家国情怀。

设计方案

材料一：

《美丽中国》海报

——豆瓣网：https://movie.douban.com/photos/photo/1686766086/#title-anchor

教师讲述：《美丽中国》是一部由中国中央电视台和英国广播公司联合制作的有关中国主题的系列人文自然类纪录片，包括锦绣华南、云翔天边、神奇高原、长城之外、沃土中原和潮涌海岸等六部分。

材料二

Wild China 在 BBC2 台首播收视率

Wild China	一周收视率排名	收视人数(百万)	收视率
Heart of the Dragon	TOP. 4(2008. 05. 11)	2. 55	11. 0%
Shangri—La	TOP. 4(2008. 05. 18)	2. 57	10. 6%
Tibet	TOP. 4(2008. 05. 25)	2. 88	12. 0%
Beyond the Great Wall	TOP. 6(2008. 06. 01)	3. 23	13. 7%
Land of the Panda	TOP. 6(2008. 06. 08)	3. 19	13. 3%
Tides of Change	TOP. 8(2008. 06. 15)	2. 52	10. 0%

——谢稚、孙茜:《跨文化传播中文化差异、受众接受度与传播效果——以中英合作纪录片 BBC *Wild China* 和 CCTV〈美丽中国〉为例》,载《现代传播》2013 年第 10 期

教师设问:通过表格你得到了哪些信息?(参考答案:《美丽中国》收视率比较高,获得了英国观众的欢迎等)

教师讲述:作为一部反映中国主题的纪录片却获得了英国观众的青睐,可以说《美丽中国》取得了一定的成功。毕竟长期以来,西方国家对中国一直存在着一定的偏见。

材料三 在整部片中,没有清晰的人物对白,没有完整的故事情节,只能借助视觉语言和影像展示自然风光。片中每一个场景和情节都蕴含了丰富的人文精神——草原上的驯鹿、迁徙的候鸟、深山里的猴群、岩洞里的蝙蝠、珍贵的冬虫夏草、香飘四溢的山茶花……

——徐艳丽:《跨文化传播中纪录片"走出去"的传播策略研究——以自然环境类纪录片〈美丽中国〉为例》,载《出版广角》2018 年第 19 期

材料四 正如 BBC 自己所言:"中国在迎来奥运会之际将被人们注视,Wild China 是 BBC 式的集电视、广播、网络在线于一身的大拼盘节目中的一部分,这些节目汇集着 BBC 强悍的技术、专业知识,全球网站将以此聚焦中国,并为中国建立档案。"

——冯欣:《〈美丽中国〉全案研究》,载《中国电视(纪录)》2012 年第 8 期

材料五 《美丽中国》这部至今还没有在国内荧屏上正式播出的系列纪录片,却以精美的画面、震撼的场景及 BBC 的品牌标签赢得了网民群体的热议,并带动了对这一 BBC 版权纪录片的广泛下载,可谓是未映先红。本片中文版权的拥有者中视传媒一直寻找在央视播出的最佳时机,在网民热烈声浪的鼓动下,登录中国电视荧屏的时日应该不远。

——张佰明:《善用品牌杠杆,超越〈美丽中国〉——中国纪录片走向世界的路径选择》,载《中国电视(纪录)》2009 年第 12 期

教师设问:纪录片《美丽中国》能在大范围内传播并深受观众青睐的因素有哪些?(参考答案:内容方面展示了中国的自然和人文之美;采用了新技术,制作精美;利用互联网等传播手段)

教师引导学生分析:《美丽中国》之所以能够广泛传播,最主要的原因是中国不但具有良好的自然环境,更关键是中国文化蕴含着天人合一、人与自然和谐相处等人文之美,而这种人文之美恰恰是整个人类的价值追求。互联网时代,《美丽中国》的拍摄和传播充分利用

了新技术手段，为中国之美的传播，为中国之美被全人类所认识和共享提供了强大的助力。

材料六 中英合拍的这部纪录片《美丽中国》(Wild China)既探索了商业化发展的道路，又无形中解决了文化差异造成的受众接受度较低的问题。它的传播方式使得跨文化传播有了新的途径——站在他国文化背景上，用自身文化阐述和理解他国文化，并予以传播。

——谢稚、孙茜：《跨文化传播中文化差异、受众接受度与传播效果——以中英合作纪录片 BBC Wild China 和 CCTV〈美丽中国〉为例》，载《现代传播》2013 年第 10 期

材料七 ……中视传媒和 BBC 在“善意、客观、公正”的合作基点上，力图通过双方的共同努力，来反映人类共有的价值观，这既是此次合作成功的基本原则，也应该是未来中国寻求更大规模、更广范围合作的指导思想。

——张佰明：《善用品牌杠杆，超越〈美丽中国〉——中国纪录片走向世界的路径选择》，载《中国电视(纪录)》2009 年第 12 期

材料八 中国主题纪录片创作要反映中国悠久的历史文化、优美的自然地理，更重要的是要蕴含中国价值观和时代主旋律，关注具体可感的中国人、中国事、中国物，激起中外观众的共鸣，传播国际社会普遍接受和认可的真善美的共通价值观念，传播中国新时代人文精神，塑造全新的现代化国家形象。例如，纪录片《美丽中国》就体现了中国自古以来人和自然“天人合一”和谐共处的观念。

——刘晶、陈世华：《“讲好中国故事”：纪录片的“中国叙事”研究》，载《现代传播》2017 年第 3 期

教师设问：综合上述材料，谈谈互联网时代应如何讲好中国的故事，实现优秀文化的共享？(参考答案：发挥互联网的作用；交流合作，互鉴共享等)

教师引导学生分析：“酒香也怕巷子深！”从《美丽中国》的制作、传播可以看出，优秀文化除了自身要有深刻的内涵和底蕴，能够代表人类的共同价值取向外，在互联网时代，还要充分利用新技术手段，发挥互联网对文化传播的巨大影响力。在这个互联互通的时代，我们要立足国情，合作交流，在世界舞台上发出中国的声音，让中国智慧为全人类所共享。

教学资源

资源 1：第三次浪潮

今天，第三次浪潮急剧地改变这种状况。社会变革的加速，相应地促进了人们思想的变革。新的信息影响，不断地迫使我们尽快地修正脑子里储存的形象。以过去现实为基础的旧形象必须替换掉，否则，我们就会脱离现实，就会在竞争中越来越软弱无力，就会感到无法应付生存。

我们头脑中形象形成过程的加速，意味着形象在头脑中停留的时间越来越短暂。欣赏过随即丢弃的艺术，独幕场景喜剧，帕拉奥依德快照，静电复印品，“随意”书画均闪现即逝。飞进我们头脑的思想、信念、观点每天都受到挑战和对抗，然后又突然消失得无影无踪。科学理论，心理学说每天在被推翻，被取而代之。思想崩溃了。名人象秋风扫落叶在我们意识中一闪而过，互相矛盾的政治和道德的口号，不断向我们袭来。

要理解这一切变幻不定的现象，以及确切地了解形象形成过程的变化是困难的。因为

第三次浪潮不仅简单地加速了信息流动，而且还深刻地改变了我们赖以日常行动和处世的信息结构。

——[美]阿尔温·托夫勒著，朱志焱、潘琪、张炎译：《第三次浪潮》，北京：生活·读书·新知三联书店，1983年，第217页

资源2：新媒体与传统媒体的界定

"媒体"一词来源于拉丁语"Medium"，音译为媒介。在古汉语中，"媒介"一词最早见于《旧唐书·张行成传》，书中提及："观古今用人，必因媒介"，这里的"媒介"指的是发生相互关系的人或事物。现代汉语中，媒介指的是能使人与人、人与事物或事物与事物之间产生联系或发生关系的物质。20世纪著名媒介理论家马歇尔·麦克卢汉认为媒介是人体和人脑的延伸，媒介即技术可以是人的任何延伸。媒体是传播信息的媒介，它是人用来传递信息与获取信息的工具、渠道、载体、中介物或技术手段，亦可将媒体看作实现信息从信源到信宿的一切技术手段。媒体不仅包括承载信息的物体，也指储存、呈现、处理、传递信息的实体。1967年，美国哥伦比亚广播电视网技术研究所所长P.高尔德马克首次提出新媒体概念，其将"电子录像"称为"NewMedia"（新媒体）。随后，美国传播政策总统特别委员主席E.罗斯托在向总统提交的报告书中也多次提及"NewMedia"，"新媒体"一词方广为人知。那么，究竟什么是新媒体？美国《连线》杂志认为新媒体是"所有人对所有人的传播"。我国学者熊澄宇认为"新媒体是一个相对的概念，'新'相对'旧'而言。从媒体发生和发展的过程当中，我们可以看到新媒体是伴随着媒体发生和发展在不断变化。广播相对报纸是新媒体，电视相对广播是新媒体，网络相对电视是新媒体。今天我们所说的新媒体通常是指在计算机信息处理技术基础之上出现和影响的媒体形态。"[①]事实上，如果以时间为维度，每一次媒介技术变革都会带来所谓的"新媒体"。不仅新的技术变革和物质形态变化可以产生新媒体，新的软件开发、新的信息服务方式推出均可视为一种新媒体诞生。[②] 而以技术为维度，新媒体则是以数字信息技术为基础，以互联网络为载体的媒介，它的信息流动不依靠物质实体，信息物质门槛彻底消失。

本文认为，新媒体是建立在数字技术和网络技术基础之上以多种媒介为信息呈现方式，具有全天候和全覆盖性特征，在技术、运营、产品、服务等商业模式上具有创新性且边界不断呈现出媒介融合趋势的技术手段。传统媒介主要指报纸、杂志、书籍等印刷媒体和广播、电视、电影等电子媒体，它以大众传播为方式，通过某种机械装置定期向社会公众发布信息或提供教育娱乐的交流活动。传统媒介在大众认知程度、信誉、品牌、权威性等方面具有独特的优势，"作为具有一定历史价值的媒体，也有新媒体无法磨灭的特性"，其以"长久的发展积累、自身发展体制的完善和成熟优秀的文化本质，从而获得一定的发展"[③]。

——凌小萍、邓伯军：《新媒体与传统媒介的比较与融合》，载《理论月刊》2015年第4期

---

① 熊澄宇：《新媒体与文化产业》，http://media.people.com.cn/GB/35928/36353/3160168.html。

② 宫承波：《新媒体概论》，北京：中国广播电视出版社，2011年，第3页。

③ 宋婷：《新媒体与传统媒介之间的竞争与融合》，载《新闻传播》2013年第3期。

资源 3：新媒体影响传播方式

媒体传播方式的发展经历了人际传播、大众传播、分众传播、交互传播到遥在和沉浸的发展历程。目前以互联网为代表的新媒体形态是交互传播的典型。

互联网的出现使人与人之间的沟通摆脱了时间和地域的限制，信息的传播更加便捷和高效。Web2.0 的兴起使原来的人机互动变成了人与人之间的交互传播，复合型的传播模式代替了单一的传播路径和平台，以互动性、即时性为特点的微博等开放型信息传播平台的出现颠覆了信息传播的传统路径。

在结构上，微博是“所有人面向所有人”的多元非线性结构，这有利于用户之间的互动式表达。在传播方式上，它糅合了传统的人际传播、群体传播、组织传播和大众传播等多种传播模式，并通过用户之间的关注、评论、转发等功能实现交互传播，相互影响。微博在中国已经成了几千万人获取信息和人际交往的主要平台。人们通过微博传递、关注最新的社会事件，表达、交流自己的观点和意见，并根据兴趣点构成和变换不同的社交群体。除个人用户外，在新浪的“媒体汇”里，约有 500 家新闻机构开通了新浪微博，其中包括报纸、杂志、电视台和电台等不同类型。

随着交互式媒体的发展，移动媒体出现，以及未来物联网的革新，我们将沉浸在一个媒体萦绕的环境下，新媒体技术越来越成为人们不可或缺的工具，一种新型的传播方式——虚拟遥在和沉浸式传播将随之到来。以移动互联网络为通信基础，具有更长电池续航时间和清晰的显示技术及影像还原技术的便携式终端会成为未来媒介终端的发展方向。无处不在、无时不有、无所不能的传播平台将从理论变为现实。

——熊澄宇：《对新媒体未来的思考》，载《现代传播》2011 年第 12 期

资源 4：慕课与中华文化的传播

比如，“主题化”文化学习就是一种比较典型的关联主义模式。所谓“主题化”就是每周设置一个文化主题，由组织者负责提供或推荐和主题相关的阅读资料。参与者在对这些主题有了一定认识的基础上，通过社交工具(Facebook，Twitter 等)分享更多的相关资料，或者通过博客来创造自己的交流平台。文化学习不能简单地采用“灌输”的方式，而应该让参与者通过亲自“体验”来感悟和理解。在文化的深层次交流方面，“慕课”具有的优势是单向文化传播方式难以做到的。中国的诗词曲赋、名胜古迹背后的深厚文化内涵，“以和为贵”“和而不同”的哲学思想，只有在和西方价值观的碰撞中，结合学习者自身生活实际展开深入的思索和讨论才能被国外的学习者逐渐理解和接纳。

——方芳：《慕课时代中华文化传播的机遇、挑战与对策》，载《江苏高教》2015 年第 3 期

资源 5：新媒体对文化传播力的影响

1.1　改变了传统文化交流的传播方式

新媒体时代中，文化传播过程中互动性较为凸显，每一个新媒体使用者均能够实现快捷交流。长此以往，人们传统交流方式逐渐被改变。新媒体的出现有效解决了在社会活动方面传统媒体的局限性，立足于身份识别，社会互动存在的局限性使得人们不能自由评说某一

件事情，阻碍了事件的传播和发酵。在新媒体技术的影响下，人们可以直观表达出自己的想法，不仅具有更高的互动效率，同时直接性也更强。社会互动方式的拓展使社会凝聚力以及发言者的文化认同感更强，比如在朋友圈、QQ空间和微博等载体上各抒己见，可以自由发言，将获得技术、文化和情感等多方面的支持。

1.2 整合传统的文化传播系统

文化传播中，新媒体应充分发挥自身传播优势，积极联合传统文化传播体系，以此来增强文化传播力。新媒体时代中，人们之间的交流与沟通不再局限于手口交流的方式，大多数借助丰富多彩的新媒体技术，迅速、便捷地传递信息，不仅能提高信息时效性，而且可有效提高人们的生活质量。在社会科技不断发展的形势下，不断完善了各种便携式的智能移动终端技术，这也就极大地方便了文化传播的路径优化。但值得注意的是，新媒体的出现极大地冲击了传统媒体的发展，在很大程度上影响了市场空间。

——邹波：《探究新媒体对文化传播力的影响和提升》，载《文化创新比较研究》2017年第34期

资源6：数字媒介与新学习革命

数字媒介的新传播特性为传统文化的传承和学习带来一场学习与传播革命。过去的师徒面授、现场观摩等学习和传播方式显然不能满足学习需求，而通过现代化数字媒介，传统文化的信息可以随时随地在网络发布，并通过网络、移动媒体扩散，所有感兴趣的人只要有一台接入设备，便可以任意浏览、学习感兴趣的内容。当然，这也要求在数字媒介环境中，已掌握传统文化知识和技艺的那一批人主动地参与传统文化的解释和新传播，为数字媒介学习搭建平台。以网络公开课为例，当前各大门户网站如新浪、网易、腾讯、搜狐等都相继推出了网络公开课供大众学习，在它们所提供的公开课中，就有不少来自世界和国内的精品文化课程，涵盖了文化传播、艺术、汉语文学、哲学、古典建筑等学科领域。基于数字媒介的传播特性，有学者甚至提出，在数字化媒介时代还应当“构建常态化学习与传播传统文化机制”，“利用具有便捷性、互动性、可移植性、可拓展性的数字媒体为平台，引导普通民众常态化学习与传播优秀传统文化，是具有可行性的。”①

——秦枫、徐军君：《突围与重塑：数字媒介环境与传统文化传播》，载《内蒙古农业大学学报(社会科学版)》2015年第2期

资源7：网络文化的多元性

互联网不仅仅是技术，而且还是文化。网络发展到今天，已呈现出多元化的格局。既有西方文化，又有东方文化；既有主流文化，又有边缘情怀；既有官网和官方微博，又有个人博客和微信；既有阳春白雪，又有下里巴人；既有正能量，又有负效应。这是一个五方杂处的网络社会，对当代人的视觉冲击、信息甄别和道德底线，都是一个前所未有的挑战。网络海纳百川，上至国家大事，中至天文地理，下至衣食住行，乃至邻里长短，为人们提供了无限的内容、快捷的传播、多元的选择。

① 井雪莹、陈月华：《数字媒体时代常态化学习与优秀传统文化的传播》，载《艺术教育》2012年第9期。

——成秀萍:《网络文化的时代特征与应用价值》,载《南通大学学报(社会科学版)》2014年第6期

资源8:传统文化生产与网络文化生产比较表

	传统文化生产	网络文化生产
主体	经营性组织和公益组织	经营性组织、公益组织、全体网民
目的	盈利、公益	盈利、公益、个性表达、娱乐
内容	大众化	个性化
内容来源	传统文化资源、创新	传统文化资源、创新、网络信息
地点	文化生产单位	文化生产单位、随时随地
过程	规划性、程序化	移动性、偶发性
生产者地位	传者	传者与受者的共同体
时限	有生产时间和过程	即时性
监测、评估	消费后进行	生产过程中进行、消费后进行
边际成本	较低	微乎其微
推广	专业的营销团体	专业营销团体、网民
消费	文化消费者	文化消费者、网民
效益	经济效益、社会效益	经济效益、社会效益、自我效益

——王爽:《互联网与文化生产变革》,载《学术论坛》2013年第12期

资源9:新媒体背景下文化传播的负效应

在新媒体倡导个性化表达和多样化需求的环境下,大众更倾向于平等、自主的文化交流与资源共享,传统的“自上而下”的公共文化传播体系受到挑战,纵向的文化信息流动不畅,造成了文化资源拥挤在信息传播的发端,而使公共文化在发挥文化教育的功能上举步维艰。我国的公共文化传播是以政府为主体的,其他社会力量和企业力量很少渗透到公共文化的传播中来,这就形成了“自上而下”的文化传播体系,大众参与公共文化创造的积极性不高。新媒体时代到来后,大众通过各种新媒体工具获得文化资源和文化信息,由政府建构的“文化共同体”被消解,自上而下的文化传播体系、文化宣教模式很难充分调动民众的积极性。如果公共文化服务继续作为宣传的手段而存在,不仅无法满足民众的文化需求,反而会使民众逐渐远离物理公共文化空间,而在新媒体虚拟空间中寻求文化安慰。

——赵娟娟、刘丹凌:《新媒体语境下公共文化传播的困境及出路》,载《新闻知识》2014年第4期

资源10：全面认识文化共享

一是正确认知"文化共享"。"文化共享"不等于绝对的"文化平均"。正如马克思批判主张绝对平均主义的共产主义一样，这种绝对平均的"共产主义"是对"整个文化和文明的世界的抽象否定，向贫穷的、没有需求的人——他不仅没有超越私有财产的水平，甚至从来没有达到私有财产的水平——人的非自然的单纯倒退，恰恰证明私有财产的这种扬弃决不是真正的占有。"①同样，文化共享决不等于对文化的绝对平均占有。一方面根据经济基础与上层建筑的关系，由于无法实现物质财富的绝对平均占有，决定了无法实现文化的绝对平均占有；另一方面从文化需求自身来看，由于现实生活中人们精神文化需求的多元化、多样化、多层次，决定了"文化共享"不是实现绝对的文化平均占有。

二是准确把握"文化共享"。"文化共享"是要在最大限度、最广范围、最多受众、最基本要求上满足人们的精神文化需求，消除人们之间的"文化鸿沟"，缩减人们之间的"文化距离"，保障人民群众的文化权益。"文化共享"具有普惠性，在区域上应惠及尽可能广的范围，协调区域、统筹城乡，特别是革命老区、民族地区、边疆地区、贫困地区能否实现文化共享。"文化共享"具有全民性，在受众上应顾及尽可能多的人群，保证各个阶层、各类人群，特别是老年人、未成年人、残疾人、农民工、农村留守妇女儿童、生活困难群众能否实现文化共享。"文化共享"具有公共性，在发展上需要公益性文化事业的支撑，需要国家、政府和社会在人力、物力、财力上支持文化共享。"文化共享"具有层次性，在供给上需要有丰富的文化作品和文化产品，需要有丰富的文化形式和文化内容，在不同层次上最大限度地实现文化共享。

三是科学理解"文化共享"。"文化共享"的基本目标就是保障广大人民群众最基本的文化权益，"依据宪法及相关法律规定享有自由平等地参与社会文化活动的生产与创造、享受社会文化成果、在文化生产和创造上展示和发挥个人才能、在进行文化生产和创造中形成和产生各种内容和形式不受损失与侵犯等的权利和利益"。② "文化共享"的重要使命就是促进社会主义核心价值观落地，把文化共享的实践作为承载和传播社会主义核心价值观的重要途径，引导人们形成向上向善的价值追求，弘扬社会正能量，维护和保证国家文化安全。"文化共享"的最终目的就是实现广大人民群众精神文化素质的普遍提升，在各种文化共享实践中提升人们的思想道德素质和科学文化素养，提高国民整体素质，充分发挥人民群众的主观能动性，推动整个社会向着更高层次、更高质量发展，最终实现人的自由全面发展。

——王永友、史君：《"文化共享"理念的理论演进与实践逻辑》，载《南京社会科学》2016年第1期

资源11：传播格局上的非正当性

传播格局上的非正当性，主要指发达国家在跨文化传播中的操控。这种操控，不仅在量，更在于质。就量而言，目前，发达国家与发展中国家之间，在跨文化传播中存在着文化信息传播量的严重失衡。此现象另有一形象说法，即"数字鸿沟"。文化信息传播量的一边倒，在很大程度上阻碍了不同文化之间的交流，滞碍了全球文化生态的健康发展。

---

① 《马克思恩格斯全集》第42卷，北京：人民出版社，1979年，第118页。

② 王德义、陈向阳：《〈论文化建设——重要论述摘编〉学习读本》，北京：人民日报出版社，2012年，第124页。

就质而言，西方经济发达国家由于拥有在世界政治经济领域内的主导与支配地位，它们不断地借助跨文化传播，把西方文化塑造成世界范围内的支配性文化样式。其结果是，文化霸权主义盛行，种族偏见主义盛行。跨文化传播正逐步偏离其正常伦理轨道，走向单一的控制体系。发达国家的政治制度、政治理念、经济观念、文化价值、生活方式凭借文化信息的单向流动而在发展中国家不断扩张，从而有效地实现了对发展中国家的文化渗透。

——徐鸣、童卡娜：《新媒体时代跨文化传播的全球伦理构建》，载《中南大学学报(社会科学版)》2016 年第 2 期

资源 12：美国的信息霸权

……美国对互联网的控制不仅仅在技术上，而且还体现在文化上。正如尼葛洛庞帝所说的：现在互联网络上绝大部分信息的提供者是欧美国家，而且网络系统从硬件到软件到各种标准，都是由发达国家来制造和控制的，无形之中落后的，不发达的国家就受到种种的控制。可以说，互联网在很大程度上是以美国语言、思想、文化为核心的全球传播体系。据统计，在当前的国际信息网络中，90%以上为英文信息，中文信息不足 0.4%。今天，以“CNN”“时代华纳”“美国在线”等为代表的意识形态“软力量”，几乎畅通无阻地在世界各国泛滥。

——张志辉：《信息网络化条件下的社会主义意识形态建设》，载《社会科学家》2009 年第 9 期

资源 13：信息霸权主义和文化殖民主义

目前，许多国家的政治团体，甚至政府都已开始利用计算机网络进行意识形态的渗透和宣传，并对持不同立场的团体或政府进行攻击和颠覆，各种民间组织和个人也可以在网上发布自己的观点，网络上各种意识形态文化开始变得复杂化、多元化起来。由于西方发达国家已在国际政治与经济秩序中占据垄断地位，他们在互联网上的信息传播中也占据着支配地位。

以英语为语言载体的全球网络文化随着信息网络的延伸而扩大，而网络文化中所携带的西方价值观、意识形态观点，冲击着非英语国家和民族的人们原有的思想观念和文化素养，逐渐征服当地文化，最终可能形成一种以西方文化为主的全球网络文化。因此，互联网多元之中也有强势文化群体存在，潜在地威胁着弱势文化群体。

阿尔温·托夫勒在《权力的转移》中说：“世界已经离开了依靠金钱与暴力控制的时代，而未来世界政治的魔方，将控制在信息强权的人手里，他们会使用手中所掌握的网络控制权、信息发布权，利用强大的语言文化优势，达到暴力与金钱无法征服的目的。”尼葛洛庞帝在其《数字化生存》中说：“现在互联网络上绝大部分的信息的提供者是欧美国家，而且网络系统从硬件到软件到各种标准，都是由发达国家来制造和控制的，无形之中落后的，不发达的国家就受到种种的控制。”

这种控制不仅仅在技术上，而且还体现在文化上。发达国家利用对信息资源及相关产业的垄断地位，对信息技术发展相对落后的国家实行信息技术控制、信息资源渗透和信息产品倾销，以达到其政治、经济和军事等目的。这就是互联网上的“信息殖民主义”现象。某些信息技术高度发达的国家可以被形象地称为“信息宗主国”，相应的，也就出现了被动地接受

别国的信息、受发达国家的信息控制、没有防范信息霸权能力的“信息殖民地”国家。信息宗主国和信息殖民地的出现，标志着在信息时代国与国之间实力的划分，出现了新的衡量尺度。

过去，由于自然屏障的存在，恶意的政治制度信息多数不能侵入他国，但网络的出现则大大降低了不同国家、民族和信仰的人们进行交流的限制。网络日益成为政客们善用的政治工具。发达国家正是看中了网络信息必然带有明显的政治色彩和文化特征这一点，把其意志源源不断地传输到成千上万个用户面前，利用信息网络的超国界性，达到打破国界限制进行政治渗透的目的。

——甘满堂：《网络时代的信息霸权与文化殖民主义》，载《开放导报》2002 年第 9 期

资源 14：文化安全

……而文化心理、民族精神、价值观念、意识形态等层面的个性文化有着鲜明的民族、国家和制度烙印，这种带有个性的文化认同是民族国家存在的根本前提，也与民族国家利益有着直接的对应关系。因此，国家文化安全语境中的“文化”是指与不同民族、国家和制度相对应的“个性文化”，它们大体上可分为意识形态和民族文化两个方面。国家的文化利益与文化主权就表现为对这种“个性文化”健康发展的维护。而国家文化安全关切的就是国家文化利益是否受到损害，国家文化主权是否受到侵犯，即这种“个性文化”是否得到独立自主的健康发展，是否在国际文化交流中具有现实的平等地位。也就是说，与本民族、国家和制度相对应的“个性文化”由于不平等的国际文化交流而存在丧失其自主发展的危险，则国家文化安全受到威胁，反之，则处于安全状态。

——韩源：《国家文化安全引论》，载《当代世界与社会主义》2008 年第 6 期

资源 15：文化软实力的测评公式

“文化软实力”是一个系统中各种因素的整体体现，取决于政治制度和价值体系、科技与教育的实力、文化遗产和文化产品、国民素质与道德水准，也包括知识、体制的创造力和决策、外交等方面的智慧与实践等因素。这是我们分析“文化软实力”各构成要素的理论框架。那么它们之间构成怎样的关系呢？这种逻辑和数量的关系如果用公式表达就更直接，也更能清楚地说明问题。我们主张的“文化软实力”的测评公式为：

文化软实力＝政治制度的效率与国内外认同程度[外交艺术（价值观的影响度＋国际形象与国际威望＋对外宣传能力与效果＋体育水平与国际比赛的成绩）＋（文化的创新能力＋战略决策水平＋政策效能）＋（科技实力＋教育水平＋人才储备或人力资本＋文化产品与文化遗产的国际影响力＋国民道德水准）]。

——贾海涛：《文化软实力的构成及测评公式》，载《学术研究》2011 年第 3 期

后记

本书是教育部基础教育课程教材发展中心、教育部课程教材研究所何成刚主持编写的“历史课标解析与史料研习丛书”中的一册。具体分工如下：

邓通（安徽省淮北市濉溪中学）、柯志强（安徽省铜陵市第五中学）编写“第一单元　源远流长的中华文化”；何学保（安徽省阜阳市城郊中学）、张强（安徽省阜阳市第四中学）编写“第二单元　多样发展的世界文化”；黄秋瑾（安徽省淮北市实验高级中学）、苏艳（上海市张堰中学）编写“第三单元　人口迁徙与文化认同”；梁松（安徽省淮北市实验高级中学）、许铁军（安徽省淮北市第十二中学）、付欣（安徽省淮北市实验高级中学）编写“第四单元　商路、贸易和文化交流”；苏峰（安徽省蚌埠市怀远县第一中学）、钱玉亭（浙江省杭州学军中学）编写“第五单元　战争与文化碰撞”；邵中技（安徽省淮北市实验高级中学）、杨茂坤（安徽省淮北市第一中学）编写“第六单元　文化的传承与保护”；李广元（安徽省淮北市濉溪中学）、吕增根（安徽省淮北市濉溪中学）编写“第七单元　信息革命与人类文化共享”。

何成刚、李广元、赵剑峰（广东省深圳外国语学校龙华学校）共同确定了本书的写作思路，参与了全书的修改完善和统稿定稿工作。黄秋瑾、何崇宪（陕西省西安市未央区教师进修学校）参与书稿审读和资料审核工作。

本书亦是赵剑峰、李广元主持的安徽省教育科学研究项目 2017 年度重点项目“基于高中历史新课标的历史教学研究”（项目编号：JKZ1795）的部分成果。感谢为本书间接提供大量史学研究成果的专家、学者，感谢《历史教学》《中学历史教学参考》《历史教学问题》《中学历史教学》等刊物为部分研究成果发表提供的专业支持。感谢复旦大学出版社朱建宝编辑为本书出版付出的劳动。

图书在版编目(CIP)数据

历史课标解析与史料研习·文化交流与传播/何成刚,李广元,赵剑峰主编.—上海:
复旦大学出版社,2019.9(2021.9 重印)
ISBN 978-7-309-14554-0

Ⅰ.①历… Ⅱ.①何…②李…③赵… Ⅲ.①中学历史课-教学研究-高中 Ⅳ.①G633.512

中国版本图书馆 CIP 数据核字(2019)第 174646 号

历史课标解析与史料研习·文化交流与传播
何成刚 李广元 赵剑峰 主编
责任编辑/朱建宝

复旦大学出版社有限公司出版发行
上海市国权路 579 号 邮编:200433
网址:fupnet@fudanpress.com http://www.fudanpress.com
门市零售:86-21-65102580 团体订购:86-21-65104505
出版部电话:86-21-65642845
江苏句容市排印厂

开本 787×1092 1/16 印张 18.5 字数 416 千
2021 年 9 月第 1 版第 3 次印刷

ISBN 978-7-309-14554-0/G·2017
定价:48.00 元